高等院校工商管理系列
精品规划教材

BUSINESS ETHICS

商业伦理学

刘爱军 钟尉 等编著

机械工业出版社
CHINA MACHINE PRESS

图书在版编目（CIP）数据

商业伦理学 / 刘爱军等编著 . —北京：机械工业出版社，2016.5（2025.6 重印）
（高等院校工商管理系列精品规划教材）

ISBN 978-7-111-53556-0

Ⅰ. 商… Ⅱ. 刘… Ⅲ. 商业道德 – 高等学校 – 教材 Ⅳ. F718

中国版本图书馆 CIP 数据核字（2016）第 078607 号

本书从"大商业"（business，不只是贸易商，也包括生产商，还涵盖综合运营商）的宏观视角审视商业伦理学，紧扣国际标准化组织已于 2010 年正式发布的《ISO26000 社会责任指南》，商业伦理学、企业社会责任已经从理论探讨转向实践和操作的时代背景，主要从实务的角度分析管理者在企业经营和商业竞争中可能面临的各种伦理问题，突出操作性，既分析问题，也提供伦理分析工具和治理对策。本书包括导论、伦理分析与伦理决策、企业社会责任、市场营销中的伦理问题、员工管理中的伦理问题、财务活动中的伦理问题、商业竞争中的伦理问题、公司治理中的伦理问题、环境保护中的伦理问题、国际经营中的伦理问题、建设伦理型企业、商业伦理学前沿专题。本书体系完整、结构清晰、观点前沿、案例丰富、可操作性强，有不少原创的观点。

本书既可以作为管理类、经济类专业本科生、MBA 的"商业伦理学""企业伦理学""管理伦理学"等课程的教材，也可作为管理者应对商业伦理问题的参考用书和培训教材。

出版发行：机械工业出版社（北京市西城区百万庄大街 22 号 邮政编码：100037）
责任编辑：刘新艳 责任校对：董纪丽
印　　刷：涿州市般润文化传播有限公司 版　　次：2025 年 6 月第 1 版第 15 次印刷
开　　本：185mm×260mm 1/16 印　　张：20.25
书　　号：ISBN 978-7-111-53556-0 定　　价：45.00 元

客服电话：（010）88361066　68326294

版权所有·侵权必究
封底无防伪标均为盗版

推荐序

自从 20 世纪 50 年代末美国出现一系列企业道德缺失带来的种种经营丑闻以来，商业伦理问题就日益成为人们关注的热点。在我国，自 2008 年"三聚氰胺"事件之后，大众也日益关注商业经营中的道德问题，"企业家身上应该流淌着道德的血液"日渐成为大众共识。如何加强商业伦理教育，自然成为当前中外各大商学院教学管理中的重大课题。

商业伦理学课程进入大学课堂，源自哈佛大学。1987 年，约翰·谢德（John Shad）捐款 2 000 万美元给哈佛商学院，倡议开设有关商业决策与伦理的相关课程。1988 年，在时任哈佛商学院副院长派博教授的领导下，一群教授通过研究、创新、脑力激荡与实验尝试的方法，成功推出了"决策及伦理价值"（decision making and ethics value）这门新课程。自此，该课程体系和内容不断完善、丰富，并一直成为哈佛商学院 MBA 一年级的第一门必修课程。随后，各大商学院相继跟进，至今，会计、商科类学科普遍开设了商业伦理学相关课程。

毋庸置疑，中国当代商业伦理学思想体系的重建，是从学习、模仿甚至是照抄照搬西方开始的。但是，随着中国市场经济体系的日益完善以及商业伦理研究的不断深入，理论界和实践界普遍感觉到，建设有中国特色的商业伦理学思想体系，除了借鉴西方，更应该深入地发掘中国传统文化中的伦理思想，古为今用。毕竟，深厚的伦理意蕴，是中国传统文化的最重要特色之一。

中国传统文化对商业与伦理的关系有着非常辩证的认识，既有对财富终极价值的深刻思考，也有对财富获取途径的道德要求。"仁义"，在儒家那里虽然是头等重要，但是，儒家并不反对对"利"的追求，认为"义"和"利"并不冲突，只是对"利"的获取应该符合"义"的原则。"君子爱财，取之有道"，是中国古人对待财富的基本态度。孔子在《论语》中说，"不义而富且贵，于我如浮云"，反对见利忘义，主张先义后利，义利并生，强调经济生活的道德原则。《大学》最后一段中"仁者以财发身，不仁者以身发财"这句话，更是发人深省！仁者利用财富达到自己的理想，不仁者以自己作为获取财富的工具。"以财发身"，其实是中国古人对待财富的哲学思考与人生态度：利用财富完成人生的理想，财富的终极意义不是奢华的生活，而是实现一个人的社会价值和生命意义的储备与工具。

中国古人把具备儒家操守的成功商人称为"儒商"。儒商，是"儒"与"商"的结合体，既有儒者的道德和才智，又有商人的财富与成功，是儒者的楷模，也是商界的精英。孔子得意门生子贡，被尊称为儒商鼻祖。司马迁在《史记·货殖列传》中记载了子贡、范蠡、白圭等儒商典范的经商故事。其中，子贡，经商于曹、鲁两国，依据市场行情，适时应变，贱买贵卖，从中获利，以成巨富，但是，在经商过程中，子贡始终秉承诚信和诚实原则，而且把财富作为实现理想抱负的工具。所以，司马迁在《史记·货殖列传》中以相当的笔墨对其予以表彰，肯定他在经济发展上所起的作用，以及在仁义、诚信上的修为。因为子贡复姓端木，所以，这种诚信经商的作风，也被称为"端木遗风"。

从孔子时代的子贡，明清之际的晋商、徽商到当代中国改革开放的成就，以及以"亚洲四小龙"为代表的东亚经济的崛起，无不是儒家"经世致用""君子爱财，取之有道""以财发身"等伦理思想在经济领域的成功运用。端木遗风、薪火相传、代代相续、不断丰富，形成了中华源远流长的儒商文化。儒商文化提倡建立在道德基础上的经济发展，遵循义利兼顾、买卖公平、童叟无欺、货真价实等核心经营理念，在约束儒商自身诚信经营、重义轻利的同时，也提高了儒商的信誉，降低了社会交易的成本和风险，促进了商业的繁荣和经济的发展。

江西财经大学较早就开始倡导中国传统管理思想与儒商文化的现代化研究。2005年，学校成立了东方文化与当代管理研究所，后又积极筹建中国儒商文化研究中心，目前已在MBA培养中设立了"东方管理理论与实践"方向。自此，中国传统管理思想与儒商文化的研究开始有了学科、课程、师资、学生，凝聚了一批学者。刘爱军博士、钟尉博士，均为我牵头的"中国传统管理思想研究"学术创新团队的骨干成员，他们长期从事商业伦理学的教学与研究工作，推动中国传统文化精华和当代管理实践相结合，在中国传统管理思想尤其是儒商文化研究等方面形成了系列教学与研究成果。他们一起合作推出了国家精品视频公开课"商解孙子制胜韬略"（在"2013我最喜爱的中国大学视频公开课"评选中获评"最意趣课程"），联合申报了国家社科基金项目"《司马法》伦理管理思想研究"。目前，他们正合作录制12集慕课（MOOCs）"制胜：一部孙子傲商海"，将《孙子兵法》"不战而屈人之兵""上兵伐谋"等思想与原则创新地运用于现代商战，倡导理性竞争、和谐共赢。现在，两位博士又将他们共同编著的《商业伦理学》教材呈送给我并请我作序，我感到非常高兴。

这本教材，是两位博士多年从事商业伦理学教学研究工作的结晶，书中不少内容具有一定的原创性与独特性，让我读了有耳目一新之感，应该是当下众多同类教材中比较有特色的一本。

第一，视野宏阔，以利益相关者理论和可持续发展理论为基础，关注了商业竞争的方方面面，较系统地剖析了在商业经营中企业对待客户、员工、竞争者、投资者、环境、社区、政府、东道国等利益主体存在的伦理问题与社会责任，并提出了相应的治理对策。

第二，融合中西，充分借鉴了西方的伦理分析与伦理决策思想，对《SA8000社会责任标准》《ISO26000社会责任指南》、联合国"全球契约"等当前通行的社会责任国际标准有较详细的解读，同时，强调扬弃中国传统伦理思想服务于当代企业经营实践，预言中华儒商文化的复兴是时代的需要。

第三，面向实践，2010年，国际标准化组织发布《ISO26000社会责任指南》后，关于商业伦理和企业社会责任的讨论，已经从"要不要""做什么"更多地转向了"怎么做"，故本书的核心内容就是分析在商业经营中企业可能遭遇的伦理问题及其治理对策，探讨如何建设伦理型企业，如何做 21 世纪的企业公民。

当然，建构融通中西、面向实践的商业伦理学思想体系的探索才刚刚开始。希望两位博士聚焦精力，不断深化研究，持续为建构有中国特色的商业伦理学思想体系添砖加瓦。希望有越来越多的学者投身中国传统伦理思想和儒商文化的现代化研究。越是民族的，越是世界的。中华儒商文化的复兴，是时代的需要！期待有世界影响的、有中国特色的《商业伦理学》教材面世！

是为序。

吴照云[⊖]

2016 年 3 月 9 日

[⊖] 吴照云，江西财经大学教授、博士生导师，中国工业经济学会副会长、中国企业管理研究会副会长，江西省管理学会会长，全国工商管理专业学位研究生教育指导委员会委员。

前　言

子曰："**富而可求也，虽执鞭之士，吾亦为之……不义而富且贵，于我如浮云。**"（《论语·述而》）儒家轻商，重义轻利，但是，从这句话可以看出，儒家创始人孔子（前551年—前479年）并不反对人们对财富的正当追求，他只是反对以"不义"的方式去求取富贵。"君子爱财，取之有道"（《增广贤文》），就是孔子所倡导的这种有伦理的财富获取方式的最佳写照。

司马迁（前145年—前90年）的《史记·货殖列传》首开先河，为商人立传，较系统地整理了我国上古迄西汉武帝时的商业经营思想和知名商人事迹。在书中，司马迁大胆地为"富"正名，他旗帜鲜明地提出"人富而仁义附焉"的观点，认为"君子富，好行其德；小人富，以适其力"，也就是说，仁义道德是财富的派生物，即义从利出，义要以利为基础，可谓"利在义中，以利养义"！这在一定程度上修正了孟子"为富不仁"的偏见。受孔子、司马迁等人的影响，正道经营，义利兼顾，进而先义后利、以义为利，成为中国历代成功商人的基本经营操守，最终形成了源远流长、有强烈道德意蕴的中华儒商文化。

"**未经审视的生活是不值得过的**"（The unexamined life is not worth living）（柏拉图《申辩篇》）。古希腊苏格拉底（Socrates，前469—前399年）这句广泛流传的名言，教育人们追求一种理性的、有伦理的智慧生活，被视为西方伦理思想的发端。

1776年，亚当·斯密（Adam Smith，1723年—1790年）出版《国民财富的性质和原因的研究》（简称《国富论》），奠定了西方市场经济体系的理论基础，标志着经济学作为一门独立学科的诞生，亚当·斯密因此被誉为"经济学之父"和"自由企业的守护神"。但是，许多人所不知的是，亚当·斯密是先出版了《道德情操论》（1759年）而一举成名的，而且他本人更为看重的是《道德情操论》（30年间，先后修订了6次，直到逝世前他还在病榻上殚精竭虑地做着第6版的修订工作），并把《国富论》看成是《道德情操论》的继续发挥。亚当·斯密强调，"自爱"（self-love）绝不是"自私"（selfishness），人不能为了追求私利而不惜损害他人利益，以免将社会带入"一切人反对一切人的战争"。也就是说，他一方面肯定人们追求自身利益和幸福的合理性，另一方面又强调这种追求必须是适当的，也就是必须符合社会正义规则，而不是毫无节制的贪欲。总之，亚当·斯密既建构了西方市场经济制度的理论大厦，也建立了其良性运行的伦理道德基础，《道德情操论》因之被誉为"市场经济良性运行不可或缺的'圣经'"。

可见，中外哲人很早就认识到，商业必须用伦理、道德进行约束和规范。但是，商业的发展和对财富的追求，往往加剧人们内心的贪欲，让个人不由自主地被卷入一个个为利益而厮杀的旋涡之中。于是，唯利是图、见利忘义、尔虞我诈、恶性竞争、巧取豪夺……为了利益，有人无所不用其极，道德沦丧的危机不断地席卷着人们，以至于人们慨叹无商不奸。马克思在《资本论》中指出："资本来到世间，从头到脚，每个毛孔都滴着血和肮脏的东西。"

20世纪初，美国新闻界掀起了一股揭露丑闻、谴责腐败、呼唤正义与良心的运动，这就是著名的"掏粪运动"。当时，芝加哥肉类加工厂等一系列为了利润不惜损害民众利益的商业丑闻不断地曝光，极大地刺痛了大众的神经，引发人们思考商业中的伦理问题，要求政府进行调查干预，相关伦理准则、法律法规也得以不断完善。1962年，美国肯尼迪政府公布《对商业伦理及相应行动的声明》，全面介入商业伦理问题。

学术界对商业伦理学的真正关注，始于20世纪60年代，有学者专门从事商业伦理学的研究，发表论文，出版著作，一些国家也开始出现倡导商业伦理的社会团体和组织。实践呼唤有伦理的商业！商业伦理学，就应运而生了！1974年11月，在美国堪萨斯大学召开了第一届商业伦理学讨论会，标志着该学科的正式成立。这次大会的会议记录被汇编成书：《伦理学、自由经营和公共政策：企业中的道德问题论文集》。随后，相关团体陆续发布了一些商业伦理准则和社会责任标准，商业伦理学课程也逐渐被引入商学院的课堂。

2001年以来，美国相继曝出安然、世通、安达信等公司假账丑闻，使商业伦理道德问题再次引起美国政府和公众的广泛注意。尤其是2008年世界金融危机，让全球商学院面临"道德拷问"。"都是商学院惹的祸！"这是很多人对商学院在这场全球性的金融危机中扮演了怎样角色的基本看法。因为此次金融危机就是由于华尔街商界精英贪婪和滥用金融衍生工具所致，而他们不少出自哈佛大学、麻省理工学院等名校的商学院，有着MBA的教育背景。人们责怪商学院忽视了商业伦理教育，甚至怀疑商业伦理教育是否真的有用？因为许多商学院开设了商业伦理学课程，为什么还会这样？人们呼吁，商学院不是要教育出更聪明的"赚钱机器"（精致的利己主义者），而是要培养出有责任感的商界领袖。

当前，我国正处于经济转轨、社会转型时期，人们的价值观发生巨变，由于缺乏统一全面的规范做支撑，利益格局的变化造成了整个社会存在伦理失范现象。从利益相关者角度来看，就是有些外企侵害国家和大众的利益，有些国内企业侵害国家和人民的利益，利益主体侵害其他利益相关者的利益以及个体或小团体侵害企业和股东的利益等；从生产经营角度来看，就是欺诈蒙骗、诚信缺失、压榨员工、见利忘义、唯利是图、挥霍浪费、破坏自然等。无论从何角度出发，我们都不难发现，商业伦理问题已经到了不得不讨论的地步！尤其是近几年来，"三聚氰胺""毒胶囊"等食品药品安全事件频发，影响恶劣，都折射出我国不少企业违背伦理规范，迫切需要商业伦理将企业经营和商业竞争导入理性之途。

商业伦理学是一门关于商业与伦理学的交叉学科、应用学科，它研究的是商业活动中人与人的伦理关系及其规律，研究使商业和商业主体既充满生机又有利于人类全面和谐发展的合理的商业伦理秩序，进而研究商业主体应该遵守的商业行为原则和规范，以及应当树立的优良商业精神等商业道德问题。但是，商业伦理学作为一门应用学科并未充分发挥出其应有的作用，其在理论界的话语权微弱，在企业应用中也遇冷。究其根源，我们认为，最重要的原因有三个方面：一是现有研究的应用性有待加强；二是企业的伦理责任主体意识有待改进；三是商业伦理的"中国化"进程有待推进，这也是制约中国企业实践商业伦理的关键所在。因此，我们必须探索和建构中国背景下的商业伦理学思想体系。

在对前人商业伦理学理论和实践进行梳理的基础上，站在"大商业"（business，不只是贸易商，也包括生产商，还涵盖综合运营商）和中西融合的宏观视角审视商业伦理学，我们有如下七点认识：

第一，商业伦理学就是生活，事关我们每个人的福祉，商业伦理学应该教，也可以教。 企业存在于社会之中，它的经济活动对其利益相关者及社会大众都有着深刻的影响，与每个人都息息相关。自人类发生经济行为开始，商业伦理便诞生了，而且随着人类社会经济的不断发展，商业伦理的内涵也变得日益丰富，与人类日常生活的联系也日益紧密，因此，商业伦理学就是生活。随着大众越来越关注企业的社会责任问题，商业伦理学作为一门应用性学科应为更多的人所了解，而不仅仅是企业经营者。作为一门独立的学科，随着理论研究的深入和实践的不断进步，商业伦理学已日趋成熟，可实现教学。在西方，商业伦理学已成为商学院的必修课程之一，而且已经取得了较大反响，比如哈佛商学院就将商业伦理学作为其必修的基础课程之一；在中国不少高校也逐步开设商业伦理学课程，企业经营者在经营过程中也开始重视履行社会责任并寻求践行之道。

第二，必须站在"大商业"的视角理解商业伦理学。 现今，不仅是普通的社会大众，甚至有些学者还从较狭隘的视角来看待商业伦理学，将商业伦理学与企业伦理学混为一谈。其实，这二者并不等同。西方将这门学科称为"商业伦理学"（business ethics），这里的 business 绝不仅仅指的是企业，企业只是商业系统中的一环而已。我们应站在"大商业"，即"贸易商—生产商—运营商"的角度来理解商业伦理学。现代社会经济是一个"商业生态系统"，它是由供应商、生产商、销售商、市场中介、投资商、政府、消费者等以生产商品和提供服务为中心组成的经济联合体，它们互赖、互依但又各司其职，在一个商业生态系统中担当着不同的功能。所以，我们研究商业伦理绝不能仅从企业自身的角度出发，视野必须宏阔，要涵盖商业竞争的各个领域。

第三，企业社会责任，是商业伦理学的核心内容。 研究商业伦理学，最核心的内容就是研究企业社会责任，敦促企业在创造经济利润、对股东承担责任的同时要承担起对员工、社区、消费者、政府和环境等的责任，将企业社会责任从理论上升到实践。我们从企业经营及利益相关者角度出发，围绕企业社会责任这一论题，对商业伦理学进行探讨。同时我们还必须明确功利论、道义论、关怀论、正义论、德性论等伦理分析工具是商业伦理学的基础，正是有了这些工具，我们才能从伦理角度深入探讨商业问题，才能真正辨别伦理问题，进而从伦理角度出发，敦促企业践行社会责任。

第四，《ISO26000 社会责任指南》的出台，标志着商业伦理学的研究与实践已经从"该不该""做什么"转变为"怎么做"。 对于商业伦理问题，国际社会早有涉及，也出台了一些社会责任标准，但是真正将企业社会责任转向实操领域的标志却是《ISO26000 社会责任指南》的出台。2010 年 11 月 1 日，国际标准化组织（ISO）正式发布了《ISO26000 社会责任指南》，明确了各类组织经营中应该做什么，为各种组织践行社会责任提供了具体指导。正如 ISO 秘书长阿兰·布莱登（Alan Bryden，2010）所说："ISO26000 拓展了我们的工作范围及现有的认识，它将不仅提供数量不断增长的技术标准，而且还将提供在全球经济中有关社会和环境问题的解决方案与指南。"至此，企业践行社会责任已经不仅仅是停留在理论层面，而转向了"怎么做"的实操领域。

第五，商业伦理学不会约束企业的发展，反而可以激发企业的创新。 无论是民营企业、国有企业还是跨国公司等各类组织中都存在这样的错误观念：商业伦理学的发展对企业获取利润是不利的，践行社会责任会约束企业的发展，所以为了维护企业的利益，要尽可能地避免履行过多的社会责任。实际上,坚持商业伦理,与企业的长远利益密切相关。一个不注重伦理责任的企业注定是不长远的,只有尊重伦理道德,自觉践行社会责任,企业才能得到长足发展。同时,商业伦理学的发展对企业的意义绝不仅仅是加了"条条框框"这样简单,实际上,商业伦理学的发展为企业指明了努力方向,提供了很多实操指南,能帮助企业挣脱束缚,激发创新动力,完善企业经营,帮助企业取得长远进步。

第六,建设伦理型企业是商业发展的必然趋势。近年来,受经济利益的驱使,与企业相关或由企业直接造成的各种违背伦理道德的事件层出不穷,大众怨声连连,政府及相关组织机构苦无良方。但是,随着人们对伦理问题的日渐重视,对违背伦理道德的企业的声讨和抵制活动日益增多,企业一旦被曝出违背伦理的事件,就会使企业名誉严重受损,通常也会以整改或破产而告终,最终伤害的还是企业自身的利益。另一方面,积极践行社会责任的企业,通常会有良好的声誉,不仅企业的股东、员工的利益得以保障,其他利益相关者也能获益,使企业更能在社会中树立良好的企业形象,为企业发展助力。只有建立规范的商业伦理,进行符合伦理要求的经营,企业才能在竞争中立于不败之地。因此,建设伦理型企业不仅符合利益相关者及社会大众的利益,也有利于企业的长远健康发展,这是经济发展和客观环境的必然要求,是商业发展的必然趋势!

第七,中国传统儒商文化的复兴,是时代的需要。中国的商业伦理学研究仍建立在西方研究的基础上,至今还未"去西化"。当前,伴随着社会转型,我们遭遇了严重的道德危机,进而引发大规模的商业危机,经济秩序、道德秩序都面临重建的问题。中国传统儒商文化重视商业道德,讲求"诚实守信、以义制利",具有较强的社会责任感,它所提倡的人与自然和谐发展、人与人和谐相处的商业生态文明、合作与竞争等商业伦理精神等具有非常强烈的时代意义。因此,我们要重视研究中国传统儒商文化,古为今用,实现中国传统儒商文化的复兴,这既是适应"经济发展新常态"的时代需要,也是建设中国特色的商业伦理学思想体系的需要。

基于上述思考,本书从经济全球化的背景和大势出发,紧密结合有中国特色社会主义市场经济建设和发展的现实,主要从实务的角度分析各级管理者在企业经营和商业竞争中可能面临的各种伦理问题,提出实操性较强的伦理分析工具,并针对不同的伦理问题提出了相应的治理对策。在写作过程中,我们力求做到:一是**视角全面**,站在"大商业"的宏观视角审视商业伦理学,充分考虑商业竞争各个方面的伦理问题,综合考虑了各利益相关方的利益;二是**体系完整**,不仅阐述商业竞争中的各个方面伦理问题,也涵盖了从问题的出现到问题的解决等各方面,同时还包括了一些前沿研究;三是**中国精神**,在紧扣主题的同时,注重同中国文化及国情相结合,试图建构富有中国特色的商业伦理学思想体系,让本书更加富有时代精神,更接地气;四是**注重践行**,注重为企业践行社会责任提供各种指导规范,并配有大量案例,能够让读者更好地理解相关知识,也易于实践和操作。

同时,本着"**老师好教、学生好学、企业好用**"的理念,我们对教材的结构和内容进行了精心设计。为了方便读者阅读和浏览,每章开头,便给出该章的学习目标;每章由开篇案例、正文内容、本章小结、关键术语、复习思考题、应用案例、学习链接等部分组成;每一章也相对独立,是自成体系的一个个完整专题。读者可根据自己的需要进行快速浏览或仔细阅读,通篇学习或只选择其中感兴趣章节进行专题学习。

本书从构思到写作完成,历经三年多的努力,是团队精诚合作的成果。我首先提供全书的结构和讲义,然后大家分工合作,共同完成:刘爱军(第 3 章、第 11 章)、钟尉(第 1 章、第 2 章)、章素芬(第 4 章、第 5 章)、丁廷开(第 6 章、第 12 章)、陈婷(第 7 章、第 8 章)、吴晓琴(第 9

章、第 10 章）。最后，由刘爱军对全部书稿进行总纂。

机械工业出版社为本书的策划、编辑和出版倾注了大量心血，付出了许多创造性劳动，特致以诚挚的谢意！导师吴照云先生，欣然为本书作序，提出创作"有世界影响的、有中国特色的《商业伦理学》教材"的宏愿，备受鼓舞。写作过程中，我们参阅了国内外众多专家、学者的研究成果，并尽可能在学习链接中列示，但有的一时还查不到出处，没有一一注明，在此一并致谢！

真诚期望本书的出版，能为您从事商业伦理学的教学、研究与实践，提供有益的借鉴。由于时间紧迫，加之学识、水平有限，本书难免挂一漏万，甚至存在不少错误和不足，欢迎各位专家、学者和广大读者批评指正。读者可发邮件到 jxcdhrm@163.com 与我联系。

刘爱军
2016 年 3 月 1 日于南昌红谷滩凤翔苑

目录

推荐序
前言

第1章 导论：伦理、伦理学与商业伦理学 ··· 1
  学习目标 ··· 1
  开篇案例　强生公司泰诺胶囊事件 ··· 1
  1.1 伦理、道德与法律 ··· 2
    1.1.1 什么是伦理 ··· 2
    1.1.2 伦理与道德 ··· 3
    1.1.3 伦理与法律 ··· 4
  1.2 伦理学与应用伦理学 ··· 5
    1.2.1 什么是伦理学 ··· 6
    1.2.2 伦理学的分类 ··· 6
    1.2.3 应用伦理学 ··· 7
  1.3 商业伦理学的形成与发展 ··· 10
    1.3.1 什么是商业伦理 ··· 10
    1.3.2 商业伦理学的兴起 ··· 11
  1.4 商业伦理学研究框架 ··· 14
    1.4.1 商业伦理学的定义和研究对象 ··· 14
    1.4.2 商业伦理学的任务和研究方法 ··· 14
    1.4.3 为什么要学习商业伦理学 ··· 15
    1.4.4 伦理道德与商业利益 ··· 15
  1.5 中国传统文化与商业伦理 ··· 16

1.5.1　中国传统文化的伦理特色 ·· 16
　　　1.5.2　中国传统伦理思想的沿革 ·· 17
　　　1.5.3　儒商文化的复兴 ·· 18
本章小结 ··· 21
关键术语 ··· 22
复习思考题 ··· 22
应用案例　某打捞公司的经营模式 ··· 22
学习链接 ··· 23

第2章　伦理分析与伦理决策 ··· 24

学习目标 ··· 24
开篇案例　史玉柱的商业伦理观 ··· 24
2.1　管理者的伦理问题 ··· 25
2.2　伦理分析工具 ··· 27
　　　2.2.1　利己主义：基于个人利益的决策制定 ··· 27
　　　2.2.2　功利主义：基于伦理结果的决策制定 ··· 30
　　　2.2.3　道义论：基于伦理原则的决策制定 ··· 33
　　　2.2.4　正义论：基于公平正义的决策制定 ··· 35
　　　2.2.5　美德论：基于人格和品德的决策制定 ··· 37
　　　2.2.6　关怀论：基于特别关怀的决策制定 ··· 40
　　　2.2.7　伦理分析工具小结 ··· 41
2.3　伦理决策的影响因素 ··· 42
2.4　伦理决策过程与模型 ··· 44
　　　2.4.1　伦理决策过程 ··· 45
　　　2.4.2　伦理决策模型 ··· 46
本章小结 ··· 49
关键术语 ··· 50
复习思考题 ··· 50
应用案例　如何看待"范跑跑"事件 ··· 50
学习链接 ··· 51

第3章　企业社会责任 ··· 53

学习目标 ··· 53
开篇案例　中国银行获评"最具社会责任上市公司" ··· 53
3.1　企业社会责任的演进 ··· 54

            3.1.1 四阶段划分 ··· 54
            3.1.2 三期划分 ··· 55
            3.1.3 多视角透视 ··· 56
            3.1.4 小结 ··· 56
      3.2 企业社会责任的内涵 ·· 57
            3.2.1 企业社会责任的定义 ··· 57
            3.2.2 相关概念的界定 ··· 58
      3.3 企业社会责任标准 ·· 63
            3.3.1 《SA8000社会责任标准》 ······································· 64
            3.3.2 《OECD公司治理原则》 ··· 64
            3.3.3 联合国"全球契约" ·· 65
            3.3.4 《反行贿商业原则》 ·· 66
            3.3.5 《ISO26000社会责任指南》 ····································· 67
      3.4 企业社会责任的实践 ·· 70
            3.4.1 企业社会责任管理 ··· 70
            3.4.2 企业社会责任的实现路径 ······································· 71
            3.4.3 中小企业应积极承担企业社会责任 ······························· 73
      3.5 编制企业社会责任报告 ·· 74
            3.5.1 编制企业社会责任报告的准备 ··································· 74
            3.5.2 企业社会责任报告的撰写 ······································· 75
            3.5.3 企业社会责任报告的发布与传播 ································· 76
            3.5.4 企业社会责任报告的信息反馈 ··································· 77
            3.5.5 编制企业社会责任报告的误区 ··································· 78
   本章小结 ··· 78
   关键术语 ··· 79
   复习思考题 ··· 79
   应用案例 肩负社会责任,引领行业变革 ······································· 79
   学习链接 ··· 80

第4章 市场营销中的伦理问题 ··· 82
   学习目标 ··· 82
   开篇案例 欧典地板虚假宣传 ··· 82
   4.1 市场营销概述 ··· 83
            4.1.1 市场营销的主要内容 ··· 83
            4.1.2 市场营销中可能面临的伦理困境 ································· 84

4.1.3　市场营销中伦理问题的潜在危害	85

4.2　产品中的伦理问题 ... 85
4.2.1　产品设计中的伦理问题 ... 86
4.2.2　产品包装中的伦理问题 ... 86
4.2.3　产品质量安全中的伦理问题 ... 87
4.3　定价中的伦理问题 ... 88
4.4　促销中的伦理问题 ... 90
4.4.1　人员推销中的伦理问题 ... 90
4.4.2　广告促销中的伦理问题 ... 91
4.5　服务营销中的伦理问题 ... 93
4.5.1　服务质量的伦理问题 ... 93
4.5.2　服务人员的伦理问题 ... 94
4.6　电子商务中的伦理问题 ... 94
4.6.1　电子商务中卖方的伦理问题 ... 95
4.6.2　电子商务中买方的伦理问题 ... 95
4.6.3　信息传输中的伦理问题 ... 96
4.7　治理对策：保护消费者合法权益 ... 97
4.7.1　保护消费者的合法权益 ... 97
4.7.2　伦理问题产生的原因 ... 98
4.7.3　治理对策 ... 99

本章小结 ... 100
关键术语 ... 100
复习思考题 ... 100
应用案例　拷问产品质量 ... 101
学习链接 ... 102

第5章　员工管理中的伦理问题 ... 103

学习目标 ... 103
开篇案例　苹果、谷歌被控串通压低员工工资，遭30亿美元索赔 ... 103

5.1　员工管理概述 ... 104
5.1.1　员工管理的主要内容 ... 104
5.1.2　员工管理中可能面临的伦理困境 ... 105
5.1.3　员工管理中伦理问题的潜在危害 ... 106
5.2　雇用关系中的伦理问题 ... 106
5.2.1　歧视问题 ... 106

	5.2.2	员工流动问题	108
	5.2.3	其他问题	109
5.3	工作场所中的伦理问题		110
	5.3.1	员工隐私问题	110
	5.3.2	工作参与问题	111
	5.3.3	工作健康问题	112
	5.3.4	骚扰问题	112
5.4	奖惩体系中的伦理问题		113
	5.4.1	薪酬设置问题	113
	5.4.2	利益冲突问题	114
5.5	特殊员工群体保护中的伦理问题		114
	5.5.1	未成年工/童工保护中的伦理问题	114
	5.5.2	女职工保护中的伦理问题	115
	5.5.3	农民工保护中的伦理问题	116
5.6	员工对企业的伦理责任		117
	5.6.1	履行职责	117
	5.6.2	对企业忠诚	118
	5.6.3	以企业整体利益为重	119
5.7	治理对策：构建和谐劳动关系		119
	5.7.1	雇员的法定权利	120
	5.7.2	伦理问题产生的原因	120
	5.7.3	治理对策	121

本章小节 122
关键术语 122
复习思考题 123
应用案例　X公司的毒品测试和测谎 123
学习链接 124

第6章　财务活动中的伦理问题 125

学习目标		125
开篇案例　假账猛于虎		125
6.1	财务活动概述	126
	6.1.1 财务活动的主要内容	126
	6.1.2 财务活动中可能面对的伦理困境	127
	6.1.3 财务活动中伦理问题的潜在危害	128

6.2 会计活动中的伦理问题 ··· 129
6.2.1 会计信息失真 ·· 129
6.2.2 会计信息披露质量不高 ·· 131
6.3 审计中的伦理问题 ··· 132
6.3.1 外部审计中的伦理问题 ·· 132
6.3.2 内部审计中的伦理问题 ·· 133
6.4 财务咨询中的伦理问题 ·· 134
6.4.1 财务咨询与审计之间的伦理冲突 ······································· 134
6.4.2 财务咨询从业人员的道德问题凸显 ···································· 136
6.4.3 财务咨询公司的道德问题 ··· 136
6.5 企业融资中的伦理问题 ·· 137
6.5.1 民间融资中的伦理问题 ·· 137
6.5.2 表外融资 ··· 137
6.5.3 通过利润操作发布虚假财务信息 ······································· 138
6.5.4 过度融资 ··· 138
6.5.5 对股权融资的偏好 ·· 139
6.6 纳税中的伦理问题 ··· 140
6.7 治理对策：提供客观真实的会计信息 ······································· 141
6.7.1 会计职业道德 ··· 141
6.7.2 伦理问题产生的原因 ··· 142
6.7.3 治理对策 ··· 143

本章小结 ··· 144
关键术语 ··· 144
复习思考题 ··· 144
应用案例　欺诈上市民事赔偿诉讼第一案 ·· 145
学习链接 ··· 146

第 7 章　商业竞争中的伦理问题 ··· 147
学习目标 ··· 147
开篇案例　"谍影重重"，为何中国商业无秘密 ······································ 147
7.1 商业竞争概述 ··· 148
7.1.1 商业竞争的主要内容 ··· 148
7.1.2 商业竞争中可能面对的伦理困境 ······································· 149
7.1.3 商业竞争中伦理问题的潜在危害 ······································· 150
7.2 商业情报获取中的伦理问题 ·· 151

7.2.1　获取公共情报中的伦理问题 151
　　　7.2.2　获取内部情报中的伦理问题 152
　7.3　同行业竞争中的伦理问题 153
　　　7.3.1　市场竞争中的伦理问题 153
　　　7.3.2　物质资源竞争中的伦理问题 155
　　　7.3.3　人才竞争中的伦理问题 156
　　　7.3.4　信息竞争中的伦理问题 156
　7.4　供应商管理中的伦理问题 156
　　　7.4.1　款项中的伦理问题 157
　　　7.4.2　合同中的伦理问题 157
　　　7.4.3　劳动环境中的伦理问题 158
　7.5　经销商管理中的伦理问题 158
　　　7.5.1　产品中的伦理问题 159
　　　7.5.2　合同中的伦理问题 160
　　　7.5.3　特许经营渠道中的伦理问题 160
　7.6　并购重组中的伦理问题 161
　　　7.6.1　并购中的伦理问题 161
　　　7.6.2　重组中的伦理问题 163
　7.7　治理对策：反对不正当竞争 165
　　　7.7.1　倡导理性竞争 166
　　　7.7.2　伦理问题产生的原因 166
　　　7.7.3　治理对策 168
　本章小结 169
　关键术语 170
　复习思考题 170
　应用案例　那些被"外嫁"的国产化妆品品牌 171
　学习链接 172

第8章　公司治理中的伦理问题 173

　学习目标 173
　开篇案例　安然事件 173
　8.1　公司治理概述 174
　　　8.1.1　公司治理的主要内容 174
　　　8.1.2　公司治理中可能面对的伦理困境 176
　　　8.1.3　公司治理中伦理问题的潜在危害 177

| 8.2 | 股东中的伦理问题 | 177 |

- 8.2.1 大股东与小股东之间的伦理问题 … 178
- 8.2.2 股东与其他利益相关者之间的伦理问题 … 179

| 8.3 | 董事会中的伦理问题 | 179 |

- 8.3.1 董事会形成中的伦理问题 … 179
- 8.3.2 董事会运行中的伦理问题 … 180

| 8.4 | 监事会中的伦理问题 | 181 |

- 8.4.1 监事会构成中的非伦理行为 … 181
- 8.4.2 监事会责任中的非伦理行为 … 181
- 8.4.3 监事会权利中的非伦理行为 … 182

| 8.5 | 经理层中的伦理问题 | 182 |

- 8.5.1 经理层行为中的非伦理问题 … 183
- 8.5.2 经理层薪酬中的非伦理问题 … 184

| 8.6 | 信息披露中的伦理问题 | 186 |

- 8.6.1 披露陈述中的伦理问题 … 187
- 8.6.2 披露时限中的伦理问题 … 188
- 8.6.3 披露真实性中的伦理问题 … 189

| 8.7 | 内幕交易中的伦理问题 | 190 |

- 8.7.1 关于内幕交易的伦理争论 … 190
- 8.7.2 买卖股票中的伦理问题 … 191
- 8.7.3 买卖内幕信息中的伦理问题 … 192

| 8.8 | 治理对策：呼唤伦理型领导 | 193 |

- 8.8.1 高层管理者的使命 … 193
- 8.8.2 伦理问题产生的原因 … 194
- 8.8.3 治理对策 … 195

本章小结 … 196
关键术语 … 196
复习思考题 … 196
应用案例　承德露露涉误导性陈述，多家券商研究员"中招"受损 … 197
学习链接 … 198

第9章　环境保护中的伦理问题 … 199

学习目标 … 199
开篇案例　治污工程把"垃圾村"变为"生态村" … 199
9.1　环境问题概述 … 200

	9.1.1	环境问题的主要内容	200
	9.1.2	环境保护中可能面临的伦理困境	200
	9.1.3	环境保护中伦理问题的潜在危害	202
9.2	资源利用与保护中的伦理问题		202
	9.2.1	水资源利用与保护中的伦理问题	202
	9.2.2	土地资源利用与保护中的伦理问题	203
	9.2.3	森林资源利用与保护中的伦理问题	204
	9.2.4	能源利用与保护中的伦理问题	205
9.3	企业经营引发的环境问题		206
	9.3.1	"三废"问题	206
	9.3.2	温室效应与臭氧层空洞	208
	9.3.3	全球气候异常	209
	9.3.4	生物多样性遭到破坏	210
9.4	污染防治中的伦理问题		211
	9.4.1	污染转移中的伦理问题	211
	9.4.2	"漂绿"中的伦理问题	214
9.5	环境保护中的企业机会		216
	9.5.1	环保产业的兴起	216
	9.5.2	发达国家的绿色营销	218
9.6	治理对策：实现可持续发展		218
	9.6.1	企业的环境责任	219
	9.6.2	环境伦理问题产生的原因	220
	9.6.3	治理对策	221

本章小结 222
关键术语 223
复习思考题 223
应用案例　全国首例：普通居民就雾霾状告政府索赔 1 万元 224
学习链接 225

第 10 章　国际经营中的伦理问题 227

学习目标 227
开篇案例　尼康相机出问题怨雾霾 227

10.1	国际经营概述		228
	10.1.1	国际经营的主要内容	228
	10.1.2	国际经营中可能面临的伦理困境	229

  10.1.3　国际经营中伦理问题的潜在危害 230
10.2　国际经营中的典型伦理问题 230
  10.2.1　雇用方面的典型伦理问题 230
  10.2.2　环境方面的典型伦理问题 233
  10.2.3　营销方面的典型伦理问题 234
  10.2.4　经济影响方面的典型伦理问题 237
  10.2.5　文化方面的典型伦理问题 240
10.3　治理对策：维护全球共同利益 241
  10.3.1　国际经营的伦理准则 241
  10.3.2　国际经营中的伦理问题产生的原因 242
  10.3.3　治理对策 243
本章小结 244
关键术语 245
复习思考题 245
应用案例　洋品牌"双重标准"，跨国公司"耍大牌"无须再忍 245
学习链接 247

第 11 章　建设伦理型企业 248

学习目标 248
开篇案例　投资银行的商业伦理"建设" 248
11.1　设立伦理机构 249
  11.1.1　伦理机构的职能 249
  11.1.2　伦理机构的人员构成 250
  11.1.3　伦理机构的成员应具备的道德能力 251
11.2　制定伦理规范 252
  11.2.1　中国企业伦理规范要素 252
  11.2.2　商业伦理规范的基本内容 253
  11.2.3　制定商业伦理规范的注意事项 253
11.3　开展伦理培训与沟通 254
  11.3.1　伦理培训的机构 254
  11.3.2　制定伦理培训手册 255
  11.3.3　伦理培训的方法 257
11.4　商业伦理制度化 257
  11.4.1　商业伦理制度化的必要性 258
  11.4.2　商业伦理如何制度化 259

- 11.5 评估伦理制度 ... 259
  - 11.5.1 商业伦理评估的方式 ... 260
  - 11.5.2 商业伦理评估的作用 ... 261
- 11.6 展示伦理领导力 ... 262
  - 11.6.1 伦理型领导概述 ... 262
  - 11.6.2 伦理型领导的修养方法 ... 263
  - 11.6.3 伦理型企业的管理实践 ... 264
- 本章小结 ... 265
- 关键术语 ... 266
- 复习思考题 ... 266
- 应用案例 《吕氏春秋》中的商业伦理 ... 266
- 学习链接 ... 268

第12章 商业伦理学前沿专题 ... 269

- 学习目标 ... 269
- 开篇案例 数据泄密：信息安全谁之过 ... 269
- 12.1 公共企业经营中的伦理问题 ... 270
  - 12.1.1 公共企业概述 ... 270
  - 12.1.2 公共企业经营中的伦理问题 ... 271
  - 12.1.3 公共企业经营中伦理问题的危害 ... 272
  - 12.1.4 治理对策：加强伦理责任建设 ... 273
- 12.2 公共关系中的伦理问题 ... 273
  - 12.2.1 公共关系概述 ... 273
  - 12.2.2 企业公共关系中的伦理问题 ... 275
  - 12.2.3 企业公共关系中伦理问题的危害 ... 277
  - 12.2.4 治理对策：守住公关伦理底线 ... 278
- 12.3 金融活动中的伦理问题 ... 278
  - 12.3.1 金融活动概述 ... 278
  - 12.3.2 金融活动中的伦理问题 ... 279
  - 12.3.3 金融活动中伦理问题的危害 ... 283
  - 12.3.4 治理对策：保护消费者金融权益 ... 283
- 12.4 信息管理中的伦理问题 ... 284
  - 12.4.1 信息管理概述 ... 284
  - 12.4.2 信息管理中的伦理问题 ... 285
  - 12.4.3 信息管理中伦理问题的危害 ... 288

12.4.4　治理对策：构建清洁高效的信息空间 ·· 288
12.5　举报非伦理行为 ··· 289
　　　12.5.1　应该向谁举报 ··· 289
　　　12.5.2　举报方式 ··· 290
　　　12.5.3　如何保护举报人 ··· 290
　　　12.5.4　如何奖励举报人 ··· 291
12.6　面向未来的商业伦理学 ··· 291
　　　12.6.1　东西方商业伦理的共融 ··· 291
　　　12.6.2　多元化员工队伍管理 ··· 294
　　　12.6.3　互联网伦理 ·· 295
　　　12.6.4　争做企业公民 ··· 296
本章小结 ·· 299
关键术语 ·· 299
复习思考题 ·· 299
应用案例　"洋奶粉事件"拷问商业伦理 ·· 300
学习链接 ·· 301

第 1 章
导论：伦理、伦理学与商业伦理学

学习目标

1. 掌握伦理与道德的区别和联系。
2. 理解商业伦理学的相关基本概念。
3. 了解商业伦理学的发展与基本框架。
4. 熟悉中国传统文化与商业伦理之间的关系。

开篇案例

强生公司泰诺胶囊事件

1982年，芝加哥出现了多起服用掺有氰化物的浓缩"泰诺"（Tylenol）胶囊后死亡的事件。"泰诺"胶囊是强生的一个子公司生产的，占有止痛药市场35%的份额，其销售额大约占强生总销售额的7%，利润占强生总利润的17%～18%。美国食品与药品管理局已经发布公告，禁止服用泰诺胶囊，但尚未要求公司采取任何针对性措施。

强生公司管理层确信其位于宾夕法尼亚州的工厂并未出现氰化物污染。但是公司还是决定不应心存侥幸，于是将出现中毒问题的整批药全部收回。董事长兼首席执行官伯克亲自负责处理泰诺危机。收回活动从向消费者发布用药片换回胶囊的广告开始。数以千计的信件寄往行业杂志，而且在媒体上发表声明，以便找到所有尚留在市场上的泰诺胶囊。胶囊的回收使泰诺的销售额大幅度下降，从35%下降到7%。强生报道说：1982年采取的保护公众的主动行为使公司损失了1亿美元。

有人建议强生公司用新名称重新推出该产品，但强生公司认为这样做可能会误导消费者，因而决定保留原有的名称，并设计了一种抗破坏包装。不久之后，全美受到影响的地区的消费者和相关的公众开始改变对强生的看法，认为强生公司是一家负责任的公司。事故发生后的5个月内，该公司就夺回了该药原所占市场的70%，而8个月后，就几乎重新夺回了失去的全部市场份额，达到35%。

1986年2月，又发生人为投毒案件，纽约的一名妇女因服用遭氰化物污染的泰诺胶囊而死亡。强生公司立即把全部胶囊撤出市场，主动向已购买胶囊的顾客退款。

公司做出一项重大决定，不再生产任何自由销售胶囊，因为无法确保安全性和不受非法污染。在电视节目中,伯克带着一个超大的泰诺药片模型表示这个糖衣药片将代替所有的泰诺胶囊。这将耗资 1 亿~1.5 亿美元,还不算失去的市场份额所带来的损失。

资料来源:M M Jennings. Case Studies in Business Ethics[M]. Eagan: West Publishing Company, 1993.

强生公司的决策与行动可能会让很多人觉得难以理解,做企业不是为了赚钱吗?为什么要做这些看似赔本赚吆喝的事情呢?

其实,这就是商业伦理的问题,强生公司的决策与行为与其深厚的伦理文化有密切的关系,比如强生公司要求企业员工和管理层都恪守下列信条:我们首先应对医生、护士和病人负责,对使用我们产品的母亲和其他一切人负责;我们必须不断努力降低成本以保证合理的价格;必须给我们的分销商和代理商以获得合理利润的机会;要把每一个人都作为一个独立的个人来对待,尊重他们的人格,承认他们的优点;我们对自己生活和工作在其中的社会以及国际社会负责……

1.1 伦理、道德与法律

学习商业伦理之前,我们有必要对"伦理"的概念进行详细的分析。同时,还需要对与**"伦理"**(ethics)密切相关的两个概念,即**"道德"**(morality)和**"法律"**(justice)进行分析,比较它们与"伦理"概念之间的差异。

1.1.1 什么是伦理

英语"伦理"一词源于希腊文 ethos,表示惯常的住所、共同居住地。亚里士多德(Aristotle,前 384 年—前 322 年)的《尼各马可伦理学》首先使名词 ethos 成为一个形容词 ethikos,意思为"伦理的""德行的",从而使它具有德行的含义,并由此构建了一门新学科——伦理学。

日本学者翻译"ethics"时借用古汉语的"伦理",把关于道德的学问翻译成"伦理学"。当时我国留日学者归国后沿用了日本人的这种翻译方法。比如,严复(1854—1921)翻译赫胥黎(Huxley,1825—1895)《进化论与伦理学》时,就借用日本学者译法,将"ethics"翻译为"伦理学"。

在汉语中,"伦理"这个词在先秦典籍中就出现了,《礼记·乐记》说:"乐者,通伦理者也。"但是"伦理"这个词在古代不是常用词,而是分开使用的。常用"义""理""人伦""伦常""纲常"等指代。许慎(58—147)在《说文解字》中说道"伦,从人,仑声,辈也""理,从玉,里声,治玉也"。《孟子·滕文公上》说:"饱食暖衣,逸居而无教,则近于禽兽。圣人有忧之,使契为司徒,教以人伦:父子有亲,君臣有义,夫妇有别,长幼有序,朋友有信。"根据这些论述,我们可以得出这样的观点,伦者就是人伦,即人与人之间的基本关系。

"伦""理"二字合用就是关于人与人之间关系的系列相关基本原则,这就是汉语"伦理"一词原本应有之意。

> **专栏 1-1　　　　　　　　　　五伦关系**
>
> "五伦"是中国传统社会基本的人伦关系，即君臣、父子、夫妇、兄弟、朋友五种关系。孟子（约前 372 年—约前 289 年）认为：君臣之间有礼义之道，父子之间有骨肉之亲，夫妻之间挚爱而又内外有别，老少之间有尊卑之序，朋友之间有诚信之德。落实到具体行为上就是为臣的，要忠于职守，为君的，要对臣子以礼相待；为父的，要慈祥，为子的，要孝顺；为夫的，要主外，为妇的，要主内；为兄的，要照顾弟弟，为弟的，要敬重兄长；为友的，要讲信义。这些都是处理人与人之间关系的基本准则。
>
> 在中国古代，画花鸟，以凤凰、仙鹤、鸳鸯、鹡鸰、黄莺为五伦图。
>
> 一是凤凰，据晋代张华《禽经》："鸟之属三百六十，凤为之长，又飞则群鸟从，出则王政平，国有道。"故用凤以表示君臣之道。
>
> 二是仙鹤，据《易经》："鸣鹤在阴，其子和之。"故用仙鹤表示父子之道。
>
> 三是鸳鸯，据晋代崔豹《古今注·鸟兽》："鸳鸯，水鸟，凫类也。雌雄未尝相离，人得其一，则一思而死，故曰匹鸟。"故用鸳鸯表示夫妇之道。
>
> 四是鹡鸰，据《诗经》："鹡鸰在原，兄弟急难。"故用鹡鸰表示兄弟之道。
>
> 五是黄莺，据《诗经》："嘤其鸣矣，求其友声。"故用黄莺表示朋友之道。
>
> 资料来源：李思思. 五伦图：非同一般的花鸟画 [N]. 中国社会科学报，2014-01-13.

1.1.2　伦理与道德

在英语中"ethics"不仅可以翻译成"伦理"，还可以翻译成"道德"。除了"ethics"之外，英语中还有一个单词"morality"也常常被翻译成"道德"。"morality"一词源于风俗"mores"，"mores"是拉丁文 mos，即习俗、性格的复数。后来古罗马思想家西塞罗（Cicero，前 106 年—前 43 年）根据古希腊道德生活的经验，从 mores 一词创造了一个形容词 moralis，指国家生活的道德风俗和人们的道德个性，以后英文中就出现了相应的名词形式"morality"。在英语中"ethics"和"morality"两个词在日常用语中很多时候是可以换用的。根据《21 世纪大英汉词典》《柯林斯英汉双解大词典》等相关词典的解释，英文"ethics"被认为是伦理学、道德学，以及道德体系、道德准则、行为准则；"morality"更多是指行为方面的道德性，以及人的德行、品行或美德。

实际上，在西方哲学界和伦理学界，"ethics"和"morality"有明确的区分。黑格尔（Hegel，1770—1831）在《哲学史讲演录》中提出，伦理是指社会行为规范，包括风俗习惯等，而道德主要是指个人的内在操守。他指出，"道德的主要环节是我的识见、我的意图……伦理之为伦理，更在于这个自在自为的善为人所认识、为人所实行……道德将反思与伦理结合，它要去认识这是善的，那是不善的。伦理是朴素的，与反思相结合的伦理才是道德。"具体而言，伦理范畴侧重于反映人伦关系以及维持人伦关系所必须遵循的规则，道德范畴侧重于反映道德活动或道德活动主体自身行为之应当；伦理内化为人的操守即是道德。

和"伦理"一词相似，汉语中"道德"一词一开始也是分开的。甲骨文中已有"德"字，西周初年的大盂鼎铭文的"德"字，是按礼法行事有所得的意思。"德"字在古代的时候是没有"亻"旁的,是由殷墟甲骨文中的"悳"(音同德)演化而来。东汉许慎在《说文解字》中解释:"悳,外得于人,内得于己也。从直,从心"。清代段玉裁(1735—1815)在《说文解字注》中解释说:"内得于己,身心自得也;外得于人,谓惠泽使人得之也。"可见,"德"字包含两个层面的意思,内在的身心中有所收获和赢得他人的拥护。

关于"道"字,许慎在《说文解字》中说:"道,所行道也。从辵、首。一达谓之道。古文道,从首、寸。"段玉裁在《说文解字注》中说:"道,引申为道理,亦为引道。从辵、首。首者,行所达也。首亦声。一达谓之道,四达谓之衢,九达谓之馗。"也就是说,道所指的路不是四通八达的,它有一个顶端。古文"道"同"导"。从较早的金文和甲骨文看,"道"与"导"本为一字。综合这几层意思,"道"包含着人应该走的唯一正确的人生之路的含义。从哲学的角度来说,"道"是中国哲学的基本范畴,包含天道、人道、地道,具有终极意义的概念。在《荀子·劝学》中"道"与"德"二字始连用,"故学至乎礼而止矣,夫是之谓道德之极"。既包含道德规范,也包含个人品性修养之义。

综合上述,"道德"一词,本来意思是表示人们在沿着人生唯一正确的光明大道而行的过程中,不断领悟真理,不断净化自己的心灵,提升自己的智慧,所形成的内在精神境界。后世把"道德"引申为一个人的品德、品质。伦理与道德之间的差异可以用表 1-1 表示。

表 1-1 伦理与道德的比较

	本质	评价尺度	具体表现	本义	对应英文
伦理	外在的规则	应当、不应当	社会规范、习俗	人与人之间的相处规则	ethics
道德	内在的心理	善、恶	个人品质、行为	个人内在的境界差异	morality

1.1.3 伦理与法律

一般认为法律是社会规则的一种,通常是指由社会认可,国家确认立法部门制定规范的行为规则,并由国家强制力(即军队、警察、法庭、监狱等)保证实施,以规定当事人权利和义务为内容的,具有普遍约束力的一种特殊行为规范。

伦理和法律之间的关系是相互依赖、相辅相成的。法律的制定和执行都依赖伦理,法律的制定和完善必须根据社会的伦理理念,不然就难以让人们自律执行。法律是维系伦理的有力工具。社会成员遵守伦理规范是维护社会正常运作的前提条件。伦理规范要靠法律强制手段使之制度化、法制化,才能对违反伦理规范的人产生震慑,不然仅仅依靠社会舆论和习俗,难以保证伦理规范为所有人遵守。对于需要破除旧的伦理观念,推行新的伦理观念,往往也需要法律法规来推动。

需要明确的是法律不能取代伦理。有人认为政府应该把所有伦理规范都纳入法律的范畴,这样既可以发挥伦理道德的社会舆论带来的自律作用又可以发挥法律的强制性的他律作用。但是,这种想法是不切实际的。

第一,如果试图让法律取代伦理,则会导致法律规范过于复杂,极大提高了法治的成本,而且法律也往往做不到完善,法律不可能考虑到所有的新情况、新问题。

第二,即使法律足够完善,其操作性也会有困难,法律可以阻止有危害性的行为发生,但是对于鼓励良好的行为,在操作时却存在着很大困难。而且过分详细的法律会导致组织缺乏灵活性和创新性。

因此，如果没有伦理道德的约束，仅仅依靠法律来规范个人、群体以及组织的行为是很难取得良好效果的。

专栏 1-2　　　　　　　　　**法律与亲情的抉择**

《三联生活周刊》曾经发表过这样一篇文章。河南小章家里有三兄弟读书，家庭经济条件不好，父母难以负担。小章16岁时，决定先让哥哥读书，自己退学打工以补贴家用。1999年，哥哥考入华东理工大学，但9 000元的学费让全家紧锁眉头。他们回到乡下，卖地卖猪，也只凑到5 000元。一天晚上，小章正好看到从外面追款回来的徐某在点钱，这事要搁在往常，小章当然不会有任何想法，但这时，他心里想拿钱让哥哥先顶急用，然后再还。于是他就……

公安局接到报案后，很快就查到了小章，但是警察找不到小章，于是，警察决定从小章的哥哥大章身上找到突破口，他们来到上海，要大章打传呼给弟弟，要他到上海来与哥哥见面。最后大章打了传呼。接到传呼的第二天，小章装着给哥哥交学费用的1万元钱到了上海，刚到学校，就被警方抓住。

"弟打工，挣钱供哥度寒窗；哥及第，挥泪送弟入牢房"这样的标题赫然出现在1999年10月19日的河南《大河报》上。一时间众人议论纷纷，哥哥大章感到巨大的压力。

后来，法院判决："判小章有期徒刑3年，缓刑4年执行，处以罚金5 000元。"

有记者采访章家，发现他们住在郑州儿童医院住院部一层的楼梯下。一张单人床，两口破锅，三四个烂洋葱，桌上搁着吃剩下的小半盆凉菜，不时有苍蝇飞过。在这个弥漫着氨水味、人来人往的楼梯口，他们栖身于此。两个人的生活来源全靠母亲为医院当清洁工挣得的每月300元钱，5 000元罚金只交了800元。

对判决结果，章家自然感到比较高兴，毕竟小章不用去监狱了。不少一直关注此事的人也激动不已，认为法理不外乎人情，应该考虑到小章及其一家人的实际情况。

但也有人认为这个判决不公正，说："法律不能因为动机善良就忽视事实。感人的故事多了，多少人迫于无奈偷盗、抢劫。但是犯法就是犯法，否则谁都可以打着高尚的幌子公然犯罪。法律必须有起码的界线！如果不是媒体的介入，小章肯定要判实刑。"

该专栏根据相关资料整理而得。

1.2　伦理学与应用伦理学

商业伦理学（business ethics）是伦理学大家族的一员。什么是伦理学，伦理学大家族包含哪些成员呢？了解一下这方面的内容，对我们深刻理解商业伦理学的学科背景具有重要的意义。

1.2.1 什么是伦理学

中国古代没有使用伦理学一词，西方文化中伦理学被认为是关于道德的科学，又称道德学、道德哲学。它以道德现象为研究对象，探讨道德的本质、起源和发展，道德水平同物质生活水平之间的关系，道德的最高原则和道德评价的标准，道德规范体系等一系列问题。从伦理学的发展历史来看，伦理学的研究内容经历了多个发展阶段。

在古希腊罗马时期，苏格拉底和柏拉图都把至善作为伦理学研究的主要内容。亚里士多德认为，伦理学是研究人们的行为及品性的科学，或者说是研究人的道德品性之科学。伊壁鸠鲁（Epicurus，前341年—前270年）认为，伦理学所研究的主要问题，是人生的目的和生活方式，强调伦理学是研究幸福的科学。与伊壁鸠鲁学派对立的斯多葛学派，从强调义务出发，认为伦理学是研究义务和道德规律的科学。公元前1世纪的古罗马思想家西塞罗，把他的伦理学著作称为《义务论》，并将古希腊的伦理学称为道德哲学，赋予伦理学新的意义。

在近代，人们对伦理学的研究对象有更多不同的理解。比如有人认为伦理学是研究人生目的的学问；有人认为伦理学是研究善和恶的学问；有人认为伦理学是研究人的行为、道德判断和评价标准，研究道德价值的科学等。所有这些关于伦理学研究对象的看法，都是围绕着道德问题提出的。除了把伦理学看作纯理论抽象的道德哲学的观点外，大多数伦理学家都承认伦理学研究的目的是为寻找和建立一种调整人与人之间的关系、维护社会秩序和培养有道德的人的理论。

综合近现代学者的观点，大体上伦理学研究的主要内容可以归纳为以下几点：第一，思考道德情感和道德意识，告诉人们如何做一个有道德的人；第二，思考道德标准，告诉人们什么是正当，什么是不当；第三，分析伦理决策的过程，帮助人们理清自己的思路进行伦理分析；第四，为正义找到坚实的基础，消除人们对道德约束力的怀疑。

1.2.2 伦理学的分类

根据研究伦理道德的方法、角度和侧重点的不同，可以把伦理学分为三类。

第一，描述伦理学。描述伦理学研究伦理学"是什么"的问题，对道德现象进行客观描述、归纳和分类，找出有规律的东西。描述伦理学关注道德发展的历史和某种社会道德状况以及不同道德体系、准则、现象等。描述伦理学要求研究者根据社会的实际状况对道德行为和道德信仰进行如实描述。

第二，分析伦理学。分析伦理学研究伦理学为什么的问题，考察道德推理的逻辑和伦理规范的证明，对道德概念和判断进行分析与研究。它从语义学和逻辑学的角度来解释伦理学术语的意义，分析道德语言的逻辑结构，寻找道德判断的理由和依据。

第三，规范伦理学。规范伦理学研究伦理学应该怎样的问题，其目的是建立一种与社会实践紧密联系的道德体系，其任务主要有三个方面：其一，将社会道德中各种标准、规则以及价值观融合为一个相互联系的整体；其二，寻找能派生出各种具体道德标准的基本原则；其三，通过各种方式对道德的基本原则进行合理的论证与判断。

从伦理学与实践的关系来看，伦理学可以分为理论伦理学和应用伦理学。理论伦理学主要是为了弄清楚伦理道德领域自身的各种问题而进行的研究。而应用伦理学是研究将理论伦理学研究的相关成果应用于社会生活，如政治、环境、法律、医学、军事等领域，对社会生活各领域进行道德审视的学科。实践应用性和学科交叉性是应用伦理学的基本特征。

1.2.3 应用伦理学

应用伦理学根据其解决的实际问题所属的领域，相应地形成了生命伦理学、科技伦理学、环境伦理学、司法伦理学、商业伦理学、新闻伦理学、政治伦理学、军事伦理学等不同应用伦理学的子类。

商业伦理学就属于应用伦理学的一个子类。人们也可以对商业伦理学进行描述性研究、规范性研究和分析性研究等不同层次、不同视角的研究。其中规范性研究对于商业伦理学来说最为重要，很多商业伦理问题必须用到大量规范伦理学的研究成果才可能得到解决。下面介绍一些比较重要的应用伦理学分支。

1. **生命伦理学**

生命伦理学是研究、探讨生命科学技术和医疗卫生保健中的伦理问题的学问。20世纪60年代，生命伦理学在美国和欧洲产生，产生后获得了迅速发展，在很短的时间内就受到医学家、生物学家、哲学家、社会学家、法学家、宗教界人士、新闻界人士、立法者、决策者和公众的关注。生命伦理学产生后很快就对社会政策产生了影响。包括我国在内的许多国家、很多医院或研究中心都建立了专门审查人体研究方案的机构审查委员会或伦理委员会。生命伦理的一些问题在社会上引起了诸多的讨论和争议，比如安乐死问题、辅助生殖技术问题、克隆人问题等。

专栏 1-3　　　　中国首例"安乐死"案当事人王明成

1986年6月，王明成59岁的母亲夏素文因肝硬化而产生昏迷，经医院多方抢救仍不见好转，院方表示已无回天之力。1986年6月27日，夏素文病情加重，表现痛苦烦躁，喊叫想死，28日晨昏迷不醒。因此，王明成"帮助"身患绝症的母亲实施"安乐死"，并因此被检察机关以故意杀人罪提起公诉，后被法院宣布无罪释放。

2000年11月，王明成被查出患有胃癌并做了手术，2002年11月，癌细胞扩散到他身体其他部位。2003年1月7日，他再次住院治疗，6月7日，王明成发出了想要"安乐死"的呼声，由于国家没有立法，医院拒绝了。

2003年8月2日晚上，王明成病情恶化，他预感到死亡的召唤，对妻子说恐怕自己撑不过天亮了，心里很害怕。随后，王明成胡乱喊叫疼痛，并陷入昏迷。8月3日凌晨3时30分，王明成在病痛中停止了呼吸。

资料来源：贾学伟. 我国首例安乐死案主要当事人王明成离开人世[N]. 华商报，2003-08-03.

---

2. **科技伦理学**

科技伦理学是一门对科技活动进行道德引导，研究科技工作者相互之间、科技共同体与社会之间的道德原则、道德规范的学问。

过去，人们普遍认为，科学在本质上是进步的、有益于全人类的，科学技术没有价值偏好，是中性的，因此科技本身与伦理无关。然而，随着科学技术负面影响的逐渐显现，越来越多的人已经认识到科学技术绝非是中性和客观的事物，科技和伦理有着密切的关系。

科学家作为科技活动的主体，其伦理观念影响科学技术活动的动机和目的，同时影响科学技术活动的内容和方式。科学家进行科学研究，就要为它的后果承担责任，要把科学研究与社会责任联系起来。如果科学家知道某项科学发现将会严重危及人类的生存，那么他是否应该把这一发现公布于众就存在着伦理问题。另一方面，各国政府必须规范科技运用，采取措施加强科技发展中的道德伦理约束。正确地利用科技成果为人类造福，维护人类的健康和生命，最大限度地避免由于科技成果的使用不当而给社会带来的负面影响。另外，如何对科学技术研究过程中的一些剽窃、欺骗等不端行为进行防范和处理也属于科技伦理学关注的范畴。

专栏 1-4　　纳米技术的安全性问题

自 20 世纪 90 年代纳米产品进入人们生活以来，纳米材料已经应用于大众生活的各个方面，显示出巨大的发展潜力。纳米技术是对大小在 100 纳米以下的物质进行操作，利用物质在这一尺度上表现出的独特性质来制造新产品。部分计算机芯片、防皱的裤子、DVD 播放机、自洁玻璃、防晒霜中的遮光剂等产品，都是应用纳米技术的实例。

但在美国化学学会 2003 年年会上，有 3 个研究小组分别报告说，纳米材料具有特殊的毒性。美国航空航天局太空中心的研究小组发现，向小鼠的肺部喷含有碳纳米管的溶液，碳纳米管会进入小鼠肺泡，并形成肉芽瘤，而用聚四氟乙烯制作的纳米颗粒毒性更强。纽约州罗切斯特大学的研究小组让大鼠在含有这种纳米颗粒的空气中生活 15 分钟，会导致大多数老鼠在 4 个小时内死亡。研究人员指出，这只是初步结果，还需要做更深入的研究。

美国和英国政府已开始采取行动，加强对纳米技术的管理。英国政府要求皇家学会和皇家工程院考察探索纳米技术的优点与风险，研究纳米技术可能造成的伦理和社会问题，进而把纳米产品对人体健康和环境的潜在危害降到最低限度。加拿大环保组织 ETC 出于保护人类和地球的考虑，呼吁全世界暂停纳米研究。

资料来源：王维. 中国会议纳米：侠客还是杀手 [J]. 科学大众，2010(1):41-43.

---

3. 环境伦理学

环境伦理学是一门对人与自然关系的信念、道德态度和行为规范等进行研究，追求人与自然和谐关系的学科。它根据现代科学所揭示的人与自然相互作用的规律，以道德手段从整体上协调人与自然的关系。提出了许多全新的伦理观念，比如，传统伦理学只关注人与人的关系问题，而环境伦理学则试图用道德来约束人对自然存在物的行为；传统伦理学只关注一个物种的福利，而新伦理学关注的是千百万个物种的福利。

> **专栏 1-5** **环境与人类文明的发展**
>
> 历史学家常常把人类文明的兴衰归咎于战争，视兵祸战乱为文明延续的大敌。我们也因此虔诚地相信历史学家的结论。但是，通过近年来的深入研究却发现，自然环境的改变才是人类文明兴衰的深层原因。
>
> 公元前 3000 年左右，在尼罗河下游的冲积平原上出现了埃及文明。古埃及人在尼罗河洪水冲积的肥沃土地上发展灌溉农业，创造了古埃及文明。曾经繁荣灿烂的古巴比伦文明却因不合理的灌溉而变成了历史遗迹。最新的科学证据揭示：玛雅文明的毁灭也是环境破坏长期积累的结果。地中海地区文明的衰落，在很大程度上也是由于土地管理使用不当造成的。米诺斯文明便是例证。
>
> 当今世界上最大的不毛之地撒哈拉沙漠过去曾经是生命的绿洲。这里曾经河川涌动，草木繁盛，动物成群，人类也在此生存繁衍。而撒哈拉在今天之所以沦为生命的禁区，乃是养育文明的环境机制横遭破坏的缘故。草原过度啃食，森林被毁，大片植被被烧荒最终导致了沙漠的形成。
>
> 黄河流域是华夏文明的发祥地。先秦时期，黄河中上游地区气候温和、植被茂密，整个黄土高原森林覆盖率超过 50%。先民在此逐水而居，繁衍生息，创造了辉煌的古代文明。到了北宋，这里已是"沙深三尺①，马不能行，行者皆乘橐驼"的地区了。后至唐朝，黄土高原沟壑纵横，满目疮痍，导致黄河频繁泛滥。
>
> 纵观古埃及文明、巴比伦文明、古希腊文明、玛雅文明、地中海文明、印度文明和华夏文明，在人类的文明史上它们都留下过光辉的一页，其成就至今为人们敬仰和称赞。但是，古埃及文明、巴比伦文明、古希腊文明和玛雅文明，它们都在兴盛繁荣和辉煌了十多个世纪之后成为历史陈迹。
>
> 资料来源：余谋昌，王耀先.环境伦理学[M].北京：高等教育出版社，2004.

4. 新闻伦理学

新闻伦理学是一门研究新闻自由权利与责任以及对媒体从业者的行为规范的学科。新闻伦理研究始于最早实行新闻自由的美国。由于美国在《宪法第一修正案》中规定国会不得剥夺言论自由或新闻出版自由，美国新闻界在行使新闻自由权利时，几乎不受任何限制，由此也导致了媒体滥用新闻自由的现象。有鉴于此，新闻业和社会各界人士强烈意识到，新闻从业人员在新闻实践中，必须负有社会责任感和进行自我约束。从 20 世纪二三十年代开始，美国和欧洲国家都对新闻伦理做了大量的研究工作。比如 1953 年英国实行国家报业评议会制度。这个制度内容非常完善，产生了很大影响，成为欧洲其他许多国家效仿的楷模。

> **专栏 1-6** **媒体记者有权利曝光明星的私生活吗**
>
> 2014 年 3 月 31 日，《南都娱乐周刊》刊登"文章劈腿姚笛"一文，继而文章也发表了道歉声明。此事似乎就到此为止，然而，文章却发出了这样一条微博引起了人们

---

① 1 尺 ≈ 0.33 厘米。

的极大关注。微博中文章称:"陈朝华、谢晓两位领导,我错了,全是我一个人的错!你们都为人父母,请问何时可以结束?要玩跟我玩,别涉及其他人,我陪你!我贱命一条,陪你们到底!"

陈朝华事后转发了文章的该条微博,评论道:"文章先生既然提到我了,就以个人名义说几句。第一,作为出品人,我郑重地说,我们只是进行新闻报道,呈现事实,我们一直很敬业,不是在玩;第二,你承认事实,知错并道歉,我欣赏这种认错的勇气,祝你能处理好自己的情感;第三,不明白你发此微博用意何在?"

在《南都娱乐周刊》领导被文章点名的同时,网上也出现了该周刊与文章曾有过节,周刊报道婚外情是"报私仇"的传闻。文章的岳父也卷入此事,他认为"只要文章可以悔过自新、重新做人,主动回归家庭就够了,我女儿可以接受他,日子还得照常过"。他还质问谢晓:"我女儿感谢的是'南都'的监督,而不是具体哪个人,更何况她完全出于信任对谢晓女士说的真心话,你们擅自拿出来在媒体上夸夸其谈,是为了证明什么?实在不妥当吧,你们这么做的目的是什么,是要逼他们夫妇离婚,还是要为民除害呢?"并表示:"伊琍(文章的妻子)是我们的女儿,文章就是我们的儿子,儿女犯了错,父母愿意教他们改。昨天我的外孙女吃饭时突然对女儿讲,妈妈,电视里都在说,你和爸爸已经离婚了。不知道你们作为父母,听到自己孩子讲这话是什么感受。"

该专栏根据相关资料整理而得。

1.3 商业伦理学的形成与发展

商业伦理学有一个形成、发展的演变过程,了解这个过程对于我们深刻理解商业伦理问题,夯实学科的基础有很大的价值。下面我们介绍一下商业伦理的概念、商业伦理学的兴起。

1.3.1 什么是商业伦理

1. 商业伦理的内涵

商业伦理研究的是商业活动中各种行为的伦理道德问题,并讨论商业组织应该遵守什么样的道德标准,以及相关道德标准是如何应用于相关组织制度、员工活动等的。具体而言,有四个方面,第一,商业伦理是关于商业组织及其成员行为的规范。第二,商业伦理是关于商业活动的善与恶、应该与不应该的规范。第三,商业伦理是关于怎样正确处理商业组织及其成员与利益相关者关系的规范。第四,商业伦理是通过社会舆论、内心信念和内部规范来起作用的。

从研究的范围来看,商业伦理主要有三个层次的内容。

第一,宏观层面,主要研究社会或制度层次,包括经济制度和经济条件的形态,如经济秩序、经济政策、金融政策、社会政策、国际商务活动等方面的伦理问题和伦理责任。

第二,中观层面,主要研究各种经济性组织,如公司、厂家、贸易联盟、消费者组织、行业协会、工会等之间的伦理问题。

第三，微观层面，主要探讨企业中单个人之间，即雇主和雇员、管理者或被管理者、同事、投资者、供应商和消费者这些单个人之间的伦理关系问题。

2. 商业伦理的功能

商业伦理有以下几个功能。

第一，导向功能。商业伦理具有将获取利益的行为与人的协调发展、社会整体利益的进步以及可持续发展等价值导向协调的功效。企业决策中如果缺乏商业伦理，人们就很可能因为追求自身的经济利益，而忽视社会利益、环境保护以及侵害他人的权益等。而重视商业伦理的企业则会不断地应用社会标准来规范自己的行为，用社会道德标准对经营决策的各个方面进行衡量和决定取舍，可以实现企业活动的经济效益、社会效益和生态环境保护的有机统一。

第二，凝聚功能。人们选择某种组织，不仅取决于个人对利益的追求，也与伦理道德密切相关。商业伦理可以将企业员工的需求和期望整合，让员工从内心中感受到组织的温暖，进而将自身利益与组织的发展紧密联系在一起。当管理者具有较好的伦理素质时，他将更具人格魅力，这种人格魅力可以赢得员工的尊重，让员工心服口服，从而有效降低监督管理成本。

第三，规范功能。和硬性的规章制度相比，软性商业伦理可以将规范转变为员工的信仰，让员工按照伦理要求进行自我约束、自我规范和自我评价。通过商业伦理将行为规范内化，还可以让员工在遵守伦理规范的过程中产生自豪感和满足感。

第四，激励功能。管理心理学认为，人们对自己行为的社会意义认识得越清楚，工作就越有勇气和信心。以前企业管理单纯强调物质激励的有效性，忽视了物质激励的负面性，其结果导致人们畸形追求物质利益以及物欲的恶性膨胀。商业伦理为企业员工提供了新的精神追求和人格提升，使员工素质不断提升，并且激发出强大精神力量和工作热情，进而达到良好管理绩效。

1.3.2 商业伦理学的兴起

商业伦理学的兴起要追溯到 20 世纪 50 年代。20 世纪 50 年代末 60 年代初美国出现一系列企业伦理道德缺失带来的经营丑闻，迫使政界和学界开始重视商业伦理问题。

首先是在 1962 年，美国政府公布了一个报告——《对企业伦理及相应行动的声明》，表明政府开始正式关注这方面的问题。同年，威廉·洛德（William Lord）在美国商学院联合会发起有关开设《企业伦理学》课程必要性的调查。1963 年，T.M. 加瑞特（T.M.Garrett）等人编写了《企业伦理案例》。1968 年，美国天主教大学原校长 C. 沃尔顿（C.Walton）在《公司的社会责任》一书中，倡导公司之间的竞争要以道德目的为本。这表明学界的专家学者也开始关注这方面的问题，但是，此时人们并没有真正地重视商业伦理问题，学术界还在热烈探讨"利润先于伦理"与"伦理先于利润"两个命题哪个更有道理。直到美国号称史上最早最大的汽车召回事件——福特公司的 Pinto 车召回事件的爆发。

> **专栏 1-7　福特公司 Pinto 车召回事件**
>
> 20 世纪 70 年代初，福特公司的热销品牌 Pinto 车发生多起车毁人亡事故，但由于缺乏证明汽车存在系统性问题的证据，公司汽车召回委员会投票决定，不予召回。
>
> 一年以后，他们得到了部分相关证据。油箱的设计存在问题。油箱置于车后方，而后车轴与后保险杠之间，只给油箱留有约 0.3 米的缓冲空间，后车轴上还安装有向外凸出的轮缘和一大排螺栓头。追尾冲撞试验表明，只要后面的车辆以每小时 34 公里的速度撞上来，油箱就可能向前移动，造成油箱漏油，遇到火花就可能将汽车化为灰烬。但是他们决定不采取行动。他们的逻辑是：Pinto 是福特首部推出的价格低于 2 000 美元的微型轿车，安全性不是卖点；油箱设计没有违反安全法令；并且公司还对减少汽车油箱起火的可能性进行了损益比较。《琼斯母亲》杂志（Mother Jones）记者马克获得了一份福特公司成本效益分析材料。这份材料比较了召回所有油箱装在汽车尾部汽车所需的成本，以及赔偿由于此类缺陷造成伤亡所需支付的费用。如果对汽车召回修理改进，成本如下。
>
> 销售量：1 100 万辆车，150 万辆轻型货车。
>
> 召回单位成本：每辆车 11 美元，每辆货车 11 美元。
>
> 总成本：11 000 000×11 美元 + 1 500 000×11 美元 = 13 750 万美元
>
> 收益：避免 2 100 辆汽车被烧，180 人严重烧伤，180 人烧死。
>
> 事故赔偿单位成本：每烧死一人 200 000 美元，每烧伤一人 67 000 美元，每烧毁一辆车 700 美元。
>
> 总收益（节省成本）：180×200 000 美元 + 180×67 000 美元 + 2 100×700 美元 = 4 953 万美元。
>
> 当时，美国公众尚未走出尼克松总统的"水门事件"的阴影，又听说最伟大的公司之一的福特公司汽车竟然拿金钱和消费者的生命做比较，而且最终选择了金钱。福特公司被一系列公开发表的言论指责为了谋取利益无情地以牺牲人的生命为代价。
>
> 虽然事后福特公司斥巨资召回，并最终于 1980 年停止生产 Pinto 汽车，但人们对福特公司的信任危机却持续了很久。加利福尼亚的一个陪审团判决福特公司为 Pinto 汽车的受害人遭受的痛苦赔偿 1.25 亿美元，这在当时是个闻所未闻的天文数字。
>
> 资料来源：曼纽尔 G 贝拉斯克斯.商业伦理概念与案例[M].刘刚，程熙镕，译.7 版.北京：中国人民大学出版社，2013.

可以说，福特公司的 Pinto 车召回事件使得人们真正开始认真深入反思商业伦理问题。

1974 年 11 月，在美国堪萨斯大学召开了第一届商业伦理学讨论会，这次会议不仅深化了此前人们对商业伦理问题的认识，而且标志着商业伦理学研究组织的正式确立。

20 世纪 80 年代后，商业伦理学进入了全面发展阶段。70 年代，随着日本经济的腾飞，学术界开始关注日本经营模式，日本人把日本传统的伦理观念融入企业经营活动之中，使伦理道德成为日本企业调节企业内外关系、处理利益冲突的主要手段，从而在激烈的国际竞争中取得了很大的优势，这对美国企业界、学术界都产生了巨大的冲击。美国人开始更加深刻地反思伦理道德对企业经营和整个经济发展的作用和价值。

20 世纪 80 年代商业伦理学开始进入大学的课堂，并且很快成为高校管理学专业的核心课程，而且还向市场营销学、战略管理学、组织行为学、国际企业学、会计学、谈判学等课程渗透。从 2003 年起，在《商业周刊》对商学院的排名中，新增了对商业道德的评价。

与此同时，一些关于商业伦理的国家标准以及国际标准纷纷出台，比较有名的有《SA8000 社会责任标准》《ISO26000 社会责任指南》等。这些商业伦理规范已经在世界许多著名的企业得到广泛应用，许多企业或商业机构都设立了伦理委员会和负责处理商业伦理问题的经理。

在中国商业伦理问题真正受到重视，应该是 2008 年之后。尽管 2008 年之前也发生了不少企业失德的事情，但是却往往被人们所忽视，有时候即使被报道出来，也被认为是改革发展过程中必须付出代价，是不可避免的。但是，2008 年中国发生了震惊世界的三聚氰胺事件，使得这种代价论很难再为人所认同了。

专栏 1-8　　　　　　　　　　三聚氰胺事件

2008 年之前，虽然发生过许多食品安全问题，但是如此大规模的、涉及整个行业的食品安全问题，却从未有过。而且这次食品安全事件的受害者居然是最无辜和最为人们关心爱护的婴儿。

事件起因是，很多食用三鹿集团生产的奶粉的婴儿被发现患有肾结石，随后在其奶粉中发现化工原料三聚氰胺。三鹿是中国名牌、中国驰名商标、国家免检产品，自称产品经过"1 100 多道检测"，是"2 000 万妈妈的选择"，但 2 000 万妈妈选择的不是健康而是疾病和恐惧。

其实，早在 3 月份，三鹿公司就接到了消费者投诉，但是他们装模作样地查了一下，就声称送测的样本未发现问题。凭借消费者对他们的信任和驰名商品的光环，他们把负面的声音打压了下去。然而，到了 7 月份，消费者开始向其他的相关组织投诉了，16 日甘肃省卫生厅接到多起患病报告，据传三鹿业务员曾访问患儿家庭了解情况。在外界的压力下，三鹿公司不得不向有关部门说明问题，然而在 8 月份，三鹿公司的结论却是，查明不法奶农掺入三聚氰胺，他们采取的行动是给受害者一笔封口费，对媒体进行公关，要求媒体不予报道，同时，对以前自己生产的产品进行秘密召回。直到 9 月 11 日晚上三鹿面对无可抵赖的证据时，才承认自己的奶粉有问题。但它仍然辩解说只是自己的奶粉受到污染，第二天，又辩称不法奶农掺入三聚氰胺，把责任推给奶农。

根据公布数字，截至 2008 年 9 月 21 日，因使用婴幼儿奶粉而接受门诊治疗咨询且已康复的婴幼儿累计 39 965 人，正在住院的有 12 892 人，此前已治愈出院 1 579 人，死亡 4 人，另截至 9 月 25 日，香港有 5 人、澳门有 1 人确诊患病。事件引起各国的高度关注和对乳制品安全的担忧。中国国家质检总局公布国内的乳制品厂家生产的婴幼儿奶粉的三聚氰胺检验报告后，事件迅速恶化，包括伊利、蒙牛、光明、圣元及雅士利在内的多个厂家的奶粉都检出三聚氰胺。该事件亦重创中国制造商品信誉，多个国家禁止了中国乳制品进口。几年后，在中央电视台《每周质量报告》调查中，仍有 7 成中国民众不敢买国产奶。

该专栏根据相关资料整理而得。

在这个事件之后，中国学术界开始重视商业伦理问题，本来不受重视的商业伦理课程在高校中变得越来越受关注，越来越多的高校和相关专业开始把商业伦理课程作为大学生、研究生的必修课程。

1.4 商业伦理学研究框架

下面我们介绍一下商业伦理学的定义和研究对象以及学习商业伦理学的价值等基础性问题。

1.4.1 商业伦理学的定义和研究对象

商业伦理学是对商业活动中的各类利益相关者之间的关系和行为，进行伦理分析、道德判断和提出相关规范建议的一门学科。商业伦理学是工商管理学与伦理学在相互发展和影响下形成的一门交叉学科。

商业伦理学的研究对象是商业活动中的各类利益相关者的关系和行为。那么商业活动中有哪些利益相关者呢？一般来说，商业活动中的主体是企业，就企业来说，其利益相关者有股东、客户、员工、商业伙伴、政府、当地的社区民众等。

比如一个商业银行其利益相关者，包括股东、客户即存款人和借款人、银行的职工、政府管理部门、银行所在的社区等。在商业银行处理与利益相关者之间的关系时，我们常常提出一些相关要求，比如，商业银行应该遵守国家法律和接受相关管理部门的宏观调控；商业银行应为维护利益相关者的权益提供必要的条件，当其合法权益受到侵害时，利益相关者应有机会和途径获得赔偿；银行应向存款人及其他债权人提供必要的信息，使其能对银行的经营状况和财务状况做出判断和进行决策；商业银行应鼓励职工通过与董事会、监事会和经理人员的直接沟通和交流，反映职工对银行经营、财务状况以及涉及职工利益的重大决策的意见；商业银行应在保持持续发展、实现股东利益最大化的同时，关注所在社区的福利、环境保护、公益事业等问题，重视银行的社会责任。这些都是商业伦理研究的范畴。

研究商业伦理学就是要对这些关系和行为进行分析，做出道德判断，并分析如何在各类组织中进行伦理道德建设等问题。

1.4.2 商业伦理学的任务和研究方法

商业伦理学的任务是指商业伦理学要解决的现实问题，商业伦理学有以下几个任务。

第一，依据普通规范伦理学的原则和方法得出工商活动的伦理原则。

第二，对现有的经济制度，包括市场体制和企业制度进行道德评价。

第三，对市场规则和企业管理中的伦理规范进行说明和改进。

第四，今后在企业工作能够按照伦理规则对企业进行伦理建设。

在学习了《商业伦理学》之后，学生如果能够做到上述几点，则圆满完成了《商业伦理学》的学习任务。

商业伦理学属于工商管理和伦理学的交叉学科，因而两个学科常用的研究方法都会出现在商业伦理学的研究之中。工商管理研究以案例研究为基本研究方法，而伦理学研究则以哲学思辨为基本的研究方法。因此，案例研究、哲学思辨研究都是商业伦理学的基本研究方法。

1.4.3 为什么要学习商业伦理学

关注和学习商业伦理学对在校大学生和企业界的人士来说都具有重大的意义。

第一，学习商业伦理学有助于更客观地理解企业及其成员的责任。商业伦理学不是简单地宣称企业应该履行什么责任，更重要的是，要论证为什么把单纯追求利润最大化作为企业社会责任是不合适的，尤其要论证为什么企业社会责任应该包含道德责任。管理工作的特点是通过他人来完成工作，管理者通过施加影响力使员工能心甘情愿地努力工作是十分重要的；管理者经常需要向外部利益相关者解释为什么其所做的决策是正当的，这就需要统一认识，提出有说服力的观点。

第二，学习商业伦理学有助于纠正人们对商业伦理学的一些片面认识。特别是在当代中国，人们对商业伦理的认识还存在一些误区，比如，企业的责任就是在守法条件下利润最大化；我国目前还不具备讲企业伦理的条件；谁讲伦理谁吃亏，讲道德与追求利益总是对立的；现在要的是法律、制度而不是道德；企业即使讲道德，目的也还是为了谋利，讲道德只是一种伪装而已……这些观点对当代中国经济和社会的发展起了相当大的负面作用。通过学习商业伦理学，我们可以认识到这些观点为什么是错误的，有助于增强对伦理问题的敏感度。确保其能及早发现企业内外出现伦理问题的迹象，避免在实践中做出错误的判断和决策。

第三，学习商业伦理学有助于提高决策质量。学习商业伦理学有助于帮助管理者学会有效运用道德评价和道德推理方法。商业伦理学课程本身旨在帮助学生解决在商业环境中碰到的无法避免的道德困境，帮助学生在遇到道德层面的商业问题时学习如何做出抉择。例如，股东有股东的利益，雇员有雇员的利益，而且各有各的权利。当他们之间发生冲突时，你该做出什么决定呢？我们教导学生如何应对这样的困境，同时学习用有理有力的语言阐述自己的决定，从而提高商业决策的质量。衡量一个商业决策的可行性实际上是衡量五个重要标准。其一，经济标准：是否有利？其二，技术标准：是否可行？其三，政治标准：是否符合国家的方针政策？其四，法律标准：是否合法？其五，伦理标准：是否合乎伦理？如果满足这个五个标准，那么决策一定会给企业带来良好的结果。反之，则不能保证有一个很好的结果。

第四，学习商业伦理学有助于培养企业核心能力，提升企业竞争力。基于卓越道德的竞争优势是一种可持续的竞争优势；企业的伦理道德资源也是企业的一种资本，属于社会资本的一类，它具有有价值、稀缺性、难以模仿性等几个特点，因此，可以运用企业的伦理道德资源来构建企业的核心能力，增强企业的竞争优势。

1.4.4 伦理道德与商业利益

"道德"与"利益"的关系是商业伦理学的基本问题。几千年来，历代思想家对它进行了反复讨论，在中国古代关于"道德"与"利益"的关系思考一般称之为"义"与"利"之辩。先秦诸子中，法家提出了"重利轻义"主张，管仲（前723年—前645年）的名言"仓廪实而知礼节，衣食足而知荣辱"一直为人们所熟知；而道家则以既超道义又超功利的态度来看待义与利的关系；儒家则主张"重义轻利"思想。这三种义利观在中国道德史上都有各自的影响，但儒家"重义轻利"的思想对后世的影响最大。儒家创始人孔子提出管理者应该

"见利思义"(《论语·宪问篇》),"君子喻于义,小人喻于利"(《论语·里仁篇》),"放于利而行,多怨"(《论语·里仁篇》)等观点。不过孔子并没有因为肯定"义"而否定"利"对个人生活的意义。然而在后世,儒家却越来越关注"利"而轻视"义"。比如孟子(约前372年—约前289年)就提出"上下交征利,而国危矣"(《孟子·梁惠王上》);西汉董仲舒(前179年—前104年)提出"正其宜(义),不谋其利;明其道,不计其功"(《汉书·董仲舒传》)。宋明理学家朱熹(1130—1200)则继续发扬这种重义轻利的思想,宣扬的"利于私,必不利于公。公私不能两胜,利害不能两能"的观点,造成后人羞于言利、耻于获利的思想诟病,"义"和"利"也从此彻底分离和对立。

在西方工商管理理论发展过程中,伦理道德和利益的关系有三种观点:第一种观点认为在商业活动中,利益的重要性胜过伦理道德,在法律允许的情况下,为了利益,商业组织可以不管伦理道德。第二种观点认为商业活动和利益没有直接关系,人们只是在不得已的情况下,才会考虑道德与利益的关系。第三种观点是商业活动本身必须在一定的伦理道德标准下才能正常进行,伦理道德内含于各种商业活动中,必须考虑伦理道德才能使商业利益得到长期的保证(见表1-2)。

表1-2 三种假设的比较

	不道德管理假设	非道德管理假设	道德管理假设
伦理标准	商业活动与伦理道德是对立的	商业活动既不是道德的,也不是不道德的,只有在不得已的情况下,商业决策才会考虑道德	商业活动必须符合伦理道德,商业活动本身必须在一定的伦理道德标准下才能正常运作
动机	人都是自私的,企业只关心利润	人是自私的,但在行为对他人造成影响时,不得不为了避免负面影响而考虑伦理道德	人是有良心的,违反伦理道德的成功是不值得追求的
目标与策略	不惜以任何代价取得利润及组织成功	在不影响他人利益的情况下,获取自身最大利益	在伦理标准的范围内追求利润;运用伦理道德进行管理;遇到伦理困境,考虑自身的责任,不推卸
法律导向	为了获取利益,必须想办法绕过某些法律标准的障碍	法律是伦理指南,只要遵守法律就可以了	法律是伦理行为的最低标准,应提高人们的伦理道德素质

1.5 中国传统文化与商业伦理

传统文化对商业伦理的影响无处不在,中国社会要建立一种为人们普遍接受、积极向上的商业伦理规范离不开**中国传统文化(Chinese traditional culture)**的支撑。

1.5.1 中国传统文化的伦理特色

中国素以"文明古国"和"礼仪之邦"而著称于世,有着极为丰富的伦理思想遗产。中国传统文化的核心内容是政治伦理和个人道德,展开来说就是"修身""齐家""治国""平天下"。"修身"的核心内容就是要讨论如何提高自己的道德水平,以达到更高境界的道德人格,如君子、圣贤等。"齐家"和"治国"就是要在一个组织内建立一种内部和谐,并能够推动组织不断发展的伦理秩序。"平天下"就是要建立一个社会的伦理秩序。"修身""齐家"的目标是为了"治国""平天下"。"治国""平天下"的基本目标就是消除礼崩乐坏的乱世，建立一个崇尚道德仁义礼等德行的社会，最终达到大同社会的理想。

专栏 1-9　　　　　　　　　　小康社会与大同社会

昔者仲尼与于蜡宾，事毕，出游于观之上，喟然而叹。仲尼之叹，盖叹鲁也。言偃在侧曰："君子何叹？"孔子曰："大道之行也，与三代之英，丘未之逮也，而有志焉。大道之行也，天下为公。选贤与能，讲信修睦。故人不独亲其亲，不独子其子，使老有所终，壮有所用，幼有所长，鳏寡孤独废疾者皆有所养。男有分，女有归。货恶其弃于地也，不必藏于己；力恶其不出于身也，不必为己。是故谋闭而不兴，盗窃乱贼而不作，故外户而不闭，是谓大同。"

"今大道既隐，天下为家。各亲其亲，各子其子，货力为己，大人世及以为礼，城郭沟池以为固，礼义以为纪，以正君臣，以笃父子，以睦兄弟，以和夫妇，以设制度，以立田里，以贤勇知，以功为己。故谋用是作，而兵由此起。禹、汤、文、武、成王、周公，由此其选也。此六君子者，未有不谨于礼者也。以著其义，以考其信，著有过，刑仁讲让，示民有常。如有不由此者，在势者去，众以为殃。是谓小康。"

资料来源：《礼记·礼运》。

1.5.2　中国传统伦理思想的沿革

中国传统伦理思想的发展历程，大体可分为三个阶段。

1. 产生阶段

在甲骨文中，考古学家就发现了伦理道德的概念，这说明中国伦理思想的起源至少可以上溯到 5 000～10 000 年前的远古时代。西周初年，周公姬旦提出了以"敬德保民"为核心的伦理思想，同时也有了"孝""悌""敬"等道德规范或范畴，从而为中国伦理思想的发展奠定了基础。

春秋战国时期，在伦理思想上出现了百家争鸣的局面。由孔子创立，经孟子、荀子等人发展和完善的儒家伦理思想是中国传统伦理思想的主流。除此以外，还有墨子为代表的墨家所提出的墨家伦理思想，强调兼爱非攻；以老子和庄子为代表的道家伦理思想，强调返璞归真；而以商鞅、韩非等人为代表的法家，认为人和人之间都是一种利益关系，否认道德的社会作用，提出了一种以利益和暴力为基础的社会伦理秩序。纵观整个先秦伦理思想，涉及道德的起源、人性的善恶、道德的最高原则、道德评价的标准以及道德与利益的关系等一系列伦理学的重要问题，它是中国古代伦理思想发展的一个高峰。后来出现的各种伦理学说，几乎都可以从这一时期的伦理思想中找到理论原型或思想渊源。

2. 发展、演变与成熟阶段

这一阶段从秦汉到 1840 年鸦片战争，长达 2 000 余年。这个时期是中国传统伦理思想进一步发展、演化和系统化的时期。在这个阶段，儒家伦理思想逐步战胜了其他诸子的伦理思想而成为中国社会的主流伦理思想。这个时期大体上又可以分为以下几个阶段。

第一阶段是汉朝时期。董仲舒提出天人感应说，并将其运用到社会伦理道德中，使得这一时期占主要地位的伦理思想带上神学目的论的色彩；"三纲五常"逐渐成为中国社会中最高道德原则和规范，"孝""忠"等封建道德得到进一步强化，甚至提出了"以孝治天下"的政治主张。

第二阶段是魏晋时期。这个时期社会动荡，战争频繁，国家长期分裂，再加上佛教的传入和玄学的盛行，使以儒学为正统的道德观念发生了动摇。享乐主义的思想也在这一时期泛滥起来，在统治者和知识分子中出现了一批追求人生享受和奢侈生活的群体。

第三个阶段是隋唐时期。中国社会再次统一，在伦理思想上，表现为儒、道、佛三家互争短长、相互吸收和逐渐融合。儒家思想家吸收了佛教有关自我修养等方面的内容，进一步丰富儒家的伦理思想，巩固它在封建社会中的正统地位。

第四个阶段是宋明时期。这个时期思想家辈出，出现了两大思想流派。以程颢、程颐、朱熹为代表的程朱学派，建立了一套以理为最高范畴的庞大而精致的伦理思想体系。以陆象山、王阳明为代表的陆王学派，则吸收佛教思想，建立起以"致良知"和"知行合一"为主要内容的"心学"伦理思想体系。这是中国传统伦理思想走向巅峰，达到成熟的时期。

第五个阶段是清朝时期。清朝统治者在稳定政局之后不久，就开始推行文字狱，禁锢思想家的思想，迫使清代的思想家都不得不从关注现实生活转向关注纯学术的内容，乾嘉学派开始流行。清代的学者花费了大量的精力研究考据，不敢过多关注现实政治和社会伦理问题，没有了源头活水，中国传统伦理思想开始走向僵化并日益衰弱。

3. 没落与新生阶段

鸦片战争后，资本主义思想在中国得到广泛传播。清政府在多次对外冲突中都以失败和屈辱而告终，这严重动摇了当时朝野上下对传统伦理思想的信心。一部分具有启蒙意识的思想家开始对传统的"三纲五常""忠孝节义"等道德教条和伦理原则进行强烈的批判。

到了民国时期，这种思潮越来越流行，一批深受西学影响又急欲救亡图强的激进青年，如胡适、陈独秀等，发起了反孔非儒的运动。他们高喊着"打倒孔家店"和废除文言文等主张，全面否定传承了两千多年的中国传统伦理思想。在这期间，中国传统伦理思想不仅失去了主流地位，而且日益陷入崩溃的境地。

在新中国成立后，马克思主义伦理思想成为中国的主导思想，传统伦理思想基本上成为被批判的对象。

改革开放以来相当长的一段时间内，整个中国社会都关注经济建设，伦理道德思想的建设与发展或多或少被忽视，直到最近十几年，人们才开始重新关注伦理道德问题。当代中国社会有一部分人的价值观不坚定，道德水平滑坡，为了个人私欲和金钱不择手段，引发了食品安全问题、贪污腐败问题、环境污染问题等诸多社会问题，这使得人们开始反思中国传统伦理思想的价值。这预示着中国传统伦理思想即将开始新的一轮发展历程。

1.5.3 儒商文化的复兴

从狭义上来说，"儒商"是指信奉儒家思想，并且以儒家思想作为自己行为准则的商人。从广义上来说，"儒商"是有较高文化素养、具有中国优秀传统伦理道德观念，善于在商业经营中把优秀传统文化精神与商业经济规律相结合的企业家。

1. 传统的儒商

先秦时期百家争鸣，其中就有儒家和商家，后来儒家与商家合流，形成了早期的儒商。据《史记·货殖列传》中记载，子贡从学于孔子，做了一段时间官后，就到山东地区做囤积居奇的生意，发了大财。孔子也曾说："赐不受命，而货殖焉，亿则屡中。"意思是子贡不愿意去做官，更愿意去做生意，他能够比较准确地预测市场行情，故而能够赚到大钱。除了子贡之外，还有和子贡同时代的计然、范蠡和白圭等都可以算是儒商的早期代表。从此儒者除了传统的"学而优则仕"的人生道路之外，还有一条"学而优则商"的人生道路可以选择。

专栏 1-10　　商圣：范蠡（又名鸱夷子皮、陶朱公）

范蠡（前 536 年—前 448 年），春秋时期楚国宛地人，政治家和实业家，被后人尊称为"商圣"。他出身贫贱，但博学多才。传说他帮助勾践兴越国，灭吴国，一雪会稽之耻，功成名就之后急流勇退，开始经商。

范蠡离开越国来到齐国，变姓名为鸱夷子皮，在海边结庐而居，经营产业，很快积累了数千万家产。他仗义疏财，很快就被齐人赏识，齐王拜他为主持政务的相国。三年后，他再次急流勇退，散尽家财给知交和老乡，迁徙至陶二次创业，没出几年又成巨富，自号陶朱公，当地民众皆尊陶朱公为财神。史学家司马迁称："范蠡三迁皆有荣名。"范蠡的经营理念大体如下。

第一，待乏原则，要求经营者站在时机的面前，超时以待，就像以网张鱼须迎之方能获猎。

第二，修备原则，要从各方面做好准备，这就要求经营者知道货物何时需用，从而估计货物的价值。充分了解各种货物的供需情况，把握行情。

第三，得时无怠原则，因为时不再来，天予不取，反为之灾。时机到来，犹救火，追亡人。

第四，贵出贱取原则。贵出如粪土，当商品价格涨到最高点时，要果断出手。贵上极则反贱。贱取如珠玉，当商品价格跌落到最低点，要像珠玉一样买进，贱下极则反贵。

第五，积着原则。积着之理，务完物，无息币。以物相贸易，腐败而食之货勿留，无敢居贵。就是要合理地贮存商品，加速资金周转，保证货物质量。

第六，薄利多销原则。范蠡主张逐十一之利，薄利多销，不求暴利。这种主张带有典型的儒家伦理特色。

资料来源：郭霞.商圣范蠡经营方略刍议[J].华中师范大学学报（人文社会科学版），2014(2).
钟玉峰.范蠡经商思想的古为今用[J].企业改革与管理，2013(8).

在先秦以后的漫长岁月中，儒商发展出徽商、晋商、江右（江西）商、临清（山东）商等商帮，由个体成长为群体。特别是明、清两代，徽州巨商大贾雄踞江南，而山西商人盘踞中原，辐射欧亚，一时间成为我国两大赫赫有名的商业劲旅。

> **专栏 1-11　晋商文化**
>
> 　　晋商是中国最早的商人，其历史可追溯到春秋战国时期。明清两代是晋商的鼎盛时期，晋商成为中国十大商帮之首。在中国商界称雄达 500 年之久。晋商文化可以概括为进取精神、敬业精神、谨慎精神、群体精神。这种精神贯穿晋商经营意识、组织管理和心智素养之中，可谓晋商之魂。
>
> 　　第一，进取精神。清人纪晓岚曾这样描述说："山西人多商于外，十余岁辄从人学贸易，俟蓄积有资，始归纳妇。"这就是说，事业不成，甚至连妻子也不娶。可见山西人是把经商作为大事业来看，他们通过经商来实现其创家立业、兴宗耀祖的抱负，经商成功后，自是崇义让，淳宗族，睦邻里亲友，赈贫恤乏，解纷讼，成人之美。
>
> 　　第二，敬业精神。晋人摒弃旧俗，褒商扬贾，以经商为荣。榆次富商常氏，有清一代不绝于科举，但绝不轻视商业，而且是把家族中最优秀的子弟投入商海。常氏"学而优则商"，能数代集中优秀人才锐意经营商业，从而形成了一个具有相当文化的商人群体。由于他们把儒家教育的诚信、仁义、忠恕精神引入商界，从而有了常氏商业之繁盛。可见，把商业作为一项终身的崇高事业来对待，是山西商人经商取得成功的重要因素。
>
> 　　第三，谨慎精神。山西商人经商以谨慎闻名。他们不轻易冒风险，不打无准备之仗，而是要在充分调查了解情况的基础上，才拍板成交，以避免不必要的损失。
>
> 　　第四，群体精神。山西商人在经营活动中很重视发挥群体力量。他们用宗法社会的乡里之谊彼此团结在一起，用会馆的维系和精神上崇奉关圣的方式，增强相互间的了解，通过讲义气、讲相与、讲帮靠，协调商号间的关系，消除人际间的不和，形成大大小小的商帮群体。山西商人这种商帮群体精神，首先来源于家族间的孝悌和睦。其次群体精神是经商活动中业务扩大与商业竞争的需要。随着山西商人活动区域和业务范围的扩大，商业竞争也愈来愈激烈，于是山西商人从家族到乡人间，逐渐形成"同舟共济"的群体。
>
> 资料来源：朱贻庭．"儒商"与儒商精神 [J]．探索与争鸣，1996(10)．
> 　　　　　艾斐．晋商崛起的文化成因 [J]．先锋队，2012(31)．

　　到了近代，儒商以儒家管理思想为基础，吸纳了西方管理科学思想，高扬着爱国主义旗帜，兴办发展民族工业，在传统儒商的意义上臻于成熟。在海外的华人圈子中，儒商的传统得到发扬光大。

2. 儒商精神及其在现代的复兴

　　中国传统的儒商精神，可以概括为"君子爱财，取之有道"。"爱财"，即是要发展经济，追求财富的增加，这是作为商人的基本特点；"有道"，即是要以人为本、恪守伦理道德，这是儒家思想的要求。儒商精神的实质就是儒家"治国平天下"的外王事业向经济管理领域的拓展与落实。

　　在知识经济和全球一体化的背景下，民族文化日益彰显其重要性。诚然高新科技是经济发展的车头，但深厚的文化底蕴才是经济发展的基础。只有既具备现代科技知识，同时又有道德文化修养，才能成为未来社会精英和中流砥柱。

现代新儒商文化应该继承传统儒商的许多价值观，比如"自强不息"的忧患意识和"反求诸己"的自律意识，"以义取利""诚敬就业""货真价实""勤俭廉洁"等经营准则。同时，现代新儒商文化也应该摒弃中国传统儒商所带有的那种地域性、宗法性、行会性特点，克服传统儒商的家族经营、"官本位"和过分的谦和忍让导致的市场竞争和进取意识不足等缺陷，既具有现代生产力和现代经济活动的有关知识、智慧、眼光和文化素养，又具备同市场经济相适应的伦理道德品格和风范，这样的儒商文化一定会在当代社会复兴和发扬光大。

3. 儒商管理文化与西方管理文化的区别

儒商管理文化与西方管理文化的差别主要体现在以下几个方面。

第一，管理的目标不同。儒商管理遵循儒家"以人为本"的原则，把人当作经营中最根本的、能动的因素，并通过对人在精神上和物质上的关心和激励去调动员工的积极性，提高人的伦理道德素质，在人的素质提高过程中，实现良好的经营业绩。而西方的管理则更加关注做事，以提升经营业绩作为管理追求的目标，有重物不重人的倾向。

第二，管理手段的不同。西方管理运用的基本手段是运用理性的利益机制，以契约来确立雇主与雇员之间的利益关系，通过利益上的奖与惩来激励和约束员工的行为，使其驱向管理目标。而儒商在运用理性的利益机制的同时，更加注重情感激励、思想发动和精神动员的作用，把伦理与人情作为激励和约束员工行为的重要因素，甚至把利益机制也打上伦理的色彩。运用儒家的重人、重信、重义、重情的精神对员工进行管理，督促其实现管理目标。

第三，管理组织方式的不同。儒商的企业管理组织方式是家族式的，其优势是凝聚力强，员工有较强的自觉性和能动性。如果家长是一位优秀的人才时，其管理效率高，能更有效地进行调度，更灵活地去适应市场的变化。但是，如果家长不称职，则整个企业就会陷入困境和危机。而西方管理的组织方式则基本上是采取契约制和科层制。企业管理采取分工明确，分层负责，各司其职，按绩付酬。员工与企业的关系只是以利益关系为转移的不稳定关系。企业不景气时，靠大肆裁减员工来减少工资支出。员工找到很好的工作单位或薪水更好的职位就会跳槽。另外，西方企业严密的分工，使得当某一环节出现问题时，容易造成不同方面和层次的断裂，整体运行受阻。对调动整个组织来适应市场的突变也常不如家长式的企业来得更为灵活。

本章小结

1. 本章讲述了商业伦理相关的基本概念和基本内容，首先，从英语与汉语两种语境，对伦理与道德两个词做了区分。其次，介绍了伦理学的概念和分类。商业伦理学属于应用伦理学的一个子类，人们也可以对商业伦理学进行描述性研究、规范性研究和分析性研究等不同层次不同视角的研究。其中规范性研究对于商业伦理学来说最为重要，很多商业伦理问题必须用到大量的规范伦理学的研究成果才可能得到解决。
2. 学习商业伦理学有助于更客观地理解企业及其成员的责任。学习商业伦理学有助于纠正人们对商业伦理学的一些片面认识。学习商业伦理学有助于提高决策质量。学习商业伦理学有助于培养企业核心能力，提升企业竞争力。管理专业的许多课程如果缺乏伦理道德方面的内容就不完善。
3. 商业伦理学形成于西方，但是商业伦理却早已有之，在中国先秦时期就出现了丰富的伦理思想，这些伦理思想和商业实践相结合，产生了中国特有的儒商文化，儒商文化经过几千年的流传，至今仍深刻影响着中国的企业家，成为我们研究商业伦理的伟大思想宝库。

关键术语

伦理（ethics）　　　　　　　道德（morality）
法律（justice）　　　　　　　商业伦理学（business ethics）
中国传统文化（Chinese traditional culture）

复习思考题

1. 道德和伦理有什么区别？
2. 商业伦理和商业伦理学有何区别？
3. 儒家文化的主要特点有哪些？
4. 法律与伦理道德的关系是什么？
5. 伦理学研究的主要内容是什么？
6. 商业伦理学研究的主要内容是什么？

应用案例

某打捞公司的经营模式

2008年6月23日，荆州市工商行政管理局登记注册分局批准某打捞服务有限公司成立。该公司核准经营范围为沉船、沉物的打捞，主要员工有：夏某，男，1966年，公司执行董事、经理，法定代表人，原沙市环卫局环卫工人。谢某，男，1948年，公司监事，原沙市南湖机械厂职工。陈某，男，1970年，公司业务负责人，当地村民，曾经被劳教三年。

公司成立后，陈某印制了名片分发给长江荆州水域沿线的商铺和个人，并交代他们一旦需要打捞就打名片上的电话通知他。陈某会支付给他们50～100元不等的"信息费"。得到信息后，陈某召集周边的部分渔民驾船到现场打捞。打捞渔船到达现场后，由陈某出面商谈价格，价格未谈妥前不会开工，防止东西打捞上来后事主不付或者少付酬金。

然而公司经营了一年多后，很快就遇到危机。

2009年10月24日14点，长江荆州段，两少年落水。大学生李佳隆入水救少年陈天亮，遇暗流并感到体力不支；大学生陈及时游向另一少年张志鹏，被浪卷走；大学生方招入水救出李佳隆，徐彬程入水救出陈天亮；10余大学生搭人梯救张志鹏，被浪打散，8名学生落水；冬泳队队员闻讯入水，救起6名大学生和张志鹏；方招、何东旭、陈及时相继沉入长江水底遇难。

陈某闻讯后赶到现场，与长江大学文理学院相关老师商谈打捞费。陈某提出他们公司的相关业务报价，打捞上来一具尸体12 000元，没有打捞到尸体每天6 000元。但是，长江大学在场的几名老师身上没有这么多钱，大家凑了3 700元押金付给陈某，还按照陈某的额外要求买了价值300元的烟和矿泉水，作为给打捞工人的额外感谢。

然而《江汉商报》等相关记者一篇《挟尸要价》的新闻报道却让该公司陷入了伦理道德的旋涡。记者的照片定格瞬间画面是，捞尸者以答应的 36 000 元还没有全部到位为由"罢工"，一个叫王某的捞尸者，把打捞上来的方招的遗体用一条绳子绑住右手，用另一条带铁钩的绳子钩住 T 恤，将遗体横在水中，而不是拖到船上。当时岸上的同学们哭喊着抗议这样的行为，但王某摆手不动，据称王某等人这样侮辱英雄遗体，目的是调动岸上老师和同学们的怜悯和痛心，以及时拿到他们开出的 36 000 元天价捞尸费。

这个新闻一发出，讨伐和唾骂之声从四面八方涌来，荆州市政府新闻发布会上，发言人对该公司的不道德行为提出强烈谴责。直接当事人 71 岁的王某，更是成了网络"名人"，被众人唾骂没有人性，是一个没有良心、没有道义的坏人。但实际上，王某只是公司的临时雇用者，他当时的手势也并非挟尸要价，据说，在打捞过程中确实出现了暂停打捞的事，原因是打捞上来两具尸体后，长江大学的钱没有到位，这时候打捞船就停下来开始整顿，等陈某的命令。直到半小时后，陈某收到了两万元现金，才开始继续打捞。

后来，公安机关介入此事，进行了详细的调查，发现该打捞公司是荆州唯一一家在工商局注册的打捞沉船、沉物的民营公司。因此，在长江水域的小型打捞工作一般都由该公司负责，但没有发现该公司有暴力垄断的行为；从人员组成情况看，是由部分下岗工人和渔民组织的松散性合法的打捞公司，陈某收取打捞费是合法经营行为。

但是，公安机关认为陈某乘人之危索要了价值 300 元的烟和矿泉水，存在敲诈勒索的嫌疑，公安机关已依法将其治安拘留 15 天，并处 1 000 元罚款。在调查过程中，夏某、陈某等人都表示了悔过之意，称并不知道打捞的是英雄遗体，表示愿意退还打捞费，并向死者家属及社会公开道歉。11 月 8 日，该打捞公司法人代表将"10·24"事件中获得的 3.63 万元"天价打捞费"交到市公安局，并表示悔改之意。

资料来源：根据网络以及多种新闻报纸的报道内容而整理。

讨论题

1. 该公司面临的困境是如何产生的？
2. 公司应该如何处理伦理道德和利益的关系？

学习链接

[1] www.scu.edu/ethics．
[2] www.essential.org．
[3] 亚里士多德．尼各马可伦理学 [M]．邓安庆，译．北京：商务印书馆，2001．
[4] 朱熹．四书集注 [M]．长沙：岳麓出版社，2004．
[5] 曼纽尔 G 贝拉斯克斯．商业伦理概念与案例 [M]．刘刚，程熙镕，译．7 版．北京：中国人民大学出版社，2013．
[6] 纪良纲，王小平．商业伦理学 [M]．2 版．北京：中国人民大学出版社，2011．
[7] 周祖城．企业伦理学 [M]．2 版．北京：清华大学出版社，2009．
[8] 徐大建．企业伦理学 [M]．2 版．北京：北京大学出版社，2009．
[9] 琳达 K 屈维诺，凯瑟琳 A 尼尔森．商业伦理学 [M]．何训，译．4 版．北京：电子工业出版社，2010．

第2章
伦理分析与伦理决策

学习目标

1. 了解管理者伦理问题的重要性。
2. 掌握利己主义、功利主义、道义论、正义论四种伦理分析工具的主要内容,并能够运用这几种分析工具进行伦理问题分析。
3. 了解美德论和关怀论伦理分析工具。
4. 掌握伦理决策的影响因素和伦理决策过程。

开篇案例

史玉柱的商业伦理观

史玉柱,1962年出生,著名企业家。20世纪80年代末创业,先从事IT行业,后从事保健品行业。当年,史玉柱和他的脑黄金一起,成为妇孺皆知的明星。史玉柱采用的是铺天盖地、无孔不入、狂轰滥炸式的广告战略,他首次让一款全新的保健品在12亿中国人中做到了家喻户晓。然而,这颗快速升起的明星也很快陨落,因涉嫌虚假广告和非法传销,脑黄金迅速落败。过于夸张的广告词,也让史玉柱开始背上"骗子"的骂名。后来史玉柱又因为投资巨人大厦出现资金链断裂问题而陷入破产。

2000年史玉柱再次创业,仍然是保健行业,手法和脑黄金如出一辙,但是更加夸张。从2001年起,铺天盖地的脑白金广告成了一道电视奇观。其广告之密集,创造中国广告之最。一打开电视,总要跳出三两个人来,在那里反反复复地念叨。之后十余年,脑白金都在不停地做广告,几乎到了让人厌烦的地步,脑白金和其衍生产品黄金搭档还被指有弄虚作假、夸大疗效之嫌,遭到了舆论的围剿。

2005年,史玉柱在赚足了保健品市场的钱之后,开始转向网游,其著名网游《征途》也引起了不少人的质疑,被指传播暴力文化,宣扬金钱强权至上的价值观。《征途》游戏新玩家非常容易上手,玩家只要投入足够的金钱便能击败等级更高的玩家,被人指责为"金钱至上",违背了一般游戏中公平正义的精神。彩票、赌博、保险等在现实生活中受到政府严格管制的东西在《征途》的虚拟世界里更是随处可见。

对于有人指责他缺乏社会责任、道德感不强时,史玉柱辩解说:"我觉得做一个企业,你不赚钱就是在危害社会，我的企业 1996～1997 年亏钱，给社会造成了很大危害。我的损失转嫁给老百姓，转嫁给税务局。企业亏损会转嫁给社会，社会在担这个窟窿。我觉得，企业不赢利就是在危害社会，就是最大的不道德。"

资料来源：习牧歌. 史玉柱：在边缘游走 [J]. 中关村，2011(8).

史玉柱的观点具有一定的代表性，但是他的观点站得住脚吗？其实，在伦理道德领域，诸如此类的争议无处不在，我们应该如何看待这些伦理道德争议？在社会中，面临种种与道德有关的行为、政策或者话题时，我们应该如何进行伦理分析和道德判断？我们如何用伦理道德来指导我们的行为呢？这就是我们这一章要探讨的主题。

2.1 管理者的伦理问题

在现代商业社会，管理者的道德素质和伦理观念影响和决定了整个组织伦理道德状况。要构建一个良好的组织伦理道德体系，首先需要组织的管理者有较高的道德素质。中外管理实践都证明，作为组织中的管理者或领导者，其道德素质、言行举止具有示范性，影响着广大被管理者的道德品质。员工会根据其直接上级的组织伦理行为而决定自己的行为。因此，组织领导者自身的道德素质是建立和维持组织信誉最重要的因素。

管理者必须具备的基本道德素质无疑是"诚信"。"诚"是诚实，不弄虚作假，"信"是讲信用，就是要恪守信义，履行合约，这是诚信的基本要求。一个"诚信"的管理者在做决策时会坚持道德的价值观和原则，以客观公正的态度来考量企业的综合效益。而一个"诚信"的管理者还能够依靠其一贯的诚信行为表现赢得员工和领导者的信赖。

> **专栏 2-1　　　　　　　　　　唐骏"学历门"事件**
>
> 唐骏，中国职业经理人，1962 年生。曾留学日本和美国，曾任微软（中国）有限公司总裁，有"打工皇帝"之称。2008 年唐骏以身价 10 亿元跳槽至新华都集团。2010 年，知名人士方舟子爆料唐骏学历造假，在社会上引起强烈反响。事件从方舟子的一条微博开始：最近唐骏有一本《我的成功可以复制》，一看书名就是明晃晃的忽悠。如果通过学习成功学你成功了，说明成功学有用，如果你没成功呢，说明你努力不够。
>
> 第一条微博发出后即有网友质问其是否有证据。
>
> 51 分钟后，方舟子发第二条微博列出了证据。
>
> （1）加州理工学院计算机系校友名单中没有此人。
>
> （2）美国大学博士论文数据库中找不到此人的论文。在 2001 年之前加州理工学院就没有华人得过计算机博士学位。到现在也没有姓唐的得过。
>
> 唐骏《我的成功可以复制》第 2 章第 56 节最后一段："办到第二家公司，我差不多已放弃了学业。但凭借语音识别方面的应用性研究成果，我最后还是拿到了加州理工学院的计算机科学博士学位。"——假的，除非这个"加州理工学院"是个不知名大学的巧妙翻译。

> 就在方舟子展开连环攻击时，当事人唐骏一直选择不予理睬，他可能认为这样的独角戏不会有观众！但恰恰相反，众网友对此事的关注度日渐升温！下面是一些网友的观点。
>
> 孙晓坤：学历，很重要吗？看看唐的成就就好了，那东西值得炫耀或者拿来证明什么吗？
>
> 贪吃的大狗：即使人家不是博士，他的成就也不是随意一个人就能达到的。他凭自己创出了一番成就，你们凭什么说他，他实现了自己的价值。
>
> 守望者1975：学历造假的话关系一个人的诚信问题，是做人的基本道德底线！希望唐骏正面方舟子的质疑，拿出一个真的学历证书让大家看看，开开眼界！要知道真的假不了，假的真不了！只有心虚的人才会躲闪回避！
>
> 唐骏的"学历门"事件后，一些公众人物或名人也成为"惊弓之鸟"，引发了一轮名人更新"百科简历"的热潮。有媒体报道，唐骏"学历门"爆发以来，作为全球最大中文百科网站，互动百科上数十位名人的词条都不同程度地进行了更新。
>
> 该专栏根据相关资料整理而得。

除了诚信之外，管理者还应该有其他一些伦理道德素质，比如有权利与责任意识，尊重他人的权利，恪守自己的责任；有正确的公平与正义的观念，并且勇于追求组织内部与社会的公平与正义；有仁爱之心，关心组织中的弱势群体以及需要关心的员工等。管理者的伦理道德素质越高，则组织出现违反伦理的现象的可能性越低。在那些有名的商业伦理丑闻中，我们都能够发现一批伦理道德素质低下的管理者的身影。

既然管理者的伦理道德素质如此重要，那么有哪些因素影响着管理者自身的伦理道德素质呢？一般认为主要有四类因素。

第一，个人特征。组织中的每一个人都有一套相对稳定的价值准则。这些准则是个人早期发展起来的，它包含了什么是正确的、什么是错误的基本信条。管理者由于其个人经历不同而形成了不同的道德观念，使得其自身的道德素质也有很大的差异。

第二，结构变量。结构变量是指组织的规则和制度、绩效评估与薪酬体系以及上级的行为等因素。有些因素为管理者遵守伦理规范，提升自己的道德修养提供了强有力的支持，而有些因素却给管理者遵守伦理规范制造麻烦。结构变量因素越模糊，管理者就越容易出现管理道德问题。

第三，组织文化。如果组织文化力量很强，并且鼓励个人拥有高的道德标准，那么组织文化会提升管理者的道德意识和道德行为，反之，则会对管理者的伦理道德素质提升产生消极影响。

第四，问题强度。问题强度是指道德问题所引起危害的严重性、危害的可能性、舆论压力的大小、后果的紧迫性、后果的直接性、影响的集中度。包括几种情况：①某种道德行为的受害者或受益者受到多大程度的伤害或利益；②有多少舆论认为这种行为是邪恶的或善良的；③行为的实际发生和将会引起的可预见的危害或利益的可能性有多大；④从行为实际发生到引发期望结果的间隔有多长；⑤在心理与物质上，与该种行为的受害或受益者的接近程度；⑥行为对有关人员的集中作用有多大。管理者在面对不同情境中的道德问题时，上述几种情况会让管理者做出不同的决策与行为。

这四类因素基本上决定了一个人伦理道德观的形成，但一定时期内社会上大多数人的世界观和价值观也会从外部影响，甚至改变个人的伦理道德观。

当然，管理者自身具备道德素质，并不能百分之百保证组织中的成员具有同样的道德素质。这就需要管理者有一些方法，将这种道德的信息传递给组织中的成员，使组织成员的注意力从利润目标转向道德的价值观念。管理者应该把他们在管理时遇到的道德困境和其解决方式清晰地传达给组织成员。

2.2 伦理分析工具

商业伦理学中一个非常重要而基础性的问题是，在商业活动中，人们面对一个伦理道德问题时是如何进行价值判断以及行为决策的？而要回答这个问题就必须了解伦理道德分析工具，也就是人们是依据什么来对一件事情进行价值判断以及相关的行为决策的。

在西方伦理学中，和伦理分析相关的理论主要有**目的论**（purpose theory）、**义务论**（duty theory）和**美德论**（virtue theory）三类，其中，目的论又包括**利己主义**（egoism theory）和**功利主义**（utilitarianism theory）；义务论具体又包括**道义论**（deontology theory）和**正义论**（justice theory）；另外，近些年来关怀论作为一种新的伦理分析工具也有一定的影响力。下面我们具体介绍一下这几种理论。

2.2.1 利己主义：基于个人利益的决策制定

1. 利己主义的代表人物和观点

利己主义是最早的一种伦理思想，早在中国先秦时期，杨朱就有"拔一毛而利天下不为也"的主张[⊖]。近代西方思想家如霍布斯、孟德维尔等人，都曾经提出过利己主义的观点。从哲学上来说，利己主义的基本特点是以自我为中心，以个人利益作为思想、行为的原则和道德评价的标准。而从伦理学的角度来说，利己主义是关于人性的事实，即人们在行动时总是做对那些最符合他们自己利益的事情，这是人的基本心理规律。因此，从利己主义的角度来看，判断一个行为是否符合道德，就看这个行为是否能够给行动者带来最大利益或最大幸福。

然而什么样的结果才符合行为者的最大利益或最大幸福呢？不同的人肯定会有不同的认识，大体上这种认识和人们的价值观、文化传统以及人们对行为后果的预测能力有密切关系。

此外，最大利益和最大幸福的计算还离不开对时间长短的设定。有些行为在短期看是对自己不利的，但从长期看却是非常有利的。因此，要计算一个行为对行为者产生的最大利益或最大幸福，必须首先明确在多长时间内进行计算。是要考虑符合自己眼前的最大利益或最大幸福，还是要考虑符合自己一年内的最大利益或最大幸福，还是要考虑符合自己一生的最大利益或最大幸福？

⊖ 语出《列子》"杨朱曰：古之人损一毫利天下，不与也。悉天下奉一身，不取也。人人不损一毫，人人不利天下，天下治矣。"严格地说，杨朱的观点接近道家的观点，不能只看这一句话，其实他主张的是人人都只去关心自己，不去追求外界的名利，这样国家就能治理好。

具体而言，根据考虑最大利益或最大幸福的时间长度，利己主义可以分为开明利己主义和短视利己主义。短视利己主义只顾眼前利益，一切行为只为追求自己眼前能够看得到的、比较确定的自身利益或幸福的最大化，这样就必然导致自己在追求自身利益最大化过程中很容易与他人的利益发生冲突。而这种冲突往往会在中长期伤害行动者自身的利益或幸福。因此，从本质上来说，短视的利己主义并非真正的利己主义，而是一种缺乏理性的行为。伦理学上的利己主义都是指开明的利己主义，开明的利己主义者重视两方面的平衡。

第一，个人短期利益和中长期利益的平衡。为了自己的整个人生都能够实现利益或幸福最大化，他们可以牺牲自己的短期利益，可以为了自己将来的利益而选择利他的行为。因此，开明的利己主义可以在很大程度上，避免出现损人利己的行为。

第二，个人物质利益和精神追求的平衡。根据马斯洛的五层次需求理论，一个人首先要满足的是生存和安全的需求，然后会有社会交往和尊重需求，这些需求满足之后，他又会继续追求自我实现的需求，只有这五层需求均衡地得到满足，人们才会产生最大的幸福感。缺少了任何一个，人们的幸福感都会大打折扣。因此，要让自己获得最大利益或最大幸福，不能仅仅考虑物质需求或者仅仅考虑精神需求，必须在物质与精神之间有一个平衡。物质层面的需求可能每个人都差不多，每个人都需要吃饱穿暖，住舒适的房子等。而在精神层面的需求方面，人与人之间差异却非常大。

需要注意的是利己主义中的"己"不一定就是单独的个人，如果一个群体有着较强的凝聚力，也会有可能像单独的个体一样进行利己主义的决策。

2. 利己主义伦理分析的方法

运用利己主义进行伦理分析，大体上可以有以下八个步骤。

第一，对需要评价的行为进行详细而清晰的描述。

第二，对行为者持有的最大利益或最大幸福观点进行分析和界定。如果行为者不是一个人而是一个团体，则应该具体分析该团体占有主导性的关于最大利益或最大幸福的观点是怎样的。

第三，明确可以导致行为者最大利益或最大幸福的主要相关因素有哪些。

第四，对行为者可以选择的每种行为可能造成的后果进行详细的描述和分析，考虑每一种后果可能产生的正面或负面的效应，以及在现实中发生的可能性；如果存在一些明显的决定性因素，就不需要对所有后果进行评价。

第五，根据行为者持有的最大利益或最大幸福观点，对每种行为可能造成的后果为行为者带来利益的各种因素和可能带来损害的各种因素分配相关权重，计算每一种收益或损害的数量、持续性、确定性、临近性（一个行为出现后快乐出现的时间是长还是短）、衍生性（一个行为产生了一种快乐，之后另外一种快乐很可能会随之出现）、纯粹性（一个行为产生了一种快乐，之后另一种不快乐随之出现的可能性，比如抽烟可能带来快乐，但之后很可能出现咳嗽，那么抽烟带来的快乐的纯粹性就很低）。

第六，对所有正面及负面的效用进行加权计算总数。

第七，比较所有备选方案的分析结果，选择能够产生最大净收益值或幸福感的行为为最终方案。

第八，如果行为者关于最大利益或最大幸福的观点是不明确的，或者同时认为两种关于最大利益或最大幸福的观点都可能正确，则需要把他可能认同的观点都按照上述步骤进行一次分析，然后比较每种不同的观点下的最大净收益值或幸福感。选择其中净收益最大或幸福感最大的方案为最终方案。

3. 利己主义的优缺点

利己主义的优点很明显，那就是它非常符合人性，人们有内在的动力去追求自身的最大利益或最大幸福，很容易为人们普遍接受。而且，通过对自己与他人相互依存关系的分析，人们也很容易摆脱极端利己主义思想的束缚，而不至于出现损人利己的事情。

但是利己主义的缺点也同样突出，奉行利己主义的个体，虽然可能表现出利他与合作的行为，但他们最终要实现自身利益最大化，他们不会选择那些从短期以及中长期来看，都对自己不利，但是对他人或社会有利的事情；如果他们遇到一件损害他人或社会的事情，但是他们认为这件事情对自己短期以及中长期利益都有利或者综合计算短期中长期的利益能够使自己的总体利益实现最大化，那么他们就会做出这件损人利己的事情。

专栏 2-2　　　　　　　　精致的利己主义者

北京大学的钱理群教授提出了一个很尖锐的观点，引起人们对我国大学教育的广泛议论。他说："我们的大学，包括北京大学，正在培养一些'精致的利己主义者'。他们高智商、世俗、老道、善于表演、懂得配合、更善于利用体制达到自己的目的。这种人一旦掌握权力，比一般的贪官污吏危害更大……

精致的利己主义者心里想的全是"升官发财""荣华富贵"，嘴上讲的却是"立党为公""执政为民"。他们一般具有六个特点：一是智商高，财商也高。平日里不露锋芒，但却很善于发现官场里的"政机"和"商机"。二是精通世俗，处事老到。哪个领导家里有事，哪个领导身体有病，他都铭记于心，并及时提供周到的服务。三是善于表演，随声附和。一旦发现上边领导喜欢什么，自己马上就会表演什么。四是懂得配合，不得罪任何人，尤其不得罪任何领导。五是善于利用体制达到个人目的。对于官场内部的升迁、财务、执法、审批、项目、工程管理等体制程序，他们都烂熟于心，并总能找出其中的缝隙；六是捞好处不留痕迹。可以收你送来的钱，但绝不会让你和他人抓住把柄。

资料来源：王石川. 精致的利己主义者[N]. 中华工商时报，2012-05-07.

因此，利己主义是存在着损人利己的可能性的，不过这个缺陷在一定程度上可以弥补。弥补的方法之一就是引入因果报应的观念。

因果报应是中国古人最常见的观念，中国人常说"善有善报恶有恶报，不是不报时候未到"。《易经》说"积善之家，必有余庆；积不善之家，必余殃"，都是这种因果报应观念的体现。

另外，对于利己行为的判断还受到文化传统的影响，不同的文化传统下对于什么是善的、什么是恶的，什么是正当的、什么是不正当的，往往有很大的差异。

> **专栏 2-3　　文化与道德相对主义的经典案例**
>
> 希罗多德的《历史》中记述过这样一个例子：波斯帝国统治者大流士在与不同的部族接触中发现，不同部族的丧葬方式不同。希腊人是火葬，而卡拉提耶人（Callatians）是吃掉死者。大流士找来希腊人，问他们说："满足你们什么样的条件，你们愿意吃掉自己父亲的遗体？"希腊人回答道："这太可怕了！任何条件都不行，绝无可能。"大流士又找来卡拉提耶人，问他们说："满足你们什么样的条件，你们愿意火化自己父亲的遗体？"卡拉提耶人的回答一样是"这太可怕了！任何条件都不行，绝无可能"。在希腊人眼里对死者表示尊重的葬礼，在卡拉提耶人看来，却是非常可怕的事，因为他们认为只有吃掉最亲近的人的遗体，才是真正让他的灵魂在这个家族延续，不然死者灵魂就无所归依。
>
> 该专栏根据相关资料整理而得。

不同文化之间道德观念存在很大的差异，某些文化认为是道德的事情，在另一个文化却可能被视为不道德。对于这种现象，许多伦理学家认为某些文化中的道德观优于另外一些文化中的道德观。但是也有一部分伦理学家持道德相对主义态度，他们认为：不同社会有不同的道德规范。如果某个社会的道德规范说某个行为是对的，那么这个行为就是对的，至少在那个社会内是这样的。没有在所有的时代、被所有人坚持的道德真理。任何一个社会的道德规范都没有特殊的地位，只是众多规范中的一种。判断其他人的行为是否正确是一种傲慢与自大。因此，我们对其他文化的道德实践应采取一种宽容的态度。

2.2.2　功利主义：基于伦理结果的决策制定

1. 功利主义的代表人物和观点

功利主义思想源远流长，古希腊哲学家伊壁鸠鲁曾提出过快乐主义人生观，中国古代的墨子也提出了"兼相爱，交相利""志功合一"的功利思想。功利主义的许多理念，诸如"两利相衡取其大，两害相较取其轻""最大多数人的最大幸福"理念至今仍深刻地影响着人们的思想和行为。18世纪末英国哲学家和经济学家边沁（Jeremy Bentham，1748—1832）首先提出了功利主义伦理学说，后经英国著名哲学家和经济学家穆勒（John Stuart Mill，1806—1873）加以完善，使得功利主义思想真正成为一种系统的、有严格论证的伦理思想体系。

功利主义注重决策行为的最终结果，并对这种行为后果所产生的功效或利益进行量化，并加以道德判断。功利主义把产生功效或利益大的行为视为善，产生功效或利益小的行为则视为恶。功利主义对一个行为是否道德的评价原则是：一个行动在道德上是正确的或者是正当的，当且仅当该行动能够给全体利益相关者中的最大多数人带来最大利益。

功利主义在法律、政治学、经济学等领域都有巨大的影响力和应用价值。例如在公共资源分配上，比如是花大价钱维持一个难以治愈的病人的生命，还是不予治疗，从而把医疗资源省出来去帮助其他可以治愈的病人恢复健康呢？功利主义无疑会选择后者，而这样常常是多数人的选择。

2. 功利主义伦理分析的方法

运用功利主义思想进行伦理分析，主要有以下八个步骤。

第一，对需要评价的行为进行详细而清晰的描述。

第二，对受该行为影响的人群进行界定，不仅要考虑直接受影响的人群，还要考虑间接受到影响的群体，甚至整个社会的影响。

第三，将该行为对受影响群体可能造成的后果进行详细描述，考虑每一种后果可能产生的正面或负面的效应，以及在现实中发生的可能性；如果存在一些明显的决定性因素，就不需要对所有后果进行评价。

第四，为可能带来利益的各种因素和可能带来损害的各种因素分配相关权重，计算每一种利益或损害的数量、持续性、确定性、临近性（一个行为出现后快乐出现的时间是长还是短）、衍生性（一个行为产生了一种快乐，之后另外一种快乐很可能会随之出现）、纯粹性（一个行为产生了一种快乐，之后另一种不快乐随之出现的可能性，比如抽烟可能带来快乐，但之后很可能出现咳嗽，那么抽烟带来的快乐的纯粹性就很低）以及幅度（一个行为给多少人带来了快乐）。

第五，考虑准则得到普遍遵守时，所带来的积极或消极影响，如果有必要，对受到该行为间接影响的群体以及全社会做同样的分析。

第六，对所有正面及负面的效用进行加权计算总数。

第七，考虑是否还有其他替代方案，如果有，则需要对其他替代方案进行上述步骤的分析。

第八，比较所有备选方案的分析结果，选择能够产生最大净收益值的行为为最终方案。

3. 功利主义的优缺点

功利主义作为社会或组织中各个利益集团公开博弈中普遍认同的原则是非常合理而积极的，各个利益集团在追求自身利益时，如果能够考虑最大多数的最大利益无疑是有利于整个社会的发展和进步的。此外，作为个人私德的功利主义，也有其存在的价值。它会使得一个人做出对团队、对组织工作尽心尽责的行为。因此，很多人非常赞同功利主义，在很多情况下，人们也确实会按照功利主义的原则去行事。但是，功利主义也存在着许多的问题，主要有以下几个方面。

第一，在某些情况下，不符合人性，不是所有人都能够认同其基本理念。因为功利主义要求，为了有利于最大多数人的最大幸福，个人在必要的时候应该自我牺牲；而在实践中，往往只有一小部分道德高尚的人才能做到。功利主义还要求人们在自我幸福和他人幸福发生冲突时，应当采取中立的态度，保持不偏不倚，看看谁的幸福更大，从而进行取舍。但实际上，在很多情况下人们也很难做到中立客观。

专栏 2-4　　　　　　　有轨电车难题

有一个著名的伦理学问题，其内容是：假设你驾驶一辆自己无法使其停下来的有轨电车，即将撞上前方轨道上的 5 个检修工人，他们根本来不及逃跑，除非你改变轨道。但是，备用轨道上却有 1 个人，那么，是否可以通过牺牲这 1 个人的生命而拯救另外 5 个人?

大部分人往往会回答"是"。然而把题目做些变化,比如:

情况 1:一侧是著名科学家爱因斯坦,另一侧是 5 个检修工人。

情况 2:一侧是自己的父亲,另一侧是 5 个乞丐。

这时,先前回答"是"的人,就不一定能够坚持自己以前的选择了。

资料来源:哈佛大学公开课"Justice"第一集。

第二,最大多数人的最大幸福几乎是无法计算的。因为人们的诉求并不一致,根据马斯洛的五层需求理论,每个人的需求层次有差别,有的人可能追求物质条件,有的人可能追求自我实现,有的人可能追求被尊重等。不同层次的需求之间的幸福感觉可能无法换算。有时候人们对最大幸福的认知可能是完全错误的,比如怎样看待人们在相互歧视或者损害别人的自由以提高自己的尊严的过程中得到快乐的行为;又如吸烟、喝酒、嫖娼能够给某些人带来巨大的幸福感,为了提升这些人的幸福感是否应该鼓励这些行业发展等。

第三,判断一个行为产生的后果是否符合最大多数人的最大幸福是非常困难的。人与之间的行为会互相影响,存在无法预测的蝴蝶效应;所有人都可能成为某件事情的利益相关者。

专栏 2-5　　　　　　　　　　蝴蝶效应

蝴蝶效应是指在一个动力系统中,初始条件下微小的变化能带动整个系统长期的、巨大的连锁反应。这是一种混沌现象。蝴蝶在热带轻轻扇动一下翅膀,就可能造成遥远的国家的一场飓风。混沌理论认为在混沌系统中,初始条件的十分微小的变化经过不断放大,对其未来状态会造成极其巨大的差别。西方流传的一首民谣对此做了形象的说明。

丢失一个钉子,坏了一只蹄铁;

坏了一只蹄铁,折了一匹战马;

折了一匹战马,伤了一位骑士;

伤了一位骑士,输了一场战斗;

输了一场战斗,亡了一个帝国。

马蹄铁上一个钉子是否会丢失,本是初始条件的十分微小的变化,但其"长期"效应却是一个帝国存与亡的根本差别。这就是军事和政治领域中所谓的"蝴蝶效应"。

该专栏根据相关资料整理而得。

第四,即使最大幸福可以计算,合理分配也是非常困难的。追求最大多数人的最大幸福,不仅应该包含为最大多数人获取幸福和利益的行为,也应该包含分配这种利益或者幸福的行为,不然就不能算是追求最大多数人的最大幸福。然而这个过程极其困难,哈耶克甚至在其专著《致命的自负》中从理论上论证了依靠少数人的理性要对社会财富和价值合理分配是不可能的。社会主义国家的计划经济实践也证明合理分配各种利益和财富是非常困难。至于人们心中各种抽象的精神利益,更加无法计算怎样才能最大化以及合理分配。

第五，导致允许社会上多数人或者以多数人的利益为名去侵害少数人的利益。在一个功利主义者看来，为了多数人的利益，牺牲少数人的利益是合理的。如果我们以旁观者的身份来看这个观点，可能会觉得这种观点具有一定的合理性。但是如果我们就是那些将要被牺牲的少数人，我们可能就会觉得很不公平，为什么是牺牲自己，而不是他人。

2.2.3 道义论：基于伦理原则的决策制定

1. 道义论的代表人物和观点

道义论把"权利""义务"或"职责"等概念作为判断行为或决策是否道德的核心，主张人的行为道德与否，不是行为的结果，而是行为本身或行为依据的原则。

道义论的典型代表要追溯到中国春秋时期的儒家思想家，如孔子、孟子等，他们提出了"君子喻于义，小人喻于利""君子以义为上""见义勇为"等与道义论密切相关的重要思想。西方伦理学中道义论最重要的代表人无疑是大哲学家康德。

康德（Kant，1724—1804）认为人之所以会讲伦理道德，是因为人生来就有善良意志，所谓善良意志，就是超越常人的、具有普遍性的特殊意志。康德认为善良意志会对人发出命令，这种命令和一切感性经验，道德主体的偏好、兴趣、利益欲求都没有关系，而纯粹出自理性对规律的尊重，这就是绝对命令。康德认为绝对命令的表述形式为，不论做什么，总要做到使你的意志所遵循的准则永远同时能够成为一条普遍的立法原理。具体而言，有三种基本规则：第一，主观的准则成为客观的法则。要只按照你同时认为也能够成为普遍规律的准则去行动；这个法则类似于中国人说的己所不欲勿施于人。第二，如果行动中需要把人当手段，必须记住人首先是目的，也就是必须以人为本。第三，每个有理性的人的意志的观念都是普遍立法意志的观念，也就是每个人都应该是平等的。

康德主张"从义务出发"，甚至是"为义务而义务"的观点，认为只有意志的出于义务的行为才具有道德价值。在康德眼中，人们有四种基本的道德义务：第一，诚信，如做买卖童叟无欺，这被称为对他人的消极义务；第二，不放弃自己的生命，这被称为对自己的消极义务；第三，帮助他人，这是对他人的积极义务；第四，增进自己的幸福，这是对自己的积极义务。

不过人们对人应该具有的基本权利和义务还是有诸多争论。那么，什么是个人的基本权利和义务呢？联合国大会在总结两次世界大战的教训之后，于1948年12月10日通过的《世界人权宣言》或许可以给我们一些启示。

专栏 2-6 　　　　　　　　　**世界人权宣言（节选）**

第一条　人人生而自由，在尊严和权利上一律平等。他们赋有理性和良心，并应以兄弟关系的精神相对待。

第二条　人人有资格享有本宣言所载的一切权利和自由，不分种族、肤色、性别、语言、宗教、政治或其他见解、国籍或社会出身、财产、出生或其他身份等任何区别。并且不得因一人所属的国家或领土的政治的、行政的或者国际的地位之不同而有所区别，无论该领土是独立领土、托管领土、非自治领土或者处于其他任何主权受限制的情况之下。

第三条　人人有权享有生命、自由和人身安全。

第四条　任何人不得使为奴隶或奴役；一切形式的奴隶制度和奴隶买卖，均应予以禁止。

第五条　任何人不得加以酷刑，或施以残忍的、不人道的或侮辱性的待遇或刑罚。

第六条　人人在任何地方有权被承认在法律前的人格。

资料来源：《世界人权宣言》。

2. 道义论伦理分析的方法

运用道义论思想进行伦理分析，主要有以下六个步骤。

第一，对需要评价的行为进行详细而清晰的描述。

第二，思考行动者是否具有相应的权利或义务。

第三，思考受该行为影响的人群有哪些相关的权利和义务。

第四，行动者和受该行动影响的人群之间的权利和义务是否有冲突，如果没有冲突，则按照权利或义务的规定实施行动。

第五，如果有冲突则进一步明确，冲突的哪一方的权利或义务更为基本，保护的利益更为重要。

专栏 2-7　跳舞的权利 vs. 不受噪声污染的权利

广场舞是在一个比较宽敞的室外环境下进行的，这就涉及城市公共空间的使用问题，同时广场舞的噪声往往会影响其他人正常生活。近年来，由广场舞引发的纠纷不在少数，广场舞扰民遭泼粪，广场舞扰民遭鸣枪，广场舞扰民被放藏獒等新闻也经常出现。

新华网 2013 年 11 月 20 日有一篇报道，唐山市开滦一中的几十名高中生，在老师的带领下，走向了那个让他们不堪其扰，与学校只一路之隔的凤凰山公园。"亲爱的爷爷奶奶、叔叔阿姨，唱歌小声点好吗？我们在上课。祝福您！感谢您！"统一穿着印有劝阻字样的白色文化衫，20 余名学生走进公园，面向唱歌跳舞的人群，整齐地站成两排，进行无声抗议。

该专栏根据相关资料整理而得。

第六，找到处于优先地位的权利或义务之后，考虑该权利或义务是否会受到其他因素的制约和支配，如果是，则需要对这些因素进行分析；如果不是则选择优先地位的权利或义务实施行动。

有时候，我们的权利或义务没有和其他人的权利或义务产生冲突，但是受到某些因素的影响使得我们无法行使我们的权利或遵守我们的义务，比如《史记》中一个"尾生抱柱"的故事，相传有一个叫尾生的男子与一位姑娘相约某日在一个叫作蓝桥的地方见面。但当天山洪爆发，姑娘没来而尾生为了不失约，就一直在桥面等待，结果被水淹死了。尾生严格遵守诚信的义务本来是很好的事情，但是，当遇到某些不可以抗拒的因素，使得遵守诚信的义务无法履行时，就没有必要履行。

3. 道义论的优缺点

道义论的主要优点是，从个人的道德意识出发，考虑这个人的行为动机是否合乎道德的基本要求，如果符合就可以判断这个人的行为是合乎道德的。道义论不需要花过多的精力去考虑各种利益如何平衡，长远利益与短期利益如何计算，也避免了目的论的一个后果，即为了善的目的可以不择手段。另外，运用道义论来构建社会伦理道德体系也很简单，只要把不同人群的权利和义务明确，保证人们的权利和义务相一致，那么社会的伦理道德规范也就明确了。因此，道义论在应用过程中显得非常简单和实用，实际上许多西方发达国家的社会伦理规范都是运用这个方法建构的。

但是，道义论也有不少缺点，限制了其应用。

第一，道德与幸福无关，使得人们失去了追求/遵守道德的主动性。因为很少有人愿意为道德而道德。按照康德的观点，如果没有来世，道德的本质不是幸福，只是一种义务。遵守道德是一个人作为人的属性，是人和动物的区别之一，遵守道德不一定会带来幸福，道德和幸福是不一致的；不过，康德同时又提出人有灵魂的假定，并且有上帝的存在，那么上帝作为公正的审判者，他会让有道德的人在来世拥有幸福，在这种情况下道德和幸福就是一致的，即有德者必有福，有福者必有德。显然，这种观点不能为所有人认同。

第二，每个人对道德律令的认知是不同的。一些基本的道德要求，可能人人都能认同，但是一旦具体到具体情况，人们在"度"上的把握却往往各有标准。比如孔子认为父母去世服丧三年才符合道德律令，但其学生宰予就不这样认为。

因此，道德判断的标准很难统一或者说每个人的道德感是不相同的。人们受到的教育不同，先天带来的习气不同，所以道德感也有差异，高境界的道德感是需要长期培养的。此外，不同的文化也会对道德判断产生影响，比如，人们都认同每个人都具有人权，但是人到底具有哪些基本权利和基本义务，人们之间也往往会有很多争论。比如公民的生育权，欧美学者大多认为这是一项基本的人权，但是我国不少学者则认为这不是一项基本人权。

2.2.4 正义论：基于公平正义的决策制定

1. 正义论的代表人物和观点

正义是人类社会普遍认为的崇高的价值，是指具有公正性、合理性的观点、行为、活动、思想和制度等。中文"正义"一词，在中国最早见于《荀子》："不学问，无正义，以富利为隆，是俗人者也。"正义在伦理学中，通常指人们按一定道德标准所应当做的事，也指一种道德评价，即公正。按照正义论进行道德判断的准则是一个行为在道德上是正确的或正当的，当且仅当它符合正义或公平的原则。

正义论最有影响力的代表人物莫过于美国当代政治哲学家约翰·罗尔斯（John Rawls，1921—2002），他把所有的社会价值分为两大类：人的基本权利和财富，针对这两类价值，他提出了两个基本的正义原则。

第一个正义原则，又称平等自由原则，其主要内容是：除了从事一些特殊职业的人，有一些与职业相关的权利和义务之外，每个正常的成年人都应该拥有相同的权利和义务。不可以出现某些群体拥有更多的权利，承担较少的义务，而另外一些群体拥有较少的权利而承担较多的义务，那样的政策或制度是不正义的。

罗尔斯的第二个正义原则，又称限制原则，其主要内容是：首先，在机会公平平等的条件下职务和地位向所有人开放，保证具有相似动机和才能的人具有大致平等的教育和成就前景，以消除社会出身造成的经济不平等。为了保证这个原则，实行义务教育、遗产税等政策都是正义的、合乎道德的，而歧视制度是非正义的、不合乎道德的。其次，收入和财富不可以平均分配，因为每个人的能力不同，努力程度不同，自然应该获得不同的收入，但是这种不平等分配必须受到限制，即这种分配要有利于社会中的最少受惠者或者说要给予弱者一定的照顾，以消除自然禀赋差异造成的经济不平等。具体而言，就是每个人的能力有差异，即使消除了社会出身造成的经济不平等，不同能力的人在经过自身的努力之后，收入也会有巨大的差距，能力强的人，可能获得非常优越的生活条件，而能力差的人，即使很努力但也有可能生活非常贫困，因此，实行高额累进税、高福利等社会政策才是正义的、合乎道德的。

罗尔斯的第二个原则涉及公平与效率的关系。公平和效率的关系有三种：不公平导致无效率；公平导致有效率；公平导致无效率，比如西方国家的高福利时代，我国计划经济时代。三种关系都是存在的，但只有最后一种情况公平和效率有冲突。其实，当公平和效率发生冲突时，我们可以调整公平的程度或者效率的内容。因为效率有长期效率和短期效率之分。比如给予科研人员更多的自由时间和更宽松的管理，虽然会损失短期的效率，但可能带来长远的高效率。

除了罗尔斯的正义原则之外，还有几种正义伦理原则比较有影响力，分别是资本主义正义原则、自由主义正义原则、社会主义正义原则等。

资本主义正义原则认为应该根据个人对社会、任务、群体或交换做出的贡献价值来分配效益。这个原则在商业中应用最为广泛。尤其是在个人的贡献比较容易衡量时，比如从事计件生产工作的工人，他们非常容易倾向这个原则，觉得自己的报酬应该和自己的贡献成比例。然而个人贡献的衡量并非总是很容易，在当代社会，恰恰相反，很多工作都需要团队合作甚至是多个团队合作才能完成，个人的贡献和最终效益之间的关系非常模糊。而且在科学、艺术、教育、体育、保健等现在社会诸多重要的领域，相关从业者的工作成果的价值本身就难以界定，这样他们的贡献的价值就更加没有一个衡量标准了。

自由主义正义论的代表人物是罗伯特·诺齐克（Robert Nozick，1938—2002），他认为分配正义的基本原则应该是：个人自由地做出选择，按照自我贡献、他人自愿为我做的贡献，他人自愿赠予我尚未耗尽或转让的所有物来分配。即"自由选择，按应得分配"，为社会强加的某种分配模式，如强制平等分配或劫富济贫的分配模式都是非正义的。

社会主义正义原则是，各尽所能，按需分配。具体而言就是，工作负担应该根据人的能力分配，收益应该根据人的需要分配。还有一个常常被视为社会主义分配原则的正义论观点，即平等主义正义原则，这个观点认为每个人都应该被给予社会或群体收益与负担的平均数。这个观点最大的问题是忽略了人与人之间的差异，每个人的智力、体力、道德素质、个人欲望等都是不同的，如果按照每个人的需求进行分配的话，实际上会使得能力突出者的积极性受到抑制，从而不愿意过分表现，而能力差的人则可能安于现状，导致整个社会缺乏活力。不过在商业社会中，某些需要广泛合作的工作任务，分配给内部非常团结的团队完成时，这种分配原则也会被采用，当团队内部在通力合作完成某个任务，大家都得到相同的报酬时，人们之间的合作与沟通往往会变得更加容易，团队也会变得更加和谐。

2. 正义论伦理分析的方法

运用正义论思想进行伦理分析，不仅仅用于对一种行为进行道德判断，更多的是对某项政策进行伦理的判断，主要有以下五个步骤。

第一，对需要评价的行为或者政策进行详细而清晰的描述。

第二，需要评价的行为或政策涉及哪些社会普遍认同的正义标准或原则。

第三，需要评价的行为或政策是否涉及一些不为社会普遍认同的正义标准或原则？如果涉及，则需要寻找专家、学者对这些正义标准或原则进行分析，考察其适用性。

第四，是否有特殊情况，可能会让行动者和政策突破某些正义标准或原则的要求。

第五，如果没有，则选择符合正义标准的行为或者政策才是道德的。如果存在特殊情况，则应交给相关专家、学者进行讨论和判断，以决定是否修改或微调某些正义标准。

3. 正义论的优缺点

正义论和道义论都属于义务论，其优缺点和道义论相似。正义论从专家、学者们对正义的论述与判断出发，一个人的行为或一项政策只要符合正义的标准，就可以判断其是合乎道德的。不需要花过多的精力去进行复杂的利益计算，显得简单和实用。

正义论的主要缺点就是，处于不同社会地位、阶层的人对正义的标准往往是不同的，不同文化传统对于正义的理解也会有很大差异，关于正义标准的争议很难消除。

2.2.5 美德论：基于人格和品德的决策制定

1. 美德论的代表人物和观点

美德论又称德性论或品德论，它主要研究作为人所应该具备的品德、品格等。具体地说，美德论探讨什么是道德上的完人，即道德完人所具备的品格以及告诉人们如何成为道德上的完人。西方伦理学家一般都认为美德论起源于亚里士多德的著作《尼各马可伦理学》。但实际上在中国，大思想家孔子早就有美德伦理思想了。

美德论认为道德主体即使做出了正确的道德选择，并履行了义务，这并不必然地说明他是具有美德的人。一个具有美德人，经常会做出有道德的事情，因为他的内在品格方面具有相关的特质，使得他能够自律地去遵守伦理道德规范，这种内在的特质就是美德。

与制度、规范相比较，美德具有以下几个特征：第一，内在性。美德内在于个体自身，一个有德性的人，就是内在地具有某些"被称赞的或可贵的品质"的人。第二，自律性。个体自身具有什么样的内在美德，就会表现出什么样的外在行为。第三，超越性。美德是个体的能动品质，这使得个体能够自主地选择或做出正确的行为。即使在没有外在的具体规范、制度约束的情况之下，在既有的规范、制度已经不适应、不够用之时，美德也可能引导个体寻求和实现应有的道德价值。

亚里士多德认为有两类美德：一类是理智的美德，它是以知识、智慧的形式表现出来的，是通过教育获得的；另一类是道德的美德，是以制约情感和欲望的习惯表现出来的。亚里士多德认为一个行为本身很难说是善或者恶，比如杀人一般都认为是恶，但是杀死一个大坏蛋，比如希特勒这样的人，却可能救更多的人，这种杀人行为却很难说一定是恶。杀死一个凶恶的杀人犯，更是一种法律上的正义。因此，我们应该关注行为背后的动机。

> **专栏 2-8　苏格拉底和学生的一次谈话**
>
> 学生：苏格拉底，请问什么是善行？
> 苏格拉底：盗窃、欺骗、把人当奴隶贩卖，这几种行为是善行还是恶行？
> 学生：是恶行。
> 苏格拉底：欺骗敌人是恶行吗？把俘虏来的敌人卖作奴隶是恶行吗？
> 学生：这是善行。不过，我说的是朋友而不是敌人。
> 苏格拉底：照你说的，盗窃对朋友是恶行。但是，如果朋友要自杀，你盗窃了他准备用来自杀的工具，这是恶行吗？
> 学生：是善行。
> 苏格拉底：你说对朋友行骗是恶行，可是在战争中，军队的统帅为了鼓舞士气，对士兵说，援军就要到了。但实际上并无援军，这种欺骗是恶行吗？
> 学生：这是善行。
>
> 该专栏根据相关资料整理而得。

亚里士多德提出，美德是介于两个极端之间的中道，两个极端都是恶德——或者过量或者不足（即欠缺）。道德的中道不可能用数学方法精确地确定，总是相对于正在试图确定要做的正义之事的人们的中道。若 5 千克食品太多（过量）而 1 千克又太少（不足或欠缺）的话，那么，这两个极端之间的中道 3 千克，对有些人仍然可能太多，而对另一些人则可能太少。因此，一个人必须在这两个极端中间选择相对于自己的恰如其分的中道（见表 2-1）。

表 2-1　不同情感或行为的美德衡量

情感或行为	过量	中道（美德）	不足
自信心	鲁莽	勇敢	怯弱
羞耻感	害羞	随和	无耻
表达喜欢	谄媚	友好	冷漠
激发乐趣	滑稽	幽默	木讷
追求快乐	放荡	节制	古板
自尊心	自负	踏实	自卑

2. 美德论伦理分析的方法

运用美德论进行伦理分析比较复杂，因为美德论追求的目标是如何成为有道德的人，而不是对某种行为或某项政策进行道德判断。因此，美德论的伦理分析一般不用于对某种行为或政策进行伦理分析，而是用于对某个人的某项品德或者整体道德素质进行判断。

因此，美德论的伦理分析有两个层次：第一，判断一个人是否具有某种品德；第二，判断一个人是否是一个好人或者有道德人。

第一层次的伦理分析，即判断一个人是否具有某种品德的分析方法，大体上可以按照以下几个步骤进行。

第一，对需要评价人进行长时间的观察。

第二，不仅从言辞上观察，更应该从行为上观察；不仅从正面观察，而且从侧面观察。

有条件或有必要的情况下，设计一些特殊的情境让他去经历，并从侧面观察他的言行与反应等。

第三，如果他在某种场合做出了符合某种品德的某种行为，就记录下来。

第四，如果在相当长的时间内，该人符合某种品德的某种行为，在不同场合反复出现的话，就说明他很可能具有某种品德。

第二层次的伦理分析，即判断一个人是否是一个好人或者善人。这方面的伦理分析还存在诸多争议，根据孔子的观点——"唯仁者能好人，能恶人"，即判断一个人是好人还是坏人，关键看这个人是否具有仁爱之心。仁爱之心的关键就是能够推己及人，自己不喜欢的，不要强加于人，自己喜欢的，要想到与他人分享。具体而言有两个境界，如果一个人能做到"己所不欲勿施于人"，他就具有基本的道德素质，可以算是最低标准意义上的好人；如果他进一步能做到"己欲立而立人，己欲达而达人""老吾老以及人之老，幼吾幼以及人之幼"，去关心、去帮助其他的人，那么他就是一个高尚的人。

3. 美德论的优缺点

美德论的优点是充满了人性的关怀。在美德伦理学家眼中，只知道遵守预先制定好的规则的人是机械的，缺乏人性的，伦理学的目的应该是造就能持续行善的有道德习惯的好人。当代社会的一大主要问题就是：社会并不缺乏规则、法律和道德体系，但社会缺乏有道德的好人。如果一个社会或一种文化能够持续地造就出一大批有道德的好人，社会道德水平才能从根本上得到保证。

美德论的缺点在于美德的内在性，导致人们很难判断一个人是否具有美德或者是一个有道德习惯的好人。一般情况下，人们只能根据一个人表面上的行为来判断该人是否具有某种美德。然而，从长期来看，人的行为并不一定具有一致性，人会伪装，人会不断发展变化。著名诗人白居易就写过一首诗，说明判断人品的困难。

赠君一法决狐疑，不用钻龟与祝蓍。试玉要烧三日满，辨材须待七年期。

周公恐惧流言日，王莽谦恭未篡时。向使当初身便死，一生真伪复谁知？

专栏 2-9　　　　　　　　　王莽与周公

王莽的家族是西汉一代中最显贵的家族。族中之人多为将军列侯，生活侈靡。但早年的王莽生活简朴，为人谦恭，勤劳好学。王莽幼年时父亲和兄长都去世了，他服侍母亲及寡嫂，抚育兄长的遗子，行为严谨检点。对外结交贤士，对内侍奉诸位叔伯，十分周到，是这个世家大族中的另类，成为当时的道德楷模。

周公名旦，文王之子，武王之弟。武王去世后，商朝仍然有相当的残余势力，而周朝内部对于谁担当继承人也有极大的争议和矛盾。周公为应付危难，立武王年幼之子诵为周成王，自己担任摄政。此时，有人造谣说周公想谋朝篡位，周朝贵戚联合商朝的残余势力乘机发动了叛乱，史称管蔡之乱。周公经过三年的东征平定叛乱。之后周公协助成王大封诸侯，屏藩周朝，又营建成周洛邑。归政成王后，留守成周。直到这个时候，关于周公想谋朝篡位的谣言才不攻自破。

该专栏根据相关资料整理而得。

可见，判断一个人的人品、善恶，非常困难，往往盖棺才能定论。除此之外，一个具有某些美德的人并非就是一个善人，也不一定会经常做出善的行为，而一个缺乏美德人也不一定就不会做出善举。比如根据历史记载，春秋时期著名的五霸之一齐桓公是一位英明的君主，但是他自曝自己缺乏美德，说自己贪财、好色、贪吃美味。

2.2.6 关怀论：基于特别关怀的决策制定

1. 关怀论的代表人物和主要观点

关怀论有时被称为女性伦理学，其代表人物是心理学家卡罗尔·吉利根（Carol Gilligan, 1936— ），她认为男女两性有着不同的伦理推理方法。男性的伦理推理方法是：以普遍道德原则为基础进行抽象逻辑分析；女性的伦理推理方法应用的是一个集中于实际关系和感情的，对于事件发生情境进行细节分析的推理方法。

关怀论的一个非常突出的特点就是不关心抽象的和普遍的原则，也不强调对个人或群体利益的计算。它强调体验和关心人们的欲望、需要和情感，对待他人要仁慈，要富有同情心，即强调对道德情感的体验和激发。道德情感一般被认为是人所特有的一种高级情感，它对道德认识和道德行为起着激励和调节作用。

关怀论伦理有一个经典的心理分析就是，假设你生病了，正在医院里处于一个很漫长的疾病恢复期。你很烦躁不安，所以当某个人来访时你很高兴。你和他聊天很愉快，他的到访正是你所需要的。过了一会儿，你告诉他你有多么感谢他的到来——他真是一个好朋友，总是跑很远来看你。但是，他反对你的说法而承认他只是在尽他的责任。起初你认为他只是谦虚，但你们谈得越多，这一点就越清晰，他说的是实话。他不是因为想你或喜欢你而来看你，只是因为他认为"做正确的事"是他的责任。并且，在这种情况下，他认为拜访你是他的责任——也许因为他知道，此时没有别人比你更需要振奋起来。知道了他的观点之后，你肯定会觉得非常失望，他的到访对你失去了全部的价值。我们看重友谊、爱和尊重，并且想让我们与其他人的关系基于相互的尊敬和关怀。出于抽象的责任感或"做正确的事"的欲望的行为就不是这么回事。可见，关怀论比道义论更加符合人性，符合人的心理。

关怀论重视对人们的道德情感的培养，培养积极向上的道德情感，包括正确的爱憎感、成就感、荣誉感、义务感、使命感、责任感，鼓励追求生活中的美感、愉快感和幸福感，就能够使人际间产生更多的"关怀"——符合道德的行为。

2. 关怀论伦理分析的方法

关怀论重视对情境的分析，它认为道德必须体现为具体的东西，即特定社会中的特定行为，体现于特定社会的规范之中，而不能被理解为抽象的原则。因此，西方基督教提倡"博爱"的观念并不适合关怀论，相反，中国传统伦理思想中的"老吾老以及人之老，幼吾幼以及人之幼"的思想却和关怀论不谋而合。

关怀论伦理观对一个行为进行道德评价的原则大体上可以概括为：在处理人与人之间关系的行动中，如果一个行动能够激发或者唤醒行动者的道德情感，即使这个行动与个人利益、群体利益或者某些义务、权利相悖，仍然可以认为这个行动在道德上是正确的或者是正当的。

从这个角度来看，关怀论不能算是一个单独的伦理道德理论，它并不反对其他的伦理观点，而是认为在某些具体的情境下，如果仅仅依靠目的论或者义务论进行道德判断，反而可能导致人们道德情感的损伤，从而影响人们的道德判断和道德践行，因此，需要关怀论来帮助判断，因此，关怀论可以被视为其他伦理观点的一种补充。

运用关怀论进行伦理分析，大体上可以有以下六个步骤。

第一，全面了解需要评价的行为和行为产生的情境。

第二，如果当事人是自己的亲友，则提醒自己被关怀方是我的朋友、我的子女、我的丈夫或亲人，在他们需要帮助时，我应该去帮助和关心他们。

第三，如果当事人不是自己的亲友，则应该通过换位思考等方式来感受当事人的情感和面临的具体情境。然后，努力感受自己的道德情感，询问自己将要采取的行为是否能够激发自己的道德情感，如果是，那么无论行为涉及的是不是我们的亲友或者与我们有密切关系的人，我们都应该给予他们超过其他人的帮助和关心。

第四，如果自己的道德情感告诉自己应该做的事情和现有的伦理道德标准一致，则按照道德情感的要求去行动。

第五，如果自己的道德情感告诉自己应该做的事情和现有的伦理道德标准不一致，则应该重新审视自己或相关人持有的道德标准，反思自己道德情感的要求是否可能符合其他的道德标准。

第六，如果反思之后，发现确实有其他道德标准支持自己的道德情感，则选择符合道德情感的行为；如果反思之后，发现没有其他道德标准支持自己的道德情感，则应反省自己的道德情感是否夹杂了其他不合理的私心杂念，若是，则选择相应的道德标准行动。

3. 关怀论的优缺点

关怀论提出把爱心从我们的亲友身上拓展到其他需要我们关怀的人群中去，有利于培养人与人之间的相互关爱和信赖的关系，对于构建和谐社会有特别的价值。关怀伦理体现了一种宽容立场，要求对他人表示关注，这种道德关心是利他的，有利于克服狭隘的利己主义伦理观带来的不良后果。

但是关怀论也有一些问题，首先，它不宜作为一个独立的伦理分析工具，在很多情况，仅仅依靠关怀论的观点进行道德评价，往往会显得非常吃力。其次，关怀论要求人们能够推己及人，按照"老吾老以及人之老，幼吾幼以及人之幼"的方式去关怀更多的人。但是，这种推己及人的过程并不是每个人都能够轻松做到的。有时候关怀论不仅不能得出让人信服的道德评判，而且会被人认为存在偏袒或者不公正。而且，关怀论在应用过程中有可能和正义、公平以及效率等产生矛盾。比如，一位领导者有几位下属，他们都同样优秀，但是其中一位是领导的亲戚，如果领导者按照关怀论的要求，优先提拔或者照顾这位亲戚，无疑会给其他下属带来不公平感。

2.2.7 伦理分析工具小结

六种常见的伦理分析工具，分别从不同的角度对一个伦理问题进行分析，各有优缺点。

这就给我们带来了一个疑问，我们在面临具体的伦理问题时，该如何选用这些伦理分析工具呢？如果人们使用的伦理分析工具不同，那么针对同一个伦理问题，就很可能得出不同的道德判断，这样的话，人们的伦理道德观念就会发生冲突，矛盾也会随之而来。因此，有必要对不同伦理分析工具之间的关系和适用范围做分析。

从人性的角度来看，每个人都有道德意识和自利意识，这是人性的两个基本面。从人性的道德意识出发，人在一定程度上是愿意去帮助他人，约束自己，从而感受到良心安宁带来的快乐，提升自己的素质，成为一个拥有美德的人的。这就是美德论能够成立的根本原因所在。而一个道德意识强的人，在群体中的一个重要表现就是他在进行一项行为或做出一项决策时，能够经常考虑到最大多数人的利益，这就是功利主义出现的原因。

但是，人性还有自利的一面，人们会为自己的利益和幸福进行谋划，这就是利己主义。然而，人性自私的一面如果发展到了极致，每一个人都完全考虑自己利益，不考虑他人的利益，那么就有可能出现霍布斯所描绘的情况，人与人互相攻击，人人自危。为了避免这种情况，人们就需要进行合作，遵守一定的规范。于是，人们在群体生活中，根据每个人内心的道德意识和群体生活的需要，就设计了一系列相关契约，约定人们之间的权利和义务，并且让权利和义务相一致，从而使得群体生活变得可能，这就是道义论。另外，人们发现光是规定权利和义务还不足以使得群体生活变得和谐美好，群体中还应考虑分配的公平与正义，并且倡导人与人之间的相关关怀，这就导致了正义论和关怀论的出现。

大体上，分析个人道德自律我们常常用美德论或利己主义，分析群体伦理规范我们常常用功利主义和道义论，并且在必要的时候用正义论和关怀论做补充。当然这种适用范围仅仅是一种大体上的情况，不存在严格的区分。

这六个伦理分析工具之间的关系，如图2-1所示。

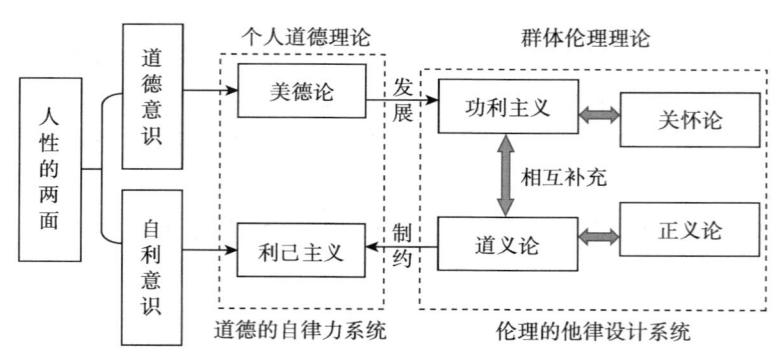

图2-1 六个伦理分析工具的比较

2.3 伦理决策的影响因素

在商业活动中，进行**伦理决策**（ethical decision）受到多种因素的影响，这些因素大体上可以从个人、组织和社会三个层面来分析。

1. 个人层面的因素

个人层面的因素主要是指个人进行伦理决策的能力和意愿。个人进行伦理决策的能力主要是指个人对如何进行道德思考和怎样承担道德责任两个方面的了解和把握。

道德思考通常包括三个部分：第一，对我们的道德标准及其要求、禁止、重视或者谴责的内容的理解。很多情况下，我们不会明确说出自己的道德标准及相关理解，而把更多的精力用于收集涉及相关道德标准的证据，因为我们常常认为其他人也会认同类似的道德标准，但是，事实并非如此。有的时候，我们甚至没有意识到我们自己持有的道德标准，也许我们在经过认真的反思之后，我们会反对我们事先假定正确的道德标准。第二，关于特定的人、政策、制度或行为是否涉及相关道德标准内容的证据和信息。很多情况下，我们很难获得关于事实的全部信息，而不得不根据一些线索进行推断，然而这种推断在多大程度上是靠得住的，常常被过分自信的人所忽视。第三，关于特定的人、政策、制度或行为应该被禁止还是允许，是对还是错，是否公正，是否应该被谴责或者被重视；总结起来就是三个要素，即道德的标准是什么？面临的事实是什么？做出的道德判断是什么？

道德思考不仅仅涉及判断一个涉及道德问题的事实，还包括决定个人是否要为伤害或过失承担责任。一般情况下，很多西方伦理学者都认为如果满足以下几个条件，个人要为伤害或过失承担道德责任。

第一，起因。这个人造成或协助造成了伤害，或者他可以并应该（有相关的义务或特殊的情形）阻止伤害的时候没有采取必要的行动。比如警察有阻止犯罪分子犯罪的义务；幼儿园老师有保护孩子的义务；还有见到孩子落水，而自己正好在离孩子最近的地方，附近没有其他人，而且自己有能力把孩子救起来。在这些情况下，如果不作为就形成了承担道德责任的起因。第二，知情。如果一个人因为疏忽、懒惰或者故意没有采取必要的措施弄清楚他明知很重要的事情，就不能逃避承担道德责任，比如某位食品生产厂商发明了一种添加剂，可以使食物变得更加可口，但是这种添加剂的安全性尚不清楚，厂商担心一旦证实这种添加剂对人体有害，那么这项发明就失去了市场价值，从而不去做添加剂安全性的检验，这种行为就不能为将来发生的添加剂伤害顾客身体健康的事件辩护，厂商必须为此承担道德责任。第三，自愿。这个人的行为完全出于自己的意愿。

另外，还有一些因素可以减轻伤害的道德责任：第一，个人极少参与整个的伤害过程；第二，个人对某件事情是否违反伦理道德不确定，或者不知道后果的严重性；第三，个人如果要完全不参与伤害的过程，会因此付出沉重的代价。

个人进行伦理决策的意愿主要和个人的成长经历、性格特征和教育背景等有关。

2. 组织层面的因素

在现代社会中，人们都生活在组织中，组织对伦理决策的影响非常大，有时候个人虽然具有伦理的决策能力和意愿，但是却由于组织内部相关因素的影响无法做出合乎伦理的决策和行为。伦理学中有一个"染缸"理论就认为组织应该对其成员的不道德行为负主要责任，组织如同一个大"染缸"，使其成员习得了不道德的行为。即使是世界上最正直的人，置身于一个不诚实、没有责任感的商业环境里也可能会"变色"。"染缸"理论的研究者进行了大量的实证调查，他们发现商业个体的不道德行为主要是由激烈的竞争、管理高层只注重结果而不关心过程的行为导向、组织缺乏道德行为强化机制等原因导致的。通常组织成员会在上司或者组织权威人物的要求下，在同事的影响及压力下从事不道德行为。而且，商业组织倡导激烈的竞争等机制增加了个体从事不道德行为的概率。公司的显要人物（如上司、核心领导等）对个体伦理决策行为的影响要比公司制定的伦理守则更明显，比如一个具有良好个人道德素养的财务人员，当他的上级让他做一笔假账，以帮助公司渡过难关，以后就不再做假账了，这个财务人员能够很轻松地回绝吗？显然很困难。

国外还有实证研究显示在私人生活和商业生活中，经理人的行为表现出了明显的分化，他们在不同领域的问题上采取不同的道德标准，并将个人生活和组织生活截然分开。

组织层面因素的影响，主要体现在组织文化方面。组织文化一般是指组织为了应付内外环境，并在这些环境中指导其成员的行为，而在组织内发展起来的一组共同的信念和价值观念。组织文化的核心是企业价值排序，这也就是组织的伦理。如果一个企业把利润看得比员工的权利和环境保护更加重要，那么，就难免出现侵犯员工权利和环境污染问题。

3. 社会层面的因素

社会层面的因素包括法律、政策、行业生态和文化传统等几个方面。如果国家的政策和法律对于违反伦理的行为没有相关的规范，或者虽然有相关的规范但是惩罚力度很轻，那么，违反伦理的企业很可能就会因为其背德行为而获利。其他企业看到这种情况，就很容易形成一种跟风效应。如果行业中很多企业都在进行恶性的价格竞争和浮夸型的广告宣传，那么，按照伦理进行正常生产和销售的企业很可能在短期之内难以生存和发展，这也就会迫使这些企业采取类似的行为。

文化传统对于伦理决策也具有较为重要的价值，如果一个社会对贿赂的行为比较宽容，甚至认为大家都这么做，不这样做的话，就没办法做生意，那么企业和个人就很难抵挡这种观念的影响。我国传统文化中的"积善之家必有余庆，积恶之家必有余殃"等思想，对于伦理决策的影响力也是不容忽视的。

2.4 伦理决策过程与模型

诺贝尔经济学奖得主赫伯特·西蒙教授（Herbert A.Simon，1916—2001）有一句名言——"管理就是决策"。决策在管理中的重要性由此可见一斑。传统上人们在评价一项决策是否合理时，大都是从政治、法律、经济、技术等角度进行评价的，但随着现代社会人们对企业社会责任的日益重视，在评价一项决策是否合理时，融入伦理道德视角的考量就显得日益必要。

一个组织的决策大体上有三种，第一，非是非决策，与伦理道德无关的决策，如公司的产品使用什么颜色的包装纸等。第二，是非决策，有明确是非对错的道德问题，包括明显、不明显的企业责任。第三，是决策，不能以是非标准来判断，备选方案都是正确的，但往往涉及明显的道德权衡。比如，某企业决定开设新工厂的两个方案。方案一：设在具有低运输成本经济优势的港口城市，排放废物达标，但仍然有隐患；方案二：设在内地其他工厂附近，这些工厂的废物可以相互利用，产生生态持续效应，但对该企业却意味着长期的经济劣势。两个方案中包含着道德权衡，但不能简单地应用是非标准来判断。一般让企业感觉到决策比较困难的往往都是第三类决策,因为这类决策不仅要考虑到伦理问题,还要进行伦理和利益的分析比较。

2.4.1 伦理决策过程

企业伦理决策的过程大体上可以分为四个环节:第一,识别伦理问题;第二,判断行为的伦理性;第三,做出合乎情理的决策;第四,执行决策。

1. 识别伦理问题

人们在商业活动中会面临形形色色的需要做出决策的问题,但是这些问题当中只有一小部分涉及伦理问题。而且在不少时候识别伦理问题并不是一件容易的事情,特别是当人们对自己的目标过于在乎和关注时,人们会忽视很多不明显的伦理问题,甚至会不自觉地找出一些借口来逃避伦理问题。阿尔伯特·班杜拉(Albert Bandura)提出有八种情况,会导致人们不能识别伦理问题:第一,委婉的说辞。比如把裁员这个事实想象成"精兵简政",把谎言说成"口误",把各种尖锐的社会矛盾称之为"美好社会诞生前的阵痛"等。第二,合理化自身的行为。比如恐怖分子要去杀害无辜的人,他们会告诉自己,自己是在从事圣战事业,是为了反抗邪恶而战,即使有无辜的人,他们的牺牲也是不可避免的,也是值得的。第三,从轻比较。比如,在食品中加入有害添加剂的人,可能会说,我们加的这些东西吃不死人,而且分量不多,好多人加的分量比我们多,我们算有良心的了。第四,责任替代。比如我们只是在按照上级的指示行动,虽然我们的工作给其他人造成了伤害,但这不是我们的本意,我们的上级才应该为此事负责,所以我们不必良心不安。第五,责任扩散。比如在战争中,屠城的军人会说,我只是屠城士兵中的一个小角色,我没杀几个人。第六,忽视或扭曲伤害。比如醉汉和人打架,打完之后,虽然他有印象,但是因为记不太清,他会极力否认自己对他人的伤害。第七,非人化受害者。比如一些工厂流水线上的工作极其枯燥乏味,在其中工作的工人拿到的收入又很低,很多管理者并不会因此而觉得有什么不妥,因为他们往往会把这些工人非人化,即把他们当成一种资源——"人力资源"来利用。第八,重新定向责任。比如有的人在伤害他人之后,会说"是他先惹我,我才揍他的""谁叫他在我心情不好时,来找我麻烦"。

根据一些学者的观点,有几条标准可以帮助我们识别一个问题是否是伦理问题。

第一,需要决策的行动是否涉及对一个或多个人施加严重的伤害?

第二,伤害有可能发生或者很快就要发生(或者实际上已经发生),受害者将会受到严重伤害(或者已经受到严重伤害)。

第三,受害者与我们相近。

第四,施加的伤害可能违背我们或者大多数人的道德标准。

2. 判断行为的伦理性

有时候,我们虽然识别出需要决策的行为涉及伦理问题,但是还是会有很多偏见会影响我们的决策。比如我们在评估行为的后果时,有时候会忽略小概率事件的出现,有时候会过于关注部分利益相关者,而忽视了另一部分利益相关者;有时候我们会低估行为后果的严重性。

3. 做出合乎伦理的决策

经过上述两步之后，我们明白了什么是符合伦理的事情，即什么是正确的、应该做的事情，什么是不正确、不应该做的事情，但是这是否意味着我们一定会做正确的、应该做的事情呢？其实，在很多情况下，人们即使意识到某些事情是不应该做的，但人们还是会照做不误，或者说明明知道应该怎样做才符合伦理道德，但是还是没有那样做。事实上，这就是人性的弱点。

人们是否决定做自认为合乎伦理的事情，很大程度上受到周围环境的影响，而在商业活动中，组织环境——组织文化、组织的伦理氛围对其成员的影响是非常大的。

4. 执行决策

有时候，我们也许是真心决策要做符合伦理道德的事情，但是一旦行动起来，我们是否能够把我们的行动贯彻到底呢？还是半途而废呢？实际上，我们经常没有完成预期的计划。我们缺乏实践自己决策或者诺言的决心及意志力。

2.4.2 伦理决策模型

一部分学者认为伦理决策和普通决策没有本质的区别，只不过在权衡决策将带来的奖励和损失之后决定采取道德或不道德行为。另一部分学者则认为伦理决策有其特殊的特点，下面介绍几种有代表性的伦理决策模型[⊖]。

1. Ferrell 和 Gresham 决策模型

该模型认为个体的伦理决策包括意识到伦理困境的存在、做出决策、实施行为以及行为评估四个阶段。个体在伦理决策上的差异并不是偶然的，受到个体与组织诸多因素的作用。个体的伦理决策是在职业行为规范和公司政策、程序的范围内做出的，决策结果受到组织奖惩系统的约束，个体根据这些因素来判断实施某种行为的可能性。个体在决策过程中，对个人发展有利的机会和组织中显要人物的压力两个因素具有非常重要的影响力。该决策模型如图 2-2 所示。

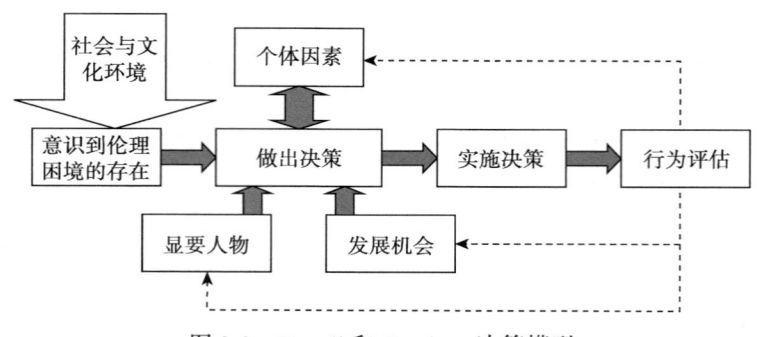

图 2-2　Ferrell 和 Gresham 决策模型

⊖ 吴红梅，刘洪. 西方伦理决策研究述评 [J]. 外国经济与管理，2006(12).

2. Hunt 和 Vitell 决策模型

Hunt 和 Vitell 认为个体之所以在伦理决策上存在差异，是因为个体持有不同的伦理信念。在这些信念的指引下，他们会做出不同的伦理判断，形成截然相反的行为意图并实施不同的行为。这些伦理信念归结起来主要就是义务论的原则和目的论的原则。义务论原则制约着选择的可能性，目的论的原则在贯彻于对决策后行为结果可能性的判断。二者形成了人们对伦理问题的道德评价。道德评价会影响人们的行动动机或意图，最终改变人们的选择。除此之外，个体所处的文化背景、行业背景、组织背景、环境因素以及个体自身的经历与经验等因素都影响着个体对伦理问题的确认、解决方法的设计和行为的实施。该伦理决策模型如图 2-3 所示。

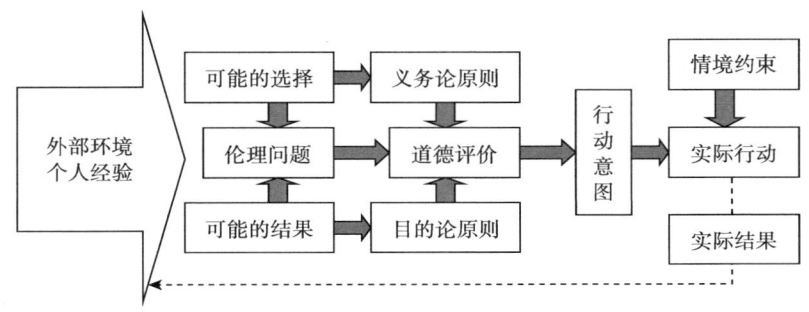

图 2-3　Hunt 和 Vitell 决策模型

3. Jones 决策模型

该模型认为，从直觉上，人们会考虑自己决策的后果会影响到哪些人，这些人跟自己关系的远近如何，自己采取的行为会对这些人产生什么样的后果等。这些特征是伦理问题所特有的，它不是决策者个人的特征，也不是组织的环境特征。Jones 称之为道德强度。共包括六个维度，即结果总量、社会一致性、结果发生的可能性、时间间隔、接近性与结果聚集度。Jones 认为，道德强度对伦理决策的四个阶段都发生作用，应当被纳入到个体伦理决策的模型中去，个体和组织因素只是调节了伦理意图和实际行为之间的关系。该伦理决策模型如图 2-4 所示。

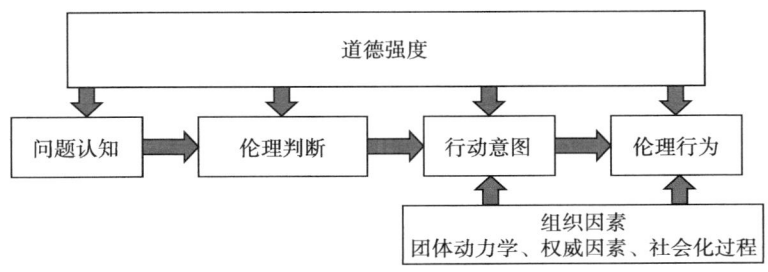

图 2-4　Jones 决策模型

4. 本书的模型

我们结合前面的六大伦理分析工具，构建一个在商业组织中组织进行伦理决策的模型

（见图 2-5）。

首先，组织必须依靠前面所述的识别伦理问题的方法，识别组织中的伦理问题；其次，分析可以选择的行动方案有哪些；再次，对每个行动方案进行伦理分析和判断；最后，选择较优的方案，并细化行动的步骤和需要考虑的细节问题。

分析每一个行动方案时，大体上可以遵循这样一个步骤，首先分析行动方案涉及的利益相关者有哪些，行动可能的结果如何。然后剔除会明显侵犯到利益相关方基本权利和违背基本的公平和正义的行动方案，因为这种方案明显是反伦理的，不能被接受的。

其次，进行利益上的考虑，因为一个商业组织进行决策不可能不进行利益上的考量，否则组织将无法生存。

再次，如果该行动方案对组织有利，则进一步运用功利主义分析该行动方案是否能够给最大多数的利益相关者带来最大化的利益。并运用道义论和正义论分析该行动方案是否会侵犯某些人的权利和违背某些公平原则，比如可能需要部分员工牺牲节假日加班，可能侵犯少数员工的隐私权等。如果能够给最大多数的利益相关者带来利益并且不会侵犯某些人的权益时，则选择该行动方案，然后细化该行动方案，考虑在行动中每一个步骤是否有需要关怀的人。

最后，如果发现，确实存在某些人的利益因为该方案的实施而受到损害或者权利受到侵犯，那么则需要分析有无有效的补偿。如果难以补偿或者受损或受害的一方不肯接受补偿时，那么，可能就需要否决该方案了。如果可以进行有效的补偿，则选择该行动方案，并细化该行动方案，考虑在行动中每一个步骤是否有需要关怀的人。

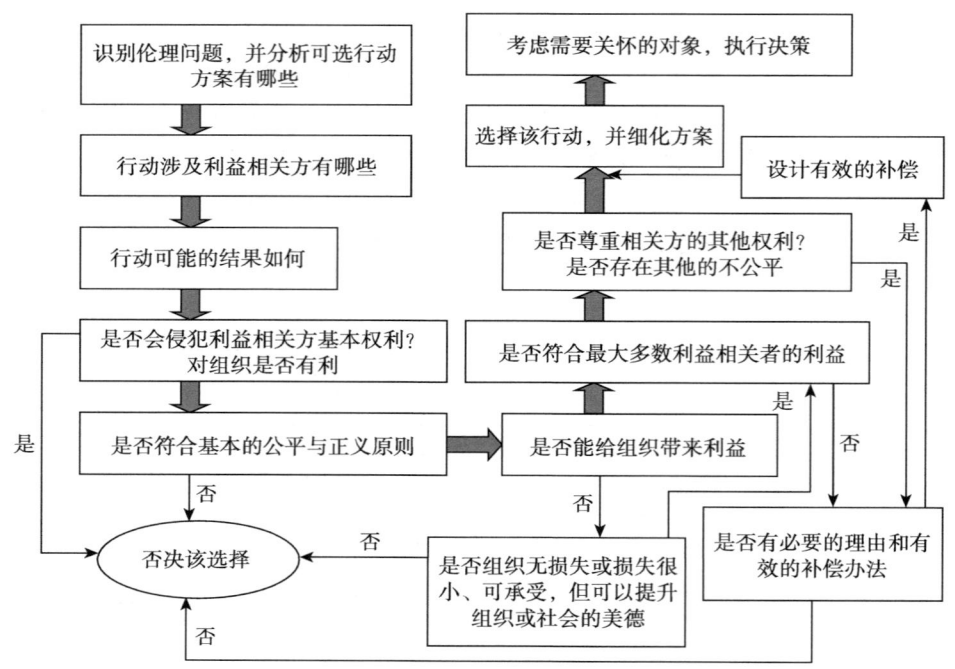

图 2-5　伦理决策模型

本章小结

1. 本章主要讲述了六种伦理分析工具，包括利己主义、功利主义、道义论、正义论、美德论和关怀论。并且讨论了管理者的伦理问题和管理者进行管理决策应该考虑的因素和决策的过程。

2. 利己主义伦理观对一个行为进行道德评价的原则是：一个行动在道德上是正确的或者是正当的，当且仅当该行动能够给行动者带来最大的利益或幸福。利己主义还可以分为，短视利己主义、开明利己主义、个人利己主义和群体利己主义。利己主义的主要优点是非常符合人的心理，人们有很强的动力去遵守利己主义伦理规范。但是，利己主义的缺点也很明显，就是需要对什么是自己的最大利益或最大幸福进行认真的分析和界定，而人们对最大利益或最大幸福的分析和界定很难取得统一认识。

3. 功利主义伦理观对一个行为进行道德评价的原则是：一个行动在道德上是正确的或者是正当的，当且仅当该行动能够给全体利益相关者中的最大多数人带来最大利益。功利主义的最大优点是很符合人们的道德直觉，如果把功利主义伦理作为社会或组织中人们普遍认同的原则，并根据这个原则建立相关的组织制度和运行机制，则可以对人们自私自利的行为形成制约，提升组织的效率。但是功利主义不符合人性，不是所有人都能够认同，缺乏道德动力。并且人们对什么才是最大多数人的最大幸福这个问题存在非常大的分歧。即使能够统一观点，人们对最大多数利益相关者的最大利益或最大幸福的计算也难以完成。退一步来说，即使能够计算并且能够追求最大多数利益相关者的最大利益或幸福，也很难进行合理的分配，因为人们的诉求并不一致，且会随着时间的变化而变化。此外，功利主义伦理观可能导致社会上多数人或者少数人以多数人的名义去侵害少数人的利益。

4. 道义论和正义论都属于义务论，它们对一个行为进行道德评价的原则是：一个行动在道德上是正确的或者是正当的，当且仅当该行动符合某些基本的道德原则，这些基本的道德原则主要有：道义、权利、义务、公平、正义等。

5. 美德论关注的重点不是对某一个行为进行道德评价，而是更加关注行为者本身，研究道德完人所具备的品格以及告诉人们如何成为道德上的完人。美德论认为一个具有美德的人，经常会做出有道德的事情，因为他的内在品格方面具有相关的特质，使得他能够自律地去遵守伦理道德规范。

6. 关怀论伦理观对一个行为进行道德评价的原则大体上可以概括为：在处理人与人之间的关系的行动中，如果一个行动能够激发或者唤醒行动者的道德情感，即使这个行动与个人利益、群体利益或者某些义务、权利相悖，仍然可以认为这个行动在道德上是正确的或者是正当的。

7. 本章还对伦理决策的影响因素以及伦理决策的过程做了分析。并在此基础上介绍了三种不同的伦理决策模型，最后，本章根据目前最常见的六种伦理分析工具，提出了自己的伦理分析模型，供读者参考。

关键术语

目的论（purpose theory）　　义务论（duty theory）
利己主义（egoism theory）　　功利主义（utilitarianism theory）
道义论（deontology theory）　　正义论（justice theory）
美德论（virtue theory）　　伦理决策（ethical decision）

复习思考题

1. 管理者进行伦理决策的过程是怎样的？
2. 利己主义可以分为几种类型？
3. 利己主义伦理观有哪些优缺点？
4. 价值观与伦理道德判断的关系是什么？
5. 功利主义伦理分析工具的主要问题什么？
6. 人有哪些基本的权利和义务？
7. 什么是正义？有几种正义？
8. 美德论的基本观点是什么？
9. 有美德的人就一定是好人吗？为什么？
10. 关怀论的基本观点是什么？

应用案例

如何看待"范跑跑"事件

2008年5·12地震发生的时候，都江堰光亚中学的老师范美忠丢下学生一个人跑出了教室，并于5月22日在天涯上发帖《那一刻地动山摇："5·12"汶川地震亲历记》，描述了自己在地震时所做的一切及心路历程。据描述，范美忠当时正在上课，课桌晃动了一下，他认为是轻微地震，叫学生不要慌。话还没说完，教学楼猛烈地震动起来。他瞬间向楼梯冲过去。出来后，范美忠发现自己是第一个跑出来的人。其后与学生有一段对话。

范："你们怎么不出来？"

学生："我们一开始没反应过来，只看你一溜烟就跑得没影了，等反应过来我们都吓得躲到桌子下面去了！等剧烈地震平息的时候才出来！老师，你怎么不把我们带出来才走啊？"

范："我从来不是一个勇于献身的人，只关心自己的生命，你们不知道吗？上次半夜火灾的时候我也逃得很快！"

范美忠又说："我是一个追求自由和公正的人，却不是先人后己勇于牺牲自我的人！在这种生死抉择的瞬间，只有为了我的女儿我才可能考虑牺牲自我，其他的人，哪怕是我的母亲，在这种情况下我也不会管的。因为成年人我抱不动，间不容发之际逃出一个是一个，如果过于危险，我跟你们一起死亡没有意义；如果没有危险，我不管你们有没有危险，何况你们是十七八岁的人了！"范美忠的话如一石激起千层浪，在论坛上炸开了锅。因而得名"范跑跑"。

一方面是许多人对他破口大骂，认为他不配做个老师。

2008年5月26日，北岸在凤凰博客上发表文章：《范美忠：给教师抹黑，让北大丢脸》，文章指出："范美忠可耻并不在于地震时他的临阵脱逃，而是在于他逃生后还要对自己的懦夫行为大肆'宣扬'。"

2008年6月6日，网络评论家郭松民发表博文《"范跑跑"应该成为中国精英的一面镜子》，文章首先列举了著名的"泰坦尼克号"的沉没事件。指出："在这起事件中，船长、众多的船员以及男性乘客，都和这条豪华邮轮一起沉入了大西洋底，冰海余生的人，却多数是最没有逃生能力的妇孺。"文章指出："对精英来说，最大的悲剧不是死于一场地震或者沉船，而是被公众所唾弃！"

同一天，北京大学哲学系教授王海明接受了《中国青年报》专访，认为："在大地震中的其他教师都没逃，说明这是基本的道德，而范美忠的行为已经越过了道德底线。""诚实而不知耻，那你就没救了。"

另一方面却也有不同的声音。

人民网论坛发表评论《范美忠给国人出了个难题：我可以不做英雄吗》，文章认为：范美忠的诚实让我们很为难，既要赞许其诚实的可贵，又要谴责其对"争当英雄"传统美德的冲击。这怎么办呢？难道为了维护传统美德的尊严，而把范美忠的诚实一块谴责？这也不行！因为诚实也是中国人的传统美德。

有熟悉范美忠的人为其辩护说，范老师从北大历史系毕业，到一个小地方教书，就是为了实现真正传授知识的梦想。课堂上讲的都是自己的观点，希望学生能独立思考，而不跟着考试走。地震后又敢于冲破传统思维，发表自己的观点。很多上过他的课的学生都说他是个好老师！

讨论题

1. 请运用伦理分析工具分析文章中的不同观点。
2. 你认为"范跑跑"是不是一个好老师？为什么？
3. 高尚道德和底线道德是什么关系？

学习链接

[1]　www.businessethics.org．

[2]　www.bsr.org．

[3]　www.iep.utm.edu．

[4]　plato.stanford.edu．

[5]　www.utilitarianism.com．

[6]　cn-e.cn/index.html．

[7]　yxllx.xjtu.edu.cn．

[8]　www.ethics.com.cn．

[9]　www.guoxue.com/．

[10]　中国伦理学会与天津社会科学院主办的《道德与文明》期刊。

[11]　曼纽尔 G 贝拉斯克斯．商业伦理概念与案例[M]．刘刚，程熙镕，译．7版．北京：中

国人民大学出版社，2013.
- [12] 劳拉 P 哈特曼，乔德斯贾丁斯. 企业伦理学 [M]. 苏勇，等译. 北京：机械工业出版社，2013.
- [13] 费雷尔，等. 企业伦理学：伦理决策与案例 [M]. 张兴福，等译. 8 版. 北京：中国人民大学出版社，2012.

第 3 章
企业社会责任

学习目标

1. 了解企业社会责任的演进过程。
2. 掌握企业社会责任、企业公民等概念。
3. 熟悉企业社会责任的一些代表性观点。
4. 了解相关的企业社会责任标准。
5. 了解相关的企业社会责任的实践。
6. 掌握如何编制企业社会责任报告。

开篇案例

中国银行获评"最具社会责任上市公司"

2014年5月28日,新浪网首届"中国上市公司评选"获奖名单公布,中国银行获评"2013年度最具社会责任上市公司"。

长期以来,中国银行秉承"担当社会责任,做最好的银行"的理念,积极履行企业社会责任。全力支持抗震救灾,通过善款捐赠、信贷支持、物资捐赠等形式先后向雅安地震灾区、内蒙古雪灾灾区、云南地震灾区等提供援助;连续13年定点支持陕西咸阳永寿、长武、淳化、旬邑县四县的扶贫帮困工作,开展移民搬迁、中小学校舍修建、人畜饮水工程等100多个扶贫项目,累计无偿捐赠扶贫资金5 000多万元;赞助支持中国妇女发展基金会发起的"母亲健康快车"公益项目,为山东、安徽、湖北、陕西等地贫困地区捐赠48辆流动医疗车,帮助改善贫困地区妇女的生活质量;支持由中国下一代教育基金会发起的"彩虹桥"公益项目,资助中美两国156名品学兼优、家境贫困的学生到对方国家进行短期文化交流与学习;连续4年支持《财经》杂志社发起的"《财经》杂志奖学金项目",先后帮助40多名年轻财经记者成长;在中法建交50周年之际,作为"首席合作伙伴"支持法国卢浮宫珍品来华展出,推动中法文化交流;支持"中国国家大剧院管弦乐团亚洲巡演",促进中外艺术交流;独家捐赠支持由住建部、文化部、财政部和国家文物局联合发起的"中国传统村落保护发展项目",对中国传统村落开展抢救性保护工作。

"中国上市公司评选"由新浪网发起,采取专家评审与网友线上投票相结合的方式,从2 500多家上市公司中评出相关奖项。其中,"最具社会责任上市公司"奖主要用以表彰在慈善捐助、公益活动等领域做出突出贡献的上市公司。

资料来源：中国银行官方网站。

社会主义市场经济出现以前，我们通常认为"企业"与"伦理"是两个毫不相干的概念。然而随着经济的快速发展，生活中出现了越来越多的非伦理行为，人们开始逐渐意识到企业伦理的重要性，企业社会责任的概念进入了人们的视野。企业社会责任，是当前商业伦理学的核心内容与管理手段，日渐成为推动企业成长、实现可持续发展的新潮流。

3.1 企业社会责任的演进

企业社会责任（corporate social responsibility，CSR）不是一个静止的，而是一个不断演进发展的概念。只有熟悉、了解其演进的过程，才能真正领会企业社会责任发展的脉络。关于其演进过程，不同的学者有不同的观点。

3.1.1 四阶段划分[一]

第一阶段：20 世纪 50～70 年代，社会公民概念出现（见图 3-1）。当时，"赢利至上"仍然是大多数企业的核心价值观，很多人认为企业唯一的社会责任就是在规则允许的范围内增加利润。与此同时，一些学者在讨论企业的社会价值时，提出企业也是"社会公民"，也应在社会中尽一份义务，扮演更加积极的角色，并承担相应的社会责任。

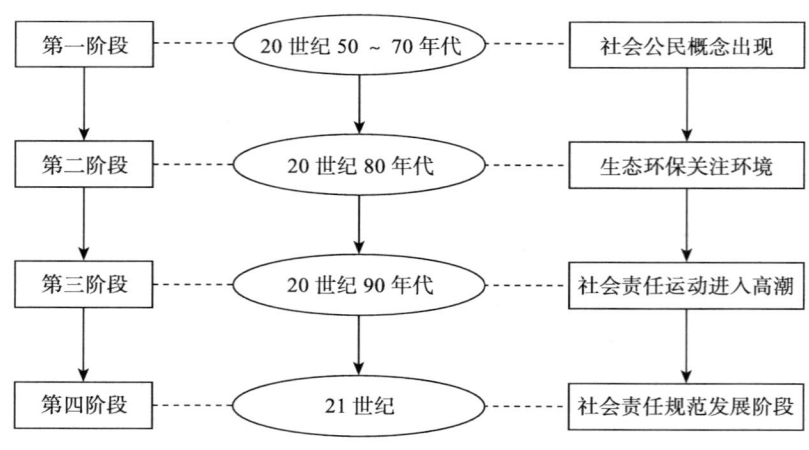

图 3-1 企业社会责任四阶段划分

第二阶段：20 世纪 80 年代，生态环保关注环境。20 世纪 80 年代，企业社会责任运动在欧美发达国家逐渐兴起，它包括环保、劳工、人权等方面的内容，由此导致消费者的关注点由单一关心产品质量，转向关心产品质量、环境、职业健康和养老保障等多个方面。一些涉及绿色和平、环保、社会责任和人权等的非政府组织以及舆论也不断呼吁，要求社会责任与贸易挂钩。

第三阶段：20 世纪 90 年代，社会责任运动进入高潮。20 世纪 90 年代初期的"反血汗

[一] 赵书华，娄梅. 企业伦理与社会责任 [M]. 北京：中国人民大学出版社，2011:37-38.

工厂运动"使许多美国公司为挽救公众形象而制定了第一份公司生产准则,而后越来越多的公司也相继制定了自己的生产准则,演变为"企业生产准则运动",而其直接目的就是促使企业履行自己的社会责任。到 2000 年,全球共有 246 个生产准则,其中除了 118 个是由跨国公司自己制定的以外,其余的全是由商贸协会或多边组织、国际机构制定的所谓"社会约束"的生产准则。

第四阶段:进入 21 世纪,社会责任规范发展阶段。2002 年,联合国正式推出"全球契约"。契约共有九条原则,联合国恳请公司对待其员工和供货商时都要遵守其规定的九条原则。其内容是:第一,企业应支持并尊重国际公认的各项人权;第二,绝不参与任何漠视和践踏人权的行为;第三,企业应支持结社自由,承认劳资双方具有就工资等问题进行谈判的权利;第四,企业应消除各种形式的强制性劳动;第五,有效禁止使用童工;第六,杜绝任何在用工和行业方面的歧视行为;第七,企业应对环境挑战未雨绸缪;第八,主动增加对环保所承担的责任;第九,鼓励无害环境科技的发展与推广。分析这九项原则,从企业内部看,就是要求企业保障员工的尊严和福利待遇;从企业外部看,就是要求企业在社会发展中发挥良好作用。

3.1.2 三期划分⊖

从理论上看,企业社会责任理念的提出大致经历了早期、中期、近期三个阶段,每个阶段都有杰出的代表人物和思想。

1. 早期的企业社会责任

早期的代表人物有 J. 莫里斯·克拉克(J. Maurice Clark,1884—1963)、霍华德 R. 鲍恩(Howard R.Bowen,1908—1989)等。

克拉克在 1916 年首次提出了企业社会责任理念。他认为科技和工业的发展给人类带来了社会和环境等方面的问题,因此,他呼吁"有责任感"的经济。40 年以后,鲍恩发表了《商人的社会责任》一书,被认为是现代公司社会责任的奠基之作。它的理念包括三个方面的内容:其一,强调承担公司社会责任的主体是现代大公司;其二,明确了现代大公司中社会责任的实施者是公司经营管理者;其三,同时明确了实施公司社会责任的原则是自愿,将公司社会责任的实施与法律约束、政府监管的结果相区别。鲍恩的公司社会责任理念明晰了公司社会责任的概念,而且更加贴近实际,具有可操作性。

2. 中期的企业社会责任

中期的代表人物有基思·戴维斯(Keith Davis,生卒年月不详)、里基 W. 格里芬(Ricky W. Griffin,1969—)、约翰 F. 马洪(John F. Mahon,1941—)、E. 梅里克·多德(E.Merrick Dodd,生卒年月不详)等。

20 世纪 60 ~ 80 年代后期,社会责任研究主要关注企业社会责任与企业财务业绩关系的实证研究,通过运用各种统计方法和数学模型,结合财务指标来评测企业社会责任的客观性、科学性。

在企业社会责任概念的确立过程中,学术界发生了两次大争论。一次是在 20 世纪 30 ~ 50 年代的关于管理者受托责任的争论,还有一次是 20 世纪 60 年代关于现代企业作用、

⊖ 徐金发. 企业伦理学 [M]. 北京:科学出版社,2008:42-47.

性质的争论。虽然两次争论都不是直接针对企业社会责任，但其争论的根本问题却是企业社会责任。此时的企业社会责任论者仍然缺少理论的支持。

3. 近期的企业社会责任

20世纪末至今是企业社会责任研究的近期阶段。这一阶段中，企业社会责任研究的最大进展在于与企业利益相关理论的结合，这使得企业社会责任有了相应的理论基础和衡量方法。历史上，企业社会责任研究要早于利益相关者研究。20世纪90年代以后，两者开始进入全面结合，并取得了喜人的成就。一方面，利益相关者理论为企业社会责任研究提供了理论依据；另一方面，企业社会责任研究又为利益相关者理论提供了实证研究方法。从实证效果来看，利益相关者理论为企业社会责任研究带来了三个方面的提升：其一，明晰了企业社会责任的定义；其二，确立了企业社会责任的衡量方法；其三，为企业社会责任提供了充分的理论依据。

3.1.3 多视角透视[一]

企业社会责任的产生和发展也可以从多角度来看。

第一，古已有之的伦理道德孕育着企业的社会责任，如童叟无欺、买卖公平等基本道德要求在古代就已有之。

第二，经济发展到一定阶段催生了企业社会责任，捍卫、推动企业社会责任发展的三股主要力量是劳工运动、消费者运动以及后来起了进一步推动作用的环保运动。

第三，现代市场经济制度培育了企业的社会责任，股份公司制度及职业经理人的出现使得公司的所有权与经营权相分离，投资者不直接参与公司的管理，而受委托的职业经理人对公司资源有很大的处理权，他们往往更容易被说服承担合理的社会责任[二]。

第四，非政府组织的推动加快了企业社会责任的建设，在企业社会责任运动开展较早的西方国家，无一例外都有非政府组织在发挥着重要的作用。

第五，跨国公司生产体系的全球化加速了企业社会责任的推广，跨国公司的触角伸及世界各地，成为企业社会责任传播的重要通道。

第六，政府对企业社会责任的支持规范了企业社会责任行为，随着公众对企业社会责任的不断认可和接受，政府开始对企业社会责任采取相应措施，制定相关法律规范和标准，并在社会上大力提倡企业道德，创造了良好的法制环境，起到了强化企业社会责任意识的作用。

3.1.4 小结

尽管人们对企业社会责任的演进有着不同的认识，但是企业社会责任是一个不断演进，由消极到积极的过程（见图3-2），这一点是毋庸置疑的，而且随着经济的发展，其理念仍然会不断深化与推进。

[一] 任荣明，朱晓明. 企业社会责任多视角透视 [M]. 北京：北京大学出版社，2009:3-11.
[二] 何自力. 家族资本主义与机构资本主义——对股份公司所有权与控制权关系演进和变化的分析 [J]. 南开经济研究，2001（1）.

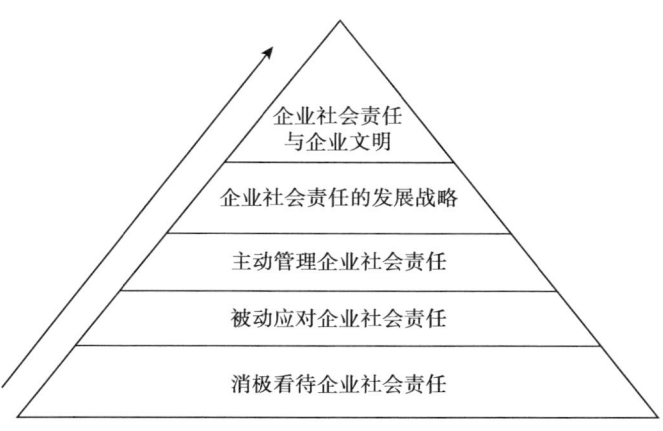

图 3-2　企业社会责任的发展阶段

3.2　企业社会责任的内涵

从 20 世纪 90 年代以来,企业社会责任不仅仅是学术界研讨的课题,它已经落实到现代企业的实际行动中,成为现代企业中的一项创新管理活动,无论是企业界还是理论界都不再将企业社会责任仅仅当作口号,而是将其视为一种行为。那么,究竟什么是企业社会责任?

3.2.1　企业社会责任的定义

虽然企业社会责任的概念在 20 世纪 50 年代就已经产生,70 年代开始丰富,并在 90 年代以及 21 世纪初开始广泛传播,⊖但是至今没有一个被普遍接受的企业社会责任的定义。

> **专栏 3-1　　　　关于企业社会责任的定义**
>
> 不同的学者对企业社会责任有不同的定义。
>
> 英国学者欧利文·谢尔顿(Oliver Sheldon,1894—1951)一般被认为是企业社会责任这一概念的最早提出者,他将企业社会责任与企业经营者满足产业内外各种人群需要的责任联系起来,认为企业社会责任包括道德因素在内。
>
> 鲍恩被认为是现代企业社会责任研究领域的开拓者,他于 1953 年在其著作《商人的社会责任》中提出"商人为社会承担什么责任"的问题后,给出了商人社会责任的最初定义:"商人有义务按照社会所期望的目标和价值,来制定政策、进行决策或采取某些行动。"
>
> 阿奇·卡罗尔(Archie B.Karroll,生卒年月不详)于 1979 年认为企业社会责任是指某一特定时期社会对企业所寄托的经济、法律、伦理和自由决定(慈善)的期望。因此,它包括经济责任、法律责任、伦理责任和慈善责任。

⊖　Golob Ursa, Jennifer L Barlett. Communicating about Corporate Social Responsibility: A Comparative Study of CSR Reporting in Australia and Slovenia [J]. Public Relations Review, 2007(33):1-9.

> 菲利普·科特勒（Philip Kotler，1931—）认为企业社会责任是企业通过自由决定的商业实践以及企业资源的捐献来改善社区福利的一种承诺。
>
> 卢代富将企业社会责任认定为企业在谋求股东利益最大化之外所负有的维护和增加社会公益的义务。
>
> 当然也有一些相关组织机构对企业社会责任进行了定义。
>
> 欧盟认为企业的社会责任是指企业在自愿的基础上，将对社会和环境的关注融入其商业运作以及企业与其利益相关方的相互关系中。
>
> 国际化标准组织提出的企业社会责任的定义是：企业社会责任，是企业对运营的社会和环境采取负责任的行为。
>
> 中国可持续发展工商委员会把企业社会责任定义为：企业不仅应对股东负责，还应该向其他对企业做出贡献或受企业经营活动影响的利益相关方负责。在层次上，这些责任包括经济的、法律的、伦理的和其他方面的酌情而定的要求。
>
> 该专栏根据相关文献整理而得。

尽管不同的学者和机构对企业社会责任的概念有不同的表述，但是其本质是不变的：维护利益相关者的权益。

通过分析国内外学者和相关机构对企业社会责任的定义，尤其是卡罗尔的企业社会责任的四个层面的划分，现对企业社会责任给出如下解释：企业社会责任是指企业在生产经营过程中，除了合理赚取经济利润以外，要对利益相关者承担相应的经济责任、法律责任、伦理责任和公益慈善责任，这其中的利益相关者不仅包括股东、顾客、员工，也包括社区、竞争者、供应商、社会利益团体、公众以及其他相关群体。

3.2.2 相关概念的界定

要更好地理解企业社会责任，我们需要对以下几个概念加以理解。

1. 利益相关者理论

利益相关者理论（stakeholder theory） 产生于20世纪60年代，发展于70年代，并于80年代达到高潮，到了90年代开始和企业社会责任研究相结合。

1965年，伊戈尔·安索夫（1918—2002）在其《公司战略》一书中首次提出利益相关者理论，他认为要制定理想的企业目标，就必须综合平衡考虑企业的诸多利益者之间相互冲突的索取权，他们可能包括管理人员、工人、股东、供应商和顾客。1984年，弗里曼（生卒年月不详）将当地地区、政府和环保主义者等部门纳入研究范畴，明确提出利益相关者是指那些对企业战略目标的实现产生影响或者能够被企业实施战略目标过程影响的个人或团体。1995年，英国学者克拉克森（1960—）认为，那些对企业及其过去、现在和未来的活动享有或者主张所有权、权利或者利益的自然人或社会团体属于利益相关者，而且根据利益相关者与企业之间联系的紧密程度将利益相关者分为一级利益相关者和二级利益相关者，前者是指与企业经营密切相关的群体，包括股东、投资机构、员工、供应商和消费者等，而后者则是不直接介入企业事物的相关群体，包括媒体、社会团体等。我国学者综合上述观点，认为利益相关者是指那些在企业的生产活动中进行了一定的专用性投资，并承担了一定风险的个体和群体,其活动能够影响或者改变企业的目标,或者受到企业实现其目标过程的影响。这一定义既强调了投资的专用性,又将企业与利益相关者的相互影响关系包括进来,比较全面而又具有代表性。

从利益相关者理论的研究和发展过程可以看出,利益相关者的覆盖范围越来越大,反映了社会对企业承担责任的要求。在战略决策的过程中,各个与企业利害相关的团体的利益总是相互矛盾的,不可能有一个能使每一方都满意的战略。因此,一个高层管理者应该知道哪些团体的利益是要特别重视的。美国管理协会(AMA)曾经对6 000位经理进行调查,结果如表3-1所示,可以作为企业决策的参考依据。

表 3-1 各利益相关团体对企业的重要性

利益相关者团体	得分排序(最高7分)	利益相关者团体	得分排序(最高7分)
顾客	6.40	一般大众	4.52
职工	6.01	一般股东	4.51
主要股东	5.30	政府	3.79

资料来源:赵斌,陈玉保.企业伦理与社会责任[M].北京:机械工业出版社,2011:215.

基于利益相关者理论,卡罗尔提出了利益相关者/社会责任矩阵(见表3-2)。他认为,不同的利益相关者有不同的利益诉求,从而对不同的利益相关者企业需要承担不同的责任。例如,对股东需要承担经济责任,对顾客需要承担法律责任和伦理责任等。

表 3-2 利益相关者/社会责任矩阵

利益相关者	社会责任类型			
	经济责任	法律责任	伦理责任	慈善责任
股东				
顾客				
员工				
社区				
竞争者				
供应商				
社会利益团体				
公众				
其他				

资料来源:Carroll, Archie B. The Pyramid of Corporate Social Responsibility: Toward the Moral Management of Organizational Stakeholders [J]. Business Horizons, 1991, 34(4): 39-48, 44.

2. 企业公民

从20世纪80年代初期问世,到90年代中期真正进入学术视野,再到今天的全球流行,**企业公民(corporate citizenship)**只有20多年的发展历史。在经济全球化加速发展的现代背景下,企业公民是企业发展实践提出的一个新的理论课题。它是伴随着企业社会责任与可持续发展等新理念的深入发展而诞生的一个新概念。

企业公民是企业和公民的有机结合体,即商业利益主体与社会责任主体的结合体。其核心观点是，企业的成功与社会的健康发展密切相关。企业在获取经济利益的时候，要通过各种方式来回报社会。企业是社会的细胞，社会是企业利益的源泉，企业在享受社会赋予的条件和机遇时，也应该以符合伦理、道德的行动回报社会、奉献社会。

企业公民这一概念蕴含着社会对企业提出的要求，意味着企业是社会的公民，应承担起对社会各方的责任和义务，例如，为员工提供更好的工作环境和福利，为社会创造就业机会和为社会发展做贡献，为消费者提供安全可靠的产品，同经营合作伙伴建立良好的关系，关注环境和社会公益事业等。

企业公民不仅仅是为了行善，而是首先要把本职工作做好，确保企业遵纪守法、不骗人、不做假账、不搞伪劣产品等。实际上，能否做一个合格的企业公民体现了一个企业的价值取向和长远追求。"越来越多的企业已经意识到，成为负责任的企业公民，并不等于增加成本支出，而是提升企业竞争力和改善财务表现的一种途径。能够获得消费者和资本市场的信任，为企业带来长远的利益，降低企业的长期风险。企业公民的提法逐步将企业的社会责任引向商业能力，认为企业社会责任的实践已不再是对社会诉求的简单顺应，而是应该主动将社会诉求纳入企业的经营战略中。让谋求自身利益，创造商业价值与回馈环境、创造公共价值的行为同时发生。"⊖

3. 企业社会绩效⊜

企业社会绩效（corporate social performance）概念及其模型的产生，是长期以来关于企业社会责任争议的结果，是对如何在实践中实施企业社会责任管理所进行思考的总结。20世纪70年代初，"企业的唯一责任是为股东创造利润"和"企业应该自愿地承担社会责任"的两派观点争论不休，后来学术界和企业界开始接受超出经济责任外的社会责任意识观点。而关于什么是企业的社会责任则没有统一的观点，于是，各种如公共责任、经济伦理、社会回应等用于解释企业社会责任的概念开始出现，企业社会绩效理论及其模型就是在这种背景下产生的。

关于企业社会绩效的定义，目前学界还没有一个统一的定论。沃提克和哥奇兰提出，企业社会绩效是"企业社会责任原则、社会回应过程和解决社会议题政策之间根本的相互关系"。伍德采用过程模式，将企业社会绩效定义为：包括企业社会责任、社会反应的过程、企业政策、与利益相关者关系等要素的总体轮廓。我们可以把企业社会绩效理解为企业的除经济方面绩效以外的一切绩效的总和。

卡罗尔通常被认为是企业社会绩效理论的倡导者，他从九种较具代表性的观点中，总结出一个三个维度的企业社会绩效模型（见图3-3）。

第一个维度是企业社会责任的类别。图3-3中经济责任处于基础并占很大比例，其他三种责任依次排序、比例递减，卡罗尔正是用此来说明了各种不同责任对企业而言的重要性以及企业在承担责任时考虑的优先次序。同时，卡罗尔的阐述尤其强调，四种责任彼此间并不是相互排斥的，也不是固定的，彼此间可能相互转化，而且任何一个行为中可能同时包含着几种责任。

第二个维度是企业涉及的社会议题。虽然每个行业所面临的社会议题可能是不同的，而

⊖ 王昆来，杜国海. 企业伦理新论 [M]. 成都：西南财经大学出版社，2012:107.
⊜ 郑若娟. 企业社会绩效管理模型及趋势 [J]. WTO 经济导刊，2007(3).

且不同时期企业所面临的社会议题也是变化的，但总体上，在管理实践中，一些社会议题总是企业管理者最需要考虑的。

第三个维度是企业社会回应策略。卡罗尔认为企业对社会所做出的回应可以划分为反应性的、防御性的、适应性的和主动行动的四种模式，这反映了企业对待社会议题可能选择的从消极到积极的回应态度和策略。

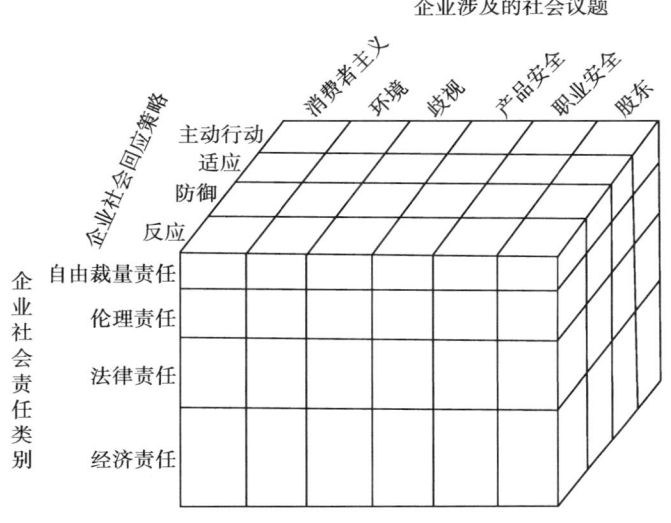

图 3-3　卡罗尔的企业社会绩效模型

作为第一个较为全面的企业社会绩效模型，尽管卡罗尔没有明确定义什么是企业社会绩效，但其最大贡献是将以往人们所争论的关于企业社会责任的观点系统化，构建了一个有价值的理论框架。但这个模型本身是静态的，更多的是对企业社会责任、社会议题和回应策略的描述，而没有提出如何去解决问题。而后学者沃提克和哥奇兰以及伍德分别对卡罗尔的企业社会绩效模型进行了改进，赋予其更实用的管理意义，而且提出了解决问题的过程。

4. 企业慈善

1979 年，卡罗尔提出企业社会责任包括经济责任、法律责任、伦理责任和自由慈善责任，**企业慈善**（corporate charity）进入人们的视野。随着人们对企业社会责任关注度的不断提升，企业慈善的重要性得到凸显，它的必要性体现在以下几个方面。

（1）企业承担慈善责任是对社会大众、消费者、特殊压力群体、竞争者等利益相关者的期望、要求的一种回应。

（2）企业参与慈善事业能够弥补政府能力的有限，实现社会财富的第三次分配。

（3）企业的慈善行为是一种富有人性、同情心的表现，在社会中表达了一种仁爱的理念，体现了一种人道主义精神。

（4）企业通过参与慈善活动，承担慈善责任，有利于增加企业的道德资本，即提升企业自身形象，增强企业内部凝聚力，增加企业的无形资产，从而提升企业在市场中的竞争力，扩大企业的经济利益。

（5）企业参与慈善活动，是企业自身长远发展的必然选择。企业承担慈善责任的内容主要体现在企业对弱势群体的救助，企业在重大灾害时的捐助，企业对重大疾病防治的资助以及企业对贫困大学生的赞助等。由于受文化环境因素、法律法规因素、慈善机构因素以及企业自身因素的影响，目前我国企业在承担慈善责任上还有许多不足之处。

专栏 3-2　　　　　　　　　　**中国的"企业慈善"**

慈善思想在中国虽然源远流长，但慈善作为一种事业在中国则起步较晚。近年来，我国慈善事业取得了很大成绩，得到了长足发展。但在较长一段时间以来，中国的"企业慈善"还存在一些问题，慈善机制和企业的慈善文化不够完善。

目前中国内地企业在从事慈善活动上存在以下四个主要问题。

一是慈善规模比较小。说到中国慈善业与国外的差距，一个经常被引用的数字是，2004 年中国慈善机构获得的捐助总额，仅占当年 GDP 的 0.05%，而美国这一比例为 2.2%，是中国的 40 余倍。2006 年 4 月英国人胡润编制的中国慈善榜发布，长江实业（集团）主席李嘉诚以 6.7 亿元的捐赠额，名列中国慈善企业排行榜第一名。相比之下，中国内地企业的慈善事业还存在缺位。

二是慈善理念不够成熟。中国企业的捐赠理念为"回报社会、造福桑梓"，没有将企业慈善活动与企业的发展战略和商业利益联系起来，也没有形成规范化、制度化的运作机制。慈善活动在很大程度上取决于企业领导人的良心，没有将慈善活动与企业的发展结合起来。这就使得我国企业的慈善捐助基础十分脆弱和不稳定，使慈善事业缺少长久的驱动力。另外，在捐赠的运作机制上，在中国，很多时候企业慈善榜与企业家个人慈善榜是一样的，企业的捐赠就等于是企业领导的捐赠，企业本身并没有专门的慈善计划和意识。

三是慈善体制尚不完善。中国现行税法规定，企业所得税的纳税人用于公益、救济性的捐赠，在年度应纳税所得额 3% 以内的部分，准予免除。个人向慈善公益组织的捐赠，没有超过应纳税额的 30% 的部分，可以免除。这实际上是"捐款越多，纳税越多"，是对企业捐赠的变相"打击"。同时，申请退税过程烦琐，企业慈善的运作透明度不足，管理水平和公信力亟待提高，也影响了企业和个人的捐赠积极性。中国企业慈善事业现状还与富人担心捐赠可能导致"露富"，并可能招致外界的负面评价有关。

四是慈善活动形式比较单一。中国社科院社会政策研究中心课题发现，中国企业参与慈善的主要形式还限于各类捐赠行为，捐赠的形式以资金为主。国外的跨国企业的捐赠方式则多种多样，技术、设备、产品和资金等捐赠方式并行。财物的捐赠是慈善活动的重要方式，但参与各类公益活动，宣扬慈善理念，贡献企业的时间和智慧同样是慈善的重要表现形式，相对于国内企业的资金捐赠，这是中国企业目前应该学习的慈善理念和慈善运作机制。另外，民营企业相对国有控股企业在慈善活动中参与度也较小。

资料来源：赵曙明. 和谐社会构建中的企业慈善责任研究 [J]. 江海学刊，2007(1).

针对我国企业慈善活动中存在的问题，我们要营造一个良好的社会氛围，加强企业、公众的慈善责任意识，完善相关的法律法规，健全慈善组织，推动企业积极参与慈善事业。同时，企业自身要加强管理，加快发展，提高承担慈善责任的能力。通过各方的共同努力，一定能够把我国的慈善事业推向另一个高度。

需要特别指出的是，企业在履行慈善责任时，应对企业投资人的慈善权利予以充分尊重。例如，诸如地震等大的灾害发生以后，我国的很多企业捐款热情高涨，数额巨大，反应速度极快，我们在充分肯定的同时，是否也应当对其行为提出某些质疑？企业的管理层在没有召开股东会的情况下，任意支配资金，随意追加捐款数额，实质已经违反了公司章程及管理制度。企业慈善责任的提出，可以使管理层明确，企业在履行慈善责任时，应尊重投资者的权利，要有一种现代产权意识。

5. 企业社会契约理论

企业社会契约理论是 17 世纪以来在西方国家极有影响的一种社会学说。随着经济的发展，**企业社会契约理论**（corporate social contract theory）也随之产生。企业社会契约理论认为企业和社会之间存在着某种社会契约，即企业与社会各利益团体之间有一系列自愿同意并相互受益的社会契约，履行与这些利益团体的合同义务就是企业的责任。企业是各种要素投入者为了各自的目的联合起来组成的一个有效率的"契约联合体"。这里的契约既包括企业内部的利益相关者如股东、管理者、雇员之间的契约，也包括企业外部的利益相关者如供应商、客户、银行、政府、社区等与企业之间的契约。

社会为企业的发展提供条件，企业也应当承担社会责任，按公平互利原则来执行契约。因此，企业社会责任的内容是由一系列的契约所规定的，其本质则是企业与其利益相关者之间的一组复杂契约。

3.3 企业社会责任标准

伴随着商业实践和社会环境的发展与成熟，特别是经济全球化的深化，企业社会责任的要求和内容越来越具体、越来越全面。因此，建立一系列企业社会责任的规范、标准和管理体系势在必行，相关国际组织提出了一系列有关企业社会责任的倡议和原则，它们为企业承担和履行社会责任提供了明确的导向和指南。表 3-3 列举了部分国际原则[⊖]，本节将对其中几个常用的标准做简要介绍。

表 3-3 企业社会责任的主要国际原则

国际原则	发起年份	发起主体	作用对象	关注重点
世界人权宣言	1948	联合国	国家	人的基本权利
消除一切形式种族歧视国际公约	1963	联合国	国家	种族歧视
经济、社会和文化权利国际公约	1966	联合国	国家	人权
环境责任经济联盟原则	1989	环境责任经济联盟	总部设在美国的公司	环保
里约环境与发展宣言	1992	联合国环境与发展大会	国家	环保
SA8000 社会责任标准	1997	社会责任国际	公司	供应商

⊖ 赵斌，陈玉宝. 企业伦理与社会责任 [M]. 北京：机械工业出版社，2011:235.

(续)

国际原则	发起年份	发起主体	作用对象	关注重点
OECD 公司治理原则	1998	经济合作与发展组织	公司	公司治理原则
沙利文全球原则	1999	沙利文	企业、员工	人权和劳工权益
联合国"全球契约"	1999	科菲·安南	企业	企业社会责任
反行贿商业原则	2002	透明国际和社会责任国际	企业	商业行贿
ISO26000 社会责任指南	2004	国际标准化组织	所有社会组织	社会责任原则和主题

3.3.1 《SA8000 社会责任标准》

《SA8000 社会会责任标准》（Social Accountability 8000）是全球首个道德规范国际标准。该标准由总部设在美国的社会责任国际组织根据《国际劳工公约》、联合国《儿童权利公约》以及《世界人权宣言》制定，它是一个全球性的、可供认证的、用于解决工作场所诸多问题的审核和保证的管理标准。

SA8000 的宗旨是"赋予市场经济以人道主义"，通过有道德的订单采购活动改善全球工人的工作条件，最终确保工人的工作公平而体面。该标准适用于世界各地，任何行业，不同规模的公司，同时也适用于公共机构。

SA8000 标准主要内容包括童工、强迫性劳工、健康与安全、组织工会的自由与集体谈判的权利、歧视、惩戒性措施、工作时间、工资、管理体系等九个方面。

该标准不仅可以减少国外客户对供应商的第二方审核，节省费用，使得企业运作更大程度符合当地法规要求，建立国际公信力，而且能使消费者对产品建立正面情感，使合作伙伴对本企业建立长期信心。因此，该标准颁布后，很快在国际社会尤其是发达国家获得了广泛的关注和支持。

欧洲在推行 SA8000 标准方面走在前列，美国紧随其后。1998 年底，全球仅有 8 家企业得到了官方认证，而截至 2010 年 6 月，全球已有 60 个国家，66 个行业的 2 258 家企业获得了 SA8000 标准的认证。目前，全球大的采购集团非常青睐有 SA8000 标准认证企业的产品，这迫使很多企业投入大量人力、物力和财力去申请和维护这一认证体系。中国自加入 WTO 后，在劳工问题上面临着前所未有的巨大压力，国际大买家不仅仅关注企业在质量控制、环境保护和职业安全卫生方面的表现，也开始对企业在社会责任和劳工标准方面提出越来越高的要求。从 2004 年 5 月 1 日起，欧美国家强制实施 SA8000 标准，自此以后，中国越来越多的企业也加入认证的行列，成为公认的认证较为密集的国家之一。

SA8000 标准既是市场发展的外在要求，也是社会文明进步的内在体现，在经济全球化的今天，企业不能单纯依靠工人的低工资来降低成本，不能再通过损害工人的权益来追求利润。SA8000 标准通过市场的力量迫使企业确定全新的价值观，集聚伦理资本，切实尊重和保护人权，体现"以人为本"的发展目标。

3.3.2 《OECD 公司治理原则》

《OECD 公司治理原则》最初起源于对 1998 年 4 月 27～28 日召开的 OECD 部长级理事会的一项提议的反应。1998 年 4 月，OECD 召开部长级会议，呼吁各国政府、有关国际组织及私人部门共同制定一套公司治理的标准和指导方针。该原则在 1999 年获得批准后，就成为 OECD 成员国和非成员国公司治理行动的基础。

《OECD 公司治理原则》旨在帮助 OECD 成员国和非成员国政府评估和提升本国公司治理的法律、制度和监管框架，为股票交易所、投资者、公司和其他在推进良好公司治理过程中发挥作用的机构提供指引和建议。一般来说，该原则针对金融和非金融的公开上市交易的公司，但在一些方面，它也可以适用于非上市公司（如私营企业和国有企业），成为它们改善公司治理的有效工具。

它包括五个方面的内容。

（1）保护股东的利益。

（2）对股东的平等待遇。包括小股东和外国股东，如果他们的权利受到损害，应有机会得到有效补偿。

（3）利益相关方在公司治理中的作用。治理结构的框架应该确认利益相关方的合法权利，并且鼓励公司和利益相关方在创造财富和工作机会，以及为保持财务健全方面进行积极的合作。

（4）信息披露和透明度。治理结构的框架保证及时地披露与公司有关的任何重大问题，包括财务状况、经营状况、所有权状况和公司治理状况的信息。

（5）董事会的责任。治理结构的框架应确保董事会对公司的战略性指导和对管理人员的有效监督，并确保董事会对公司和股东负责。

为了在不断变化的世界中保持竞争力，公司必须创新并调整其治理实践，以应对新需求，把握新机遇。同样，政府担负着塑造有效的监管框架的重大责任，监管框架必须具有足够的灵活性，既要保证市场有效运行，又要考虑股东和其他利益相关者的要求。如何应用该原则来制定本国的公司治理框架，需要由政府和市场参与者通过评估监管的成本和收益等共同决定。

3.3.3 联合国"全球契约"

1995 年召开的世界社会发展首脑会议上，联合国前秘书长科菲·安南（Kofi Annan，1938—）曾提出"社会规则""全球契约"的设想。1999 年 1 月瑞士达沃斯世界经济论坛年会上，科菲·安南正式提出"全球契约"计划，并于 2000 年 7 月在联合国总部正式启动。安南向全世界企业领导者呼吁，遵守有共同价值的标准，实施一整套必要的社会规则，即"全球契约"（Global Compact）。

"全球契约"使得各企业与联合国各机构、国际劳工组织、非政府组织以及其他有关各方结成合作伙伴关系，建立一个更加广泛和平等的世界市场。它动员全世界的跨国公司直接参与减少全球化负面影响的行动，推进全球化朝积极的方向发展。

"全球契约"不具有法律效力，但要求加入企业要接受、支持并实施在人权、劳工标准、环境保护和反腐败方面的一套核心价值观和原则，并在其业务领域积极倡导。这些核心价值观和原则就是著名的"全球契约"十项原则（见表 3-4），在世界各国享有普遍共识。

"全球契约"的提出，为企业成为对社会负责的公司，为企业参与经济全球化条件下的国际事务提供了一个机会，公司参与"全球契约"获得的好处包括以下几个方面。

（1）体现作为负责任的公民的表率。

（2）与有共识的公司及组织交流经验，相互学习。

（3）与其他公司、政府组织、劳工组织、非政府组织，以及国际组织建立合作关系。

（4）与联合国各机构，包括国际劳工组织、联合国人权事务高级专员办公室、联合国环境计划署、联合国发展计划署等建立合作伙伴关系。

（5）通过实施一系列负责的管理计划与措施，将公司发展视野扩大到社会范畴，从而使商业机会最大化。

（6）参与旨在寻找解决世界重大问题的方法的对话。

表 3-4 "全球契约"十项原则

人权	劳工标准	环境保护	反腐败
1.企业应该尊重和维护国际公认的各项人权 2.绝不参与任何漠视与践踏人权的行为	3.企业应该维护结社自由，承认劳资集体谈判的权利 4.彻底消除各种形式的强制性劳动 5.消除童工 6.杜绝任何在用工与行业方面的歧视行为	7.企业应对环境挑战未雨绸缪 8.主动增加对环保所承担的责任 9.鼓励无害环境技术的发展与推广	10.企业应反对各种形式的贪污，包括敲诈、勒索和行贿受贿

"全球契约"一经推出，就得到了很多国家和国际工会组织的坚决支持，而且获得了企业界和国际雇主组织的积极响应。一些大型跨国集团公司开始行动起来，倡导承担社会责任，与工会组织签订实施以基本劳工标准为核心内容的全面协议，开展社会认证活动。目前，加入联合国"全球契约"的组织或企业已经超过 6 000 个，"全球契约"成为一个名副其实的全球企业社会责任组织。

> **专栏 3-3　　参加"全球契约"的程序要求**
>
> 企业和其他组织参加"全球契约"的一般程序要求如下。
>
> 首先，企业团体的负责人致函联合国"全球契约"办公室秘书长，说明支持"全球契约"及各项原则。
>
> 其次，应着手对企业业务进行改革，使"全球契约"及其各项原则成为企业战略的重要组成部分，融汇于公司企业文化中，使之成为企业的经营理念和经营行为，在公司日常业务中努力履行社会责任。
>
> 再次，员工充分利用诸如新闻稿、演讲、企业产品发布会等交流手段公开宣传"全球契约"及其各项原则。
>
> 最后，还应在其年度报告中公开说明企业如何支持"全球契约"的原则。

3.3.4 《反行贿商业原则》

《反行贿商业原则》于 2002 年 12 月发布，通过多方利益相关方对话制定，这些利益相关方包括许多国家的工会、公司、非政府机构和学术界，对话的召集者是社会责任国际和透明国际组织。

该原则作为一个工具来协助企业制定有效的方法来打击企业经营活动中的行贿行为，适用于各种规模的企业，可用于打击公职人员和私对私交易中的行贿行为，要求企业遵纪守法，建立"以信任为基础的，不容忍行贿"的内部文化，目的是为反行贿提供如参数、规定和制度等实际的指导，鼓励企业和高管人员一起为反行贿计划承担最大的责任，创建公平的竞争环境，提供长期的经营优势。

《反行贿商业原则》的目标是为反行贿提供一个良好的行业惯例和风险管理战略的框架，该原则规定无论是直接行贿还是间接行贿，企业都必须禁止，如行贿、正直性捐赠、慈善捐赠和资助、疏通费、礼品、请客或非合理消费等；企业必须承诺实施反行贿计划。这些商业原则是以基本价值观的完整性、透明性和责任性的承诺为基础提供的。企业必须力求创建和维护以信任为基础的，不容忍行贿的内部文化。

该原则还要求董事会、首席执行官和高级管理人员应该积极公开承诺实施《反行贿商业原则》。企业应该在其与子公司、合资方、代理商、承包商和其他有业务关系的第三方的交易中应用自己的反行贿计划。企业的高级管理人员应该监督该计划，并定期检查该计划的适用性、适合性和有效性，视情况进行改进。他们应该定期向设计委员会或董事会汇报检查及结果。审计委员会或董事会应该独立地评估该计划的适用性，并在给股东的年度报告中公开结果。

3.3.5 《ISO26000 社会责任指南》

> **专栏 3-4**　　　　　　　　《ISO26000 社会责任指南》的由来
>
> 　　国际标准化组织（International Standard Organization, ISO）从 2001 年开始着手进行社会责任国际标准的可行性研究和论证。2004 年 6 月最终决定开发适用于包括政府在内的所有社会组织的"社会责任"国际标准化组织指南标准，由 54 个国家和 24 个国际组织参与制定，编号为 ISO26000，是在 ISO9000 和 ISO14000 之后制定的最新标准体系。
>
> 　　ISO26000 的开发经历了一个复杂而漫长的历程，大致可分为准备、草拟和发布三个阶段。2005 年 9 月在泰国曼谷举行的 ISO 社会责任标准第二次会议是整个标准开发的一个重要转折点。此次会议确定了 ISO26000 标准的最终草案完成时间至发布前的工作安排，确定了制定标准的机构和主要内容，使标准的开发进入了实质性阶段。2006 年 5 月，在葡萄牙首都里斯本社会责任标准第三次会议上，拟订了标准的第一稿；2007 年 1 月，在澳大利亚西尼社会责任第四次会议上，则确定了标准的核心内容。从此，该标准的开发"开始朝着一个正确的方向发展"。2010 年 11 月 1 日，国际标准化组织（ISO）在瑞士日内瓦国际会议中心举办了主题为"共担责任，实现可持续发展"的《ISO26000 社会责任指南》标准发布仪式，该标准正式出台。
>
> 　　该专栏根据相关资料整理而得。

《ISO26000 社会责任指南》旨在对私营部门、公共部门和非营利部门等所有类型的组织有所裨益，不论其规模大小，也不论其是在发达国家还是在发展中国家运行。尽管指南中并不是每个部分都同等适用于所有类型的组织，但每个核心主题与所有组织都是相关的。

该标准就社会责任原则、认识社会责任和利益相关方参与、社会责任核心主题和议题，以及如何将社会责任行为融入组织等提供指导，强调社会责任表现的结果及改进的重要性。标准中描述的重点是"社会责任七项原则"（见图3-4）和"七个核心主题"（见图3-5）。

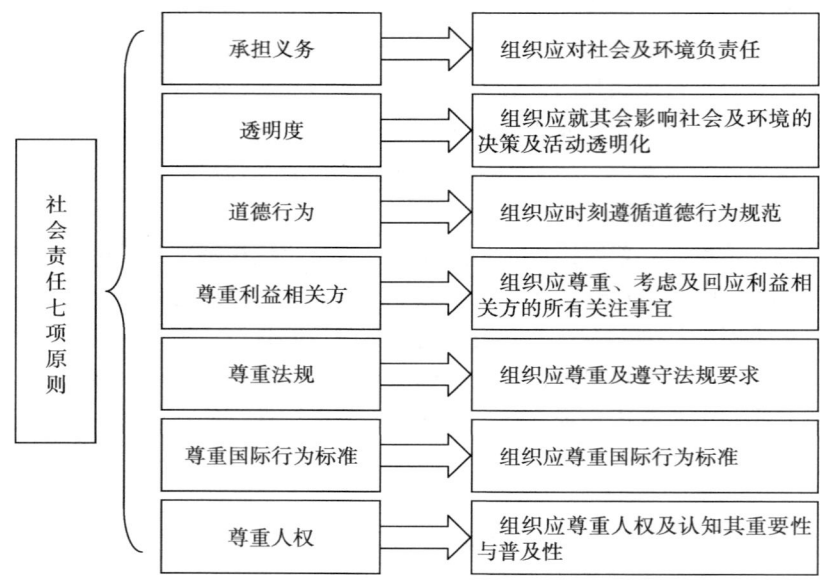

图 3-4 ISO26000 社会责任七项原则

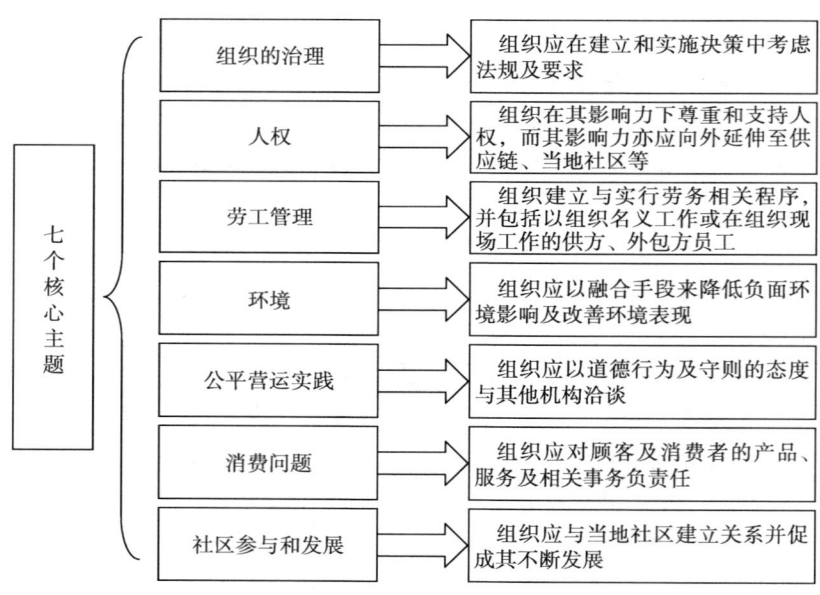

图 3-5 ISO26000 七个核心主题

ISO26000 从项目伊始，就因为其富有争议的主题、广泛的参与人员、包罗万象的内容等，具有鲜明的特点。

（1）用社会责任（SR）代替企业社会责任（CSR），统一概念。社会责任的定义是整个 ISO26000 中最为重要的定语，而 ISO 用 SR 代替 CSR，就使得以往只针对企业的指南扩展到适用于所有类型的组织，其性质是"对社会负责任的组织行为"，隐含着要求组织基于社会价值考虑组织行为的过程和结果。

（2）适用于所有类型的组织。正因为指南用 SR 代替了 CSR，从而使得 ISO26000 适用于所有类型的组织，包括公有的、私有的，发达国家的、发展中国家的和转型国家的各种组织，但是不包含履行国家职能、行使立法、执行和司法权力，为实现公共利益而制定公共政策，或代表国家履行国际义务的政府组织。

（3）不是管理标准，不用于第三方认证。ISO26000 的总则中强调，ISO26000 只是社会责任"指南"，不是管理体系，不能用于第三方认证，不能作为规定和合同使用，从而和质量管理体系标准（如 ISO9001）以及环境管理体系标准（如 ISO14000）显著不同。

（4）提供了社会责任融入组织的可操作性建议和工具。指南的一个重要章节探讨社会责任融入组织的方法，并给出了具体的可操作性建议，指南的附录一中也给出了自愿性的倡议和社会责任工具，从而使组织的社会责任意愿转变为行动。

（5）前所未有的利益相关方的广泛参与和独特的开发流程。社会责任指南制定的 5 年中，有来自 99 个国家的 400 多位专家参与开发，广泛的利益相关方参与确保了指南的合理性和权威性，是指南最终高票通过的关键。同时，ISO26000 具有独特的开发流程，平衡了发展中国家和发达国家的关系。

（6）发展中国家的广泛参与。如上所述，在工作组的成员分配上，发展中国家和发达国家具有同等地位，工作组的主席由发展中国家和发达国家的专家共同担任，同时，在参与开发的 99 个国家中，有 69 个是发展中国家。由此可见，发展中国家确实广泛参与了 ISO26000 的制定过程。

（7）和多个组织建立合作关系，推广了社会责任相关的实践。ISO 和联合国的国际劳工组织（ILO）、联合国全球契约办公室（UNGCO）、经济合作与发展组织（OECD）都签署了谅解备忘录，同时和全球报告倡议组织（GRI）、社会责任国际（SAI）等组织建立了广泛而深入的联系，确保这些组织能参与到指南的开发过程中，从而使得指南不是替换，而是补充和发展了国际上存在的原则和先例。

（8）差异性原则。ISO26000 总则中指出，应用指南时，明智的组织应该考虑社会、环境、法律、文化、政治及组织的多样性，在和国际规范保持一致的前提下，也要考虑不同经济环境的差异性。

总体而言，ISO26000 是国际标准化组织在广泛联合了包括联合国相关机构、GRI 等在内的国际相关权威机构的前提下，充分发挥各会员国的技术和经验优势制定开发的一个内容体系全面的国际社会责任指南。它兼顾了发达国家与发展中国家的实际情况与需要，并广泛听取和吸纳了各国专家意见与建议。正如指南所言，它既能为初涉社会责任的组织所使用，也能为较有实施经验的组织所使用。该指南为准备践行社会责任的组织提供了指导规范，使社会责任不再是一纸空文，使践行社会责任有了真正实施的指导，并且针对不同类型的组织，可以寻求不同的指导方法，意义重大。可以预见，该指南的诞生将会在更大范围、更高层次的意义上推动全球社会责任运动的发展，并将获得各类组织的响应与采纳。

> **专栏 3-5　ISO26000 与 SA8000**
>
> ISO26000 是国际标准化组织制定的编号为 26000 的社会责任指南标准,是在 ISO9000 和 ISO14000 之后制定的最新标准体系,这是 ISO 的新领域。SA8000 是社会责任国际(SAI)发布的核心标准,是世界上最早的可以据以审核的社会责任标准之一,是根据《国际劳工公约》《世界人权宣言》和联合国《儿童权益公约》制定的全球首个道德规范国际标准,于 1997 年 10 月首次发布。这两个标准的区别有以下几点。
>
> (1)发起组织不一样,一个是 ISO,一个是 SAI。
>
> (2)ISO26000 侧重于各种组织生产实践活动中的社会责任问题,主要从社会责任范围、理解社会责任、社会责任原则、承认社会责任与利益相关者参与、社会责任核心主题指南、社会责任融入组织指南等方面展开描述,统一社会各界对社会责任认识,为组织履行社会责任提供一个可参考的指南性标准,提供一个将社会责任融入组织实践的指导原则。而 SA8000 的宗旨是确保供应商所提供的产品,皆符合社会责任标准的要求,即 SA8000 标准要求,它主要关注的是人,而不是产品和环境。
>
> (3)ISO26000 为企业或组织自主申请执行,而 SA8000 多为企业客户要求执行,没有达到要求可能会被禁止出货或接单。
>
> (4)ISO26000 不是一个可认证标准,SA8000 是一个可认证标准。

3.4　企业社会责任的实践

虽然企业社会责任概念源于西方,但却符合我国"以人为本""构建社会主义和谐社会"的方针政策。在我国,企业社会责任正经历着一个逐渐觉醒的过程,但是目前企业承担社会责任还有很多方面的不足,企业积极履行社会责任的实践也需不断推进。

3.4.1　企业社会责任管理

从 20 世纪 90 年代以来,企业社会责任就不仅仅只是学术界研讨的课题,而且已经落实到现代公司的实际行动中,成为现代公司中的一项创新管理活动。特别是一些著名的跨国公司通过提高企业社会责任以增强企业竞争力,成为跨国经营中克敌制胜的战略手段。

应当承认,企业社会责任管理还处在探索阶段。不同国家、不同企业的环境条件不同,因而企业社会责任管理也各具特色,但以下几方面的活动则是普遍关注的。[⊖]

(1)树立企业社会责任理念。一般来说,这种理念要明确成立,明确写进企业的愿景或使命中,也可作为企业战略规划的组成部分,作为企业文化的有机组成,同时在实践中深化对企业社会责任的认识与理解。

(2)编制企业社会责任目标。这里的目标可以是定量的,也可以是定性的行为描述。

(3)将企业社会责任的理念、目标付诸行动。这是企业履行社会责任的一个重要问题,尤其是大型企业,特别是跨国公司。

⊖ 徐金发.企业伦理学[M].北京:科学出版社,2008:47-52.

（4）选择企业社会责任行动的有效途径。企业社会责任的内容十分丰富，每个企业的具体情况也不一样，因此选择企业社会责任行动的途径也是各不相同。

（5）设置社会责任管理机构。为了确保企业责任的有效实施，建立一套有效的企业社会责任管理机构是必不可少的。

（6）设立企业社会责任考核指标。考核指标的确定，有的直接采用国际认证的指标体系，也有的根据企业本身特点，制定适合企业自身要求的指标体系。

（7）公开企业社会责任报告。这是企业与利益相关者保持联系的重要渠道，也是企业向社会公开提供承诺和公示业绩的纽带，更是企业与利益相关者交流的重要途径。

专栏 3-6　　田舒斌：履行企业社会责任需要与中国梦相结合

"第六届中国企业社会责任峰会暨第三届《中国企业社会责任报告白皮书》发布会"上，新华网总裁田舒斌在致辞中表示，新的时代背景下，要不断更新社会责任理念，履行企业社会责任不仅要与提升企业的竞争力，实现转型创新相结合，还要与实现民族复兴的中国梦相结合。

田舒斌指出，企业社会责任建设是伴随着经济社会变革进程的加快而越来越多地被各界关注的热门话题，通过社会各界的共同努力，中国企业不断提高对社会责任的认识，优秀的企业社会责任案例不断涌现，企业社会责任报告的发布数量也在逐年增加，越来越多的企业积极披露各类社会责任信息，企业与公众在这方面的沟通呈现出一些新的态势。目前仍然有一些企业并没有认真履行作为企业所应该履行的社会责任，对公众的合法权益造成侵害。可以说在全民追求中国梦的进程中，公众希望企业更多地承担起自己的社会责任，为社会造福，可以说中国企业履行社会责任任重道远。

在新的时代背景下，要不断更新社会责任理念。履行企业社会责任不仅要与提升企业的竞争力，实现转型创新相结合，还要与实现民族复兴的中国梦相结合。作为中央重点新闻网站的排头兵，新华网多年来持续关注企业社会责任建设的进程和发展，加强对社会责任的宣传，增进企业与企业之间、企业与公众之间的交流。可以说新华网既是企业社会责任的传播者，也是社会责任的践行者。

中国企业社会责任峰会已经连续举办了五届，五年来得到了社会各界和企业界的广泛响应、支持和关注，成为最权威、最具影响力的社会责任交流平台。会议关注企业社会责任建设的话题，目的是进一步推进有社会责任的优秀企业，实现更大范围、更宽领域的信息交流和分享，为优秀企业家先进的责任理念、创新的责任行动提供更为广阔的传播平台，帮助更多企业实现企业社会责任的中国梦。

资料来源：新华网．田舒斌：履行企业社会责任需要与中国梦相结合 [OL].http://news.xinhuanet.com/fortune/2014-01/17/c_126022239.htm，2014-01-17.

3.4.2　企业社会责任的实现路径

要实现企业的社会责任，可以从以下几个方面入手。⊖

⊖ 王昆来，杜国海．企业伦理新论 [M].成都：西南财经大学出版社，2012:116-124.

（1）建立和健全法律制度。企业社会责任缺失的一个重要原因就在于没有相应的法律法规予以制约，从而使企业违法违规的成本较低，这在一定程度上助长了企业的某些不负责任的行为，因此要加强立法以进一步完善企业社会责任的相关法律法规。同时，要注意提高执法的水平，杜绝出现执法不严、违法不究现象的发生。政府在企业社会责任的建设中除了要严格执法外，还要充分利用各种行政资源，对企业承担社会责任进行科学的引导。

（2）完善市场经济体制。我国社会主义市场经济体制虽然已经初步建立，但还不完善，其重要表现之一即是社会诚信缺失，这种状况助长了企业社会责任缺失问题的产生。因此，要提高企业对社会责任的担当，就需要建立健全市场经济制度，建立产权制度，明确利益归属，同时完善市场竞争制度，实现优胜劣汰。通过市场经济体制的进一步完善，营造出良好的经济诚信环境，有利于规范市场主体的生产经营活动，确保社会主义市场经济健康有序地运行。

（3）加强社会监督力度。社会各界对企业履行社会责任的监督是企业履行社会责任的强大推动力。要想强化企业社会责任，仅仅靠政府加强监管和企业的自觉而没有社会的广泛参与，恐怕会事倍功半，因而应该充分发挥社会公众、媒体、工会和消协等社会团体组织的作用，加强社会各界对企业承担社会责任的监督，形成多渠道、多层次的监督体系，以促进企业承担社会责任的良好氛围的形成，通过社会环境整体的改良来推动企业对社会责任的担当。

（4）提高企业自身素质。企业自身素质的提高可以从四方面来抓：一是要增强企业的社会责任意识，加强企业社会责任的内部宣传和学习，提高企业经营管理者的素质。二是要将社会责任纳入企业的发展战略。在制定企业发展战略时，除了利润目标以外，要明确企业的社会责任目标。三是完善企业内部治理结构及相关制度。四是将企业社会责任融入企业文化建设，坚持"以人为本"的理念，尽量将社会责任标准融入企业文化建设。

> **专栏3-7　　促进企业履行社会责任的十大力量**
>
> 进入"和谐社会"理念主导的21世纪，政府部门、社会公众、新闻媒体、员工、消费者、非政府组织、投资者、研究人员、行业协会等企业利益相关方的社会责任意识开始觉醒，从各个角度以各种方式向企业施压，形成了形式各异的责任运动，要求企业承担更多的社会责任。这些企业社会责任运动为我国企业履行社会责任施加了强大的内外压力，使履行社会责任成为企业生存发展的必修课。
>
> （1）政府。政府部门一般通过立法执法向企业施加压力，迫使企业关注环境和社会问题。同时政府也通过倡导、鼓励、奖励等措施来高调推进企业社会责任的发展。
>
> （2）消费者。我国消费者运动进入企业保护消费者权益阶段，而且消费投诉的性质改变，消费权益主张升级。消费投诉领域也发生变化，新热点不断涌现。
>
> （3）环境保护运动。主要是政府加强环境立法，强化执法监督和节能减排运动。
>
> （4）员工。在企业中，员工主要是通过组建工会、集体谈判和平等协商来约束企业履行社会责任，保护员工利益。
>
> （5）媒体监督和责任评价。近年来，国内外各类机构都对企业社会责任进行了各种调查和评价，其结果引起了新闻媒体和广大民众的关注，社会责任表现好的企业借

此大幅度提升了美誉度，社会责任缺失的企业则广受谴责。

（6）社会责任投资。社会责任投资（socially responsible investment，SRI）也称伦理投资或绿色投资，它关注的是企业社会责任的实现。

（7）行业协会和企业组织。这些组织通过各种形式，要求企业在环境、社会等问题上扮演重要角色，提高企业履行社会责任的意愿。它们还通过与企业合作，提高企业履行社会责任的能力。

（8）商业伙伴。商业伙伴包括供应商、采购商、战略合作伙伴等。商业伙伴通过供应链审查向上下游企业施加责任压力，迫使企业履行社会责任。

（9）世界企业社会责任运动。现代企业社会责任理念和实践始于欧美发达国家，随着经济全球化的演进，在国际组织、政府、跨国公司、非政府组织的大力推动下，逐步波及全球。作为全球的制造中心，中国在参与全球化分工的过程中也逐渐受到了这场运动的影响。

（10）社会责任研究。研究者从两个方面影响企业履行社会责任：一方面，通过论文、报告、专著等研究成果来唤醒企业利益相关方的责任意识，督促企业承担责任；另一方面，研究者又为企业履行社会责任出谋划策，提供详尽的指导意见，使企业履行社会责任有章可循，将社会责任落到实处。

资料来源：中国网. 促进企业履行社会责任的十大力量[OL]. http://www.china.com.cn/economic/txt/2009-12/27/content_19138372.htm, 2009-12-27.

3.4.3 中小企业应积极承担企业社会责任

企业履行社会责任是 21 世纪的大势所趋，而现实生活中人们常常会走向这样一个误区：履行社会责任是跨国公司、国有企业等大型公司的责任，而与中小企业无关。无可争议的是，跨国公司在履行社会责任中要起模范带头作用，实际生活中跨国公司在承担企业社会责任方面也比一般的中小企业做得好。然而，中国已经加入世界贸易组织，伴随着中国经济的发展和企业"走出去"战略的实施，中国企业、人才、技术、资金也开始投向全世界，中国经济已经开始全面地融入经济全球化进程，因此，中小企业要与世界接轨，也要同步承担社会责任。

根据调查，公众认为目前我国中小企业履行社会责任的情况较差，主要表现在以下几个方面。

（1）企业履行社会责任处于被动地位。一些中小企业社会责任意识淡薄，生产假冒伪劣商品的行为屡禁不止，偷税漏税问题严重。

（2）企业履行社会责任的层次较低。一些中小企业承担社会责任的层次还停留在经济责任和法律责任层面，对伦理责任和慈善责任的承担意识较弱。

（3）安全与环境责任缺失问题突出。根据国家统计局和环境保护部的调查，在我国 4 300 多万家中小企业中，近 80% 的工业生产存在严重的污染问题，占我国污染源的 60% 以上。

（4）主动承担慈善责任的企业占比过低。据有关机构统计分析，国内工商注册的 4 300 余万家中小企业中，有过捐赠记录的不超过 80 000 家，98% 以上的企业从来没有参与过社会慈善捐赠。

除了观念的原因以外,当前我国中小企业社会责任失范的主要原因还有:生存压力过大导致企业最大化地追求经济利益而忽视了履行社会责任;约束机制的不健全让中小企业有机可乘;企业能力和实力限制中小企业履行社会责任;宣传教育不够,伦理管理体系不健全和规范缺失等也影响着我国中小企业的社会责任履行结果等。

目前,我们急需改变履行社会责任只会给企业带来成本的观念。中小企业社会责任缺失问题不仅给社会造成重大损失,也会给企业带来深重的灾难和不可预料的危机。因此,积极推动中小企业履行社会责任不仅能够带来社会效益,更多的会给企业自身带来机遇,要积极推进促进我国中小企业履行社会责任的进程,促进经济、社会、环境、企业等各方面的协调发展。

3.5 编制企业社会责任报告

企业社会责任报告(corporate social responsibility report)拥有广泛的受众,具有社会责任感的企业通常会编制企业社会责任报告。大致来看,企业编制社会责任报告要经过四个阶段:准备阶段、撰写阶段、发布与传播阶段,以及信息反馈阶段。

3.5.1 编制企业社会责任报告的准备

1. 组建报告小组

企业社会责任报告带有综合性,涉及公司各个方面,需要一个跨部门的工作小组进行团队协作完成任务。因此当公司决定要发布企业社会责任报告时,第一件事就是组建报告撰写工作小组,由他们全面负责报告的组织决策、撰写、设计和发布工作。报告小组的组建要遵循三个原则。[⊖]

(1)报告小组成员的关键领导参与原则。没有公司高层管理人员的直接支持和领导,不但不能写出符合公司实际的高质量报告,也很难保证报告的效果。

(2)报告小组成员的跨部门原则。一个跨部门的报告小组能够保证报告的均衡性和内容的完整性。

(3)报告小组成员的跨利益相关方原则。有条件的企业如果能够将公司的一些关键利益相关方邀请到报告小组中来,无疑会增加报告的针对性,发挥报告的利益相关方参与的作用。

2. 编制工作计划

报告小组组建以后就必须着手编制工作计划,而这主要有三方面的内容,分别是确定报告的完成时间、确定报告质量目标和确定人员分工。

一般来说,公司可以以公司财务年度报告的发布时间为导向来确定报告的完成时间,在国际上,企业越来越趋向于同时发布可持续发展报告和财务年度报告。

报告的质量问题可以从内部因素(报告可以在多大程度上反映公司的企业社会责任)和外部因素(准备选择何种报告标准来参考或指导报告)两方面来考虑。

企业社会责任报告的准备工作并不是报告小组成员在他们的日常工作之外可以完成的,他

⊖ 赵斌,陈玉保. 企业伦理与社会责任[M]. 北京:机械工业出版社,2011:296.

们必须腾出足够的时间，而且还要确定好每个人员所应该负责的工作，制定专门的联系人等。

3. 选定报告名称

选定合适的报告名称是准备阶段的另一重要任务，企业要根据企业的实际情况，如企业文化或经营理念与目标，以及报告是单一性的或综合性的等因素来决定选择什么样的企业社会责任报告名称。而根据现有的相关调查，总体上讲，国际上取名"可持续发展报告"的最多，取名"社会责任报告"的位居第二；国内公司发布的报告中，取名"企业社会责任报告"的占第一位，取名"可持续发展报告"的位居第二。

4. 收集资料

企业社会责任报告的撰写要以企业的实际情况为基础，因此，收集好相关资料是写好企业社会责任报告的基础。

资料的收集可以分为基础资料的收集和专题资料的收集两大方面。基础资料的收集主要是针对现有的书面资料，包括两方面的内容：一是公司社会责任和可持续发展的文字性资料；二是数字性资料。专题资料则包括企业的一些具体资料，如安全、劳工关系、社会信用、相关方等方面的具体内容和要求。

资料采集主要通过对企业内部管理过程和业务流程的梳理，以及对利益相关方的访谈来获得报告所需资料和一些关键性指标，其中利益相关方访谈是这一阶段的重点。

3.5.2 企业社会责任报告的撰写

1. 报告结构

报告的结构问题关系到整个报告的质量，在撰写时必须着重考虑。一般来说，企业第一份报告的结构方式会在后续的报告中遵循下去，因此要准备一份目录及一份报告布局样图。当然，实践中有很多企业会借鉴已有成熟的企业社会责任报告的样式，根据本企业的实际情况进行适当修改。

专栏 3-8　　　　　一般的企业社会责任报告结构

第一部分　总论
- 上层管理部门的序言。
- 企业概况，编制报告期间的重点。
- 报告目标。
- 提出可持续发展的关键问题。

第二部分　公司治理
- 愿景和战略。
- 管理制度、公司文化、员工管理。

第三部分　业绩描述
- 过去一年里企业发展对环境、社会和经济的影响。

资料来源：赵斌，陈玉保. 企业伦理与社会责任 [M]. 北京：机械工业出版社，2011:296.

2. 报告内容

一般来讲，在整个社会责任报告中总论和公司治理方面的内容是基础部分，内容较为固定，通常公司有相应的文本文件可以借鉴。业绩描述部分应该是整个报告中内容最广泛的部分，在许多企业的社会责任报告中，它几乎占据了报告一半以上的篇幅，而且与企业的实际活动联系较为紧密。

一般来讲业绩描述可选择以下几种结构开展。

（1）三重底线报告结构。根据可持续发展的前后关系，常常引用可持续发展的三重底线，即：环境、社会和经济。从广泛的意义上讲，三重底线包括一系列的价值观、问题和过程，企业必须分析所有这些方面，以尽可能减少其活动可能带来的不利影响，同时创造经济、社会和环境价值。许多公司采用三章的结构来描述它们的业绩，这样的阐述逻辑性很强，不足之处是三重底线之间的联系性不够紧密。

（2）按产品和企业部门划分结构。按产品划分结构时需要特别注意的是，不要把报告变成一份产品销售目录。

（3）按题目划分结构。如2007年，国家电网公司发布的第二份企业社会责任报告反映了公司社会责任的12个基本方面，即：科学发展、安全供电、卓越管理、优质、合作共赢、服务"三农"、科技创新、员工发展、环保节约、全球视野、沟通交流、企业公民。这是一个把经典的三支柱报告模式创造性地整合成不同主题的范例。

3. 报告的篇幅和格式

如何确定报告的篇幅是编制报告的一个重要问题。有咨询公司做了一项调查，喜欢50页以上报告的人只有30%，大部分人希望阅读50页以下的报告；在接受该项调查的人中，有2/3的人花费不超过30分钟的时间去阅读报告。目前，国内的报告有的多达80页，篇幅太长，一般读者阅读起来会觉得很累。为了使企业社会责任报告的信息能够传达给利益相关方，建议报告篇幅的设计应该以适合阅读为主。

在写作风格上一般有两种方式：杂志式报告方式和报道式报告方式。这两种方式各有优劣，其比较如表3-5所示。

表3-5 杂志式报告方式和报道式报告方式的比较

	杂志式报告方式	报道式报告方式
报告基调	一般采用激发性语言和积极的语调	一般采用中立且客观的语调
报告内容	由各种采访和详细的范例描述构成报告的正文	描述事实，提出目标和解决方案，集中描述事实
规范性	大众易理解，但规范性较低	一种正规的商业风格，规范性高
吸引力	报告中含大量照片和故事，吸引力较强	使用图表和表格来支持报告内容，很少使用照片资料，吸引力较弱
接受度	接受度较高	接受度较低

3.5.3 企业社会责任报告的发布与传播

编制好企业社会责任报告以后，应先进行内部评估，同时征求外部利益相关方的意见，进行报告的内外部评价和审检，这是提高报告可信度的重要手段。

发布和传播企业社会责任报告的形式有互联网发布、印刷品发布等，而传播途径有新闻发布、网络传播、信函和 PPT 介绍等。

公司公关部门需要做一些工作，制造一些新闻点，引起媒体关注。如 2014 年 4 月 22 日，中国石油天然气集团公司发布 2013 年度社会责任报告和《西气东输（2002—2013）企业社会责任专题报告》，同时发布《中国石油天然气集团公司履行社会责任指引》，这是中国石油 2006 年建立社会责任报告发布制度以来，连续第 8 年发布社会责任报告。媒体反应积极，多家广播、电视、报刊及网络媒体进行了相关报道，包括中央电视台的《经济信息联播》栏目和《工人日报》《科技日报》《经济参考报》、人民网、新浪网等，社会效应显著。

目前仍有不少企业将企业社会责任报告与年报一起发布，但独立的企业社会责任报告是发展的趋势。企业可以考虑将企业社会责任报告的发布和其他企业社会责任行动结合起来，以达到沟通及宣传效果的最大化。

3.5.4　企业社会责任报告的信息反馈

按照信息反馈系统理论，反馈信息一般要经过信息收集、信息过滤以及信息分析环节才能最终形成。因此，应采取以下措施形成反馈信息的渠道。⊖

（1）对社会责任信息进行必要的解释和宣传。直接的途径是使社会责任信息通俗易懂，在公开社会责任信息的同时附加一些背景、专业术语，对一些重要数据加以解释说明等，也可以编制一些通俗易懂的宣传资料，使公众获得更为清晰明了的社会责任信息。

（2）采用多种形式收集反馈信息。可能的方式包括媒体的书面调查，企业自身的走访调查以及通过网络平台接收公众的反馈信息等。

（3）建立科学的信息处理系统。首先要通过信息处理系统对收集到的信息进行整理和分析，找出其内在联系，分析公众对社会责任信息需求的特点和规律，作为将来调整社会责任报告目标的事实依据。

> **专栏 3-9　　　　国家和企业层面的企业社会责任报告**
>
> 2014 年 1 月 17 日，中国社科院连续第三年发布《中国企业社会责任报告白皮书》。白皮书以企业社会责任报告的完整性、实质性、可比性、可读性、平衡性和创新性六大指标为评价维度，对中国 2013 年发布的 1 084 份报告进行逐一评价、打分，得出了中国企业社会责任报告的得分、排名及企业社会责任报告发展的阶段特征。白皮书指出：①中国企业社会责任报告平均得分由 2012 年的 31.7 分上升为 35.3 分，整体处于二星级（发展阶段），五成企业（539 家）得分低于 30 分，仍处在起步阶段。②特种设备制造业社会责任报告综合得分较高，处于三星半水平；电力供应业、银行业、石油和天然气开采与加工业处于三星级水平；其他行业均处于二星或一星级水平。③中央企业社会责任报告质量最高，国有企业、外资企业的社会责任报告水平领先于民营企业。④中国台湾、亚洲其他国家或地区、中国香港地区发布的报告在境外企业中得分较高。

⊖ 谢良安. 如何编制企业社会责任报告 [J]. 财政监督，2008(6).

> 2014年2月26日，国家电网公司2013年度社会责任报告发布会在京召开，这是公司连续第9年在中央企业中率先发布年度社会责任报告。报告共117页9万余字，从保障可靠可信赖的能源供应，负责任地对待每一个利益相关方，努力做绿色发展的表率，负责任地开展国际化运营，保证运营透明度和接受社会监督五个方面展示了国家电网公司2013年的履责实践和绩效，并公布了2014年国家电网公司履责承诺。报告在中国企业中首次披露了实施全面社会责任管理、推进社会责任根植的具体实践，更加突出落实中央要求、时代精神和央企社会责任工作部署，更加注重年度履责信息披露的实质性、全面性和可比性。
>
> 该专栏根据相关资料整理而得。

3.5.5 编制企业社会责任报告的误区[一]

目前中国企业在编制企业社会责任报告时容易出现三个方面的误区。

（1）认识上的误区。概念认识出现偏差，一是公司对社会责任的涵盖范围认识不足。如，在社会责任报告中对股东利益只字不提或者将社会责任等同于社会捐赠、"企业办福利"。二是未能界定社会责任报告的主题和时间范围。如，将员工的捐赠行为，大股东的社会公益活动同样视为公司社会责任活动予以报告。三是将社会责任报告视为"绿色洗脑"或公司宣传作秀的工具，公司产品获奖、社会赞誉、政府表彰在报告中铺天盖地，而披露的社会责任实践活动寥寥无几。

（2）内容上的误区。一是内容不完整，有的报告对股东、员工、环境、社区、客户等的信息描述不全面、不完整，只展示正面信息，而对负面信息只字不提；对社会责任实践方面的亮点做重点披露，而对不足之处不说明原因，也不提出改进的办法。二是报告缺少真实性。以环保为例，有的社会责任报告隐瞒超标排污实情。三是有的公司原文照搬相关部门发布的报告内容，没有传递公司在履行社会责任方面的具体措施。四是堆砌枯燥的文字、数据，对具体项目的实施将给中国环境、社会和经济方面造成的影响不进行分析。

（3）形式上的误区。报告只讲形式而缺乏实质性的内容，或形式重于实质。有些报告仅仅是描述公司对社会责任的认识、原则和口号，大讲"应该如何"，而没有披露公司"实际是如何做的"，没有描述企业在经济、法律、道德等社会责任中所扮演的角色；有的上市公司的社会责任报告对关键的定性信息表述得不够清晰，不够详尽，定量数据没有注明数据来源，没有提供第三方证明，也不加以说明。

本章小结

1. 企业社会责任是指企业在生产经营过程中，除了合理赚取经济利润以外，要对利益相关者承担相应的经济责任、法律责任、伦理责任和公益慈善责任，这其中的利益相关者不仅包括股东、顾客、员工，也包括社区、竞争者、供应商、社会利益团体、公众以及其他相关群体。

[一] 谢良安. 如何编制企业社会责任报告 [J]. 财政监督，2008(6).

2. 《SA8000 社会责任标准》《OECD 公司治理原则》、联合国"全球契约"、《反行贿商业原则》《ISO26000 社会责任指南》等一系列的企业社会责任标准为企业履行社会责任提供了标准，敦促企业积极履行社会责任。
3. 企业社会责任管理有七个方面的活动是普遍关注的：树立企业社会责任理念，编制企业社会责任目标，将企业社会责任的理念、目标付诸行动，选择企业社会责任行动的有效途径，设置社会责任管理机构，设立企业社会责任考核指标，公开企业社会责任报告。
4. 企业社会责任报告的编制要经过四个阶段：准备阶段、撰写阶段、发布与传播阶段，以及信息反馈阶段。

关键术语

企业社会责任（corporate social responsibility，CSR）
利益相关者理论（stakeholder theory）
企业公民（corporate citizenship）
企业社会绩效（corporate social performance）
企业慈善（corporate charity）
企业社会契约理论（corporate social contract theory）
企业社会责任报告（corporate social responsibility report）

复习思考题

1. 什么是企业的社会责任？
2. 根据卡罗尔的观点，最重要的利益相关者包括哪些？
3. 简述企业公民的概念要点。
4. 《SA8000 社会责任标准》的宗旨是什么，主要内容有哪些？
5. 简述《OECD 公司治理原则》的主要内容。
6. 简述《ISO26000 社会责任指南》的特点。
7. 《ISO26000 社会责任指南》的社会责任七项原则和七个核心主题指哪些方面？
8. 企业社会责任管理应关注的重点在哪些方面？
9. 从各方面谈谈如何实现企业的社会责任。
10. 一般的企业社会责任报告的结构是怎样的？
11. 谈谈目前中国企业在编制企业社会责任报告时出现的误区。

应用案例

肩负社会责任，引领行业变革

——APP（中国）荣获"2013 最具责任感企业"称号

2013 年 11 月 20 日，由中国新闻社、《中国新闻周刊》主办的"第九届中国企业社会责任国际论坛暨 2013 最具责任感企业"颁奖典礼在北京钓鱼台国宾馆隆重举行。APP（中国）

荣膺"2013最具责任感企业"荣誉称号，全国政协副主席、全国工商联主席王钦敏为APP（中国）副总裁翟京丽女士颁奖。

本届论坛以"责任之艰：恪守与突破"为主题，深入探讨了企业在经济发展新时期中的履责之路。一方面，在经济下行的宏观背景下，企业不仅应恪守社会责任，更应以开拓性思维和实践引领新时代的责任战略。另一方面，在面临"高关注、高曝光"的社会监督时，作为履责主体的企业更应以理性、积极的态度来面对社会"问责"。

在APP（中国）看来，社会问责的背后，深刻地反映出公众对特定行业和议题的关注，而在这一点上公众与企业的长远目标其实是一致的。面对人们日益增长的对不同纸种的需求以及愈发堪忧的环境问题，APP（中国）始终恪守初心，在满足大众对纸品的消费需求的同时，不以污染和破坏环境为代价，清洁生产，致力带领造纸业走上可持续发展的道路。翟京丽女士表示："近年来，APP将可持续发展作为商业战略的重要一部分。为了响应公众对天然林的关注及应对气候变化，APP陆续发布了'2020年可持续发展路线图''森林保护政策'等一系列举措，致力于为世界造纸行业的可持续发展设定新的标准。"而早在2008年，APP便在中国宣布了"绿色承诺、绿色发展"（Paper Contract with China，PCwC）可持续发展宣言，在科学发展人工林、企业清洁生产以及企业社会责任三方面向社会做出公开承诺，并接受社会监督。自诞生以来，PCwC即成为APP与政府、行业专家及非政府组织等利益相关方进行合作和交流的可持续发展平台，致力于推动中国造纸业的可持续发展。与此同时，APP（中国）也与曾经有过争论的国际或地区性环保组织进行真诚、透明的交流，并邀请社区、政府、研究机构以及其他利益相关方共同进行磋商，就APP可持续发展的战略与实施听取广泛的意见。

就在2013年10月底，绿色和平组织针对APP森林保护政策的实施进展发布报告，对APP所做的工作给予了肯定。报告还明确指出，APP正秉着认真负责的态度执行其森林保护政策计划，公司的最高管理层也致力于兑现这些新的承诺。此次与APP（中国）同获殊荣的包括中国工商银行、民生银行、大众、奔驰、现代等15家企业。论坛首次设立"责任人物"奖项，知名媒体人崔永元以北京市永源公益基金会理事长的身份和南都公益基金会理事长徐永光一起荣膺"2013年度责任人物"。

资料来源：高雨薇. 肩负社会责任，引领行业变革——APP（中国）荣获"2013具责任感企业"称号[J]. 绿色中国，2013(22).

讨论题

1. 案例中APP（中国）是如何践行企业的社会责任的？
2. APP（中国）和中国工商银行等一批跨国公司和国有企业的上榜给我国中小企业承担企业社会责任的实践带来哪些启示？

学习链接

[1] 赵书华，娄梅. 企业伦理与社会责任[M]. 北京：中国人民大学出版社，2011.
[2] 徐金发. 企业伦理学[M]. 北京：科学出版社，2008.
[3] 任荣明，朱晓明. 企业社会责任多视角透视[M]. 北京：北京大学出版社，2009.
[4] 何自力. 家族资本主义与机构资本主义——对股份公司所有权与控制权关系演进和变

化的分析 [J]. 南开经济研究，2001（1）.
- [5] 赵斌，陈玉保. 企业伦理与社会责任 [M]. 北京：机械工业出版社，2011.
- [6] 王昆来，杜国海. 企业伦理新论 [M]. 成都：西南财经大学出版社，2012.
- [7] 郑若娟. 企业社会绩效管理模型及趋势 [J]. WTO 经济导刊，2007（3）.
- [8] 赵曙明. 和谐社会构建中的企业慈善责任研究 [J]. 江海学刊，2007（1）.
- [9] 谢良安. 如何编制企业社会责任报告 [J]. 财政监督，2008（6）.
- [10] 田虹. 企业社会责任效应 [M]. 北京：经济科学出版社，2011.
- [11] 范红. 企业的社会责任理论与实践 [M]. 北京：清华大学出版社，2010.
- [12] Freidman M. Capitalism and Freedom [M]. Chicago: University of Chicago Press, 1962.
- [13] Freeman R. Strategic Management: A Stakeholder Approach[M]. Cambridge: Cambridge University Press, 2010.
- [14] Friedman A, M Samantha. Developing Stakeholder Theory[J]. Journal of Management Studies, 2002, 39（1）.
- [15] Golob Ursa, Jennifer L Barlett. Communicating about Corporate Social Responsibility: A Comparative Study of CSR Reporting in Australia and Slovenia[J]. Public Relations Review, 2003, 37（1）.

第 4 章
市场营销中的伦理问题

学习目标

1. 了解市场营销的主要内容。
2. 掌握产品中的伦理问题。
3. 了解定价中的伦理问题。
4. 熟悉促销中的伦理问题。
5. 了解服务营销中的伦理问题。
6. 理解电子商务活动及其伦理问题。
7. 了解市场营销中的非伦理行为产生的原因。
8. 掌握市场营销活动中伦理问题的治理对策。

开篇案例

欧典地板虚假宣传

央视"3·15"晚会曝光欧典地板涉嫌欺诈消费者后，社会反响强烈。《第一财经日报》的调查让欧典地板一个庞大的 OEM（贴牌生产）体系浮出水面，而所谓 2 008 元/平方米的天价地板，其进价也不过五六百元。

"欧典并不是中国最早做强化木地板的企业，最早是彭鸿斌 1993 年左右创立的圣象，所谓 1903 年创建于德国纯属胡说。"北京欧德装饰材料公司的一位前中层管理人员严明（化名）说。严明告诉记者，欧典自身并没有制造工厂，这些进口地板都是由德国的汉姆贝格和爱格（Egger）、比利时的 Unilin 等厂家贴牌生产，欧典与汉姆贝格就是买和卖的关系。

据严明透露，此次被曝光的 2008 系列的天价地板，其实就是汉姆贝格公司"Haro"品牌的实木复合地板，其进价在 500～600 元人民币。"2004 年七八月份，闫培金大力宣传 2008 系列的本意，是想提升自有品牌——欧典的价值。没想到竟然接到一两个订单，当时仓库里并没有货，因而公司从当年下半年开始进口'Haro'，然后换上欧典的商标和外包装，2008 系列就这样出炉了。"

资料来源：黄海.欧典天价地板调查 2 008 元的地板进价仅 500 多元 [N]. 第一财经日报，2006-03-20.

近年来，国内外出现了一系列**市场营销（marketing）**中的伦理问题，例如"齐二药"

假药事件、三鹿"三聚氰胺"事件、沃尔玛的假冒绿色猪肉事件等都引起了国内外的广泛关注，这些公司最终不仅遭到了法律的制裁，还受到了社会各界的伦理道德谴责。针对以上问题，本章首先简单概述市场营销，其次详细阐述市场营销活动中的常见伦理问题，最后针对问题提出治理对策。

4.1 市场营销概述

本节简要概述了市场营销的概念及其主要内容，市场营销中可能出现的伦理困境以及当这些伦理问题发生时所带来的危害。

4.1.1 市场营销的主要内容

研究市场营销的主要内容，首先需要理解什么是市场营销。

1. 市场营销的概念

"市场营销"包含的活动和观念很广泛，不同人给出的定义也不尽相同。其中，欧洲关系营销学派的代表人物——格罗鲁斯和营销管理学派的代表人物——美国西北大学教授菲利普·科特勒于20世纪90年代以后对市场营销所下的定义被世界各国市场营销界广泛引用，成为两个学术流派的权威定义。

（1）"营销是在一种利益之下，通过相互交换和承诺，建立、维持、巩固与消费者及其他参与者的关系，实现各方的目的。"（格隆罗斯，1990）

（2）从管理的角度界定，"**营销管理（marketing management）**作为艺术和科学的结合，它需要选择目标市场，通过创造、传递和传播优质的顾客价值，获得、保持和发展顾客。"从社会的角度界定，"营销是个人和集体通过创造，提供出售，并同别人自由交换产品和价值，以获得其所需所欲之物的社会过程。"（菲利普·科特勒，2006）

因此，现代营销是以实现企业和利益相关者等各方的利益为目的，对顾客价值进行识别、创造、传递、传播和监督，并将客户关系的维系和管理融入各项工作之中的社会管理过程。

2. 市场营销的主要内容

市场营销包括以下几个方面的内容。

（1）**产品（production）**。产品包含产品定位、产品设计及产品建设。好的产品等于成功了一半的营销，产品作为营销之根本，无产品不营销，就是对产品重要性的真实写照。做什么样的产品要与能做成什么样相结合，产品定位做到融于市场又领先于市场，产品设计做到超前与落地相结合，产品建设则保证实际建成与产品定位、产品设计零偏差，那么产品这块就成功了。

（2）**定价（price）**。定价是市场营销学里面最重要的组成部分之一，主要研究商品和服务的价格制定和变更的策略，以求得营销效果和收益的最佳。

（3）**促销（promotion）**。促销实质上是一种沟通活动，即营销者（信息提供者或发送者）发出作为刺激物的各种信息，把信息传递到一个或更多的目标对象（信息接受者，如听众、观众、读者、消费者或用户等），以影响其态度和行为。

（4）**服务营销**（service marketing）。服务营销是一种通过关注顾客，进而提供服务，最终实现有利的交换的营销手段，作为服务营销的重要环节，"顾客关注"工作质量的高低，将决定后续环节的成功与否，影响服务整体方案的效果。

（5）**电子商务**（electronic commerce）。电子商务通常是指在全球各地广泛的商业贸易活动中，在互联网开放的网络环境下，基于浏览器/服务器应用方式，买卖双方不谋面地进行各种商贸活动，实现消费者的网上购物、商户之间的网上交易和在线电子支付以及各种商务活动、交易活动、金融活动和相关的综合服务活动的一种新型的商业运营模式。

4.1.2 市场营销中可能面临的伦理困境

市场营销是促进经济社会发展的动力之一，然而，企业常常在利益面前难以做出正确的抉择而陷入伦理困境，主要有以下几类。

1. 产品中的伦理困境

产品策略是企业营销活动的基础与核心。不少企业在营销活动中以满足消费者需求为导向，实施正确的产品营销策略，取得了良好的经济及社会效益。然而有些企业在利益的诱惑下，未能做出正确的选择。它们可能只注重眼前利益，甚至采取不正当的手段牟取利润。如生产和销售劣质产品，产品设计过程中只考虑美观而不注重产品的使用安全性，产品包装信息不真实等。

2. 定价中的伦理困境

产品的定价是企业需要慎重决策的环节之一，一方面，对于消费者，一件产品或服务的价格应与其能够为消费者提供的利益相当，否则，除非没有别的替代品，消费者不会选购；另一方面，对于企业，在其市场营销策略的组合要素中，定价直接表现为收入，且相比产品特征、促销细节及服务内容的调整，价格的调整也是最容易实现的。因此在利益引诱和操作方便的双重作用下，企业容易在定价方面出现一些伦理问题。表4-1列出了八个企业可能置身其中的定价情境及可能出现的不道德行为。

表4-1 常见的定价情境及其导致的伦理问题

定价情境	伦理问题
市场生产能力过剩	企业以低于成本的价格倾销产品，达到挤垮对手的目的
企业处于寡头垄断地位	企业之间侧重于非价格竞争，导致过高的价格和虚假的产品差异
产品本身没有差异	企业定价不同，通过价格传递虚假的质量信息
同样的产品差别定价	不同的顾客购买同样的产品被要求支付不同的价格
利润成为企业经营业绩的唯一考核指标	企业可能会忽视类似污染这样的社会成本
最高管理层被认为不关心定价行为中的伦理问题	企业的中层管理人员有进行欺骗性定价的压力
公司职员有机会和竞争对手频繁接触	公司会受到诱惑而进行非正式的价格串通
企业没有伦理规范和合理程序，或虽然存在但非常模糊	企业和雇员可能会欺骗顾客

资料来源：王方华，周祖城. 营销伦理[M]. 上海：上海交通大学出版社，2005:126.

3. 促销中的伦理困境

促销中常用的方法是广告和人员推销。现实中存在不真实和误导性广告，报纸、电视上经常报道假冒伪劣产品的事件，给人们造成了很大的损失。每到暑假到处都会出现招生广告，并承诺安排工作，然而它们一旦达到目的则设法推脱责任。推销人员在公众心目中的形象比较差，原因在于有些推销人员在推销过程中欺骗消费者，隐瞒商品的重要信息，误导消费者，如打着调查的旗号推销产品，以讲座的形式推销药品等。

4. 服务营销中的伦理困境

粗劣的服务质量已经成为消费者不满的重大原因之一，今天的消费者已经把交流关于粗劣服务的恐怖故事当作一种仪式和发泄。如，电冰箱制冰装置很难安装，导致需要数次拜访维修人员；将所购买的食物退还给超市，导致遭受粗暴对待；旅行安排糟糕；粗暴对待申诉；在你最喜欢的百货商店的柜台前没有服务员等。

5. 电子商务中的伦理困境

在电子商务环境下，消费者只是通过网络了解商品信息，看不到商家，摸不到商品，所以，一些经营网站往往没有向网上购物的消费者说明其购买商品的真实情况，甚至做出引人误解的虚假宣传，对消费者关于质量、使用等问题的询问，答复不明确或不符合实际情况；在商品送达后，当消费者对商品不满意而要求退货时，一些网上销售方以各种理由拒绝退货；网上消费者向注册网站提供个人相关信息时，一些网站擅自将用户信息出售给其他网站，牟取暴利等。

4.1.3　市场营销中伦理问题的潜在危害

企业营销行为中的种种非伦理行为，会造成整体市场运行的失序，阻碍市场经济的正常发展，企业自身、消费者乃至全社会都深受其害。主要表现在以下几个方面。

从企业自身角度而言，一方面，由于假冒伪劣现象严重，一些企业不得不花巨资购买或开发防伪技术，甚至自己花钱打假，这无疑加重了企业的额外负担，使企业的营销成本加大，使企业的收益受损；另一方面，不道德的营销，损坏了企业信誉，损害了企业形象，这无疑将会使企业失去顾客的信赖，失去对优秀人才的吸引力，企业也因此无法取得长期发展。

从消费者的角度而言，企业提供假冒产品、危险产品，在价格、广告、促销等诸多方面的不诚实不道德行为，都直接或间接地伤害了消费者的利益，如产品的过度包装容易误导消费者的购买，产品设计的缺陷威胁着消费者的生命财产安全等，这些都给消费者带来巨大的损失，现实生活中因为这些不道德行为，消费者不但遭受精神的、经济的损失，甚至还可能付出生命和健康的代价。

从社会的角度而言，用贿赂的方式推销商品，在广告或宣传中诋毁、贬低竞争对手的商业信誉或产品声誉，用低于成本的价格进行倾销等，这些都无不有损市场竞争秩序，严重影响了其他企业的生产经营活动。此外，由于市场竞争的加剧，有些企业在追求自身经济利益的同时，不惜牺牲公众利益，污染环境、浪费资源，对整个生态的永久伤害更是无可挽回的。

4.2　产品中的伦理问题

企业在经历产品的设计、产品的生产、产品的包装等阶段的过程中，比较容易出现的伦理问题如下。

4.2.1 产品设计中的伦理问题

产品设计过程中，常见的伦理问题主要有以下几个方面。

1. 产品设计中的安全问题

有缺陷的产品设计是导致很多灾难性悲剧的主要原因，如玩具上有锋利的边缘，可能导致割伤事故；玩具上有开放的管道或空间，可能卡住儿童身体的一部分等。福特公司的 Pinto 车案例和挑战者号航天飞机失事是因为产品设计存在问题而造成悲剧的两个典型事例。Pinto 车是福特公司 20 世纪 70 年代初推出的一款车型，其油箱位置的不合理设计导致其在追尾碰撞中极易起火爆炸。1986 年美国挑战者号航天飞机失事，是由于发射时气温过低引起一个 O 形密封环损坏，生产厂商在设计垫圈时并没有充分考虑气温因素。

2. 产品设计中的环境保护问题

为了满足消费者多样化的需求，现代产品的设计新颖多变。然而，这种设计是以浪费资源和能源、加剧环境污染和生态破坏为代价的。其典型的例子就是 20 世纪后期愈演愈烈的"一次性消费"，这种不计后果的设计之风，不仅破坏了现代人的生存环境，也完全没有考虑到子孙后代的资源需要。还有些产品虽然方便且改善了人们的生活，但其使用却给社会带来了不可忽视的负作用，如喷雾剂与氟利昂制冷剂对大气的臭氧层有破坏，不可降解的塑料包装造成长期的土地污染问题，一些化学物资如清洁剂会污染空气、河流和地下水等。

3. 产品设计中的人性关怀问题

在保证安全及环境友好的前提下，产品的设计还应更进一步，要充分考虑消费者的审美特征和使用习惯，使最终产品不仅富有美感，而且使用时也操作简便、容易上手。如获得 KOKUYO 设计奖的"Double Faces"，一款灵巧的尺子。这款具有适应性和通用性的尺子，是根据汉语数字中偶数字字形左右对称的特点，将其使用在透明材质尺子的刻度上，使尺子无论哪个面向上放置，看到的字都是正的，只是排列顺序相反。在正面适合从左向右使用的同时，背面适合从右向左使用，通过简洁的设计使左右手人群的使用需求都得到满足，充分体现出设计者对人性化设计的理解。○

4.2.2 产品包装中的伦理问题

产品包装中的伦理问题主要体现在如下几方面。○

1. 过度包装

过度包装是指产品包装超过其所需的程度，形成了不必要的包装保护，其主要表现为包装层次过多、耗用材料过多、分量过重、体积过大、成本过高、不利于回收利用等，大大超过了保护和美化商品的需要，给消费者一种名不副实的感觉。例如一盒标价 2 000 元的茶叶，金属盒上镶嵌着彩色石头，里面是瓷盒，衬着绸缎，而茶叶只有 300 克，带上包装却是数千克。据统计，我国每年仅包装废弃物就要消耗 2 800 亿元。过度包装不仅浪费资源能源、污染环境，还会加重消费者的购买负担。

○ 李亚东. 浅议产品设计中的伦理观 [J]. 科技资讯，2011（29）：247.
○ 易开刚. 营销伦理学 [M]. 杭州：浙江工商大学出版社，2010:64-66.

2. 欺骗性包装

欺骗性包装是指产品只有精美的包装外表，而其内在质量却很低劣。这种"金玉其外，败絮其中"的包装手段严重误导了消费者，损害了消费者的正当权益，而且企业自身也不可能获得长远的发展，换句话说，企业这是"搬起石头砸自己的脚"。回顾三鹿毒奶粉事件，多年的品牌经营和企业形象因为产品质量问题而溃不成军，广告投入和产品包装反而成为企业的累赘和消费者的指责点。在市场竞争中，产品本身是第一位的，包装只是一种辅助手段。优质的产品加上适度的包装，才能赢得消费者的青睐。

3. 包装信息失真

包装信息失真是指包装上的产品信息和产品实际不符，如 2005 年 5 月 25 日，浙江省工商局在一次例行检查中发现，某品牌奶粉每 100 克中，碘含量达 191～198 微克，严重超过了国家标准的 30～150 微克含量，但该奶粉的包装袋上却清楚地注明碘含量符合国家标准。现在，超市、商场中众多产品的包装上都著有"绿色产品"字样，但事实上许多超市出售的"绿色蔬菜"通常只是在清洗后加上保鲜膜，在外包装上贴上绿色食品标志，就冠以"绿色蔬菜"的名称。

4. 包装模仿

包装模仿是指一些不法企业通过对知名产品包装的模仿，大肆生产"山寨产品"，误导消费者购买。比如有商家曾推出"娃啥啥"产品来仿冒"娃哈哈"产品，而且其包装几乎和"娃哈哈"一模一样，使消费者将该产品误当作真的娃哈哈产品来购买，严重损害了消费者的利益。类似的案例不胜枚举，诸如大白兔奶糖、瓢柔洗发水、唐师傅方便面、SQNY、ADIDOS、FUMA 等。

4.2.3　产品质量安全中的伦理问题

下面主要分析产品质量问题中最具代表性的假冒伪劣产品和产品安全问题两个方面。[①]

首先，产品质量问题中最为突出的便是假冒伪劣产品。市场上产品以次充好的现象时有发生。例如，在一次抽样调查中发现，不少企业销售的金银珠宝饰品存在以次充好、以假乱真的现象。如潮州市湘桥区荣泰丰珠宝金行销售的荣泰丰 750 白镶玉戒指含金量只有 580‰，比标准值低 170‰，是典型的虚标含金量；揭阳市中银珠宝金行销售的 18K 铂金镶玉吊坠铂金含量为零等。

其次，在产品安全问题方面，近些年来食品的安全问题最为突出，如"三聚氰胺"事件至今还让人触目惊心，很多无辜的婴幼儿患上肾结石，使很多无辜的家庭经历了这一悲剧。此外，北京市工商局 2007 年 11 月 14 日公布的电子产品污染物监测结果显示，三洋微波炉（型号 EM-2010EB1）、诺亚舟新状元 NP800 学习机，没有按照国家有关电子信息产品污染控制要求执行环保标示标明，且产品中部分零部件的重金属含量超标，这些超标物质被认为对人体和环境有害。

[①] 易开刚. 营销伦理学 [M]. 杭州：浙江工商大学出版社，2010:66-68.

4.3 定价中的伦理问题

定价中的伦理问题主要有以下几种形式。

1. 暴利价格

暴利价格是指企业产品的定价远远超过了产品生产所需要的成本，从而产生了过高的利润。有些产品的高利润是由于高风险引起的，如一些高科技产品研发阶段时间长、投入高，而且成功率低，这类产品的售价远远高于产品本身的生产成本是可以接受的。但是，有些企业利用自己的垄断优势来制定暴利的价格，或是利用消费者信息的不对称来制定暴利的价格，尤其是商业、饮食业、娱乐业，这是因为生产型公司产品的高价不易被接受，而服务业的"服务"产品价格难以准确衡量，一些商家通过宣传自己的服务有特色从而定高价，同时国内的一些法律、法规不甚健全，使部分公司有机可乘。

2. 价格欺诈与误导性定价

价格欺诈是指经营者以不正当的价格手段欺骗购买者并使其经济利益受损的行为。误导性定价行为是指经营者在经营活动中，使用容易使公众对商品的价格产生误解的所有表示或者说法。对于价格欺诈和误导性定价的区别现在还没有一个非常严格的说法，实际上在大多数情况下，两者的区别并不非常明显。常见的价格欺诈或误导性定价行为有三种：虚高定价、价格比较、生产商的建议零售价。

专栏 4-1　　常见的三种价格欺诈或误导性定价形式

1. 虚高定价

这种定价方式称为"高—低定价"，对这种定价策略的争议主要集中于消费者会错误地以虚高的原价作为参照并做出决定。销售商惯用的做法是开始时将产品定一个很高的价格，这个价格只维持很短的时间，然后销售商在其后的大部分时间内进行打折销售。不知情的消费者在将现售价和所谓的"原价"比较后，认为获得了优惠从而购买该产品。

2. 价格比较

价格比较是指零售商在销售商品时将其商品价格和其竞争者的价格进行比较，这种行为在市场竞争非常激烈且品牌化的产品中较常见。这种竞争行为主要影响的是零售商与其竞争对手之间的竞争关系，一般认为，如果零售商所标示的比较价格是准确的，这种价格比较是可以接受的，如果提供虚假信息则是不道德的。

3. 生产商的建议零售价

对于生产商的建议零售价，企业认为："我们在商品外包装上标明建议零售价是想约束商家擅自抬高或压低价格，避免消费者利益受到损害，也避免损害我们产品的品牌形象。"而超市的经理却认为："一般来说，我们在竞标有建议零售价的商品时，通常会优先选择建议零售价高的商品，这样就会有更大的利润空间，因而厂家便将建议零售价逐渐抬高来刺激商家。"一般认为，因竞争的压力而将建议价格远远定于正常价值之上，企业的行为就是有误导性的。

资料来源：周祖城．企业伦理学 [M]．北京：清华大学出版社，2005:127．

3. 歧视性定价

歧视性定价也称为差别性定价，是指对于同一种产品或服务向不同的消费者索取不同的价格。如 2014 年 2 月 11 日新华网财经频道报道，某数字公司因对华为、中兴等国内通信设备制造商专利许可时设定的费率较其对苹果、三星、诺基亚等公司的费率高出数倍乃至数十倍，并采用针对国内企业提起 337 调查等手段迫使国内企业接受其报价，涉嫌构成歧视性定价和垄断高价。国家发改委已对其展开反垄断调查。

4. 串谋性定价

所谓串谋性定价是指生产者和经营者之间互相串通，订立价格协议或达成默契价格，以共同占领市场，获得高额利润。在中国还有一种备受争议的价格行为，即价格联盟。典型的例子是国内九大彩电企业结盟深圳，以同行议价形式共同提高彩电零售价格，并迫使彩管供应商降价。表面上它们的行为抑制了彩电业的过度竞争，然而实质却是维护联盟成员的小集团利益并扭曲了市场机制。

专栏 4-2　　　　　常见的三种串谋定价形式

1. 协议定价

通过类似合同的一个协议来固定价格，其反竞争性是非常容易判断的。但是，如果竞争者之间通过价格信号传递信息但又没有明确的协议存在，这种情况就是隐含的价格串谋。在这种情况下，就需要判断竞争者合谋定价的动机，而不能仅仅依赖是否存在统一的价格这个结果来进行判断。同样的情形也适用于竞争对手之间互相交换价格信息，尽管可能并没有更明确的串通定价的信息，但是实际存在协议定价的情况。

2. 价格领导

在价格领导中，小企业通常采用行业中领导者制定的价格。关键的问题是跟随行业领导者制定价格的动机是什么。一般情况小企业的这种行为被认为是公平的，因为小企业需要和大企业进行竞争，价格上不能相差太大，价格过高就没有竞争力。同时行业的领导者一般都有成本优势，所以小企业所定的价格也不可能低于大企业的价格很多。

3. 转售价格维持

转售价格维持指的是制造商规定了零售商和批发商销售商品时的最高或最低价格，也有可能同时规定一个最高价和一个最低价。在营销中搭便车的问题是可能存在的，因为低价的经销商可能提供很少的服务，但是，消费者能够从本地区其他经销商那里获得好处。比如说，某些经销商的购物环境比较差，也很少提供售前的咨询等服务。消费者可能会从另外一个高端的经销商那里了解产品信息，进行咨询，但是却到低端经销商那里去购买。

资料来源：张学斌，赵冬花. 企业伦理学 [M]. 哈尔滨：哈尔滨地图出版社，2006:155-156.

---

5. 掠夺性定价

所谓掠夺性定价是指企业为将对手挤出本市场或吓退意欲进入本市场的潜在竞争者，以降价甚至低于成本的价格销售，待对手退出市场后再提价的一种价格策略。如 2005 年，液态奶生产企业爆发激烈的价格大战，一时间牛奶价格降得很低，使行业平均利润大为下降，部分中小企业出现生存困难的情况。又如由于重复建设和缺乏创新能力，家电企业大打价格战。这些行为不仅妨碍了公平竞争，也让消费者在获得短期利益的同时，产生心理困惑。

4.4 促销中的伦理问题

企业的促销组合主要有四种工具：人员推销、广告促销、营业推广、公共关系，本节中将主要探讨人员推销及广告促销中容易出现的一些伦理问题。

4.4.1 人员推销中的伦理问题

企业的推销人员需要同时面向所属公司与顾客，这种在组织内外的独特地位所呈现的一些特性往往使得推销人员陷入伦理困境，比较常见的问题有如下几个方面。

专栏 4-3　　　　　　推销人员在组织内外的独特地位

推销人员的两难地位：一方面，他们是组织提供的产品或服务的拥护者；另一方面，他们要竭尽全力让组织的产品或服务迎合顾客的需求。尽管组织和顾客都希望推销人员在某种程度上具有忠诚度，但组织和顾客可能对推销人员有不同的期望，正是这些不同的期望经常使推销人员陷入伦理的两难境地。

推销人员的独立性。推销人员的工作或行为在组织内相对于其他雇员更独立。由于推销人员在组织外工作，组织对他们的直接监管比其他雇员要少得多；另外，他们时常不能得到足够的沟通和及时的有关组织市场推广计划的消息。这种独立性有利有弊，但从伦理角度分析，一个明显的不利因素是推销工作的独立特性经常使推销人员陷入伦理的疑惑境地。

推销人员工作的高压力性。众多推销人员常常被要求在某段时间内销售多少数量的产品或取得多少钱的销售额。他们除了自己和顾客，没有可以转移压力的地方。这种压力迫使推销人员采取不当的推销方法，如我们常遇到的"恶劣销售"或"高压销售"。

推销人员的独特角色。有人认为推销本质上就具有不道德性。他们认为，组织要求推销人员去推广他们被要求推广的产品或服务，而不是他们真正认为是值得推广的产品或服务。换句话说，所有推销人员推广的产品或服务不一定达到他们所承诺的那种水平。

资料来源：王方华，周祖城. 营销伦理 [M]. 上海：上海交通大学出版社，2005:194-195.

---

1. 故意误导

在推销活动中，一些推销人员迫于完成任务的压力或受到高额提成的诱惑，常常利用消费者的知识漏洞，对产品做出不正确的陈述或虚假的承诺。如一个净水器公司的推销人员在居民小区进行产品演示，将净水器自带的"测试笔"放入自来水中，显示水质很差，而经过他们的净水器净化后，水质为良好，使居民们误认为自来水不能饮用。而实际上，据专家的解释，自来水中含有的钙、镁、铁等离子属于电解质，当把电解仪阳极的铁棒放入自来水中时，铁被电解后形成了氢氧化铁（灰色）、二价铁离子（绿色）、三氧化二铁（红褐色）、四氧化三铁（黑色），而净化后的水因不含导电的铁、钙、镁等离子，"水质"自然就提高了。

2. 高压推销

许多推销人员都具备"愈挫愈勇"的精神，在实际推销中，这些推销人员"永不言败"，对消费者纠缠不放，即使消费者已经明确表示不需要他们的产品，他们还是频繁出现在消费者的周围，竭尽全力迫使消费者购买产品。这是一种典型的高压推销方式。其另一种表现是，当消费者购买时面临不确定性而犹豫时，如这种产品能否满足自己的需要，其他企业的产品是否更好等，一些推销人员就通过一些"花招"来"帮助"消费者做决定。如通过"限时销售"或"限量销售"使消费者产生紧迫感，使他们感觉如果错过将会失去一个好机会；为了清仓，实行产品大幅度打折或加送赠品等方式，使消费者感到该产品物超所值而大量购买他们也许本来用不上的东西等。

3. 消费者差别对待

消费者差别对待包括两层意思：一种情况指一些推销人员对不同的消费者在服务态度或提供方便性上有差异，如推销人员有时给某些顾客比其他顾客更殷勤的服务，为他们提供更快捷的送货和更低的折扣，告知他们销售组织内的变化等，而其他顾客可能没有这些优待；另一种情况指一些推销人员对同一消费者在其购买前后的态度上有差异，如在消费者购买前"鞍前马后""面带微笑"，而在消费者购买后则"爱答不理""冷若冰霜"。在现代商业中，推销人员的后一种行为已经较为少见，常见的是前一种行为。如，一些商业银行在对大客户和平民客户的服务态度和提供方便上截然不同，对待大客户可谓殷勤备至，而平民客户享受的待遇相对大客户则落差较大。

4. 送礼和款待

围绕送礼行为的伦理问题是：在怎样一个临界点上，送礼行为会变成行贿？所送礼物的价值量通常被作为区分送礼行为和行贿行为的标准。但这种标准并不准确。举例来说，许多人会说，诸如钢笔和铅笔之类的礼物不会超越伦理的界限，但有人却会质问炙手可热的中超联赛的两张入场券，即使它们的价值可能并没有笔那么大。

款待，就像送礼一样，如果款待被用来对顾客施加额外的影响和压力，超出了产品本身的特点和好处对顾客的吸引的话，款待行为则超出了伦理的界限。然而，由于消费者所感到的这种压力只有其自身才能感受到，所以，很难判断款待到底是推销人员对顾客施加压力还是为做成某笔生意而向顾客表示感谢。

4.4.2 广告促销中的伦理问题

广告促销中常出现的伦理问题有如下几个方面。

1. 虚假性广告

在广告活动中，广告信息的真实性是前提。然而，仍有一些企业违反职业道德，制作和发布虚假广告,使消费者对产品的质量、价格、性能等产生错误的认识。如2006年,上海工商局曝光了十大虚假违法广告,包括"莎丰瘦身产品"化妆品、"双灵固本散"药品、"大中鲜活虫草"普通食品、"脑力健"保健食品、"全科纳米波治疗仪"医疗器械等。这些虚假违法广告的表现主要有虚构企业名称,虚构消费者使用案例,虚构权威机构验证数据,将食品当作药品对产品功效进行虚假宣传等。还有一种较为隐蔽的虚假广告,如有一种药的宣传词说:"流行性感冒是由支原体和衣原体感染引起的,"这是典型的伪科学。

2. 误导性广告

误导性广告提供的信息也许是真实的,但由于艺术表现形式过于夸大或言词具有强烈的煽动性而对消费者产生误导,从医疗器械、丰胸、减肥、增高产品广告到乙型肝炎、白癜风、红斑狼疮等疾病的治疗和无痛人工流产宣传等,不一而足。这些广告不仅使消费者产生精神上的不安,使消费者产生自我怀疑,而且在无形中逐渐改变着消费者的价值观,使消费者过于追求漂亮的外表,而忽视对自身修养的提高。有些广告还使用明星作为产品代言人,广告中明星以前卫的打扮和充满诱惑的肢体语言推销奢侈品,着力宣传一种时尚的生活方式,这在很大程度上是在误导消费者的审美观和价值观,将消费者引至崇尚消费主义和享乐至上,倡导了一种盲目的高消费。

专栏 4-4　　　　　广告对儿童和青少年的误导

过分夸大的广告对青少年及儿童的成长也会产生误导。因为"儿童和青少年的心理和生理都尚未成熟,好奇心又强,对外界事物分辨能力低而接受能力强,往往分不清真实与夸张、幻想与现实的界限,很容易被广告所误导"。这些误导主要影响了他们的思想意识观念、行为活动方式以及道德判断能力等,如某广告反反复复强调送礼:"送爸爸、送妈妈、送老师、送朋友……"让他们误以为要通过物质的交往去获得亲情和友谊等;还有个广告说"世上只有妈妈好,长斑的妈妈难看了",这会对他们的道德观产生什么样的影响?有一个奶制品的广告,画面上是一个孩子吃着雪糕,这时响起话外音:"……有那么好吃的雪糕吗?"孩子回答道:"不信你尝尝",并将手中的食品递过去,可马上又缩了回来,转而送入自己口中,这广告似乎在说:好东西要独自享用。这种广告不可避免地让他们产生自私心理和以自我为中心的不良习惯。

该专栏根据相关资料整理而得。

---

3. 媚俗性广告

在信息泛滥的今天,消费者的注意力已经成为稀缺资源,为了吸引消费者的眼球,"姿本主义"盛行,即滥用美女形象进行产品宣传。广告活动中,适度的女性形象可以提升消费者的审美情趣,有利于产品的"广而告之"。但过度将女性附于某一产品,将女性形象进行"物化",则不仅使消费者产生"审美疲劳",而且是对女性群体尊严的侵犯。不仅如此,一些广告还利用女性宽衣解带、敞胸露背、做出不雅姿势的画面来刺激受众的感官。这些广告格调低下,有违社会公德。还有一些广告虽然画面没有这么露骨,但却利用种种性暗示、性幻想来刺激消费者,这些广告让女性在其中充当性暗示和性幻想的对象,不但是对女性尊严的公开侵犯，而且对社会风气造成严重的不良影响。

4. 比较性广告

比较广告，也称为对比广告、竞争广告。一般来说，较少有企业"指名道姓"地与竞争者做比较，多数是通过暗示的方法宣传本企业或本产品的优越性。如某公司投放的一则楼宇广告就曾引起激烈争论，广告内容是这样的：售货员卖出一支冰淇淋，中间被一位肥胖的中年人拿走，舔了一口后才递给消费者。很多人指出，广告里的中年人显然是指 PC 企业的分销商，该公司是在告诉消费者："电脑在到你们手上之前，被分销商占了便宜。"而另一著名 PC 企业则拥有目前中国最庞大的 PC 分销商队伍。

5. 广告的暴力传播

广告的暴力传播是指广告的无孔不入和高频率"轰炸"。现代广告高度发展，已基本涵盖了人们生活的方方面面，从商场和超市中的悬挂电视广告、手机广告、城市"牛皮癣"广告、电影中的隐性广告到自然风景区的悬幅广告、网络广告等，就更不用提传统媒体如电视、广播、报纸杂志上的广告了。如果保持在合理的范围内，这些广告对大众的影响也不会太大。但现在广告已有突破时空限制的发展趋势，已经极为膨胀，几成泛滥之势，可以说，凡是有人出现的地方就有各类广告。这些过度的广告不仅影响了大众生活的安宁、城市环境的美观，而且干扰了正常的社会经济秩序。

4.5 服务营销中的伦理问题

当前，我国已经进入了一个服务经济时代。企业管理者应树立起服务营销的理念，认识到服务营销对企业发展的重要性，同时，更应把营销伦理贯彻到服务营销中去，只有合乎伦理的服务营销才能最终获得消费者的信任，才能成为企业长远立足于社会的竞争优势。本节主要从以下几个方面来分析服务营销中的伦理问题。㊀

4.5.1 服务质量的伦理问题

企业为了满足顾客的需求，对服务质量的追求在不断发展，但同时也存在一些不符合伦理道德的行为，主要表现在以下几个方面。

1. 服务安全问题

服务的不安全性是指企业在服务过程中可能对顾客的生命安全造成伤害，包括物质和精神两个层面。比如，餐馆提供不卫生的食物，理发店、按摩店提供不道德的色情服务等。这些行为都是缺乏道德伦理的，是对消费者有害的，企业应提供合乎伦理的服务，并保证自身提供的服务的安全性。

2. 服务收费问题

服务收费问题主要是指服务人员向被服务者收取的费用不合理，即服务人员收取的费用与其提供的服务质量差距大，顾客没有享受到与他所支出的费用相当的服务。比如，有些理发店利用消费者不知情的情况，使用一些低劣的洗发水、护发剂来代替本应该使用的价格相

㊀ 易开刚. 营销伦理学 [M]. 杭州：浙江工商大学出版社，2010:178-188.

对较高的材料。

3. 服务功能问题

功能是服务质量特性中最基本的一个要素，是企业提供的服务所应具备的作用和效能。一些缺乏伦理的服务企业经常通过提供虚假功能的服务来牟取不法收入。例如，一些美容机构宣传某项服务具有很多的功能、优点，而事实上却毫无作用。

4. 服务时间问题

服务的时间要满足被服务者的需求，包括及时、准时和省时等要求。如果一项服务占用了顾客太久的时间却不见效，或者服务没有达到事先承诺的时间，那么这项服务就不具备时间性。比如，有些教育培训班，实际培训的时间往往没有事先承诺的长；也有些服务企业，事先承诺在一定时间内完成某项服务，却因种种借口不断拖延。

5. 服务文明问题

服务文明性是提供服务过程中满足精神需求的质量特征。顾客总是期望在服务过程中能享有一个自由、亲切、受尊重、友好、自然与谅解的气氛，但现实生活中，一些服务提供者往往欠缺文明意识，例如医院里一些医生的冷漠服务态度总是在无形中增加了伤患者和家属的心理压力。

4.5.2 服务人员的伦理问题

服务人员的伦理问题有很多，其中最常见的有态度问题、侵犯隐私问题、角色冲突等。

1. 态度问题

对服务行业而言，服务人员的态度非常重要，员工要以热情真诚的态度对待所有的顾客，用心去服务好每一位顾客，这样才能营造出和谐的氛围。但我们有时会遇到这样的情形：当你穿着朴素进入商场，询问服务人员相关问题时，可能会遭遇到较差的服务态度；而当你穿着华丽，高贵地出现在服务人员面前时，对方可能会以较好的态度帮你解决问题。

2. 侵犯隐私问题

在服务行业，特别是一些需要对顾客隐私进行保密的行业，在保护隐私方面对企业的服务人员提出了更高的要求。如在电信行业，如果企业将顾客家庭联系信息泄露出去，将会给家庭带来很多不必要的麻烦；而心理行业中心理医生对患者隐私问题的保密措施更加严格，如果保密不当，侵犯了患者的隐私，将产生不可估量的后果。

4.6 电子商务中的伦理问题

电子商务代表了人类文明发展的潮流，是传统经济活动转型和发展的方向。但是，和其他任何新鲜事物一样，我国企业在实施电子商务中也存在伦理问题，主要表现为以下几个方面。

4.6.1 电子商务中卖方的伦理问题

在电子商务活动中，相比之下，卖方处于信息的优势地位，也是规则的制定者，能比较有效的规避风险。因此，在电子商务中存在伦理问题较多的是电子商务的卖方，具体表现为如下几个方面。

1. 构建虚假产品广告信息

电子商务中卖家通过网络广告介绍推销产品，买家通过广告了解自己所需要的购物信息。一些卖家不能够客观、真实、准确地向买方传达自己产品的信息，有的借用暗喻、明喻、夸张等手法夸大产品功能、服务项目，甚至更改和捏造使用效果、生产工艺和日期；有的根据自己的利益将信息割裂和肢解，或者根本不披露不利于自身的信息，或将不利于自身的信息放在人们容易忽略的位置，达到误导受众的目的等。

2. 出售劣质产品

在电子商务网站中不乏看到"假一罚十，欢迎专卖店验真伪"的字样，但仍有一些不良卖家打着"正品行货"的旗帜，而实际却采购劣质产品并想方设法销售给消费者，如，一位田先生在某网站购买了一双万斯（Vans）运动鞋，穿了一个星期，鞋底多处严重开胶，网站客服人员的回复是："该鞋采用环保材料，开胶是正常情况，超过了7天，不予退换。"经过调解，网站同意退货，但坚称自己卖的是正品。该网站上确实有万斯专区，但万斯中国区总经理吴雷表示，目前公司尚未正式授权该网站经营万斯旗下的产品。

3. 未按合同履行服务承诺

电子商务中的服务承诺包括伴随产品销售的售前、售中和售后服务以及以劳务形式存在的服务。存在问题最多的是售后服务环节，即商品的所有权已经归属买家和商家已经收到客户付款后，商家的售后服务很难如电子商务合同中所承诺的那样兑现了。如，江西的李先生冲着性价比在某商城买了一个16寸的显示器，收到后使用发现显示屏幕忽暗忽亮的，打电话给厂家，得知售后服务点偏远。于是就联系商城客服，得知可以经过商城返修，系统返修申请也说明可以送回商城处理，结果半个月过去了也没有人来处理此事，几经周折最后还是告知需要李先生自己处理。

4. 私下出售客户信息

在电子商务中个人数据收集、个人数据二次开发利用等很多环节都关系到隐私信息。一些电子商务商家并不顾及与买家签署的合同，会循环使用消费者、潜在客户的信息资料不断获得更多的利益。如，一些网站以市场调研为由，当消费者一进入网站，就会自动跳出一些调研报告的对话框，从中获取消费者的个人身份信息、消费需求、购买能力等。然后根据消费者信息资料进行分析整理，建立客户信息数据库。在没有客户的许可下，这些客户信息就可能被私下泄露或者出售。

4.6.2 电子商务中买方的伦理问题

和卖方一样，电子商务中的买方也同样存在一些伦理方面的问题。

1. 恶意竞拍，成交不买

在网络拍卖中，不少买家根本不准备购买，却故意在网络拍卖中提高价格，最后竞拍成功后却迟迟不付款完成交易。如，深圳张小姐在网上代理某品牌化妆品，从 2010 年 3 月 6 日开始，她的网店每天都有将店里所有商品竞拍下架却不确认付款的情况出现，使网店连续好多天无法正常经营。除了在网络拍卖中有买家恶意竞拍外，还有一些买家会买下产品却不完成付款或者拖延付款，给卖家在资金周转方面带来很大的难题。

2. 信息轰炸，骚扰卖家

在网络购物中，买家对收到的商品不满意而要求退换货的情况时有发生，当买家感觉到自己没有受到合理的对待时，有可能会产生一些过激的负面行为，如在购物网站上连续给予差评甚至谩骂诋毁卖家，有的甚至发送大量的垃圾信息骚扰卖家，造成其无法正常运行。如南昌蔡女士在网上代理某品牌皮包，从 2014 年 3 月 25 日开始，她发现每天都有跟自己主账号一样的账号到网店里辱骂，每天都有 100 多条留言信息，这严重骚扰了网站，造成网站连续好多天都无法正常经营。

3. 收到商品，无理由退货

网络购物中，许多网站都写着支持"七天无理由退货"的字眼，或者网站上虽然没有写明，但只要顾客没有剪掉商品的标签，商家一般情况下都会同意在一定的期限内对客户的退货要求予以受理。许多电子商务买家就滥用这一点进行不合理甚至不道德的退货。如将商品损坏之后要求退回，退回已穿过的衣服、已背过的包等。

4. 商品到达，拒绝提货

电子商务中，买家容易出现的另外一个伦理问题是当付款形式设置为货到付款时，不乏有些买家当快递公司通知商品到达时，会有拒不取货或是延迟取货的情况，同时又没有任何的理由说明，这种行为在损害卖家合法权益的同时，也给物流系统的正常运行带来了不必要的麻烦。

4.6.3 信息传输中的伦理问题

电子商务活动的信息传输过程中，容易出现以下几个方面的伦理问题。

1. 冒名偷窃信息

由于未采用加密措施，数据信息在网络上以明文形式传送，如"黑客"为了获取重要的商业秘密、资源和信息，常常采用源 IP 地址欺骗攻击，冒充主机欺骗合法主机或合法用户。通过多次窃取和分析，可以找到信息的规律和格式，进而得到传输信息的内容，造成网上传输信息泄密。

2. 篡改数据

当入侵者掌握了信息的格式和规律后，通过各种技术手段和方法，将网络上传送的信息数据在中途篡改（改变信息流的次序，更改信息的内容，如篡改购买商品的收货地址）、删除、插入（在消息中插入一些信息，让收方读不懂或接收到错误的信息），然后再发向目的地，破坏数据的完整性，损害他人的经济利益，或干扰对方的决策，造成网上交易的信息传输伦理问题。

3. 破坏信息传递

信息在网络上传递时，要经过多个环节和渠道。计算机技术发展迅速，原有的病毒防范技术、加密技术、防火墙技术等始终存在着被新技术攻击的可能性。由于攻击者可以接入网络，则可能对网络中的信息进行修改，甚至可以潜入网络内部，其后果非常严重。计算机病毒的侵袭、"黑客"非法侵入、线路窃听等很容易使重要数据在传递过程中被泄露，威胁电子商务交易安全。

4. 截获机密信息

攻击者可能通过安装截收装置等方式，截获传输的机密信息，或者通过对信息流量和流向、通信频度和长度等参数的分析，推断出有用信息并截获银行账号、密码等，从而获得有价值的信息。

4.7 治理对策：保护消费者合法权益

上述分析中可以发现，我国的市场营销活动中，存在着诸多伦理问题，形势不容乐观，因此，采取必要的措施来预防和规避这些非伦理行为就显得格外重要。

4.7.1 保护消费者的合法权益

很多国家的消费者权益保护法中，消费者的合法权益包括如下一些。

知悉真实情况权，即消费者所享有的知悉其购买、使用商品的过程中或者接受服务的真实情况的权利。消费者有权知悉的情况具体包括商品的价格、产地、生产者、用途、性能、规格、等级、主要成分、生产日期、有效期限、检验合格证明等。

自主选择权，即消费者自主选择商品或者服务的权利。包括两方面：一是对商品的品种、服务方式及其提供者应有充分选择的余地；二是对于选择商品服务及其提供者应有自由决定的权利而不受强制。

人身财产安全权，即消费者享有在购买或使用商品时人身、财产不受到威胁的权利。实践生活中的毒酒事件，劣质药品和化妆品事件，电器、压力容器、玩具、鞭炮烟火、机动车等因漏电、燃烧、爆炸及失灵等原因致人损害案件，是侵害消费者安全权的典型事例。

公平交易权，是指消费者在购买商品或者接受服务时，有权获得质量保障、价格公平合理、计量准确无误等公平交易条件，有权拒绝经营者的强制交易。

依法求偿权，当消费者财产损害时有要求经营者依法予以赔偿的权利。消费者行使求偿权的方法，可以是向责任者直接提出损失赔偿请求，也可以是向管理机关、仲裁机关、司法机关提出损失赔偿请求。

获得知识权，首先要求国家制定消费教育、宣传的基本政策、方针和方法，通过长期的实施，使大多数民众能够成为比较聪明的消费者，能够掌握基本的消费知识和法律知识；其次，消费者有权在接受义务教育的过程中获得有关消费者保护的基本教育，为终身成为有知识的消费者奠定基础。

建立消费者组织的权利，包括两方面内容：一是有权要求国家建立代表消费者利益的职能机构；二是有权建立自己的组织，维护自身的合法权益。

监督批评权，即消费者有对商品和服务以及保护消费者权益工作进行监督的权利。特别是消费者有权参与国家消费政策和相关立法的制定，并对其实施加以监督。

受尊重权，消费者在购买、使用商品和接受服务时，享有其人格尊严、民族风俗习惯得到尊重的权利。

4.7.2 伦理问题产生的原因

企业营销伦理是在企业长期营销活动中逐渐形成的，它外受宏观环境制约，内受企业本身条件的影响。分析市场营销伦理问题出现的原因应从以下几个方面入手。

1. 市场因素的影响

一方面，过于市场化导向对营销伦理具有负面影响。如在市场交换中对利益最大化的追求，市场经济中注重利益和效率的功利价值观念，市场机制中的盲目性缺点等，强化了企业的利益主体地位，引发一些企业唯利是图、不择手段地攫取不正当利润；另一方面，市场体系与市场机制的不完善也对营销伦理问题具有负面影响。如果市场体系与市场机制不健全，等价交换与公平竞争原则被扭曲，这种劣质的市场因素会驱使某些企业凭借其对某些产品的垄断地位，采用某些非经济手段参与市场竞争，而很少考虑社会及消费者的利益。

2. 政策法规的影响

我国自实行市场经济以来，虽然已制定了一系列经济方面的法律法规，如《中华人民共和国合同法》（以下简称《合同法》）、《中华人民共和国广告法》（以下简称《广告法》）、《中华人民共和国消费者权益保护法》（以下简称《消费者权益保护法》）、《中华人民共和国反不正当竞争法》（以下简称《反不正当竞争法》）、《中华人民共和国产品质量法》（以下简称《产品质量法》）等，但与发达国家相比还存在着较大的差距。主要表现为：法律中原则性条款较多，操作起来弹性较大，容易导致一些营销者钻法律的空子，从事违法营销活动等；部分市场管理部门存在分工不明，职责重叠的现象，缺乏有效的监督机制；部分执法人员政治思想及业务素质不高，执法不严，办事讲究人事关系、权钱关系，知法犯法，营私舞弊等，这些都助长了部分企业的不道德营销行为。

3. 信息不对称的影响

在信息不对称的情况下，逆选择和道德风险会在商品市场中出现。逆选择主要表现为劣质品泛滥，比如在品牌、质量差异较大的市场中，如烟、酒行业，假冒名牌产品的现象屡见不鲜。道德风险则表现为卖方对买方的各种欺诈，如发布虚假广告，或在广告中使用含混不清的词语误导消费者；推销人员采取不正当手段迫使顾客购买；还有的借"有奖销售"之名，搭售劣质、滞销产品等，严重侵害了消费者的利益。

4. 企业经营哲学的影响

企业经营哲学是企业经营活动的指导思想，它规定企业的经营方向和经营目标，是影响营销道德的重要因素。企业经营哲学如果受利益驱动的影响，以利润最大化为导向，而不是以顾客需要为导向，很可能导致营销道德失范现象的发生。一些企业宣扬唯利是图的经营哲学，只要能赚钱，便不择手段，对企业员工观念的培养产生了很大的不良影响。总之，健康规范的企业文化会使企业诚实、合法经营，正当求利。反之，则会把企业引向另一个极端。

在制定营销决策中，既要考虑企业的利润目标，又要考虑消费者及社会的利益，才能体现出企业营销决策的道德性。

5. 个人因素的影响

一方面，因为某些营销人员科学技术、知识水平不高，道德文化的认知程度较低，从而影响了自己在营销实践中的伦理判断；另一方面，营销人员要跟顾客、批发商、零售商、竞争者、广告公司、研究机构、媒体、政府部门、公众等利益相关者打交道，每一方都有自身的期望和要求，因而利益冲突在所难免；此外，与技术人员、生产人员、人力资源管理人员、财务人员等相比，营销人员面临市场竞争的压力更大、更直接，相应的，他们获得地位、晋升、加薪甚至巨额报酬的机会也更多，在这些利益诱惑面前，一些营销人员会不由自主地将某些不道德行为合理化从而导致许多不道德的行为发生。⊖

4.7.3 治理对策

从以上论述可以看出，制约企业营销伦理水准的因素很多，这些因素对营销伦理的作用不是孤立发生的，它们相互联系、彼此渗透而交融在一起共同起作用。要提高我国企业营销伦理水准，必须不断完善外部环境与内部因素。具体来说，可以从以下几个方面入手。

1. 建立社会诚信体系，改善企业营销环境

结合我国国情，利用网络信息管理系统建立我国信用评价手段。充分利用和发挥网络、新闻媒体及社会舆论的优势，加大对"失范"和"示范"案例的曝光力度，弘扬诚信营销并打击违规营销的企业。明确推进社会诚信体系建设的总体规划和建设目标。然而，社会诚信体系的建设需要政府、企业和个人的共同努力，政府要引导企业诚信经营，加强国民诚信教育，提高国民整体素质。同时，加强管理部门的监督职能，加强管理者的道德自律与他律机制建设，完善企业外部监督和约束机制。考评一个企业要兼顾经济效益和社会效益，政府管理部门要为企业的发展创造一个公平、公正、公开的良好环境。

2. 倡导企业营销伦理，构建企业核心文化

企业首先要树立"以消费者为核心"的现代营销观念，同时还要树立重视社会效益的社会营销观念。这是企业营销伦理建设的最根本措施。现代营销观念把顾客需要作为企业的营销方向放在首位，对消费者利益的重视是企业的主动要求，而不是被动行为。社会营销观念要求企业自觉考虑社会责任和义务，注重社会利益，讲究社会公德。建立、巩固以营销伦理道德规范为核心的企业文化。企业营销伦理虽属价值观领域的问题，但企业文化却是企业价值观的集中体现，因此企业营销伦理规范和企业文化的主旨是一致的。所以，企业文化是营销伦理的载体，企业营销伦理规范可以通过形式多样的企业文化活动融入企业的每个细胞。

3. 提升消费者维权意识，强化法律法规执行力

我国法律赋予了消费者各种权利。但现阶段，这些法律法规存在着执行难的问题，其中一个很重要的原因就是消费者的维权意识薄弱。为了增强消费者的自我保护意识，一方面，新闻媒介应加大对有关消费者权益保护的宣传，政府也应该大力协助其开展各种提高消费者

⊖ 王方华，周祖城. 营销伦理 [M]. 上海：上海交通大学出版社，2005.

权益意识的活动，同时加强对各种损害消费者利益的行为的惩罚；另一方面，在加强消费者团体建设的同时，也要对现实中发生的各种纠纷给予合理的解决，从而为消费者的自我保护行为做出典范。消费者在自己的合法权益受到侵害时，依法维护自己的权利，与侵害消费者利益的行为进行斗争，既可以保护自己也可以减少企业不道德行为。

本章小结

1. 营销是在一种利益之下，通过相互交换和承诺，建立、维持、巩固与消费者及其他参与者的关系，实现各方的目的。
2. 常见的产品定价中出现的伦理问题包括：暴利价格，价格欺诈与误导性定价，歧视性定价、串谋性定价和掠夺性定价等。
3. 企业的促销组合主要有以下四种工具：人员推销、广告促销、营业推广和公共关系。其中人员推销中常出现的伦理问题有：故意误导、高压推销、消费者差别对待、送礼和款待；广告促销中常出现的伦理问题有：虚假性广告、误导性广告、媚俗性广告、比较性广告、广告的暴力传播。
4. 企业服务中常见的伦理问题主要存在于服务质量和服务人员两个方面，从服务质量来看，服务的安全、是否收费、功能如何、服务时间的长短和是否文明服务都可能存在非伦理行为；从服务的人员来看，他是否能够以良好的态度对待消费者、是否会侵犯消费者隐私等都可能存在非伦理行为。
5. 电子商务中常见的伦理问题主要从卖方和买方两者关系辩证地看待。从卖方而言，可能会出现构建虚假产品广告信息、出售劣质产品、未按合同履行服务承诺、私下出售客户信息等伦理问题；从买方来看，也会存在恶意竞拍不付款、恶意骚扰卖家、随意退货、拒绝提货等伦理问题。

关键术语

市场营销（marketing）　　　　　　产品（production）
定价（pricing）　　　　　　　　　促销（promotion）
服务营销（service marketing）　　　电子商务（electronic commerce）

复习思考题

1. 简述市场营销的主要内容。
2. 简述市场营销中可能存在的非伦理行为主要有哪些？
3. 简述市场营销的伦理问题可能产生哪些危害？
4. 产品定价过程中主要存在哪几大类非伦理行为？各自的主要行为有哪些？
5. 简述促销中可能出现的伦理问题有哪些？
6. 电子商务中买方和卖方各自可能会出现哪些非伦理行为？
7. 如何避免市场营销中的伦理问题？如果你是企业负责人，你会采取什么样的对策？

应用案例

拷问产品质量

如果历史回放至 2004 年，相信许多人的记忆一定会拾掇起那场沸沸扬扬的阜阳"毒奶粉"事件。在 4 年之后，三鹿集团引爆三聚氰胺事件，7 年之后，国家质检总局又从一款名为富纯牛奶的产品中检测出具有强致癌性的黄曲霉毒素 M1 超标 140%。

与民众生活与生命休戚相关的食品行业显然成为产品质量的"重灾区"。资料显示，国家质检总局 2011 年共查处质量违法案件 11.14 万件，其中食品案件就达 3 万件。据全球最大的独立公关公司爱德曼发布的 2012 年度全球信任度调查结果表明，在消费者眼中，中国食品与饮料行业最不受信任。

家电"质量门"事故的频发已经成为不可否认的事实。继 2011 年苏泊尔被哈尔滨工商部门查出共有 81 个型号的不锈钢器皿不合格并且存在锰含量高出国家标准近 4 倍的真相之后，2012 年深圳市市场监管局抽查后又发现，一款苏泊尔豪华智能电饭锅在非正常工作时保护装置不达标，容易引起安全事故。与苏泊尔接连上演产品质量闹剧一样，在国内驰名的澳柯玛产品也不断登上工商部门的"黑榜"。值得注意的是，与澳柯玛一样吃进"黄牌"的还有联创、美之杰、先锋、宝尔玛等品牌 15 种产品。

家电产品成为引发质量事故和悲剧的最频繁元凶。据中央电视台报道，在长沙，因购买了浙江慈溪市一家阀门企业生产的调压器，一对夫妻在使用家用燃气快速热水器洗澡的过程中窒息而亡，经有关部门鉴定，事故是慈溪市某公司生产的调压器不合格导致一氧化碳充斥浴室而引起的。在武汉，一名居住在武昌汤逊湖社区一出租屋内的来武汉实习的大学生在洗澡时因热水器漏电不幸触电身亡。

本可以给消费者带来美丽肌肤的化妆品如今也让人提心吊胆。自 2006 年 SK-II 化妆品被查出含有铬和钕两种违禁物质后，倩碧、兰蔻、迪奥、雅诗兰黛等知名品牌最近几年中也相继被相关鉴定中心查出粉饼含有铬、钕等违禁物质，而且法国著名品牌兰蔻曾先后三次被检出不合格。不仅如此，加拿大的一项化妆品测试发现，包括欧莱雅、封面女郎在内的知名品牌化妆品中也含有铍、镉、镍、铅等多种有毒物质，而且这些产品在中国都有销售。另外，国家食品药品监督管理局也在"东洋之花美白水润面贴膜"等 18 种化妆品中检测出含超标禁用或限用的汞、苯酚、氢醌等有毒物质。

低劣的建筑材料充斥着房屋装修市场已成为业界公认的秘密。有媒体公开披露，安信公司从 2010 年至 2012 年，为万科、中海等大量知名房企提供甲醛含量高出国家规定 5 倍的不合格地板，可能涉及超过 1 万套的住房。其实在万科"毒地板"事件之前，根据广东省质监局的抽查报告，另一广州著名的房地产开发公司碧桂园就在佛山高明 2 期项目中被发现使用劣质建材，并存在严重的安全隐患；与此同时，根据《中国质量万里行》的报道，在广东台山碧桂园，业主也因为房子存在偷工减料，渗水漏水，墙壁裂缝等问题与碧桂园方面纠纷不断，而碧桂园的第一个省外项目长沙威尼斯碧桂园，也曾被专业机构出具了商品房工程质量不合格的鉴定报告书。

"7·23"温州动车事故所造成的惨烈后果相信在国人的心中久久不会抹去。"通号集团所属通号设计院在 LKD2-T1 型列控中心设备研发中管理混乱，通号集团作为甬温线通信信号集成总承包商履行职责不力,致使为甬温线温州南站提供的 LKD2-T1 型列控中心设备存在严重设计缺陷和重大安全隐患。"国家安监总局在出具的《"7·23"甬温线特别重大铁路交通事故调查报告》中所做出的权威结论令人不寒而栗。

与在中国市场发疯似的淘金赚钱一样,作为世界上最大的电梯生产厂商之一,奥的斯在引发产品质量事故上也是出尽风头。资料显示,2011 年 8 月之后的短短半年时间中,奥的斯电梯就在全国各地发生了 10 余起故障,而且处处惊心。据国家质检总局披露的数据,2011 年,电梯等特种设备在全国共引发各类事故达 275 起,死亡 300 人,其中近八成事故发生在使用环节。

……

如果说仅仅在少数产品或者部分行业存在着质量问题可能是一种偶然,那么当那些品质低劣的产品覆盖几乎所有或绝大部分领域,并在市场上肆无忌惮和横冲直撞时,其背后就存在着某些必然的逻辑因素,同时也昭示着"质量危机"正在累积和叠加。

资料来源:张锐. 拷问产品质量 [J]. 企业管理,2012(5).

讨论题

1. 以上案例表明市场营销中哪种非伦理行为频频在生活中出现?
2. 除了以上案例表明的伦理问题,市场营销中还有哪些伦理问题,请用生活中的案例加以说明(不少于三点)。

学习链接

[1] 陈炳富,周祖城. 企业伦理学概论 [M]. 天津:南开大学出版社,2000.
[2] 刘红叶. 企业伦理概论 [M]. 北京:经济管理出版社,2007.
[3] 李亚东. 浅议产品设计中的伦理观 [J]. 科技资讯,2011(29).
[4] 李桂陵,等. 市场营销学 [M]. 北京:北京大学出版社,2012.
[5] 王方华,周祖城. 营销伦理 [M]. 上海:上海交通大学出版社,2005.
[6] 徐金发,等. 企业伦理学 [M]. 北京:科学出版社,2008.
[7] 叶成刚. 公司伦理与企业文化 [M]. 上海:复旦大学出版社,2007.
[8] 杨楠,赵卫旭,孙小丽. 市场营销学 [M]. 北京:北京大学出版社,2012.
[9] 周祖城. 企业伦理学 [M]. 北京:清华大学出版社,2005.
[10] 周利国,王永光. 商业伦理学 [M]. 北京:中国商务出版社,2005.
[11] 张学斌,赵冬花. 企业伦理学 [M]. 哈尔滨:哈尔滨地图出版社,2006.
[12] Forte A.Business ethics:A study of the moral reasoning of selected business managers and the influence of organizational ethical climate[J].Journal of Business Ethics, 2004, 51(2):167-173.
[13] Valentine S,Barnett T.Perceived organizational ethics and the ethical decisions of sales and marketing personnel[J].Journal of Personnel & Sales Management, 2007, 27(4):373-388.

第5章
员工管理中的伦理问题

学习目标

1. 了解员工管理活动的内容。
2. 掌握雇用关系中的伦理问题。
3. 了解工作场所中的伦理问题。
4. 熟悉奖惩体系中的伦理问题。
5. 了解特殊员工群体保护中的伦理问题。
6. 理解员工对企业应承担的伦理责任。
7. 掌握员工管理活动中伦理问题产生的原因及其治理对策。

开篇案例

苹果、谷歌被控串通压低员工工资，遭30亿美元索赔

据经济之声《天下公司》报道，苹果、谷歌等科技巨头被指串通压低员工工资，遭30亿美元巨额索赔。

串通代价：美国科技巨头或赔90亿美元

在很多人眼里，苹果、谷歌等公司因其形象好，待遇高，成为求职者心中的最佳雇主，但现在一起官司或许会颠覆这个看法。来自美国法庭的一宗反垄断调查案揭示了过去几年硅谷不太光彩的形象：包括乔布斯、施密特（谷歌董事长）等科技大佬曾试图串通压低员工工资。

调查显示，在2005年至2009年期间，这些知名大公司之间的相关负责人曾聚在一起，互相串通压低员工工资，除此之外大公司之间还约定了：不挖走对方公司员工等。

这引发了这些科技公司员工的不满。迄今为止，约有6.4万人联名要求获得赔偿，赔偿金高达30亿美元。有分析人士表示，目前劳资双方正在协商，此案可能不会走到审判阶段。但如果双方协商没有取得一致，按照美国的反垄断法，总赔偿金将是30亿美元的3倍，即每位员工平均获赔14万美元。

资料来源：网易新闻. 谷歌苹果等硅谷巨头被控串通压低员工工资[OL]. http://money.163.com/14/0423/07/9QGH5Q9T00254TI5.html，2014-04-23.

近年来，国内外发生了一系列员工管理中的伦理问题，如某企业 7 000 人集体大辞职事件，某企业高管 6 000 万元薪酬引发的争议等都引起了国内外舆论的广泛关注。当前我国员工管理活动中时有非伦理行为的发生，所以本章将首先简要概述员工管理，再详细阐述员工管理活动中的常见伦理问题，最后针对问题提出治理对策。

5.1 员工管理概述

本节简要概述了员工管理的内涵及其所包含的主要内容，员工管理活动中可能出现的伦理困境以及当这些伦理问题发生时所带来的危害。

5.1.1 员工管理的主要内容

员工管理是人力资源管理中的重要一环，所以要了解员工管理实践的主要内容，首先应该理解什么是人力资源及人力资源管理。

1. 人力资源管理的内涵

"人力资源"（human resources）一词是由彼得·德鲁克于 1954 年在其著作《管理的实践》中首先正式提出来并明确加以界定的。彼得·德鲁克指出，人力资源和其他资源相比，唯一的区别就是它是人，是管理者必须考虑的特殊资源。从广义上讲，人力资源就是指智力正常的人。从狭义上讲，人力资源是指人在劳动中为创造某种价值和组织绩效而运用的体力和智力的总和。[一]

"人力资源管理"则是指企业运用现代管理方法，对人力资源的获取（选人）、开发（育人）、保持（留人）和利用（用人）等方面进行的计划、组织、指挥、控制和协调等一系列管理活动，最终达到实现企业目标的一种管理行为。[二]

2. 员工管理的主要内容

员工管理主要包括以下几个方面的内容。[三]

（1）人员规划。人员规划是指根据组织的战略和内部人员状况而制订的人员吸引与排除计划。主要内容包括：对员工在组织内部的流动情况以及流入和流出组织的行为进行预测，然后根据预测的结果来制订相应的人员供求平衡计划，从而满足组织未来经营对人的需要。

（2）工作分析。工作分析明确了不同工作的内容、职责以及任职资格条件，为员工的招募、甄选、培训、职位评价、薪酬决策等提供了标准和依据，同时也有助于组织确定每一个工作的绩效评价标准以及相应的绩效目标。

（3）招聘录用。招聘录用一般包括招聘、甄选和录用三个环节。招聘是指通过各种途径发布招聘信息，将应聘者吸引过来；甄选是指综合利用管理学、心理学等理论和方法对应聘者进行知识、能力、心理素质等方面的测评；录用是指职位候选人在通过筛选后，接受背景调查及办理正式进入单位前的入职程序等过程。

（4）培训与开发。培训与开发是指一个组织为使员工具备完成现在或未来工作所需的知

[一] 李成彦. 人力资源管理 [M]. 北京：北京大学出版社，2011:2.
[二] 冯明. 人力资源管理 [M]. 重庆：重庆大学出版社，2013:1.
[三] 赵春清. 人力资源管理 [M]. 郑州：河南科学技术出版社，2010:8-9.

识、技能和能力，从而改善员工在当前或未来职位上的工作绩效而展开的一种有计划的连续性活动。企业培训与开发一般包括建立培训体系，确定培训需求和计划，组织实施培训过程，对培训效果进行反馈总结等活动。

（5）绩效管理。绩效管理是组织人力资源管理乃至整个组织管理和运营的一个中心环节。它指的是一个通过把组织的经营目标或战略加以细化，将各种重要目标和关键责任层层落实，从而确保组织战略真正得到落实和执行的机制。一般包括制订绩效计划，进行绩效考核以及实施绩效沟通等活动。

（6）薪酬管理。薪酬管理是指一个组织针对所有员工所提供的服务来确定他们应当得到的薪酬水平以及支付形式的过程。在这个过程中，企业必须就薪酬的形式、构成、水平及结构，特殊员工群体的薪酬等做出决策。

（7）员工关系管理。组织与员工之间的关系管理，涉及的内容包括员工参与管理，员工的满意度测量与流动管理，组织文化建设，争议处理机制，员工援助计划等范畴。企业可通过妥善处理好组织和员工之间的关系来确保组织目标的实现和长期发展，避免不良劳资关系可能会给组织带来的巨大损失。

5.1.2 员工管理中可能面临的伦理困境

由于涉及人的问题，员工管理也成为最容易引起伦理争议的领域。企业往往会出现各种伦理困境，主要有以下几类。

1. 雇用关系中的伦理困境

雇用关系中的伦理困境主要有就业歧视问题，滥用农民工、临时工及实习生等问题，劳务派遣中的虚假派遣，职业晋升中的"天花板"现象，员工流动中的无故裁员问题，商业秘密和竞业禁止的问题，劳动争议处理中的不公平对待职工现象，机器人替代人工时代的新的伦理议题等。

2. 工作场所中的伦理困境

工作场所中容易涉及的伦理困境主要有骚扰问题，包括性骚扰及精神骚扰等；恶劣的工作环境损害员工身心健康的问题；侵犯**员工隐私**（employee privacy）的问题以及企业规定职工在岗工作时间严重超出法定时间的问题等。

3. 奖惩体系中的伦理困境

奖惩体系中面临的伦理困境主要有由于制度的不完善而引发的利益冲突问题，包括内部利益冲突和外部利益冲突；薪酬设置方面的问题，如高管高薪，高管与普通职工之间的收入差距过大等问题；同工不同酬的问题，如同一性质的工作，正式职工与非正式职工的薪酬差距较大等问题。

4. 特殊员工群体保护中的伦理困境

特殊员工群体保护中的伦理困境主要体现在有些企业不合理、不道德地聘用未成年工和童工，让他们超负荷工作或从事一些非法的、有生命危险的工作等；对妇女职工的性别歧视，不切实履行国家对妇女职工的特殊保护条例问题等；对残疾工人缺乏应有的关怀，甚至虚报本单位残疾职工人数，以骗取国家补贴等。

5.1.3 员工管理中伦理问题的潜在危害

根据危害对象的不同，员工管理中的非伦理行为的潜在危害主要体现在以下几个方面。

从员工角度而言，企业员工管理中的伦理缺失会给员工带来严重损害，如企业打骂员工、搜身检查等侵犯员工的人身权利；企业让员工长期在高噪声、高污染的恶劣环境中工作，导致各种工伤事故及职业病的发生；企业薪酬设置方面的不合理，打消员工的工作积极性；企业在招聘中的歧视、不公平对待员工的行为，冲击员工公平竞争的机会等。

从企业角度而言，企业员工管理中的伦理缺失在给员工造成负面影响的同时，也会给企业带来严重的潜在危害，如企业内部关系不和谐、不稳定，企业外在形象和声誉受损害，企业生产能力不强等，这些都会在一定程度上降低企业的创新能力和竞争能力，直接影响企业的可持续发展。

从社会角度而言，企业员工管理中的伦理缺失在给员工自身及其所属企业造成潜在影响的同时，也在一定程度上影响了社会的和谐稳定。如企业的一些歧视行为或不公平对待行为抑或是不诚信的做法容易导致员工的过激行为，甚至导致一些违法犯罪行为的发生，危害社会的和谐稳定。

5.2 雇用关系中的伦理问题

雇用关系是指受雇人向雇用人提供劳务，雇用人支付相应报酬形成权利义务关系。雇用关系中存在的伦理问题主要有以下几种。

5.2.1 歧视问题

歧视（discrimination）是指雇员由于与工作要求不相关的原因如性别、种族、宗教信仰等，在招聘、升职、赔偿或解雇等方面遭到区别、不公平对待。工作场所中常见的歧视问题主要有以下几种。

1. 性别歧视

性别歧视包括职业歧视和工资歧视两种形式。职业歧视是指女性在同等条件下不能找到同等水平的职业，更多地被雇用在低于个人能力的工作岗位上；工资歧视是指女性与男性干同样的工作，却不能享受同样的工资、福利以及职务晋升等方面的待遇。它主要表现在三个方面：一是女性就业难，在同等条件下，女性不容易找到工作；二是女性不容易找到满意的工作，即使她们的个人能力与男性相等，甚至高于男性，也不被录用；三是收入低，待遇差，在工作岗位上女性不能享受同工同酬（equal pay for equal work）的待遇，也没有同等晋升的机会等。

2. 年龄歧视

年龄歧视也是目前职场中较为多见的一种歧视。在中国，35周岁原是国家机关招考公务员的标准，现在社会上许多用人单位纷纷效仿，在招聘员工时常常把35岁以上的求职者拒之门外。而世界卫生组织给"青年"下的定义是：45岁以下。46~59岁都是年富力强的"中年"，很多处于这个年纪的人，经验丰富、身强体壮，却被拒之于各种工作的门外。这些工作既不是要求跑得快、跳得高的体育运动，也不是纯粹凭气力吃饭的拉车、挑担、搬砖头等工作，而是更看重知识和技能的"脑力劳动"。

3. 户籍歧视

"户籍歧视"主要是指一些大城市针对外地求职或就业人员所采取的一些不公平的政策。据记者调查和了解，目前最常发生的"户籍歧视"情况主要有三种：一是某些行业和工作岗位限制聘用外地人；二是同工不同酬；三是某些企业不对外地员工提供社保和其他福利。

专栏 5-1　　广东户籍就业歧视第一案：男子获赔偿 10 000 元

2014年4月22日下午，广东户籍就业歧视第一案在越秀区法院进行调解，被告广州市越秀区珠光街道办事处当场支付原告杨先生10 000元赔偿金。

2013年10月，杨先生在越秀区信息网上看到珠光街残疾人联合会正公开招聘"残疾人专职委员"的岗位。因为白化症而患有视力障碍的杨先生发现，这份工作是为社区残障人士提供服务的，自己本身也是残障人士，因此能更好地为残障人士服务。本来认为这份工作十分适合自己的杨先生，却发现招聘要求却表明了"申请人须具备越秀区户籍"，户籍广西的杨先生还是选择应聘该岗位，但最终因为不是越秀区户籍而被拒绝报名。

杨先生认为，街道办以招聘限定越秀区户籍残障人士为由，拒绝他报名的行为，侵害了他的平等劳动就业权。"户籍不应成为剥夺外地户籍人士报考和竞争权利的理由，户籍与能否胜任该岗位并没有必然的联系。"杨先生认为，街道办的行为同时也违反了我国《中华人民共和国就业促进法》第三条、第二十六条和教育部《关于加强高校毕业生就业信息服务工作的通知》第五项的相关规定，"该招聘已涉嫌就业户籍歧视"。

杨先生于2013年的11月，把街道办告上了越秀区法院，请求法院确认被告街道办侵犯了原告的平等就业权，并要求珠光街道办事处取消户籍就业限制，赔偿其精神损害抚慰金30 000元和维权费用5 000元，以及公开赔礼道歉。

资料来源：中国新闻网．广东户籍就业歧视第一案：男子获赔偿 10 000 元 [OL]. http://www.chinanews.com/fz/2014/04-24/6102488.shtml, 2014-04-24.

---

4. 健康歧视

健康歧视是指如果在劳动者的健康状况既不危害公共卫生安全，也足以胜任工作的条件下，用人单位依然以其健康问题为由对其就业予以不利限制，则属于健康歧视行为。如2008年6月18日，上海市浦东新区劳动争议仲裁委员会就IBM（中国）公司歧视抑郁症员工一案做出裁决，IBM（中国）公司与抑郁症员工继续履行劳动合同，并赔偿4个月工资及奖金共计57 332元。[一]

除以上几种情况之外，学历歧视、血型歧视、姓氏歧视、相貌歧视等也是就业歧视的表现，同样对人才和单位都有很大的危害。

[一] IBM：劳动用工因歧视而违法 [N]. 中国企业报，2009-04-09.

5.2.2 员工流动问题

企业员工管理实践中的员工流动过程面临的伦理问题主要体现在员工的频繁跳槽和企业的无正当理由解雇两个方面。

在员工频繁跳槽方面。一些企业重使用、轻发展，招聘上奉行"挖墙脚"，使用上奉行"拿来主义"，习惯用挖人的方式来获取企业发展所需要的人力，喜欢聘用具有一定实际工作经验及技术能力的人员，而很少对本企业的员工进行培训教育，以提高其职业素养与专业能力，这是员工跳槽频繁的主要原因之一。

在企业无正当理由解雇方面。当一些企业想要解雇某雇员而又没有正当理由时，便会通过"软裁员"的方式。所谓"软裁员"就是不直接解雇和裁员，而是通过改变企业的外部环境如搬迁，或通过苛刻的内部制度如绩效考核制度和作业制度等（这些制度本身设计有失公允）来变相地解雇员工，这些均属于无正当理由解雇。

专栏 5-2   三种"软裁员"

"软裁员"正如其字面意思所表示的一样，让人心里不爽，却又很难抵抗，使企业的裁员行为更为隐蔽，员工很难反击。

情形一：搬迁公司

受金融危机影响，A 所在的公司为了节约成本，决定从大城市 S 搬到小城市 N，同时在这个过程中公司宣称要"结构优化"，但承诺不降薪。A 听其他员工私下说搬迁后公司要降大家的级，还要"优化"掉一部分人。并且，公司搬迁到这么远也没考虑给员工车补，至于饭补，不再根据大城市的标准，而是"入乡随俗"。A 和同事们都觉得这其实就是减少饭补，扣大家的福利。公司还表明，地方远了，不希望大家加班，但该完成的工作任务一定得完成。A 的客户有些离公司很远，出勤再回公司一次，肯定就会超出正常上班时间，即使公司有午餐补贴，却不能算加班，自然也没有加班打车报销一说。至于"优化"掉的人，公司愿意给予经济补偿，标准是到合同解雇日为止的工作年限 × 本人工资＋0.5 个月的工资，那 0.5 个月的工资公司明确表示是额外多给的。

情形二：绩效考核内涵很"丰富"

B 所在的公司在金融海啸中业绩大幅下滑，在这次绩效考核中，公司以考核不及格为由把 B 的工资降了 25%。B 不服，向公司反映，不满意公司的降薪决定。公司也很强硬，如果不满意的话，同意辞退 B，并补偿他 1 个月的工资。B 一算，自己在公司工作 1 年半，怎么是按照 1 年工作时间的比例计算呢？

情形三：杀鸡吓猴：私自上网严厉处罚

C 在一家外企工作，金融危机一来，便一直听说公司在抓员工私自上网的问题，抓到一次给予警告处分，两次就要求自动走人。不幸的是，C 被抓到一次，那时考虑到不要与公司闹得不愉快，毕竟以后还要在公司继续工作，就同意接受警告处分，C 做了签字确认。可是不久后 C 又被抓到私自上网，公司表示要其自动辞职。C 很委屈，有些网页她其实根本没上过，可是公司给出的访问网页记录里什么时间上什么网页都很清楚，C 自己也没有证据可以反驳。C 被迫辞职。

资料来源：苗其巍．"绵里藏针"看软裁员 [OL]．http://www.ceconlinebbs.com/FORUM_BESTCOM_900001_900004_916796_0.HTM, 2009-08-03.

5.2.3 其他问题

雇用关系中容易出现的伦理问题除了上述较为突出的几点之外，还有许多其他方面的问题如下。

1. 劳动争议处理问题

在 2008 年 5 月 1 日《劳动争议调解仲裁法》施行后不久，受国际金融危机影响，我国经济增长放缓，企业经营出现困难，劳动关系矛盾频发，劳动争议持续增长，职工权益受侵犯问题突出，现行劳动争议处理体制、机制遇到了严峻挑战。具体表现在以下方面。

（1）仲裁后置，途径单一。一些仲裁案件积压甚至排期数月不得处理，当事人权益难维护，办案质量难保障。

（2）裁审关系，衔接不畅。"一裁终局"，冲突不断。裁审劳动争议案适用普通民诉程序，周期长等问题难解决。

（3）三方机制，作用局限。重大劳动争议问题难以有效共商决策，及时研究解决。

（4）劳动监察，执法乏力。一些因违法侵权引发的劳动争议得不到有效遏制，职工合法权益难保障。

2. 劳务派遣问题

在二元用工制度下，劳务派遣工由于身份特殊，经常会遭到用工单位甚至社会的歧视或不公平对待，主要体现在如下方面。

（1）薪酬福利方面。劳务派遣工的薪酬待遇与正式职工相差达几倍，企业可以不为他们支付住房公积金，不提取工会费，各种社会保险也可通过劳务派遣公司按灵活就业人员的最低标准缴纳，正式职工享受的企业年金和各种福利更是无从谈起。

（2）职业发展方面。用工单位很少能为劳务派遣工提供培训的机会和职业发展通道，劳务派遣工几乎没有转为正式职工的机会，晋升机会也极其渺茫。

（3）民主权利方面。劳务派遣工的弱势地位使其基本丧失了参与民主管理的权利，包括对用工单位经营管理重大事项的知情建议权、执行劳动法规的检查监督权以及对涉及自身权益的协商共决权。

3. 机器替代人工问题

早在 1978 年，日本就发生了世界上第一起机器人杀人事件。日本广岛一家工厂的切割机器人在切钢板时突然发生异常，将一名值班工人当成钢板一样操作从而致人非命。另外，1985 年苏联国际象棋冠军古德柯夫在同机器人棋手下棋获得 3 局连胜后，机器人突然向金属棋盘释放强大的电流，将这位国际大师杀死。2005 年，"欧洲机器人研究网络"专门资助研究人员进行机器人伦理学研究，希望能为机器人伦理研究设计路线图。此后，机器人伦理研究得到越来越多西方学者的关注。但是，面对机器人技术的突飞猛进，相关的伦理道德标准却显得很苍白。

4. 实习生问题

企业招聘实习生时只需支付一定数额的底薪，而不发奖金和加班费；不用与实习生签订劳动合同，无须为其缴纳"五险一金"，辞退他们也不需要支付经济补偿；当实习生遭遇"被加班"、工伤等问题时，法律也"鞭长莫及"。[1]因此，有些企业存在着滥用实习生的情况，如，广州一家世界500强企业的子公司，使用实习生多达1 200多名，人数竟超过了正式员工，每月高负荷加班上百个小时。据了解，不少技校、职校与企业进行"工学联合"，大量滥用实习生。

5. 职场"天花板"问题

职场"天花板"是指在职场中，达到一定级别后，即使你再有能力，晋升的空间也很小。如针对干部成长中的"天花板"现象，《人民论坛》杂志社联合多家网络媒体和研究机构进行了广泛调查，受调查人数总计8 311人。40岁以后，即孔夫子所说的"不惑之年"，世界卫生组织则把45~59岁的年龄段界定为中年。在这一年龄段的人，正处于人生的黄金阶段，既有丰富的经验，又年富力强。遭遇"天花板"的干部在"45~55岁"阶段却最多。

6. 竞业禁止问题

竞业禁止（non-compete）实质是禁止职工在本单位任职期间和离职后与本单位业务竞争，特别是要禁止职工离职后从事或创建与原单位业务范围相同的事业。一旦员工签订了竞业禁止合同，万一和雇主不愉快而辞职，那么他只能有两种选择：一是去其他行业就业，二是在合同有效期内放弃就业。这对他们来说是很不公平的，即使是有经济补偿也是不够的。而且雇员在行业中积累的资源如不加以利用则是巨大的浪费。

7. 临时工问题

一些用人单位之所以对雇用"临时工"乐此不疲，人手不够、经费不足只是一个表面原因。更主要的原因是，用临时工成本低，支付的福利有限。用得顺，可以使本单位的工作人员轻松省事很多；用得不顺，可以一踢了之；出了问题，还可以用来"顶缸"。这种从一开始就将临时工视为"乖乖羊""替罪羊"的聘人方式本身就与《中华人民共和国劳动法》（以下简称《劳动法》）等法律法规相违背。

5.3 工作场所中的伦理问题

工作场所中的伦理问题主要体现在以下几个方面。

5.3.1 员工隐私问题

在工作场所中，一方面雇员拥有隐私权，另一方面，雇员还要接受雇主监督。企业在监督雇员的同时也容易出现一些伦理方面的问题，下面就列举实践中人们最关心的四个方面的隐私问题。[2]

---

[1] 惠铭生. 滥用"实习生"背后藏着啥秘密 [N]. 华商晨报，2011-02-15.
[2] 刘可风，龚天平，冯德雄. 企业伦理学 [M]. 武汉：武汉理工大学出版社，2011: 122-126.

1. 电子监控

虽然雇主对雇员进行与工作有关的监控在很多时候是合法的也是必需的，但在工作场所进行**电子监控**（electronic monitoring），雇员的隐私权势必在一定程度上受到侵害。通常，工作场所的电子监控有以下几种形式。[1]

（1）电子邮件与语音邮件。如果一套电子邮件系统被公司应用，雇主拥有系统并有权查阅其中的内容。公司内部，以及由计算机终端发往其他公司或从外部接收的电子函件都在雇主的监控范围内。语音邮件系统也是同样。虽然公司电子邮件系统有私人信件的选项，但在大多数情况下，它并不确保信件的隐秘性。除非雇主发表书面的声明告知雇员标有私人信件的信息具有机密性。

（2）计算机监控。计算机监控有以下几种形式：第一，雇主应用网络管理程序监视并储存雇员计算机终端屏幕或硬盘上的信息；第二，有些程序软件可使计算机网络系统管理员调阅用户子目录中的文档。有些则在指定时间段里，拍下电脑显示屏上的快照；第三，一些新的搜索密探程序，可以过滤电子邮件，阻止与工作无关的即时信息进入办公电脑，雇员试图访问的所有网站，都可能被拦截并记录在案。

（3）电话监控。电话监控内容包括检查时间、目的地、通话时间等。有些雇主希望通过电话监控减少乱打个人长途电话以及其他收费昂贵的电话的现象。还有些雇主甚至旁听员工之间或员工与外界联系的电话。

2. 雇主对雇员个人信息的收集与利用

一些企业在收集和利用雇员的个人信息时，并不是仅仅只收集那些绝对必要的雇员信息，也没有以适当的方式加以利用，而是滥用。把雇员的信息作为一种商品去交换、出售或在市场上公开，即未经雇员同意或授权，把雇员信息公开给第三方。关于雇员无法接触公司的人事档案或其他记录中他们信息的问题，雇员无法知道他们的信息正在被存储，而且他们没有机会去修改或改正不准确的信息。

3. 测谎器和心理测试

测谎器的理论依据是，说谎会引起紧张，人的血压、呼吸和汗水均会发生变化，检查者或者仪器操纵者可以通过观察这些生理变化，并根据测试对象对特定问题的回答来推断测试对象的答案是否有欺骗。一些企业喜欢采用此类测试来防止和检测工作场所的犯罪行为，但是测谎器和心理测试是有缺陷的，这些测试在某种程度上是可以被操作者操控和影响的；测试可能还包括不相关的问题（如属于性别、生活类型、信仰和个人私生活习惯等），这就侵犯了个人隐私。

5.3.2　工作参与问题

企业在管理中无视员工的主体地位，对员工的管理以命令指挥控制为主，员工只是被动地服从，而不重视员工的参与，主要表现在三个方面。[2]

---

[1] 周祖城. 企业伦理学 [M]. 北京：清华大学出版社，2005: 150-152.

[2] 杜士权. 我国企业人力资源管理中的伦理问题研究 [D]. 曲阜：曲阜师范大学，2007.

1. 管理信息不公开

管理信息不公开，员工知情权得不到保障。有些企业并不公开一些必要的管理信息，甚至是有关员工切身利益的信息，员工也不能及时获知。对一些必要信息的知情权是员工民主参与的前提。员工只有了解这个企业，才能去关心这个企业，做出正确的建议。

2. 员工的监督建议权得不到应有的保障

有些企业管理者不重视听取员工的意见，不自觉接受员工的监督，有的领导者高高在上，目中无人，看不到员工的智慧，认识不到员工的作用。员工对于企业的生产经营活动、奖惩考核政策的制定，对企业发展策略的贯彻执行，对企业的发展方向、发展中存在的问题等都没有发言权。

3. 员工参与民主决策权被漠视

我国一些企业中经营管理者的各种违规操作，以及企业决策不当导致企业衰败等情况暴露出一些企业的领导决策专权独断，不民主。有些企业的职工代表大会不被重视，根本起不到保障员工参与企业民主决策的作用。员工不能有效地参与企业的重大决策，甚至一些事关自己切身利益的事情，也不能有效地参与。

5.3.3 工作健康问题

目前，我国工作场所中的健康问题主要体现在某些工作的物理环境恶劣，工作时间过长，压力过大等方面。

有些企业的工作环境差，严重影响了员工的身心健康。具体体现在：有些企业的作业现场，噪声超过了有关职业病防治法规中规定的85分贝的界限，使工人们长期受到噪声的刺激发生听觉病变；有些企业的生产环境中，照明光线过强，会使人头晕目眩，精神烦乱，而光线太弱，会降低视力，使人视觉神经疲劳，导致头脑反应迟钝；有些企业的工作环境中空气污染严重，如生产性粉尘、有毒气体等造成呼吸道疾病，严重影响员工身体健康；有些企业的工作环境中空气湿度过大，容易使人产生胸闷或窒息感，且过高的湿度会减小人的电阻率，增大触电的可能性，对安全生产极为不利；有些企业的作业现场杂乱无章会直接通过视觉神经刺激神经中枢，使人的思维受到干扰，操作中会常常出现意外。

目前，中国已成为全球工作时间较长的国家之一，人均劳动时间已超过日本和韩国。有些企业随意延长劳动时间，提高劳动强度，随意加班加点，对员工采取"杀鸡取卵"的态度，对企业人力资源进行掠夺式的开发，员工长时间超负荷工作，承受巨大的**工作压力**（working pressure），严重损害了员工的身心健康，有些员工甚至过度劳累而死，引发了人道主义悲剧。例如2006年5月28日晚，某企业的员工在广州中山医科大学第三附属医院病逝，年仅25岁，死因是工作任务紧迫，持续加班近1个月，导致过度劳累，全身多个器官衰竭而死。

5.3.4 骚扰问题

工作场所中的骚扰问题主要有**性骚扰**（sexual harassment）和精神骚扰两种形式。

1975年，美国联邦法院第一次把性骚扰定义为"被迫和不受欢迎的与性有关的行为"，并将其作为一种性歧视而加以禁止。中国企业联合会雇主工作部法务主管赵国伟指出，工作场所性骚扰主要包括两种类型，即"交易性"骚扰和"制造敌意工作环境"骚扰。"交易性"骚扰指在企业身居高位者以给予或保持某种工作中的好处，向员工提出性要求。"制造敌意工作环境"骚扰指不受欢迎的性攻击、性要求，或其他带有性色彩的语言或身体行为。其后果是形成不利于工作的，甚至是有害的工作环境。㊀

企业人力资源管理中还存在其他类型的骚扰，如精神骚扰。精神骚扰主要表现为横加干涉私人生活，指责他人说话习惯、口音或者穿衣打扮风格或者过度关心别人业余生活等，有些雇员将自身的观点、信仰等强加给别人，这些骚扰对雇员的影响主要体现在工作情绪、态度以及精神状态上，由于其发生的形式比较隐蔽，目前还没受到广泛的重视。

5.4 奖惩体系中的伦理问题

奖惩体系中的伦理问题主要包括薪酬设置不合理以及制度引发的利益冲突两个方面。

5.4.1 薪酬设置问题

首先，对于高管薪酬问题，在美国，20世纪70年代，102家大公司负责人的平均收入是普通全职工人工资的40倍，但在21世纪初，CEO的年薪超过900万美元，是普通工人工资的367倍。大公司中位列CEO之下的两位最高管理者，在20世纪70年代的工资是普通工人的31倍，而在21世纪初则为169倍。2005年，收入最高的1%人群和10%人群的收入占总收入的比例（分别为17.4%和44.3%）与20世纪20年代平均值（分别为17.3%和43.6%）相当。㊁

《中国证券报》信息数据中心的统计显示，2006年我国1 254家上市公司高管个人平均年薪为16.28万元，其中国内8家A股上市银行高管年薪均在百万元以上。除了固定的薪金，上市公司高管得到的股权激励更加可观。

企业高管薪酬的额度成为大家关注的问题。对最低工资，相对容易达成共识，但是否要规定工资上限，或最低工资与最高工资之间的最大合理比率是多少，则不是容易回答的。公司面临的经营情况瞬息万变，具有杰出经营管理能力的高管无疑是稀缺资源。然而，高管薪酬涉及面广，影响因素多，不能仅仅考虑吸引、激励高管而忽视其他因素。

其次，对于同工同酬问题，根据劳办发（1994）289号《关于劳动法若干条文的说明》的解释，同工同酬是指用人单位对于从事相同工作、付出等量劳动且取得相同劳动业绩的劳动者，支付同等的劳动报酬。

从目前来看，同工不同酬的现象普遍存在，主要表现为正式工与临时工、合同工与劳务工、实习生（即以实习为名大量招聘学生工）、新老职工之间等。例如，某市烟草公司共1 000多人，只有30%是正式工。正式工月工资3 000～4 000元，年终绩效奖1万多元。聘用工月工资1 000多元，年终绩效奖只有正式工的1/10。在广东省某市供电局有两兄弟，哥哥是正式员工，月薪上万元，弟弟是外聘工，一个月只有1 000元。两个人的工作场合、

㊀ 陈丽萍. 劳动法应管管性骚扰 [N]. 法制日报，2005-06-05.
㊁ 保罗·克鲁格曼. 美国怎么了：一个自由主义者的良知 [M]. 刘波，译. 北京：中信出版社，2008.

内容相同，收入却相差 10 倍。○

5.4.2 利益冲突问题

利益冲突是指个人由于受到非其所应有的其他利益的驱使，而使其客观性被削弱。这里"非其所应有的其他利益"，主要包括建立在父子（女）、母子（女）和夫妻等亲属关系、社会中重要私人关系基础上的关联利益，或者对公司利益构成潜在损害的商业贿赂、回扣等。

首先，外部利益冲突是指企业雇员与和本公司有业务竞争关系或有其他各种业务往来的任何组织（包括个人）中的雇员存在亲属关系或其他特殊利害关系，这些关系可能在该员工履行本公司职责时影响其对问题的判断或决定，进而导致实际的或潜在的利益冲突的发生。例如，采购代理商为了公司的利益进行决策，采购的商品或服务的价格应该经过还价，应不高于公允价格。有时供应商会给采购代理人提供回扣，以满足其个人利益，从而使其愿意接受更高的购货价格。如果回扣被接受，并且起作用，那么采购代理人正将他和供应商的利益置于其雇主利益之上。

其次，内部利益冲突是指两名或两名以上雇员在公司内部处于相互检查或制约的岗位，包括相互汇报的岗位上存在亲属或其他特殊利害关系，而这些关系可能在雇员履行职责时影响其对事件判断的公正性、客观性，进而导致实际的或潜在的利益冲突发生。如收款业务和销售业务、采购业务和付款业务、收款和记账、收发货物和计算机记账等。

5.5 特殊员工群体保护中的伦理问题

这里的**特殊员工群体**（special staffs）主要指的是未成年工、妇女和农民工等这些在年龄、身体、智力或能力方面存在劣势的群体。

5.5.1 未成年工／童工保护中的伦理问题

未成年工与童工不同，童工是指未满 16 周岁，从事有经济收入的劳动或从事个体劳动的未成年人。我国《劳动法》第 15 条规定："禁止用人单位招用未满 16 周岁的未成年人。"《劳动法》第 58 条第二款规定："未成年工是指年满 16 周岁未满 18 周岁的劳动者。"其法律含义是年满 16 周岁，未满 18 周岁的劳动者，是允许被录用的劳动主体。企业在聘用未成年工／童工时，普遍存在的伦理问题如下。

1. 工作环境恶劣

大多数使用未成年工／童工的企业，其经营模式下的工作和生活环境都十分恶劣，脏乱差、维持正常生活的基本设施不完备，2007 年 6 月"山西黑煤窑案"正是童工恶劣生存环境的真实写照，严重侵犯了他们的合法权益。

2. 工作时间超负荷

在大多数使用未成年工／童工的企业中，他们的工作时间都在 12 小时以上，尤其是一些

○ 黄冲，王超．体制外员工：同工不同酬是就业歧视 [N]．中国青年报，2007-08-07．

雇用童工的雇主为了逃避检查经常昼息夜作，未成年工/童工正处于生长发育期，长此以往会对他们的身体健康造成严重影响。

3. 身心健康面临挑战

在经济差距的冲击下，许多进城务工的未成年工/童工接受不了农村与城市生活环境的极大反差，往往会使他们的认知呈现混乱状态，或因巨大的境遇差异而形成强烈的自卑感，使孩子无法认同所处的处境，进而产生心理障碍。

4. 福利保障匮乏

多数雇用未成年工/童工的企业设备落后、生产规模较小，它们大多管理漏洞大、规范不严。受雇于这类企业的未成年工/童工往往得不到最基本的劳动保障和权益，甚至出现伤亡事故后也草草了事。

5. 易成为加害利用对象

未成年工/童工相较于成人有其固有的脆弱性，他们维权意识差，辨别是非能力弱并缺乏自我保护能力，他们往往会成为不法分子利用和加害的对象。据报道，很多童工的年龄都小于10岁，他们过着暗无天日的生活，从事繁重的劳动，经常要忍受雇主的暴力侵犯。

5.5.2 女职工保护中的伦理问题

企业在招聘或雇用女职工时，有如下伦理问题。

1. 性骚扰

前文已经详细阐述，这里不再赘述。

2. 安排从事法律法规禁忌作业

有些用人单位安排女职工从事法律法规禁忌的作业，如安排女员工从事矿山井下作业、森林伐木作业、流放作业以及国家规定的第四级体力劳动强度的劳动；建筑业脚手架的组装和拆除作业；电力、电信行业的高处架线作业；连续负重，每次负重超过20千克，间断负重每次超过25千克的作业等。

3. 特殊时期的保护缺失

有些企业在女员工月经期间安排重体力劳动，安排高温、低温或野外作业等；有的以生育为由辞退女职工或单方面解除劳动合同；有的安排已婚怀孕女职工从事铅、汞等作业场所的作业；有的甚至安排哺乳期的女员工从事有毒环境的工作，延长其工作时间，安排夜班工作等；还有的安排更年期的女职工从事劳动量大、细致的工作等。

专栏 5-3　　　　　　　　女员工的"五期保护"

相关法律对女员工在"五期"的工作安排和劳动保护做了详细规定。女员工的"五期保护"是针对女性的生理特征实施的，主要有以下内容。

（1）月经期保护。企业在女员工月经期间禁止安排重体力劳动，禁止安排5米以上的高处作业，禁止从事高温、低温作业以及野外作业。

（2）怀孕期保护。女员工在怀孕期间，企业要提供相关的卫生检查，建立休息室，禁止安排国家相关文件规定的各种有毒、重体力、高空作业等方面的工作。预产期还应安排孕妇休息，在怀孕期间不得降低基本工资。

（3）生育期保护。企业在女员工产后应进行访视并提供产后指导。女员工在产后享受不少于90天的产假，难产的要增加15天产假，对多胞胎情况，每增加一个婴儿应增加15天产假，产假后1~2周内的工作量应少于原工作量，以便员工可以逐渐恢复。

（4）哺乳期保护。企业要为女员工提供12个月的哺乳期工作保护。哺乳期的女员工不能从事有毒环境的工作。企业也不能延长其工作时间，并且不能安排夜班工作。有5个以上女员工哺乳婴儿的企业，应为哺乳期的女员工建立哺乳室。

（5）更年期保护。所谓女性的更年期是指妇女月经将断未绝，向老年期过渡的生理过程。进入更年期的妇女经常在情绪、精神状态、身体状况等多方面表现与正常状态有非常大的差异，如容易生气、精神不能集中等。此时，她们已经不适宜从事许多劳动量大、细致的工作，企业应安排她们从事适宜的工作。

该专栏根据相关资料整理而得。

5.5.3　农民工保护中的伦理问题

农民工已成为一个数量巨大、结构复杂，且在不断扩张的新生群体，日益成为我国经济建设的生力军。但实际上，农民工的合法权益受侵害的现象普遍存在，主要表现在以下几个方面。

1. 就业权受到限制和歧视

农民工作为劳动者的一部分在城市的就业权利却受到种种限制与歧视。如有的地方为提高当地城镇居民的就业率，出台政策限制农民工在城市中就业。由于农民工在城市打工遭遇就业歧视，加上农民工自身素质普遍较低，使农民工被排斥到所谓的"次属劳动力市场"上，从事着工资低、体力型、危险性高、劳动环境恶劣等城市本地人不愿意干的工作。

2. 劳动报酬权受到侵害

近几年来，农民工的工资虽然提高较快，但与从事同样工作的城镇职工工资水平相比，仅为城镇职工平均工资的30%，○许多地方的农民工甚至连最低工资也拿不到；非公有制企业、中小企业还存在严重拖欠农民工工资的问题。中国劳动学会副会长苏海南指出，2009~2010年人社部门和城建部门、公安部门在全国范围组织专项检查，发现被拖欠工资的农民工人数有278.58万，2011年为129.2万。○

3. 休息休假权没有保障

一些企业为了单方面追求利润，不顾《劳动法》关于工作时间的规定，常常要求农民工

○ 农民工月均工资破2000，仅为城镇职工平均工资30%[OL].http://finance.ce.cn/rolling/201203/02/t20120302_16836059.shtml，2012-03-02.

○ 苏海南. 农民工权益保障工作取得新进展[N]. 中国社会科学报，2012-02-13.

加班加点，甚至在国家法定节假日也难以得到休息。如《2011年我国农民工调查监测报告》显示，2011年外出农民工平均在外从业时间是9.8个月，平均每个月工作25.4天，每天工作8.8小时。每周工作超过5天的占83.5%，每天工作超过8小时的占42.4%。与2010年相比，尽管外出农民工劳动时间偏长的情况略有改善，但是每周工作时间超过《劳动法》规定的44小时的农民工仍高达84.5%。⊖

4. 劳动安全卫生权被漠视

由于农民工从事的工作大多集中在危险性较高的建筑、矿山等行业，或者职业病危害严重的电子、化工企业，一些企业安全设施差，安全意识弱，工伤事故频频发生。以煤炭行业为例，根据国家安监局的统计数字，2011年全国发生煤矿矿难1 201起，全年实际死亡人数1 973人。煤炭百万吨死亡率从2002年的4.97降到2011年的0.56，虽然2012年的前10个月这个比率进一步降到0.35，但是相对于美国这一数字仍高出了10倍。⊖

5. 职业培训权难以得到保障

农民工本身文化素质较低，以初中文化的青壮年为主。地方政府一般会为城镇居民提供职业培训优惠政策，以提高他们的职业技能，但农民工享受不到这些优惠政策。并且农民工流动性强，与企业的关系不稳定，劳动合同短期化现象严重，这在一定程度上也影响了企业对农民工进行职业培训的积极性。另外，一些企业从节约成本的角度考虑，也不愿为农民工提供职业培训。

6. 福利权利缺失

有些用工单位不为农民工买社会保险，或只给少部分农民工投保，或是避重就轻只买一种保险；还有一些用人单位未与农民工签订劳动合同，或是一些从事危险行业的用工单位与农民工签订"事故责任自负"的"生死合同"，造成农民工维权困难。近年来，外出农民工参加社会保险的水平有所提高，但总体来说，农民工参保的比例还不高，他们在遇到问题时，大多都享受不到城镇居民所享有的住房、医疗、养老等社会保障和福利待遇。

5.6 员工对企业的伦理责任

企业要想成为百年基业，责任必须贯穿始终。在强调企业对员工履行责任的同时，也必须重视**员工对企业的伦理责任**（employees' ethical responsibilities to enterprises），主要包括以下几个方面。

5.6.1 履行职责

员工在企业中所从事的工作，一般由岗位责任说明书进行确定，但更为重要的是，员工应该勤奋工作、正视困难、对结果负责、勇于执行。

1. 员工在工作中应该强调执行

强调执行是指无论一个员工因何原因而面临怎样的工作形势，都要对自己的工作结果及

⊖ 国家统计局. 2011年我国农民工调查监测报告 [OL]. http://www.stats.gov.cn/tjfx/fxbg/20120427_402801903.htm，2012-04-27.

⊖ 2012年中国矿难回顾 [OL]. http://www.sxcoal.com/coal/2950806/articlenew.html，2012-12-06.

其实现途径完全负责。如美国联邦快递的驾驶员史蒂芬在送货途中发现货车过热,他通过不断给散热器加水来完成运输任务。回到运输站,再次装上货物继续送货,然而这辆车也在中途抛锚了,于是他借了一辆自行车,在炎热的天气里,踏着自行车,在陡峭的山丘上共行进了10千米,最终完成了自己所负责的货物。在休息的间隙,他又徒步步行2.2千米去装运另一批货物。

2. 员工在工作中应该努力追求水平线上的表现

在工作中,员工必须运用自己的智慧,不断追寻"我怎么做才能更好""我还可以做些什么"。要知道,困难问题的解决方案不会自动现身,员工必须努力寻找,但千万不要在水平线下沉沦,浪费时间,这会使员工的感觉迟钝,丧失发掘创新解决方案的想象力。实现水平线以上的表现是一个持续进行的过程,预期的道路也充满荆棘,即使最具责任感的人,也可能被打回水平线以下。

3. 员工必须敢于对工作结果负责

一些员工在身处顺境时,向企业邀功请赏;但在遇到困难时,就寻找借口,推卸责任或不愿意承担责任。实际上,"每个硬币都有两面",员工必须全面地看待问题,培养自己的主人翁精神。

5.6.2 对企业忠诚

我们认为真正的员工忠诚是建立在企业与员工之间相互尊重、相互信任,视彼此为合作伙伴的关系之上的。从员工的角度来讲,主要表现在以下四个方面。

1. 参与企业的管理

工作中积极思考,总在努力做好现在工作的基础上,不畏强权与现有格局,试着改善工作流程与工作方法,并对公司的发展有着良好,甚至是独特的见解。积极为公司未来的发展进言献策,主动承担公司的各项工作,并勇于对工作的结果、效果负责任。

2. 努力改善公司的品质

自觉自发地做好产品品质与服务品质,在本职工作上不敷衍了事,以高标准要求自己,力争完美;同时,积极帮助身边的其他同事。注重自身高尚素质的修养,努力用自己良好的思想、行为、形象来影响身边的同事,增强企业的凝聚力。

3. 维护公司制度并主动执行

对公司的各项制度自觉遵守并协助公司相关领导执行。积极为公司制度的完善提出善意的建议,维护公司制度的权威性,不钻制度的漏洞,勇敢地与违反制度的人员做斗争,说服、教导犯错误的同事。

4. 对外树立公司形象与品牌

关心企业的外部形象,不盗用公司名义做不良的事情,对外不恶意散布公司内部发生的事故,主动与有损公司形象的行为做斗争。注重个人的社会行为,不给公司抹黑,对外树立良好的公司品牌形象。

> **专栏 5-4　　　　　员工忠诚的三大误区**
>
> **误区一：行为服从 = 员工忠诚**
>
> 老板通常习惯地认为听话的员工才是忠诚的员工。因为"听话"，他们的行为极其符合领导和上司的意愿，正所谓"唯马首是瞻"。因此，行为服从容易成为员工"忠诚"的代名词。然而，有时候行为服从反映的恰恰是员工对企业的漠不关心。不论领导说什么，不论对错，都不顾实际情况坚决执行，其必然导致决策浪漫化、主观化等问题的出现。
>
> **误区二：思维趋同 = 员工忠诚**
>
> 企业要发展，必须重视员工差异的价值，员工的"忠诚"绝不能建立在"思维趋同"的基础之上，当企业中聚集了大批思维相似的员工，必然会导致企业发展中遭遇"盲点"。盛田昭夫在任索尼公司副总裁时，田岛道治为董事长，两人常有不同意见。对此，盛田昭夫坦诚表态："如果你发现我们在一切问题上的意见均一致，那么这家公司确实没有必要给我们两个人发薪水。"
>
> **误区三：从一而终 = 员工忠诚**
>
> 企业与员工之间是一种双向选择的关系，企业有用人的权利，员工也有选择雇主的权利。员工只要遵守企业劳动合同中的各种承诺和约束，在合同有效期内为企业服务，并做出自己的贡献，而不必强求从一而终，因为企业的经营策略及对岗位人才的需求都是随着环境而变化的，这些是员工无法影响和改变的。一旦曾经为之奋斗的原则不存在了，那么适当的人员流动无疑对劳资双方都有利。
>
> 资料来源：赵斌.企业伦理与社会责任[M].北京：机械工业出版社，2011.

5.6.3　以企业整体利益为重

在企业里，个人利益与整体利益发生冲突是经常遇到的情况。企业员工应当以企业整体利益为重，当个人利益与集体利益发生矛盾的时候，企业员工要做到个人利益服从整体利益，这也是企业员工的基本的个体道德。以企业整体利益为重，首先，企业员工要有正确的集体观，个人与集体是不能分割的关系，是紧密联系在一起的。没有了集体，个人就没有了庇护和保障；集体发展好了，个人利益才能有保障。其次，企业员工要有顾全大局和"舍小家保大家"的个体道德情操。

2008年在国内发生的一连串飞机返航事件让很多消费者的心灵都蒙上了层层阴影，尤其是东航返航事件。原本是东方航空公司与飞行员等员工之间的矛盾，而机上的机组人员却将乘客当作与公司进行谈判以解决待遇问题的筹码，殃及飞机上无辜的乘客。人们不禁感叹，这些员工不顾大局、不识大体、不顾及乘客的切身利益，给东方航空公司甚至我国整个航空事业带来严重的影响。

5.7　治理对策：构建和谐劳动关系

从上述分析中可以发现，我国的员工管理中，存在着一些伦理问题。因此，采取必要的措施来预防和规避这些非伦理行为显得格外重要。

5.7.1 雇员的法定权利

雇员的法定权利是雇员在雇用法律关系中的基本权利。这些权利主要来源于《中华人民共和国宪法》（以下简称中国《宪法》）、《劳动法》和《劳动合同法》等法律，主要包括以下几方面。

劳动权。有劳动能力的公民以获取劳动报酬为目的，依法享有的平等就业和选择职业的权利。

平等就业和选择职业的权利。劳动者根据自己的意愿选择适合自己能力和爱好的职业，劳动者就业，不因民族、种族、性别、宗教信仰不同而受歧视，妇女享有与男子平等就业的权利。

劳动报酬权。劳动者基于劳动关系，通过提供一定劳动或服务而获得相应的回报或收入，用人单位应当按照劳动合同约定和国家规定，向劳动者及时足额支付劳动报酬。

休息权。劳动者在劳动中经过一定的体力和脑力的消耗后，依法享有的恢复体力、脑力以及用于娱乐和自己支配的必要时间的权利。用人单位应当保证劳动者每周至少休息一日，在元旦、春节、国际劳动节、国庆节及法律与法规规定的其他休假节日期间应当依法安排劳动者休假。

劳动保护权。劳动者在劳动过程中享有要求用人单位对其生命安全和身体健康保护的权利，概括起来，现阶段中国劳动者享有的劳动保护权主要包括：安全卫生环境条件获得权，取得劳动保护用品的权利，获得法律规定的休息时间的权利，定期健康检查权，依法获得特殊保护的权利，防止工伤事故和职业病的权利，拒绝权等。

职业培训权。中国《宪法》规定：公民有受教育的权利和义务，《劳动法》中规定：国家通过各种途径，采取各种措施，发展职业培训事业，开发劳动者的职业技能，提高劳动者素质，增强劳动者的就业能力和工作能力。

社会保险和福利权。社会保险权是劳动者因暂时或永久丧失劳动能力时，依法享有的物质帮助权。社会福利权是指劳动者依据国家制定的社会福利制度所享有的权利。

协商权和要求劳动仲裁权。协商权是指员工有要求与用人单位就涉及其切身利益的相关规章制度或者重大事项的制定或实施进行协商确定和修正完善的权利。劳动仲裁权是指当员工权利与用人单位的要求出现利益冲突时，且不能就谁的利益受到严重侵犯的问题达成一致时，员工有要求采取第三方协商、仲裁与和解的方式来调解冲突的权利。

5.7.2 伦理问题产生的原因

我国企业员工管理中的伦理问题是多种因素综合作用造成的。外部约束乏力，缺少必要的他律。企业内部管理制度不够科学完善，企业管理人员法制观念和伦理观念不高，缺乏自律的动力等，具体来说，有以下几个方面的原因。

1. 管理者和员工的法制观念不强和伦理素质不高

对于企业管理者来说，一些企业的管理者，特别是一些中小民营企业的管理者，不学法，不知法，不懂法，或是对法律一知半解，所以在企业的员工管理中做不到依法管理和自觉守法。此外，企业管理者的伦理素质不高，缺乏仁爱、公平、诚信等美德，认识不到企业伦理在管理当中应有的地位和作用。

对于企业员工来说，一些员工的法律意识和法制观念淡漠，对自己应享有的权益认识不到位，缺乏运用法律武器来保护自己的意识；有些员工敬业精神不够，抱着打工的心理，一有好的工作机会马上跳槽，或是在工作上不主动参与，认为管理只是管理者的事，自己只是消极地服从执行。

2. 企业自身价值观和管理方式不当

由于外部强大的竞争压力和内部对物质利益的强烈渴求，有些企业为了自己的生存和发展，一味地追求利益最大化，强调高效率低成本，把员工看作是实现企业目标的工具，为达到目的不择手段，侵犯员工的基本权利。企业与员工之间从根本上来讲是一种权利和义务的关系，员工在企业中尽了劳动的义务，就应获得相应的权利，企业享有对员工的管理权，劳动成果的支配权，同时也必须尽到对员工的责任。

受传统的人事管理模式的影响，有些企业仍然以"物和事"为中心进行管理，让人去适应事，而不是以"人"为中心进行管理，促进人与工作更好的匹配。管理中用管物的方法管人，一味强调集权和领导权威，轻视员工的民主权利，要求个人服从组织需要，服从企业的利益，很少或基本不考虑员工个人的兴趣、需要及未来发展。

3. 外界环境对企业的引导、约束乏力

我国的法律、法规，特别是劳动法律、法规在有些地方已落后于社会形势的发展，有的地方还有待完善，定性易，执行难。再加上我国的一些地方政府过分强调招商引资，加大对企业的优惠保护，却不重视维护劳动者的合法权益，在劳资纠纷上站在企业一方，对于企业在管理中违反法律和伦理、侵犯员工合法权益的一些行为，有时违法不究，执法不严，纵容了企业侵犯劳动者权利的行为。

社会媒体和社会舆论对企业承担社会责任起着重要的教育引导和推动作用，起着重要的监督作用。但由于受地方保护主义等的影响，我国的传媒对企业的伦理问题并不能做出及时、客观的报道，社会舆论不能给企业以足够的压力，不能对企业进行有效的监督。

5.7.3 治理对策

要从根本上解决企业员工管理中的伦理问题，具体应从以下几个方面努力。

1. 提高企业管理人员和员工的法律素质及伦理素质

企业的管理者要学法、知法、懂法，自觉遵守法律，管理中以理服人，尊重他人的法律权利；要有仁爱之德，能善待员工，关爱员工；要公道正直、赏罚分明；要以诚待人、言行一致。企业员工也要有法律意识、权利意识、民主参与意识等，努力提高自己的维权观念。要热爱自己的职业，关心企业的发展，自觉维护企业的利益和形象，积极为企业的发展建言献策。要尊重领导、服从管理、团结同事，自觉遵守企业的劳动纪律和企业的规章制度。要树立竞争意识、危机意识、大局意识，有爱国爱企的品质。

2. 对企业的员工管理实施伦理管理

首先，企业员工管理的各项规章制度：招聘、晋升、辞退、绩效考核、休息休假、薪资、工伤补助等都要合乎伦理，都应能够充分反映员工的真实利益和要求。其次，企业的管理过程要合乎伦理的要求。在选人、用人上，要坚持公正原则和德才兼备的原则，知人善任，用人之长，人尽其才；在育人上，企业要着眼于未来，不断地对员工进行教育、培训、挂职锻炼，使员工的知识技能、业务素质和思想品德不断提高；在留人上，企业要采取合理的措施留住对企业有价值的员工，包括以真情留人、以优厚的待遇留人、以共同的事业留人等。

3. 建设以人为本的企业文化

首先，企业应建立"尊重人""为了人""依靠人""发展人""实现人"的以人为本的企业价值观，统一员工的意志，集聚全体人员的智慧和力量，同心同德，共同奋斗。其次，企业应营造"人人受重视，个个被尊重"的文化氛围，消除强制、欺诈、歧视和管理者与员工的距离感，建立和谐的人际关系。再次，企业必须把制度管理和富含人性的柔性管理相结合，刚柔相济，有效地克服伦理问题。最后，企业还应创设努力学习和互相合作的文化氛围。一方面企业倡导管理者与员工不断学习，提升他们的科学文化素质。另一方面，要倡导团队精神，提倡真诚合作，使企业管理者与员工之间、员工和员工之间形成和谐的人际关系。

4. 优化企业人力资源管理的社会环境

首先，国家要建立公平的法律法规，依法规范企业的非法行为，创造一个良好的法律秩序。其次，国家还应净化社会风气，加强舆论监督。一方面，通过一系列的文化活动、宣传教育活动等来进行社会主义道德建设，提高国民的道德素质。另一方面，国家要在全社会宣扬和落实以人为本的科学发展观，把我国的经济发展由原来的粗放经营转向集约经营，把经济的发展转移到依靠科技进步和提高劳动者的素质上来，引导企业实行以人为本的管理，合理利用人力资源。再有，新闻媒体也要大力宣扬和谐社会理论，关注劳工权益，倡导建立和谐企业，维护社会公平正义，宣扬建立良好的社会价值观。

本章小节

1. 人力资源管理是指企业运用现代管理方法，对人力资源的获取（选人）、开发（育人）、保持（留人）和利用（用人）等方面进行的计划、组织、指挥、控制和协调等一系列管理活动，最终达到实现企业目标的一种管理行为。
2. 员工管理中常见的伦理问题主要存在于雇用关系、工作场所、奖惩体系、特殊员工群体保护等方面。
3. 雇用关系中的伦理问题是我们经常遇见的，特别是在歧视方面，一直是中国现阶段难以解决和根治的问题，主要有性别歧视、年龄歧视、户籍歧视和健康歧视。
4. 工作场所中，雇主可能会存在侵犯员工的隐私，员工参与度较低等非伦理行为，特别是侵犯员工隐私方面，很多企业都会用电子监控、测谎仪和心理测试及买卖雇员信息等方式侵犯员工。
5. 员工最关注的薪酬方面也会有一些伦理问题，如高管与员工的薪酬差距过大，同工不同酬等。
6. 特殊人群也是我们急需关注的群体，往往这一群人更易遭受非伦理对待。如女职工、未成年人、农民工，他们更需要受到企业的合理对待。

关键术语

歧视（discrimination）　　　　　　　　　　　工作压力（working pressure）

竞业禁止（non-compete）
员工隐私（employee privacy）
同工同酬（equal pay for equal work）
员工对企业的伦理责任（employees' ethical responsibilities to enterprises）

电子监控（electronic monitoring）
性骚扰（sexual harassment）
特殊员工群体（special staffs）

复习思考题

1. 简述员工管理中常见的几大类伦理问题。
2. 在雇用关系中，有几类非伦理行为？具体内容是什么？
3. 在工作参与方面，员工可能存在什么样的伦理困境？
4. 如果你是一位女性，在职场中可能会遇到什么样的非伦理行为？
5. 作为一名合格的员工，你认为应该如何为企业负责？
6. 对于我国目前员工管理中出现的伦理问题，你认为是由什么原因造成的？

应用案例

X 公司的毒品测试和测谎

"我已经厌倦了迎合所谓的员工隐私权。"阿诺德·莫斯一边用拳头捶着桌子一边大声喊着，"我是公司的 CEO，我也有权利。任何人只要不吸毒而且诚实，他们就不会反对在需要时定期做毒品测试或测谎。我有权想雇谁就雇谁，也有权想解雇谁就解雇谁。我还有权确保公司为所有在这里工作的人提供一个无毒品的环境，我有权确保公司所有人都是诚实的，我不会反对做测试，一个诚实的人为什么要反对呢？只有瘾君子和骗子才会用隐私权这种无稽之谈的东西做幌子。"

工会代表山姆·汉姆平坐在桌子的另一边，不安地在椅子上挪动。"莫斯先生，您也许不喜欢，但是不管您是否喜欢或是同意，每个人都有隐私权，即使是在工作中。验尿以及有人监督员工取样，这对员工的隐私显然是一种侵犯。如果检验结果是阳性，就开除他们，尽管他们的工作表现符合要求，这是对他们隐私的进一步侵犯。员工在自己的时间里干什么和公司完全无关，除非它在某些方面对公司造成伤害，或者妨碍了该员工行使职责。如果某个员工在青少年时期或在为其他公司工作期间曾经偷窃，但没有受到指控或惩罚，这也和本公司无关。但是搞测谎的人搞测试就是想知道这些。你很清楚 1998 年的《雇员测谎保护法案》（Employee Polygraph Protection Act）禁止在雇用之前或雇用之后随机进行测谎测试。"

"我知道法律是怎么说的，这个法律是由自由主义者通过的，并不意味着它就正确。如果偶尔有诚实的人没有通过测试，至少和目前相比我可以雇用到更诚实的员工。别忘了法律允许联邦、州和政府对与国防部门、美国联邦调查局或中央情报局签订合同做敏感工作的员工和公司进行雇用前的测谎测试。如果这种方法对政府有益，为什么就不能用于私有企业呢？法律是自相矛盾的，因此毫无意义。"

"既然我们说到法律。"阿诺德·莫斯继续说道，"至少最高法院还是有判断力的，在国库员工诉冯·瑞博一案中，最高法院拒绝了工会有关毒品测试侵犯隐私的投诉。"

"那么，好吧。"山姆·汉姆平反驳道，"你知道这个判决的根据是对免于不合理检查的狭义理解，而且和这个案子有关的员工牵涉禁毒、军火运输和处理机密材料。我们公司是生产纸制品的，根本不是一个敏感领域，我们为什么需要进行毒品测试和测谎？员工认为这对他们是一种贬低，同时侵犯了他们的隐私。即使合法，这些做法也不是必需的，对待可能出现的问题有更好、更有效的解决方法。公司应该关心的是一个人的表现，而不是在家里做了什么。而且一个真正的小偷可能知道怎么混过测谎，而一个诚实的秘书在紧张之下可能通不过测谎。"

"这些我都知道，但是我希望在这里的人不沾毒品，而且如果可以我希望避免吸毒者通常会带来的问题，我认为我有权雇用我想要的人。至于测谎存在不可靠性，当然我们从不会把测谎结果当成决定一切的证据。但是如果有人拒绝做这样的测试，我就会认为这个人非常可疑，我愿意把我们的政策讲在前面，而且我只希望雇用那些同意这个政策，希望在我们创造的环境中工作并且愿意做我们认为需要或者合适的测试的人。"

"莫斯先生。"山姆·汉姆平回答道，"你根本没有明白我的意思，我们要谈的不是谁愿意服从，我们要谈的是隐私权。工会不能同意你希望提出的雇用条件，这并不是要保护犯罪，这是原则问题，事关对无辜者的保护。"

资料来源：理查德 T 德乔治. 企业伦理学 [M]. 王漫天，唐爱军，译. 北京：机械工业出版社，2012:312-313.

讨论题

1. 上述案例体现了员工管理中常见的哪种非伦理行为？具体来说，企业常用何种方式侵犯员工？

2. 在企业中，员工陷入伦理困境时，可以采用何种方式帮助自己？

学习链接

[1] 保罗·克鲁格曼. 美国怎么了：一个自由主义者的良知 [M]. 刘波，译. 北京：中信出版社，2008.

[2] 杜士权. 我国企业人力资源管理中的伦理问题研究 [D]. 曲阜：曲阜师范大学，2007.

[3] 冯明，李华. 人力资源管理 [M]. 重庆：重庆大学出版社，2013.

[4] 巩丽霞. 关于劳动法中"同工同酬"的探讨 [J]. 理论界，2006（7）.

[5] 哈特曼，德斯贾丁斯，苏勇，等. 企业伦理学 [M]. 北京：机械工业出版社，2011.

[6] 廖勇凯. 于卓民. 企业伦理学理论与应用 [M]. 台北：智胜文化事业有限公司，2008.

[7] 刘可风，龚天平，冯德雄. 企业伦理学 [M]. 武汉：武汉理工大学出版社，2011.

[8] 马爱民. 浅谈工作环境对安全生产的影响 [J]. 化工安全与环境，2002（3）.

[9] 徐金发，等. 企业伦理学 [M]. 北京：科学出版社，2008.

[10] 于惊涛，肖桂荣. 商业伦理 [M]. 北京：清华大学出版社，2012.

[11] 周祖城. 企业伦理学 [M]. 北京：清华大学出版社，2005.

[12] 张学斌，赵冬花. 企业伦理学 [M]. 哈尔滨：哈尔滨地图出版社，2006.

[13] 周祖城. 企业伦理学 [M]. 北京：清华大学出版社，2009.

[14] 赵斌. 企业伦理与社会责任 [M]. 北京：机械工业出版社，2011.

[15] Peter F Drecker. The Practice of Management[M]. New York: Harper & Brother, 1954: 264-265.

[16] R Miles. Human Relations of Human Resources[J]. Harvard Business Review, 1965, (43).

第 6 章
财务活动中的伦理问题

学习目标

1. 了解财务活动的主要内容。
2. 掌握会计活动中的伦理问题。
3. 了解审计活动中的伦理问题。
4. 掌握财务咨询中的伦理问题。
5. 熟悉我国企业融资中的伦理问题。
6. 熟悉我国纳税中的伦理问题。
7. 掌握财务活动非伦理行为的治理对策。

开篇案例

假账猛于虎

国务院前总理朱镕基一向"严"字当头,很少题字,但他却对新成立的三个国家会计学院和国家统计局"网开一面",三次亲笔题写了校训——不做假账。2002 年 10 月 28 日,朱镕基总理到国家统计局考察工作,统计局的同志请他题词,总理再次破例,欣然命笔写下了四字赠言:不出假数。2002 年 11 月 19 日,朱镕基总理在第十六届会计师大会上演讲时,再次疾呼诚信为本、不做假账。

"不做假账""不出假数"这八个字不仅仅是送给国家会计学院和国家统计局的题词,更是送给全国会计从业者的座右铭。三提"不做假账",固然显示出总理对会计从业人员的殷殷关切之情,同时也折射出会计行业造假行为之猖獗。

"不做假账"看起来应是会计行业执业操守的"底线",似乎不难做到,但是要做到,还真不是件简单的事。因为会计是听"一把手"指挥的,为了"工作需要",为了"顾全大局",什么样的假账都可以做出来,但就危害而言,其程度用"假账猛于虎"来形容,一点也不过分。做假账让投资者利益受损,使很多统计信息及经济指标误差增大,严重影响了我国政府的正确决策和国民经济的良性运行。假账的大量存在,使整体社会公信度下降,误国害民。江苏天衡会计师事务所有限公司董事长余瑞玉强烈呼吁:"面对整个行业遭遇的信任危机,必须像武松打虎一样,与假账做最坚决的斗争,以提升整个行业的诚信建设水平。"

资料来源:李衡.假账猛于虎[N].中国财经报,2003-03-12.

近年来，国内外发生了一系列财务活动中的伦理问题，例如我国的"银广夏事件"等，美国的"安然事件"和"世界通信会计丑闻事件"等都引起了国内外舆论的广泛关注。我国目前正处于改革的"深水区"，在财务活动中时有非伦理行为发生，所以本章将首先对财务活动进行简单的概述，其次详细阐述财务活动中常见的伦理问题，最后针对问题提出了治理财务活动伦理问题的对策。

6.1 财务活动概述

财务活动是企业经营过程中发生的涉及资金的活动，包括资金的筹集、资金的运用和资金的分配等一系列活动，财务活动有狭义、常义和广义之分。狭义财务活动仅指企业在资本市场中的负债筹资活动。常义的财务活动不仅包括狭义财务活动，也包括企业在资本市场中的股权筹资活动和对外投资活动。股权筹资包括发行普通股和留存收益，对外投资主要是指证券投资，有短期投资和长期投资之分，也有股票投资和债券投资之分。广义财务活动不仅包括常义财务活动，也包括经营活动。常见的财务活动包括会计活动、审计活动、财务咨询活动、融资活动和纳税活动等。

6.1.1 财务活动的主要内容

会计是以货币为主要量度，使用特定的原理和方法对经济单位的经济业务进行全面的、连续的、系统的记录、计算、分析和检查，并定期以财务报表的形式反映财务状况和经营成果。核算和监督是会计两项基本职能，随着管理技术手段的进步和充分利用会计信息的需要，衍生出会计预测、会计决策、会计分析和会计考评等管理职能。会计工作流程图详见图 6-1。

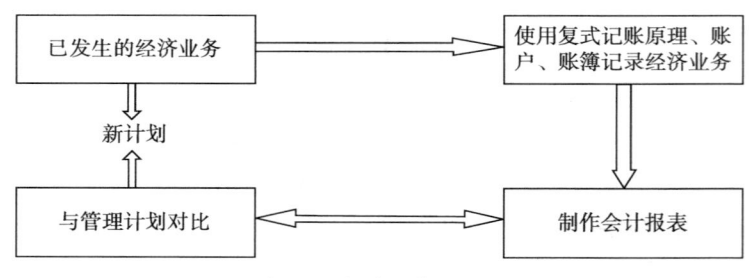

图 6-1　会计工作流程图

审计是由具有专业胜任能力的独立机构或人员接受委托或授权，按照审计准则的要求，实施必要的审计程序搜集审计证据，运用审计标准来判断被审计单位的经济活动的适当性、合法性、公允性和效益性的经济监督、经济评价、经济鉴证活动。其特征集中体现在独立性、权威性和公正性三个方面。审计的独立性主要是指审计主体的独立性，审计主体包括审计人、被审计人和审计委托人三方，其三方之间的关系如图 6-2 所示。

财务咨询是指具有财务会计专业知识的自然人或法人，接受委托向委托人提供业务解答、筹划及指导等服务的行为。财务咨询的含义十分宽泛，无论是接受委托提供专业服务的财务咨询，还是从属于全面管理提供咨询服务的附属性财务咨询。广义上的财务咨询可以定义为：咨询公司、证券公司、投资银行等专业机构及其专业人员，为客户、投资者等服务对象提供的有关资产管理、证券投资等财务方面的管理咨询服务，即一切有关财务的咨询服务活动。

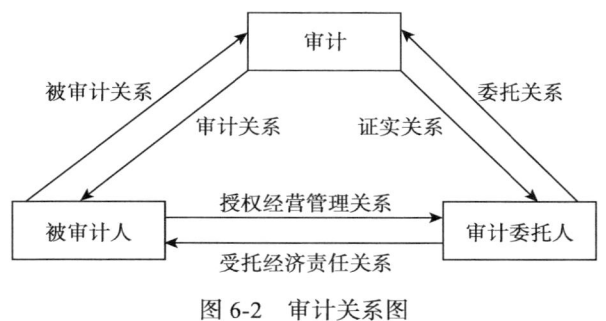

图 6-2　审计关系图

> **专栏 6-1　　　　　　　　　　　三种类型的财务咨询**
>
> **1. 行业投资评价型**
>
> 该类财务咨询类似于会计师事务所等提供的社会鉴证业务，咨询服务的目的是提供客观的、不带有利益色彩的建设性观点。专业咨询人员以调查、搜集的数据为基础，进行深入分析，并根据现有分析对未来做出预测。该类财务咨询业务一般由专业性的财务咨询公司开展。
>
> **2. 财务整体服务型**
>
> 该类财务咨询由专业咨询人员提供一整套有关企业、个人财务运作与管理的规划、策划等服务，在提供整体服务的条件下强调业务领域专长，根据企业、个人需要，可以量身定做方案并提供贴身服务。该类财务咨询业务一般由专业财务公司、综合性管理咨询公司、证券公司及部分提供咨询业务的会计师事务所等机构开展。
>
> **3. 附属增值服务型**
>
> 该类财务咨询的目的是扩大主营业务，专业咨询人员运用一系列理财工具，为客户提供专业、全面的财务分析和理财建议，并兼顾产品销售。该类财务咨询业务主要由银行、保险公司等金融机构的"个人理财中心"等部门提供。
>
> 该专栏根据相关资料整理而得。

融资是指企业根据自身的生产经营状况、资金拥有的状况，以及企业未来经营发展的需要，通过科学的预测和决策，采用一定的方式从特定的渠道向企业的投资者和债权人筹集资金，并组织资金的供应，以保证企业正常生产需要。企业融资有三大目的：企业扩张、还债以及混合目的。

6.1.2　财务活动中可能面对的伦理困境

"天下熙熙，皆为利来；天下攘攘，皆为利往。"利益是人们进行一切活动的价值取向，经济利益是经济主体参与经济活动的内在驱动力，加之有些制度还不够完善，所以企业在财务领域还存在一些伦理问题。

1. 会计活动中的伦理困境

会计行业的伦理涉及两个相关的难题。其一，会计信息是否以及如何向利益各方披露，决定了它是服务于个人利益还是公共利益的特性。其二，会计信息在与公司有利害关系的个人或团体之间的分配一般是不均匀的，所以信息的生产过程与他们的利害得失休戚相关。

2. 筹资领域的财务伦理困境

筹集资金对企业生存发展具有至关重要的作用，它的规模和效率直接决定着企业生产经营的规模和效率。企业筹集资金按照来源不同，一般分为权益资金和负债资金，围绕两类不同的资金，相应地会产生企业与股东、企业与债权人之间的利益关系。如前所述，有利益关系，就有可能出现非伦理的行为，一些企业利用与投资者信息不对称的优势，以各种欺骗手段进行筹资，典型的表现有：企业造假账从银行骗取贷款，上市公司虚报利润以骗取"上市资格"恶意圈钱等现象。

3. 融资领域的财务伦理困境

为了获得资金的增值，企业会将筹集来的资金投放到经营资产上或者进行对外投资。企业融资行为的密切联系决定了筹资过程中产生的利益关系向投资过程中延续，如权益资金筹集会产生筹资领域内企业与股东之间的关系，随着权益资金的使用相应地会产生投资领域内企业所有者的利益关系。相应的也就产生了一些非伦理问题，例如，随意变更募集资金的投向，投资的短期性倾向，过度投资等。

6.1.3　财务活动中伦理问题的潜在危害

按照危害对象的不同，财务活动中非伦理行为的主要危害体现为以下几方面。

从企业角度而言，财务活动中出现的一些非伦理行为严重影响了公司声誉。声誉其实是一种激励，是指行为主体在社会公众中的名声，即知名度和美誉度，是社会公众对行为主体的行为与能力的一般看法和总体印象。而目前的市场环境，又造成了一些企业不重视声誉的怪现象，这对于企业本身来说其实是"不可持续发展"的行为，最终后果将是这些企业的整个市场信任度不断降低，从而不利于企业长期发展。

从投资者角度而言，财务活动中的非伦理问题损害投资者和债权人的利益，挫伤投资者的投资热情。企业必须按照规定在融资公告中注明融资目的和融资投向，债权人和中小投资者一般是据此和公司以往的业绩、财务状况等决定是否进行投资。而有的企业更改资金投向，有的委托理财，有的被大股东占用，违背了投资者初始意愿，严重损害了债权人和中小股东的利益，其最终结果只能是极大地挫伤投资者的投资热情，投资者也只能以抵制这些"恶东"的再融资行为作为"回报"。

从其他利益相关者角度而言，财务活动中的非伦理问题不仅会损害企业自身和投资者的利益，还会损害其他利益相关者的利益，例如，企业隐瞒所得利润达到偷税漏税的目的，从而损害了国家的税收和竞争对手的利益；企业提供虚高的销售额制造企业虚假繁荣的现象，从而损害了供应链上下游其他企业的利益，等等。

6.2 会计活动中的伦理问题

对会计行业的伦理研究历时已久，但**会计伦理**（accounting ethics）在近几年才真正形成一个专门的学术领域。不过迄今为止，会计行业的伦理学理论以及对这些问题的充分理解仍处于发展阶段。这主要是因为，虽然会计行业与企业管理活动息息相关，但是很少有人尝试把这一行业与业已规范化的商业伦理学旗帜鲜明地结合起来。近年来会计活动中出现的非伦理问题集中表现在会计信息失真和会计信息披露等方面（见表6-1）。

表6-1 我国上市公司会计造假简表

上市公司	造假年份	造假手法	造假金额
琼民源	1996年	把合作方香港冠联投入的股本1.95亿元作为收入，开发权及经营权3.2亿元作为收入；将民源大厦建设补偿费0.51亿元作为收入，评估资产大幅度增值	虚构利润5.66亿元；虚编资本公积6.57亿元
郑百文	1995年；1996~2000年	虚提返利、少计费用、费用跨期入账等；虚提返利、费用挂账、费用跨期入账、无依据冲减成本等	虚增利润1 908万元；虚增利润14 390万元
张家界	1996~1998年	虚构收入12 261万元；虚构其他利润528万元；虚增税前利润4 662万元	虚增税前利润4 662万元
黎明股份	1999年	少提少转成本、费用挂账、缩小合并范围等，90%以上的数额是人为编造假账、核算虚增而成	虚编利润5 231万元；实际亏损3 448万元；虚增利润8 679万元
银广厦	1999年；2000年	伪造购销合同、出口报关单，伪造免税文件和金融票据；虚开增值税发票等，虚构主营业务收入，虚构巨额利润7.45亿元	1999年为1.78亿元；2000年为5.67亿元
万福生科	2008~2011年	通过虚构客户、虚增销售收入、虚增利润、虚增在建工程转出	虚增收入7.4亿元；虚增营业利润1.8亿元；虚增净利润1.6亿元

资料来源：叶陈刚，等.商业伦理与会计职业道德[M].大连：东北财经大学出版社，2004.

6.2.1 会计信息失真

近年来，中外资本证券市场少数公司诚信缺失严重，将上市作为圈钱的手段，为此不择手段炮制假账、虚构赢利、蒙骗公众、牟取私利，从而引起不少知名上市公司因巨额造假纷纷破产倒闭，层出不穷的会计信息失真对社会造成巨大危害。

专栏6-2　　　　　　　　　　会计信息的作用

1. 会计信息能帮助投资者和债权人进行合理决策

在市场经济环境里，企业的资金主要来自投资者和债权人，无论是现在的或潜在的投资者和债权人，为了做出合理的投资和信贷决策，必须拥有一定的信息，了解已投资或计划投资企业的财务状况和经营成果。

2. 会计信息能评估和预测未来的现金流动

企业内外使用者对信息的需求主要是为了帮助未来的经济决策，预测企业未来的经营活动，其中主要内容侧重于财务预测，如现金流量、偿债能力和支付能力等。通常预测经济前景应以过去经营活动的信息为基础，即以财务报告所提供的关于企业过去财务状况和经营业绩的信息作为预测依据。

3. 会计信息有助于政府部门进行宏观调控

国家财政部门根据企业报送的会计报表，监督检查企业的财务管理情况；税务部门通过阅读企业的会计资料，了解税收的执行情况。

4. 会计信息有利于加强和改善经营管理

企业将生产经营的全面情况进行搜集、整理，将分散的信息加工成系统的信息资料，传递给企业内部管理部门。企业管理者可及时发现经营活动中存在的问题，做出决策、采取措施、改善生产经营管理。

该专栏根据相关资料整理而得。

1. 会计信息失真的分类

会计信息失真是指会计信息的形成与提供违背了客观的真实性原则，不能正确反映会计主体真实的财务状况和经营成果。时至今日，各种各样的会计信息失真事件普遍存在，目前之所以没有在会计信息失真治理方面取得实质性的进展，其中一个重要原因在于没有将会计信息失真进行恰当的分类，从而无法采取相应的措施分别予以治理。

从伦理学的角度来看，伦理学所关注的是人类行为及其行为动机、界定行为性质的方法。因此，笔者认为从人的动机角度将会计信息失真行为分为主观性失真和客观性失真两大类。

（1）主观性会计信息失真。此类会计信息失真是指会计行为人在处理或者披露会计信息的时候，出于主动或者被动的主观原因，有意识地降低了会计信息的真实性，这种行为实际上就是典型的会计造假。

（2）客观性会计信息失真。此类会计信息失真是指会计行为人在处理或者披露会计信息的时候，出于各种技术性原因而导致的会计信息真实性的降低。一般指会计人员在工作中，他的精神集中程度、精力投入程度、提防错误发生的谨慎程度没有达到一个正常、理性的水平。

2. 会计信息失真的常见形式

（1）原始凭证虚假。原始凭证本应是会计账簿的原始依据，其真实性、重要性应是会计之首，然而近年原始凭证的失真极其普遍，严重影响了会计信息质量。原始凭证的造假行为主要表现在：① 不完整。原始凭证的填写不完整，凭证各项要素的填制不按会计基础规范的要求，漏填、少填、不填现象较为普遍。② 不真实。一是会计原始凭证填写的经济业务项目与实际发生的项目内容不符。二是经济项目内容与发票使用范围、经营范围不符。③ 不合法。一是使用过期作废发票及收费收据等。二是违规编制虚假的自制原始凭证。

（2）账务管理混乱。具体如下：① 在会计账簿设置和会计科目使用上没有严格按照《中华人民共和国会计法》及财政部的有关规定来设置，会计核算缺乏系统性，随意性很大，账目混乱，账证、账账、账表严重不符。② 账务关系处理不当，我国有些大中型企业存在企业部门之间、企业与企业之间账务关系混乱的现象，且资金收支、权责不清的现象也较为严重，导致企业中存在许多坏账，最终引起账务危机。③ 资金管理混乱，有些企业的经营资金并没有真正用到企业生产经营上，而是被占用、挪用。如有的企业的领导缺乏自我约束意识；有的企业盲目追求高消费，购置价格昂贵的办公用品，挤占正常运营所需的资金。

（3）会计报表虚假。会计报表的虚假具体表现在离开账簿，人为地调整报表数字，粉饰财务报告，夸大经营业绩，甚至编制两套报表，一套自用，一套对外提供，导致报表使用者不能了解企业真实的财务状况和经营成果。

6.2.2　会计信息披露质量不高

近年来，我国上市公司会计信息披露质量问题较为严重，据统计，我国 1996～2008 年间受到中国证监会和上海、深圳证券交易所处罚的上市公司违规行为中，信息披露违规占 78%。上市公司会计信息披露不真实、不准确已成为信息披露中最为严重和危害最大的问题。我国上市公司会计信息披露的不真实和不准确主要表现在以下几个方面。

1. 会计信息中存在虚假陈述

企业为了达到某些特殊目的，常常通过利用准则漏洞和做假账的方式，来制造虚假的会计信息并对外披露。银广夏在 1998～2001 年间，通过虚增收益，少计费用等方式虚增利润 77 156.70 万元，并在财务报表中进行了虚假披露。

2. 利用关联交易操纵利润

企业在进行**关联交易**（connected transaction）时，不存在自由竞争市场，且交易双方关系密切。这就增加了交易双方通过虚假交易、转移收入与费用等手法，进行会计造假及披露虚假信息的可能。关联交易已成为我国上市公司操纵利润的重要手段。如财政部 2006 年 11 月发布的会计信息质量检查公告显示："我国某大型医药企业集团财务管理情况混乱，内部控制环节薄弱。2003 年该公司集团本部通过未充分抵销内部交易等方式，多计利润 2.41 亿元。

3. 会计信息披露内容蓄意误导信息使用者

一些企业出于某些目的的考虑，往往通过披露大量的无关信息、采用大量难懂的专业词语或与实际情况不符的信息来误导投资者，使其不能做出准确的判断。如 2007 年，浙江某钢构公司在公告中披露该公司正在洽谈一个境外项目。据调查，该公告与项目合同草案实际约定的内容严重不符。

4. 会计信息披露不公平

一些上市公司会计信息披露存在不公平的现象，主要表现为内幕信息的形成及内幕交易的发生。上市公司在进行信息披露前，其内部信息应严格保密，不得对外泄露，内部人员不得利用内幕信息进行交易。如 2010 年证监会公布的第 29 号行政处罚决定中，珠海某上市公司内部人员在知悉内部信息时，利用内幕信息作为投资依据，进行内幕交易。

6.3 审计中的伦理问题

近几年来，审计失败事件较多，而且大多数与被审计单位整体道德水平不高、缺乏诚信、道德沦陷等因素有关，致使包括广大投资者在内的被审计单位各利益相关群体普遍丧失了对被审计单位及其管理当局的信任。

6.3.1 外部审计中的伦理问题

在外部审计形式下，**注册会计师**（certified public accountant）通过接受委托人委托，依法对被审计人的财务报表和会计账目进行查证，鉴定其财务状况和经营成果是否真实、合法，是否符合有关法规和公认会计原则。企业外部审计中出现的伦理问题，主要是由注册会计师或会计事务所在执业过程中所造成的。

1. 执业不规范，审计造假

注册会计师在执业活动中应当具备良好的职业道德，因为影响审计报告质量的因素有两个方面，审计技术和职业道德。而从实践来看，一些注册会计师在执业过程中不遵循注册会计师独立审计准则的规定，不履行必要的审计程序，甚至无视法律和职业道德的约束，直接参与伪造、编造会计凭证、会计账簿、会计报表等，并出具虚假的验资报告和审计报告。 ⊖

2. 采取各种不正当手段招揽客户

为排挤竞争对手，随意降低收费标准；利用行政干预，搞行业垄断和地区封锁；以公关交际费、信息咨询费等各种名义支付高额的介绍费、佣金、手续费或回扣；与有关部门进行收益分或式的业务合作等。

3. 无视自己的专业胜任能力，承接不能胜任的业务

在审计失败的案例中，一些是由于专业胜任能力不足造成的。如在承办审计业务活动中，由于专业胜任力不足，对客户的了解和问题的澄清未能妥当采用分析性程序，或轻易接受客户当局所做的解释；未能利用营运活动的有关信息印证或确认**财务信息**（financial information）的可靠性等。由此引发审计风险，造成审计失败。

4. 为牟取私利而有意泄露客户的商业秘密

保护客户的商业秘密是对注册会计师职业道德的基本要求。注册会计师的职业性质，决定了其能够掌握和了解委托单位大量的资料和核心信息，有些属于委托单位的机密信息。这些机密信息一旦外泄，可能会给委托单位造成经济损失，因此，《中国注册会计师职业道德基本准则》要求注册会计师对所掌握的委托单位的资料和情况，应当严格保守秘密。

5. 按服务成果的大小决定收费标准

注册会计师作为"不吃皇粮的国家警察"，在为客户提供职业服务后，须向客户收取报酬收入。注册会计师完全以职业服务给客户带来的满意程度为依据收费，一些注册会计师为了挣得更多，就会在利益动机的驱动下，放弃客观、公正、独立的立场，发表不恰当的审计意见，出具不真实的验资报告等。例如，如果以审计后的净收益的一定比例作为审计收费，

⊖ 阎志刚. 中国注册会计师职业道德与法律责任读本 [M]. 北京：北方交通大学出版社，2001:223-226.

就有可能导致审计人员赞同委托单位虚增收入的行为。

6.3.2 内部审计中的伦理问题

《中华人民共和国审计法》有关章节以及《审计署关于内部审计工作的规定》第十九条指出：对认真履行职责、忠于职守、坚持原则、做出显著成绩的内部审计人员，由所在单位给予精神或物质奖励。对滥用职权、徇私舞弊、玩忽职守、泄露秘密的内部审计人员，由所在单位依照有关规定予以处理；构成犯罪的，移交司法机关追究刑事责任。《中国内部审计准则》第一章中也明确了内审机构及人员的相关责任和应遵守的职业道德。以上各项法规制度是对内部审计机构和人员工作的一种约定，若审计人员在履行义务时无法或未能按要求履行职责，达到审计目的，即为内部审计失败。内部审计失败严重影响到审计信息使用者的决策行为，导致企业经济利益分配不公和失效，影响企业的效率和企业资源的有效配置，制约了被审单位的健康发展。内部审计中的伦理问题主要表现在以下几个方面。

1. 内部审计角色定位不准

一些内部审计人员在实施审计过程中不能正确处理与被审计对象的关系，以居高临下、盛气凌人的态度对待工作，导致被审计对象产生抵触情绪，对审计工作不予配合，使审计工作难以开展。对于审计人员的角色定位，两位审计界权威人士曾做过精辟的论述。国家审计署前审计长李金华明确指出："内审就是对单位、对企业的领导者服务，对他们负责，内审一定要在'内'字上下功夫。"美国内部审计大师劳伦斯·索耶这样描述："内部审计师是内部咨询师，而不是内部的冤家对头；是家中的宾客，而不是街上的巡警；他不仅要寻找那些或大或小的错误，而且要为改善业务活动提供指南，他不是处分众人的事后诸葛亮，而是鞭策人们励精图治的咨询师，他不仅关心事情是否做得恰当，而且关心该做的事是否做了。"

2. 内部审计结果质量不高

审计报告和意见是审计工作的最终成果，是审计质量和成果的集中体现。一篇好的审计意见可以对被审单位起到积极的促进作用。然而，目前我国一些企业的内部审计结果质量偏低，造成这方面问题的原因主要是：① 敷衍了事。由于某些审计人员工作责任心不强，对应审计事项敷衍了事，对被审单位的情况或存在的深层次问题不深入挖掘分析，撰写的审计报告及提交的审计意见"空洞无力"，缺乏有价值的审计结论。② 徇私舞弊。某些审计人员为了谋取私利，对审计中发现的问题或被审计单位的舞弊行为不加以揭露，而是"网开一面"，造成审计结果失真。③ 审而不纠。审计成果运用比审计过程更重要，一些被审单位之所以屡查屡犯，就是因为对审计决定的强制性和自身违纪问题认识不够，造成了审计无法发挥其应有的作用。

3. 内部审计机构及其职能设置不合理

西方发达国家企业的内部审计机构大多隶属于董事会及其下设的审计委员会，直接对董事会负责，其他部门无权干涉，独立性较强。而我国企业的内部审计机构多数由总会计师或财务副总经理领导，有的企业至今仍然没有专职的内部审计机构，而是将其并入财会部门或纪委监察部门。

监督和评价是内部审计的两大基本职能。现代西方发达国家的内部审计属于"管理导向"型的"控制系统"，在职能定位上侧重于为内部经营管理服务的评价职能。而我国的内部审计属于"监督导向"型的"检查系统"，侧重于财务收支的合规性与合法性审计，即过分强调其监督的职能,而忽视其评价的职能。

4. 内部审计人员素质偏低

目前,我国企业内部审计人员多数来自于企业财会部门,这部分人虽然基本上有大专以上学历,但专业知识面窄,不具备现代内部审计所要求的知识结构;还有部分内部审计人员是因为"老、弱、病"或其他原因而被安置到这个部门,其受教育程度和文化素质普遍偏低,不少人既没有接受过系统的专业训练,又缺乏足够的生产经营管理经验。

专栏 6-3　　　　　　　　世界通信的内部审计

世界通信公司曾是美国第二大长途电话公司,一个庞然大物的轰然倒塌,揭开黑幕者既不是公司的董事会,也不是安达信的 CPA,而是被世通公司高管人员称为"不自量力、多管闲事"的 Cynthia Cooper 等三名内部审计人员。Cynthia 等人揭开公司黑幕,其难度十分大,原因在于:① 内部审计机构隶属于管理层,其顶头上司就是世通财务丑闻的主谋 Scott D.Sullivan;② 内部审计的业务范围是经营绩效审计,从事业绩评估和预算控制,而其财务审计外包给安达信;③ 得不到外部审计的配合,Cynthia 因质疑公司会计处理问题而致电安达信,但安达信合伙人拒绝了 Cynthia 的质询,声称只听命于首席财务官 Sullivan;④ 内部审计机构人员少,在跨国公司的 85 000 名员工中,内审人员仅 27 名,内审成本为 87 000 美元,仅为其竞争对手内审成本的 1/2。在如此艰难的条件下,Cynthia 等人克服重重困难,顶住内外压力,以独立的审计人格,优秀的职业道德,揭开世通公司的黑幕。在 Cynthia 与首席财务官 Sullivan 的殊死较量中,审计委员会主席 Max Bobbitt 始终支持内部审计的工作。当 Cynthia 遭到安达信合伙人的拒绝后,Bobbitt 立刻开会,迫于审计委员会的压力,Sullivan 不得不让步。Cynthia 等人向 Bobbitt 汇报了内部审计发现的严重会计造假问题,Bobbitt 示意他们征询毕马威,得到了其主审合伙人 Ferrel Malone 的支持。随后,Bobbitt 召开审计委员会全体成员会议,毕马威报告了内部审计部门发现的问题,并表态该问题严重违反了公认会计准则的规定。世通公司的财务造假在审计委员会与外审、内审的联手中浮出水面。

资料来源:席雪莲.世界通讯虚报惊天利润[N].京华时报.2002-06-28.

6.4　财务咨询中的伦理问题

财务咨询属于管理咨询的一种,有效的财务咨询无论是对宏观经济运行,还是对企业、个人理财活动都具有重要意义。在宏观方面可以引导理性投资,优化社会经济资源配置;在微观方面可弥补企业、个人等财务主体自身知识结构、运营能力等方面的不足,有助于解决经营和管理中遇到的问题。但在"利益至上"的市场经济环境下,财务咨询活动出现了不少有违伦理道德的事情。

6.4.1　财务咨询与审计之间的伦理冲突

安达信会计师事务所自美国最大的能源公司安然公司成立伊始,就担起了该公司的审计服务业务，历时16年，除此之外，安达信还为安然公司提供财务咨询服务等非审计业务，如此得天独厚的条件，安达信却未能发现安然公司错误的会计信息。这个在2001年度震惊世界的审计失败的案件，引发了人们对审计失败的反思，尤其是财务咨询业务对审计独立性的影响。财务咨询服务与审计之间的伦理冲突主要表现在以下几个方面。

1. 审计关系模糊

基于受托责任而形成的审计，存在着委托人、被审计人与审计人三者的特殊关系。委托人是财产的所有者，被审计人是受托管理财产的代理人，二者与审计人共同构成审计关系的三个主体。审计独立性的保障是以审计人独立于委托人和被审计人为前提的，审计人独立于被审计人则尤为重要。注册会计师在执行审计鉴证业务时，是受托于委托人，以独立的第三者身份对客户进行审计，而注册会计师对同一客户提供管理咨询等非审计服务时，则直接受托于客户。"三位一体"的审计关系即被打破，尤其是在同一事务所的会计师在两种业务之间发生"角色互换"的情况下，审计人与被审计人之间的关系已变得模糊不清，审计的独立性被打破。

2. "低价策略"的实施影响了审计独立性

美国学者曾对审计费用与财务咨询之间的关系进行了实证调查，结果表明：购买财务咨询的公司比不购买财务咨询的公司审计费用要高。也就是说，如果审计师在审计服务中获取的知识能有效地运用于财务咨询活动中，就会带来成本的节约。他认为，正因为联合服务的成本优势，委托人总是要求提供更多的较低定价的审计服务，因此，在给定的价格弹性的情况下，总体审计费用就升高了。该项研究表明，在审计服务与财务咨询之间的成本与定价存在巨大的相互依存关系的情况下，如果认为这种经济联系不会对审计的独立性产生影响，是不切实际的。

3. 对客户成功的欲望影响了审计的独立性

财务咨询业务可能将注册会计师置于公司的管理位置，而在进行审计业务时，扮演管理角色的注册会计师，可能难以客观地评价与判断企业业务活动和交易性质。一般而言，审计人员总是希望客户能取得成功，因为只有对一个赢利的客户才能提高审计收费和其他收费，并且成功的客户卷入诉讼的可能性也较小。除此之外，客户的成功与否与审计人员的个人利益也密切相关。

专栏 6-4　　　美国会计师事务所的业务剥离

2001年8月，美国证券交易委员会（SEC）主席易人，新任主席哈维·皮特，就在他上任才几个月，安然事件又重新引起人们对其的极大关注。在安达信受到的指控中，独立性问题是焦点之一。安达信在为安然公司提供审计服务的同时，还提供了大量的非审计服务。不少人认为，注册会计师为审计客户提供非审计服务，特别是当非审计服务收费超过审计收费时，注册会计师的审计独立性无疑受到严重损害，这是导致审计失败的主要原因。各大媒体对此进行了大量报道，要求监管机构重新考虑禁止会计师事务所提供管理咨询等非审计服务。此外，一些组织也要求修改注册会计师独立性规则，并严格限制注册会计师为审计客户提供非审计服务。

> 来自各方的压力，最终迫使美国政府采取了强硬措施。布什总统在 2002 年 7 月 30 日签署了《萨班斯－奥克斯利法案》，其中对进一步强化外部审计的行业监管进行了大刀阔斧的改革：一是创设由 SEC 控制的"公众公司财会监管委员会"（PCAOB），负责监管审计行业的准官方机构，这使整个会计行业在一定程度上丧失了自治权；二是禁止外部审计向上市公司提供与审计无关的服务，如簿记、评估资产、出具公允意见、精算服务以及法规禁止的其他业务。审计事务所雇员离职之后的一年内，不得在客户公司担任财会职务，同样，客户公司的财会人员在离职之后的一年内，也不得到为公司提供外部审计的审计事务所任职。
>
> 受"安然事件"及"公司改革法案"的影响，在此之前未分拆其咨询业务的会计公司也被迫分拆审计和咨询业务，以避免潜在的利益冲突。目前，国际大会计公司已将咨询业务剥离出去。
>
> 资料来源：林启云. 审计与非审计服务：不可调和的利益冲突？——安然事件再次引发的话题 [J]. 中国注册会计师，2002(2).

6.4.2 财务咨询从业人员的道德问题凸显

财务咨询作为一种高度知识密集型、智力密集型产业，人的作用举足轻重。从某种意义上说，财务咨询公司人员的素质便决定了该公司能有多少客户、能有多大的市场、能有多高的知名度和美誉度、能提供何种水平的服务。而即使这些"硬件"都具备了，如果缺乏职业道德操守这一"软件"，也绝对算不上合格的咨询人员。由于各方面原因，我国财务咨询从业人员的道德素质也有令人担忧之处，主要存在以下两方面的问题。

1. 信息采集中缺乏保密意识

企业的信息是企业的财富，尤其在现代社会，拥有信息就等于拥有了一半的市场。财务咨询公司要真正了解企业的实际情况，以便做出准确的诊断分析，就必须详细收集企业诸如董事会决议、历年财务报表、工资表、投资项目等相关信息。但一些财务咨询人员由于保密意识淡薄，或者受个人利益驱使，将企业资料透露给外界，甚至该企业的竞争对手，给被咨询企业造成一定程度的损失。

2. 诊断分析中缺乏责任意识

对企业进行详细的诊断分析是财务咨询工作中非常关键的一个环节，它的准确性直接影响着改善方案的思路和质量。而某些咨询人员在诊断分析中责任意识不强，因而出现一些不合道德的行为：收集外部资料不充足，随意减少调查样本数量；在内部访谈中不屑于事先设计问题，致使访谈流于形式，不能得到实质性结论；等等。

6.4.3 财务咨询公司的道德问题

财务咨询公司并非咨询专家的简单相加，它在运作过程中具有鲜明的独立性、完整性和主体性，所以咨询公司的道德状况如何，便与它为企业提供的服务质量密切相关，而且整个财务咨询行业的发展、壮大依赖于每一个财务咨询公司的健康、有效运作。但是，由于我国财务咨询市场规则的不健全，从业人员素质参差不齐，造成财务咨询公司在整体运作中也存在一定的不道德问题。

1. 缺乏基本的伦理定位

只注重咨询公司的经济性质，而忽略它作为社会细胞的伦理性。在经营运作中，存在诸如触犯国家法律、法规，浪费社会资源，不尊重企业的主体性，欺骗客户，不遵守合同条款，只注重眼前利益而忽视长远利益，不尊重员工的权利，提供的报告脱离企业实际等问题。

2. 缺乏合理的价值目标

一些财务咨询公司确立的目标单一，只追求经济效益而忽略社会效益，做调查不考虑企业实际，而是从如何节省费用考虑；项目报价不认真核算成本，能要多高就要多高；只求员工提高工作效率，而很少提供培训；提供的财务优化方案只求过关，而不管它是否对企业适用，这些都是缺乏合理价值目标的体现。

3. 咨询公司专业化程度不高

国外著名管理咨询公司都有自己明确的业务定位，如罗兰·贝格擅长战略和组织结构咨询，麦肯锡擅长企业战略等。但我国一些咨询企业由于思想意识的偏差，为了追求业务量，为获取更大利润，一味贪大求全，在根本不擅长财务咨询的情况下，盲目承接财务咨询项目，结果导致服务质量降低。

6.5 企业融资中的伦理问题

近年来我国企业出现了一些不道德的融资活动，不道德融资行为的实质是融资者利用他们与投资者的信息不对称状况，以各种欺骗的手段来进行融资，诱骗投资者对不利于投资者或有很大风险的项目进行投资。

6.5.1 民间融资中的伦理问题

民间融资是指出资人与受资人之间，在国家法定金融机构之外，以取得高额利息与取得资金使用权并支付约定利息为目的而采用的民间借贷、民间票据融资、民间有价证券融资和社会集资等形式暂时改变资金使用权的金融行为。民间金融包括所有未经注册、在央行控制之外的各种金融形式。民间融资属于正式金融体制范围之外的民间借贷，它游离于国家有关机关批准设立的金融机构之外，良莠不齐，既对社会生产经济繁荣发展产生过巨大推动作用，也产生过危害较大的问题。

在 2008 年的金融危机下，企业和个人等都以现金为王，特别是江浙一带经济发达地区，其民企较多，加之出口行业受到很大影响，其资金链更加紧张，迫使一些中小企业借高利贷，同时不排除部分民间融资借助银行融资进行套利，这加大了金融伦理的风险性。巨额的利息使企业难以接受，以至于后来出现的"路跑跑"等恶性事件，某些企业也采取这种极其恶劣的途径逃避还款，使得我国原本艰难运行的民间融资更加千疮百孔，一些融资主体成为此次金融危机下延续的民间融资的牺牲品。

6.5.2 表外融资

表外融资是资产负债表外融资的简称，指企业资产负债表中未予反映的融资行为，即该项融资在资产负债表中既不反映为资产的增加也不反映为负债的增加。表外融资的实质是企业通过各种协议的方式控制、使用了某项资产或与某项资产保持密切联系而又不将相关负债反映于资产负债表中。

表外融资的隐蔽性也容易被异化成欺骗社会公众的工具，给债权人和投资者的利益带来损害，给国家宏观经济监管理下隐患。表外融资的不良财务影响主要表现在以下两个方面。

（1）美化企业财务状况，粉饰财务报告。表外融资的负债以及形成的资产不在企业资产负债表内反映，而表外融资活动所取得的经营成果却在利润表中反映，扩大企业的经营成果。这样，根据财务报表计算的有关财务比率，会表现出较低的资产负债率和较高的资产收益率，显示出较好的资产利用效率和较低的风险。有些企业通过表外融资将财务比率控制在期望的范围内，从而达到美化企业财务状况，粉饰财务报告的目的。

（2）夸大企业举债能力，加大财务风险。为保障债权安全，借款合同往往会对借款人做出一定的限制，表外融资的债务不在资产负债表中列示，使企业负债总额因无须披露而从表面上降低，企业的资产负债率和净权益负债率随之下降，使企业可以规避借款合同限制，夸大其举债能力。

6.5.3 通过利润操作发布虚假财务信息

企业融资的主要目的就是从资本市场上获取现金，但是由于一些公司业绩并不是太好，所以只有粉饰财务信息才能筹集到更多的资金。处于信息劣势地位的投资者，特别是不具备财务专业知识的个人投资者是很难识别部分伦理丧失的会计事务所协助公司所做的假财务报表的，发布虚假财务信息的问题在我国各种类型的企业都普遍存在。其主要手段如下。

（1）通过虚假销售，调整利润总额。这种利润操纵现象在年终表现尤甚，往往是在企业年终达不到既定的利润目标时，便采取虚假销售或提前确认销售，从而达到既定的利润目标。这种利润操纵现象比较普遍，一些企业通过混淆会计期间，把下期销售收入提前计入当期，或错误运用会计原则，将非销售收入列为销售收入，或虚增销售业务等方法，来增加本期利润以达到利润操纵的目的。

（2）通过挂账处理。按会计制度规定，企业所发生的该处理费用，应在当期立即处理并计入损益。但有些企业为了达到利润操纵的目的，尤其是为了使当期赢利，则故意不遵守规则，通过挂账等方式降低当期费用，以达到虚增利润的目的。

（3）通过折旧方式变更。企业对固定资产正确地计提折旧，对计算产品成本、损益都将产生重大影响。在影响可计提折旧的因素中，固定资产使用年限的确定较难把握。

（4）通过非经常性收入操纵。一方面为其他业务利润，其他业务是企业经营过程中发生的一些零星的收支业务，其他业务不属于企业的主要经营业务，但对一些公司而言，它对公司整体利润的贡献确有"一锤定千斤"的作用；另一方面为其他应收款和其他应付款科目调节利润，按照现行国家会计制度的规定，其他应收款主要核算企业发生的非购销活动的债权，其他应付款主要核算其他的应付暂收的款项，但一些企业违背其核算内容，通过这两个科目进行利润调节。

6.5.4 过度融资

企业过度融资，俗称"圈钱"，是我国资本市场一大痼疾。过度融资，从公司财务理论角度讲，是指对某一项目进行融资决策，如果融资规模超过了完成该项目所需资金，就可以认为公司进行了过度融资。

从我国公司的资金闲置、变更募资投向、大量用于证券投资的情况来看，一些企业存在过度融资行为。据统计，从 1995～2005 年，发生资金闲置事件的数量共 570 起，平均每年发生 53 起，1995～2005 年间共闲置资金 580.8 亿元，平均每年 54 亿元，加权资金闲置率为 25.25%，算术资金闲置率为 26.20%，显示公告披露变更投资方向的上市公司中约有 1/4 的募集资金被闲置。从闲置资金的总数与当年股票筹资额的比重看，11 年间的平均比重达到了 4.9%，有相当部分的融资资金被闲置。

6.5.5 对股权融资的偏好

发达国家主要的融资方式是内源融资，占其融资总额的 50%～90%；其次是债权融资，约占其融资总额的 10%～40%，而股友权融资额则不足 10%。我国企业的融资结构则与发达国家企业的情况完全相反，其外源性的融资比例超过 70%，内源性融资比例则不足 30%，在外源性融资结构中，股权融资又处于绝对的支配地位。从总体融资结构来看，我国企业的股权融资比重也高达 52.87%，远远高于发达国家企业的股权融资比重。

事实上，从企业价值最大化目标来看，成本低廉的内源性融资应该是企业融资的首选；当内源性融资不足而需要外部资金时，债权融资则成为企业的又一重要选项；只有当前两项都不能满足企业资金需求时，成本过高的外部股权融资才能成为企业融资结构的一种补充形式。在我国资本市场发展仍处于初级阶段的背景下，股权融资可以帮助企业在短时间内聚集大量资本。然而，股权融资的长期负面影响最终会体现在企业经营业绩、治理机制以及社会经济等方面。⊖我国企业强烈的股权融资偏好对治理上市公司资产负债率低、长期债务少、转型期社会投机心理严重、诚信缺失、腐败等问题十分不利。

专栏 6-5　　　　　　　　　三种类型的融资方式

内源融资（internal financing）是指企业不断将自己的储蓄转化为投资的过程。内源融资对企业的资本形成具有自主性、低成本和抗风险的特点，是企业生存与发展不可或缺的重要组成部分。在发达的市场经济国家，内源融资是企业首选的融资方式，是企业资金的重要来源。

债权融资（debt financing）是有偿使用企业外部资金的一种融资方式。包括银行贷款、银行短期融资、企业债券、资产支持下的中长期债券融资、金融租赁、政府间贷款和私募债权基金等。债权融资的特点决定了其用途主要是解决企业营运资金短缺的问题，而不是用于资本项下的开支。

股权融资（equity financing）是指企业的股东愿意让出部分企业所有权，通过企业增资的方式引进新股东的融资方式。股权融资所获得的资金，企业无须还本付息，但新股东将与老股东同样分享企业的赢利与增长。股权融资既可以充实企业的营运资金，也可以用于企业的投资活动。

该专栏根据相关资料整理而得。

⊖ 牛文浩. 我国上市公司融资偏好的经济伦理探析 [J]. 湖北经济学院学报，2013，11(4).

6.6 纳税中的伦理问题

中国历史上的一些朝代，赋税繁重，给人民造成了沉重的负担，在税收制度方面严重缺乏合理性，使得人们对于统治者深恶痛绝，由此爆发了多次农民抗税抗捐起义和斗争。历史因素的积淀，对征纳双方的行为产生了一定的影响，同时也影响了市场经济背景下人们对税收的认识，进而影响了税收征纳关系，并呈现出了诚信纳税的伦理问题，目前我国纳税中的伦理问题主要表现在以下几个方面。

1. 偷税和逃税现象严重

目前我国还存在一些偷税和逃税现象，使得我国财政收入流失问题显得较为突出，这已经是一个众所周知的事实。根据调查资料表明，2005 年全国税收流失总额为 9 350 亿元左右，国有企业偷逃税率为 50%，乡镇企业的偷逃税率为 60%，城乡个体工商户和私营企业的偷逃税率为 80%，外商投资企业和外国企业的偷税率为 60%。

2. 骗税现象十分明显

骗税现象主要是出现在出口退税这一方面，这与出口退税的制度有着密切联系。出口退税制度原本是鼓励国家的出口货物以不含税的价格进入国际市场，从而促进本国出口贸易的发展。但是，在出口退税制度的实行过程中却产生了负面效应，这个有利于经济发展的制度，却被奸商用来骗取国家的退税款。在我国，由于税收制度和出口管理等方面的原因，出口骗税问题显得尤为突出，已经阻碍了出口退税政策效应的发挥，损害了出口企业公平竞争的环境。

专栏 6-6　　　羊毛空转骗 8 亿元，谁在鲸吞国库税款

普通的羊毛纱线，摇身一变升级为"羊绒纱线"高价出口，再以"棉纱线"低价进口，骗取出口退税 8 亿元，这是在 2012 年 9 月上海破获的数额最大的骗取出口退税案件。名不见经传、不足百人的小企业，平均年出口金额居然达到 18 亿元，逼平一线服装品牌，这一"蹊跷"不是来自《天方夜谭》，而是最近上海市公安局发现的"骗税高手"。

上海市公安局调查显示，犯罪嫌疑人黄某、陈某控制的四家企业中，只有一家具备小规模生产加工能力，而四家企业员工一共也不到百人；其实际购买和生产能力与公司的羊绒纱线出口规模更是大相径庭。原来，自 2009 年以来，黄某伙同陈某等人在报关出口时，将羊毛纱线虚报为羊绒纱线，并高报价格，用从内蒙古、河北、辽宁等地大肆虚开的增值税发票，出口至境外，骗取了高额的出口退税。

"国内一般的羊毛纱线价格是每公斤 70～120 元不等，而山羊绒纱、羔羊绒纱的售价则是每公斤 680～850 元不等，两者价格相差 6～12 倍。"上海市公安局经侦总队五支队副支队长徐翔说，黄某公司出口的所谓羊绒纱线甚至大言不惭报价高于千元，比同一关区、同一品种的物品都要高出许多。而货物运抵境外后，再由他们控制的"空壳"公司将同批货物虚报品名为"棉纱线"，以约 16 元每公斤的价格买入境内，重新包装后再做循环出口。羊毛纱线变羊绒纱线，再变成"棉纱线"进口，就这样的"空转"往返，4 年左右的时间里，他们累计出口金额近 70 亿元人民币，骗取出口退税款 8 亿余元。

资料来源：新华网. 上海骗税大案曝出退税黑洞：羊毛变羊绒，空转"骗"八亿 [OL]. http://news.xinhuanet.com/legal/2013-11/14/c_118141587.htm, 2013-11-14.

3. 各式各样的避税问题

避税是指企业在税收法律法规许可的范围内通过对经营活动和财务活动的巧妙安排以达到规避和减轻税收负担的管理活动。但是避税违反道德却不违法，正是如此，它常被作为一种管理技巧，这种管理技巧引起了企业管理者的高度重视。

4. 纳税人抗税的行为常出现

抗税是指纳税人以暴力、威胁方法拒不缴纳税款的行为，抗税行为侵犯了国家税收征管制度和国家税收利益，侵害了税务人员的人身权利。抗税主体以从事生产经营的自然人纳税人居多，抗税行为多发生在调整税收定额、税款征收、违章处罚及强制执行环节。

5. 居高不下的欠税

欠税是指纳税人、扣缴义务人逾期未缴纳税款的行为。这样的行为不仅影响税收的严肃性，更影响了国家财政收入。近年来，国家对此种情况多次强调要从严处理，各地区各部门也狠抓清欠工作，但欠税的税额还是年年增加，不可否认的是有一些客观原因存在。

6. 大量的隐性收入与地下经济的存在

隐性收入是指职工在工资、奖金、津贴、补助等正常渠道之外取得的非公开性收入。"地下经济"一般是指逃避政府的管制、税收和监察，未向政府申报和纳税，其产值和收入未纳入国民生产总值的所有经济活动。"地下经济"活动涉及广泛，生产、流通、分配、消费等各个经济环节都有所涉及，是当前世界范围内的一种普遍现象，被国际社会公认为"经济黑洞"。

6.7 治理对策：提供客观真实的会计信息

近年来我国企业财务活动中的伦理问题频出，如若这些问题得不到很好的解决，其带来的负面影响将不断扩大，而根治这些问题首先必须让所有财务活动从业人员学习并遵守会计职业道德，其次明确财务活动中伦理问题出现的原因，最后再从企业内外部两方面对其进行治理。

6.7.1 会计职业道德

会计职业道德，指在会计职业活动中应当遵循的、体现会计职业特征的、调整会计职业关系的各种经济关系的职业行为准则和规范。会计职业道德是一般社会公德在会计工作中的具体体现，是调整会计人员与社会、会计人员与不同利益集团以及会计人员之间关系的社会规范。它贯穿于会计工作的所有领域和整个过程，着眼于人际关系的调整，以是否合乎情理、善与恶为评价标准，并以社会评价和个人评价为主要制约手段。

1. 主要构成要素

会计职业道德的主要构成要素包括会计职业理想、会计工作态度、会计职业责任、会计职业技能、会计工作纪律和会计工作作风等方面。

（1）会计职业理想。会计职业理想是指会计人员的择业目标，或维持生计，或发展个性，或承担社会义务，或兼而有之。它是会计职业道德的灵魂。

（2）会计工作态度。会计工作的职业特征要求会计人员在从事会计活动时既认真负责、精益求精，又积极主动、富有创造性。这是会计人员履行职责义务的基础。

（3）会计职业责任。会计职业责任即会计人员担任某项职务或从事某项工作后就应承担的相应义务。职责与职权相互关联。会计职责是会计职业道德规范的核心，也是评价会计行为的主要标准。

（4）会计职业技能。会计职业技能包括完成会计工作所必要的知识以及所需要的工作能力与经验。它是会计人员圆满完成会计工作的技术条件。

（5）会计工作纪律。保密性、廉正性与超然性既是维护和贯彻会计职业道德的保证，也是评价会计行为的一种标准。

（6）会计工作作风。它是会计人员在长期工作实践中形成的习惯力量，是职业道德在会计工作中连续贯彻的体现。在工作中严谨仔细，一丝不苟，勤俭理财，严格按会计规范办事，自觉抵制非首先因素的侵袭等。

2. 会计职业道德素质要求

作为一个合格的会计从业人员，一方面要具有扎实的理论功底和实践经验。另一方面要具有高尚的道德情操，具有良好的职业道德，必须坚守"诚信为本，操守为重；遵循准则，不做假账"的职业规范。具体来说，必须具有过硬的业务素质和能力素质，同时具备良好的道德品质。

（1）业务素质。美国会计学会曾发布一份题为"会计师教育的目标"的报告，该报告要求会计毕业生应具备基础知识、组织与商业知识、会计知识等。这可视为对会计人员业务素质的总体要求。由于我国企业会计人员分工较为细致，很多会计人员只从事某一环节或少数几个环节的会计工作，因而，对他们的业务素质要求可相应降低。

（2）能力素质。一个具备了相应的业务知识，但不能胜任所担负工作的会计人员，是很难完成所担负的任务的。因此，会计人员应该具备相应的能力。会计人员的能力素质包括会计人员的专业技能与人际交流技能。首先，作为企业会计人员，他们的主要任务就是对企业所发生的经济事项进行会计核算，因此运用会计知识解决现实问题的能力，是对每一个会计人员的最基本要求。其次，会计人员还应具备好的人际交流技能，特别是会计主管人员，更应如此。只有这样，才有助于会计人员推行正确、合理的会计方法。

（3）道德品质。从企业会计人员所处的特定地位来考虑，诚实和正直的道德品质应特别强调。这两条品质将约束会计人员不隐瞒任何事实，以及不从事任何欺骗管理当局和股东的不道德行为。《会计基础工作规范》对会计人员职业品德方面的要求是：敬业爱岗、熟悉法规、依法办事、客观公正、搞好服务和保守秘密。

6.7.2 伦理问题产生的原因

造成财务活动伦理问题产生的原因是多方面的，既有客观方面的也有主观方面的。客观上讲，我国会计管理体制的缺陷，导致会计信息的收集缺乏统一的标准和严格的要求；主观上讲，受经济利益驱动的影响，一些企业弄虚作假，隐瞒真相，使财务活动失去了客观基础。㊀

㊀ 郭云. 会计虚假信息的危害及治理对策 [J]. 财会研究，2009(22):32-33.

1. 会计法规系统不健全，会计造假行为严重

虽然新《会计法》《中华人民共和国证券法》（以下简称《证券法》）、《企业会计制度》及《企业会计准则》相继颁布，这些法规、制度和准则的出台，对遏制会计造假行为，保证会计信息质量，发挥了重要作用，但从实际执行效果来看，仍存在着一些缺陷和漏洞，对相关责任的界定还比较模糊，对会计造假的处罚还存在弊端，一些法律法规的条文可操作性不强且执行不力，这在客观上为虚假会计信息的滋长提供了温床。

2. 监督体系不完善，削弱监督效力

在财务活动监督中，各监督检查单位工作缺乏协调性，没有形成完善的监督体系，审计、财政、监察、纪检等部门各自为政，各行其是，往往是在造成严重危害时才开始追究法律责任，削弱了监督的效力。

3. 企业经营者业绩考核不合理，赢利目标脱离实际

企业的自然条件、生产工艺、采购及销售环境千差万别，一些企业的主管部门由于主观原因对企业情况掌握不全面，对市场估计不准确，往往使赢利目标脱离实际，造成赢利目标不具有可行性，企业很难完成。在此条件下，企业管理者以赢利目标为依据，采用种种手段来应付目标的完成，这样必然造成财务活动的造假。

4. 眼前利益驱动，短期行为猖獗

在目前社会经济转型时期，产权制度的改革相对滞后，国有企业缺少国家所有者的产权硬约束，使有些国有企业的经营者钻了制度不完善的空子，只顾眼前利益，实行短期行为，编制虚假报表，形成任职期间内利润最大化，并以此邀功请赏，获取实惠。

6.7.3　治理对策

伴随着我国社会主义市场经济体制的建立和整个社会的深刻变革，财务道德体系却表现出了高度的不适应。所以我国应该构建与社会主义市场经济相适应的财务道德体系。构建财务道德体系，首先应加强法制在内外部环境中的建设，再提升包括人员素质在内的内部条件。

1. 外部环境

（1）加强道德教育，强化信用观念。加强以人为本的财务信用道德教育，强化市场主体和财务从业人员的信用观念，广泛开展宣传教育活动，对传统文化中"人无信则不立""诚信为本""一诺千金"等信用观念进行宣传，使其在现在的市场经济社会获得新的生机。培养全民信用观念和诚信操守，使全社会的人们都认识到诚信的重要性和不诚信的危害性，形成诚信者受尊重、不诚信者遭鄙视的社会道德环境和舆论氛围。

（2）建立财务伦理核心价值的法律奖惩制度。建设财务伦理核心价值应当立法先行，强化会计法规建设是适应财务活动发展的要求与保障社会廉洁的根本。我国目前缺乏财务伦理核心价值管理制度的立法，财务信用环境差。在立法条件尚未成熟的条件下，现阶段的财务伦理核心价值治理应尽快制定补充与会计诚信有关的管理法规和制度，修改有关会计诚信行为的法制管理规定，加快建立健全以财务模式为主要内容的财务法规体系。

（3）强化审计的监督和约束功能。审计在促进会计信息质量，保证会计信息可信性方面起着特殊作用。在外部审计方面，加强对注册会计师和会计师事务所的监督，各监督主体应相互协调以加大违法的处罚力度和违规成本。在内部审计方面，可以通过自身的监督工作发现并纠正会计信息失真问题，督促企业各级管理人员及各位员工遵纪守法，保证财务报告的真实可靠。

2. 内部条件

（1）加强企业信用伦理文化建设。加强企业信用伦理文化建设的目的是使诚信原则成为会计行业伦理规范的重要内容。企业文化的作用在于引导员工树立合规意识，提高员工职业道德水准，规范员工职业行为，指导企业或员工明确应该做什么，不应该做什么。

（2）加强会计从业人员的道德自律性。高质量的会计信息不仅取决于企业的会计人员的道德素质，还取决于企业管理者、董事会成员、内外部审计人员等管理人员的道德素质。尤其是会计人员应具备会计职业道德的自律意识，自觉遵守会计规范，努力使会计信息符合透明、全面和真实的原则要求。

（3）建立有效的企业内部控制制度。健全的内部控制能有效防止财务活动领域中信用缺失的问题，也是确保财务工作正常运行、提高经营管理水平、健全法人治理的重要基础。加强企业内部控制，建立完善的系列内部控制制度，应从公司治理机构、控制环境、风险评估控制活动、信息交流、监督评审与素质优化等方面进行。

本章小结

1. 会计信息失真可以分为主观性失真和客观性失真两大类。
2. 会计信息失真的常见形式有原始凭证虚假、财务账务管理混乱、会计报表虚假。
3. 企业融资的伦理问题主要表现在民间融资乱象、发布虚假财务信息、对股权融资的偏好和过度融资等方面。
4. 会计法规系统不健全、监督体系不完善、企业经营者业绩考核不合理和眼前利益驱动是财务活动产生伦理问题的主要原因。

关键术语

会计伦理（accounting ethics）
注册会计师（certified public accountant）
关联交易（connected transaction）
股权融资（equity financing）
财务信息（financial information）

复习思考题

1. 简述财务活动中伦理问题的潜在危害？
2. 会计信息失真的常见表现形式有哪些？
3. 外部审计中常见的伦理问题包括哪些？
4. 财务咨询与审计之间的冲突主要表现在哪些方面？
5. 企业融资中常见伦理问题有哪些？
6. 我国纳税中的伦理问题主要包括哪些？
7. 对于财务活动中的伦理问题该如何治理？

应用案例

欺诈上市民事赔偿诉讼第一案

我国绿化苗木行业首家上市公司在2010年3月因严重违规披露被证监会立案调查,高管被捕。2011年5月,该企业被戴帽"*ST"。该企业利用生物资产估值的难以取证的特性在上市之前就涉嫌财务造假,值得深入研究。

业绩"变脸"

1. 2009年第三季度报告预测全年利润上涨五成

2009年10月,该企业在2009年第三季度报告中预计2009年的净利润上涨20%~50%,即实现1.0412~1.3015亿元赢利,原因是公司进行产品结构调整,加快基地存量绿化苗木周转,绿化工程业务保持较快增长。只字未提自2010年7~10月云南严重的旱情对经营的影响。

2. 2009年年度业绩预告修正全年净利润上涨三成

2010年1月,该企业在2009年年度业绩预告修正公告中将净利润上涨空间调至30%,预计实现净利润1.1280亿元,原因是云南50年一遇的旱情会对缺乏灌溉设施的思茅基地苗木的存活率造成较大影响,加之病虫害陆续发生,造成存货损失。

3. 2009年年报净利润亏损1.5亿元

该企业根据会计师事务所的审计意见,对2008年未处理的销售退回造成的会计差错进行了更正,追溯调整2008年度合并及母公司报表归属于母公司的净利润,由8676.7925万元调减至7523.0093万元。据此,2010年4月公布了2009年年报,2009年归属于母公司的净利润为亏损1.5123亿元,比2008年同期下降301.03%。

4. 2010年第一季度报告净利润1539万元

2010年4月,公司发布2010年第一季度报告,当期归属于上市公司股东的净利润为1539.4563万元,比上年同期(调整前)下降32.68%,原因是按绿化工程收入的4.5%预提绿化工程后续管养费用,预计负债增加110.75%,绿化工程完工结算同比增加,且不能享受免税优惠,营业成本和税金增长87.01%和667.80%。2009年基地苗木死亡处置及政府征用金殿2号土地使用权,造成营业外支出增长283.87%。

该企业财务造假的代价

1. 高管下马

2010年3月该企业因涉嫌财务信息披露违规,受到中国证券监督管理委员会立案调查;同年12月公安机关依法冻结公司控股股东、董事长何某的限售股份。2011年3月,控股股东、董事长何某涉嫌欺诈发行股票罪被云南省公安厅逮捕;同年4月,现任财务总监李某便因涉嫌违规披露、不披露重要信息罪被公安机关采取强制措施。

2. 股票屡被停牌,潜力股变成垃圾股

2011年5月,鉴于中准会计师事务所有限公司对该企业2010年度的财务报告出具了无法表示意见的审计报告,公司股票实施"退市风险警示"特别处理,被戴上了"*ST"的帽子。自2010年3月该企业因会计信息披露被证监会强制停盘起至2011年5月,该企业因"*ST"之后连续三个交易日收盘价格跌幅偏离值累计达到12%以上,属股票交易异常波动,被深交所强制停牌 1 小时，该企业因业绩预告、业绩快报披露违规和年报存在重大会计差错和重大事项漏报、高管被捕等事项，先后被深圳证券交易所强制停牌达 7 次之多。

3. 投资者价值大幅缩水，集体向该企业提起民事赔偿诉讼

2010 年 12 月何某所持公司股票全部被公安机关依法冻结事件公布后，便导致该企业流通市值在连续四个交易日内蒸发 12.2 亿元，80% 的投资者遭受了巨额损失。由此引发该企业中小投资者的强烈不满，2011 年 3 月，上海等三地律师已经联合向权益受损的该企业投资者征集诉讼委托代理，以提起对该企业的证券民事赔偿诉讼。该案件如果启动并被立案，将是中国证券市场中小企业板欺诈上市民事赔偿诉讼第一案。

资料来源：刘婷，北京工商大学商学院 MBA 中心。

讨论题

1. 从商业伦理的角度你如何看待该企业的沉沦？
2. 如果你是政府的工作人员，你认为应该如何防范类似事件再次发生？

学习链接

[1] 林凡. 中国上市公司融资偏好的理论与实证研究 [M]. 北京：北京大学出版社，2007.

[2] 刘光明. 新商业伦理学 [M]. 北京：经济管理出版社，2008.

[3] 李小军. 股权融资偏好抑或过度融资 [J]. 财贸研究，2009(2).

[4] 马鹜. 由"安然事件"引发的对注册会计师提供 [J]. 长春教育学院学报，2006，22(1).

[5] 牛文浩. 我国上市公司融资偏好及经济伦理问题分析 [J]. 云南社会主义学院学报，2012(4).

[6] 牛文浩. 我国上市公司融资偏好的经济伦理探析 [J]. 桂海论丛，2013，29(1).

[7] 提云涛. 我国上市公司股权融资偏好内在动因研究 [R]. 深圳：深圳证券交易所，2003.

[8] 王建峰. 管理咨询业务对审计独立性的影响 [J]. 审计与理财，2005(2).

[9] 叶晶晶. 基于伦理视角的会计舞弊及其预防研究 [J]. 财会通讯，2009(7).

[10] 叶陈刚. 商业伦理与会计职业道德 [M]. 大连：东北财经大学出版社，2004.

[11] 朱光磊. 关于会计伦理的哲学思考 [J]. 财会月刊，2007(11).

[12] 博特赖特. 金融伦理学 [M]. 静也，译. 北京：北京大学出版社，2002.

[13] 罗伯特·诺奇克. 无政府国家和乌托邦 [M]. 姚大志，译. 北京：中国社会科学出版社，2008.

[14] 帕特里夏. 布莱克韦尔商业伦理学百科辞典 [M]. 刘宝成，译. 北京：对外经贸大学出版社，2002.

[15] 约翰·罗尔斯. 正义论 [M]. 何怀宏，等译. 北京：中国社会科学出版社，1998.

[16] 约瑟夫 W 韦斯. 商业伦理：利益相关者分析与问题管理方法 [M]. 符彩霞，译. 北京：中国人民大学出版社，2005.

[17] James A, Smith J, Clifford W, Zimmerman. Business ethics and organizational architecture[J]. Journal of Banking& Finance, 2002,(26).

[18] Jensen M, Meckling. Theory of the firm: Managerial behavior, agency costs and ownership structure[J]. Journal of Financial Economics, 1976(3).

[19] Mitnic B M. The Political Economy of Regulation[M]. New York: Columbia University Press, 1980.

第7章
商业竞争中的伦理问题

学习目标

1. 了解商业竞争的主要内容。
2. 理解商业竞争存在的潜在危害。
3. 掌握获取商业情报、同行业竞争、供应商管理、经销商管理和并购重组中存在的非伦理行为。
4. 熟悉商业竞争中非伦理行为产生的原因。
5. 掌握治理商业竞争中非伦理行为的对策。

开篇案例

"谍影重重",为何中国商业无秘密

商业世界从来不乏"谍影重重"的戏码。商业秘密保护除了企业的自主意识与自律,更需要法律环境的"他律"。美国等国家早就有专门的商业秘密法。就在2014年的全国两会上,某人大代表、集团股份有限公司董事长李某就递交了建议制定"商业秘密保护法"的议案。李某所在A企业被竞争对手B企业窃取了商业机密。A企业具有自主知识产权的全套生产技术,但在2005年B企业通过利诱涉密的多名技术人员的方式,得到其全套保密技术。尽管经过8年的漫长等待,A企业终于在去年得到了获赔40万的判决结果,但在李某看来,商业秘密被侵犯不是A企业一家公司面临的问题,如果企业之间都这样偷窃或抄袭他人的技术,而法律对此又判罚不重,将会导致没有企业还愿意在创新方面投入。

谍影出没

被疑窃取某著名手机企业一项新技术方面的商业机密,该公司首席设计师简某、设计部处长吴某等正在一场诉讼中纠缠,去年年底被地方检查总署正式认定涉嫌窃取商业机密等罪名,一旦指控罪名成立,他们或将会面临高达10年的监禁。

其实,不少公司都或多或少地遇到过商业秘密泄露的困扰,同济大学法学院副教授刘春彦就曾表明:"随着经济发展和商业竞争日益激烈,中国企业间关于侵犯商业秘密的案件也更加突出,这一方面是因为企业的法律意识增强,另一方面也是因为商业秘密越来越值钱。"

离开"老东家"就该闭嘴

企业最怕的就是离职的员工或被挖走的员工带走了公司的重要技术机密或重要客户,特别是

曾在技术岗位或营销岗位工作的员工。2011年珠海某公司原高管余某等4人离开"老东家"后，利用其掌握的信息，帮助"新东家"有针对性地制定了部分产品的美国、欧洲价格体系，向原属于"老东家"的11个国外客户销售了相同型号的产品。2013年年底，因构成侵犯商业秘密罪，上述4位高管及其新东家江西某公司、广东某公司，前者被判刑2~6年，后者被判处罚金共3560万元，这使得该案成为中国最大规模的经营信息类商业秘密案。

商业秘密侵犯原因探析

部分企业存在急功近利的思想，这是侵犯商业秘密的重要原因。企业如果用正常的研发途径，可能需要耗费大量的研发资金，研发的过程不但漫长还会面临失败的风险；开拓新客户，也需要时间和精力，于是就想到通过高薪挖"角"竞争公司的研发或营销人员，有的甚至是贿赂竞争对手公司的员工，来获取商业秘密，走捷径。然而却忘记了在商业竞争中应恪守的商业伦理。

资料来源：刘琼. 谍影重重，为何中国商业无秘密 [N]. 第一财经日报，2014-03-28.

从上述案例可知，在**商业竞争**（commercial competition）的环境下，企业的商业机密仅仅靠法律来维护是远远不够的，满怀恶意的竞争对手无孔不入，会通过各种手段来获取企业内部的商业机密，现今法律的惩罚往往也并不能够起到威慑作用，因此，树立企业商业竞争伦理意识越发显得重要和迫切，那么在树立正确的商业竞争伦理意识之前，首先要了解什么是商业竞争，商业竞争中常见的非伦理行为有哪些，想要成为真正的伦理型企业又有哪些非伦理行为是企业必须果断拒绝的？本章将围绕这些问题展开探讨。

7.1 商业竞争概述

商业竞争既是一种激励机制，又是一种淘汰机制，正是这种巨大的激励和压力的双重作用，才使得参与商业竞争的各方不断进取，奋力向前，最终推动整个社会经济、文化的发展与进步。研究商业竞争中的伦理问题，首先要了解竞争及商业竞争的概念和主要内容，商业竞争中可能会面对的伦理困境，以及当发生这些违背商业竞争伦理的行为时，又会带来怎样的危害。

7.1.1 商业竞争的主要内容

研究商业竞争的主要内容，首先要理解什么是商业竞争，商业竞争有哪些特点。

1. 商业竞争的定义

"物竞天择，适者生存"是自然界和人类社会生存发展的必然规律，"竞争"一词最早出现于《庄子·齐物论》："请言其畛：有左有右，有伦有义，有分有辩，有竞有争，此之谓八德。"按字面解释，竞争就是对立的双方为了获得他们共同需要的对象而展开的一种争夺、较量。⊖商业竞争由于其自身固有的特征，使得商业竞争相较于竞争而言有其鲜明的特征，不同于竞争之处在于：商业竞争强调的竞争主体是企业而非单纯的个体，竞争的场所是市场经济环境而非一般场所，因此商业竞争又可称为企业竞争。根据其特征，商业竞争可以定义

⊖ 叶陈刚. 企业伦理概论 [M]. 北京：对外经济贸易大学出版社，2009:174-176.

为不同企业在现代市场经济条件下，为实现自己的目标、维护和扩大自己的利益而展开的争夺顾客、市场、人才、资金、信息、原材料等各项资源的活动。

2. 商业竞争的内容

按照竞争内容的不同，商业竞争的内容主要包含以下四个方面。

（1）**市场竞争**。当今企业若想以合适的价格获得企业所需的人、材、物和想以合适的价格将产品销售出去，都必须通过市场这一媒介，依靠一定的市场机制和规则实现生产经营和通畅，因此市场竞争就是企业间的相互竞争。

（2）**物质资源竞争**。企业生产经营需要大量的资源投入，一般是指传统意义上的物质资源。现代企业越来越重视供应链管理，试图通过和供应商合作来保障原材料等物资的正常供应，但从全球范围来看，物资总是短缺的[⊖]，因此如何稳定掌握物质资源，确保企业不受原材料短缺等问题的困扰才是企业发展的关键所在。

（3）**人才资源竞争**。人是企业生产经营的最基本要素，也是最具主观能动性的要素，因此优秀的人才特别是那些掌握特殊知识和技能的人才是企业难得的稀缺资源，而人才竞争是企业间竞争最激烈也是最重要的内容之一。

（4）**信息竞争**（message competition）。信息已成为企业生产经营决策的主要依据之一，其价值也越来越为企业重视，但信息仍然是稀缺的、不对称的，在可预见的未来，企业间对信息的获取只会竞争得更加激烈。

7.1.2　商业竞争中可能面对的伦理困境

企业在生产经营过程中，难免会遇到诸多诱惑或不得已的情景，当这些与商业伦理相冲突时，企业往往也会因为难以做出抉择而陷入伦理困境，下面就大致列举几类企业在商业竞争中经常遇到的伦理困境。

1. 获取商业情报中的伦理困境

在获取**商业情报**（commercial intelligence）中，企业往往会面临是否接受或窃取**竞争对手**（competitor）的机密文件困境，如若接受或窃取了竞争对手的商业机密，必然可以给竞争对手以重击，甚至能够独霸市场。但这种做法却会违背市场规律，侵犯伦理道德，甚至会背上采用不正当商业手段获取其他企业机密的骂名。当企业在面临是否接受竞争对手的商业机密而获得自身成功时，应该考虑是否会造成非伦理行为。

2. 同行业竞争中的伦理困境

在同行业竞争中，当企业面临市场中的巨大利益诱惑、人才资源的匮缺、物质资源的短缺和信息资源的不对称等困境时，企业可能会为了自身短期发展而将伦理道德置之不理。在《反不正当竞争法》中列举了许多企业可能存在的不正当行为，面对这种伦理困境，在自身发展与竞争对手发展的选择中，企业的发展可能会一时拯救企业，却难以使企业长远发展。

3. 供应商管理中的伦理困境

供应商（supplier）管理中常常面临的伦理困境主要在于，企业能否在款项、合同等方面积极配合供应商。一些企业常为一己之私强行压榨供应商，霸占供应商货款不付等常见的非

⊖　徐金发. 企业伦理学 [M]. 北京：科学出版社，2008:208.

伦理行为。银货两讫是商业活动中最普遍的准则，然而当企业因为种种原因或自身困境，不愿意或不能及时将供应商的货款及时付清时，从法律责任而言并无多大的过错，却给供应商在资金等方面带来诸多不便，面对这种伦理困境，企业的选择不仅关系到自身的发展，也关系到供应商的经营。

4. 经销商管理中的伦理困境

不能提供可正常销售的产品，不恰当履行合同要素，拒绝提供销售服务，歧视定价等行为都是企业在**经销商（agency）**管理中常常面临的非伦理困境。企业往往为了促使经销商多拿货物，通常会面临是否应该制定"多拿优惠、少拿较贵"的定价策略，如此一来，小批量的经销商则无利润可赚，大经销商更容易压倒小经销商，这种由于企业定价策略而产生的非伦理行为，企业是否采纳应慎重考虑。

5. 并购重组中的伦理困境

并购（merge）重组（recombination）的目的往往是为了使两个企业都能够健康快速地发展起来，然而现如今，当收购竞争对手后是将该企业继续发展还是慢慢让其消失于市场之中是许多企业面临的伦理决策。有的企业有时会为了扩大自己的市场占有率不惜在收购竞争对手后停止对其进行生产销售，多年之后该竞争对手便销声匿迹，该企业独霸市场。

7.1.3 商业竞争中伦理问题的潜在危害

按照危害对象的不同，商业竞争中非伦理行为的主要危害体现为以下几方面。

从员工角度而言，企业在商业竞争中的非伦理行为可能会损害员工的权益。在企业与竞争对手竞争的过程中，企业为争夺市场份额，提高销售量，常采用的方式是低价销售，甚至出现低于成本倾销的"险招"，导致的直接后果是企业的经济效益滑坡，甚至可能出现亏损状态，长此以往，企业必然倒闭，那么受害最大的当然是无辜的员工。

从企业角度而言，企业在商业竞争中的非伦理行为可能会损害企业的品牌形象。企业的无形价值就是企业的品牌，如果一个企业的品牌信誉差，那么必然难以做大做强。当一个企业在商业竞争中做出了一些非伦理行为，必然也会对其品牌信誉产生负面影响。如降价后二三百的微波炉安全是否有保障？品牌信誉在降价中"由高走低"，使企业的品牌受到了很大的损失。

从公众角度而言，企业在商业竞争中的非伦理行为并不能有利于公众，反而可能侵犯公众的权益。如假冒伪劣产品不仅会使公众的经济利益受损，有时还会危害到公众的人身安全。

从竞争者角度而言，企业在商业竞争中的非伦理行为损害了其他竞争者的正当利益。在生存压力和利益驱动下，总会有一些企业采用非法的或者是有悖于商业伦理的方法和手段参与**市场竞争（market competition）**，以牟取公平竞争所难以获得的利益和竞争优势，进而损害了其他竞争者的正当利益。

从市场角度而言，企业在商业竞争中的非伦理行为并不能实现优胜劣汰。2014年两款打车软件进行了一场生与死的较量，双方为占领打车软件市场不断相互调高补贴金额，由最初的10元调至15元，但几个月过后，不堪压力的双方都输给了消费者，陆续将补贴降低。因此，类似于恶性竞争这样的非伦理行为并不能够实现真正的优胜劣汰，反而会破坏市场秩序，甚至严重阻碍市场经济的健康运转，可谓是百害而无一利。

当今社会，正是由于部分企业缺乏对商业竞争的正确认识，认为商业竞争就是"你死我活，尔虞我诈"，就是不择手段地赚钱，这是对商业竞争的曲解，从而也导致了许多**不正当竞争（illicit competition）**的行为。

7.2 商业情报获取中的伦理问题

所谓商业情报，是指在一定的时间、条件下，组织商品流通活动所必需的消息、情况、知识、智慧和报告。㊀由于商业情报具有对抗性的特点，商业情报的搜集也就不可避免地带有进攻性的意味，搜集人员为了获取尽可能多且重要的情报，往往会利用各种技巧甚至使用不正当的手段，也可以称为非伦理行为，这些非伦理行为损害了竞争对手的合法权益，破坏了整个社会的竞争体制，严重影响了企业的健康发展。㊁一般常见的获取商业情报中的非伦理行为，可根据公开与否分为两类：公共情报中的伦理问题和内部情报中的伦理问题。

7.2.1 获取公共情报中的伦理问题

1. 公共部门信息

公共部门蕴藏着大量竞争对手的关键信息，也都是企业十分想要获取的信息。如从运输部门可了解竞争对手材料和产品的购入、输出情况，从银行可搜集竞争对手的贷款、经营情报、发展预测等。但公共服务部门是不对外开放这些信息的，有些企业情报人员为得到这些重要情报，往往违背职业道德，不择手段地潜入公共部门获取竞争对手的重要信息。

2. 竞争对手公开网站

作为一个广泛的信息交流渠道，越来越多的企业愿意将信息公布在自己的公开网站上，对于企业而言，得到更多有关竞争对手的商业情报及其竞争优势的机会已然到来。但要从竞争对手的网站上找到有价值的信息并不是一件简单的事情，现在许多企业专门成立情报信息部门，对竞争对手公开在网站上的信息进行采集、分析、加工、报告及确认，这种入侵竞争对手公开网站，窃取内部资料的非伦理行为，与建立情报信息部门的初衷早已相违背。

专栏 7-1　　　　　　　　　情报人员的压力

企业决策者都有将决策风险降低到最小限度的心理，都想通过最少的付出获得最大的收益。因此，决策者对情报人员提出更高的要求，要求情报人员提供的信息是全面的、及时的、参考价值高的，为其决策提供足够的支持。情报工作者由于其情报搜集能力欠缺、情报搜集技术技巧掌握不当、信息整理加工及分析能力有限等原因，往往不能在规定的时间内通过正当渠道获取情报，在企业领导和紧急的竞争搜集环境的多重压力下，情报工作者为按时完成任务，就可能产生不良的情报搜集动机，倾向于采取不合乎伦理道德的情报搜集方式，最终导致非伦理竞争行为的产生。

该专栏根据相关资料整理而得。

㊀ 潘大钧. 略谈商业情报 [J]. 北京商学院学报，1981(2)：40-45.
㊁ 付立宏，贾秀华. 论企业竞争情报获取伦理的约束效力 [J]. 现代情报，2006.

3. 竞争对手废弃品

许多企业会雇用专职咨询公司或个人，在竞争对手丢弃的垃圾中寻找情报。尽管企业的垃圾是被抛弃之物，把这些垃圾捡回来也不违法，但企业竞争情报业内公认这种行为是不道德的。

4. 第三方媒介

通过广告商、经销商、供货商、新闻媒介、行业协会、上下游关联企业等第三方媒介，获得竞争对手的相关信息是许多企业都会采用的商业情报搜集方法，这些组织由于与竞争对手有着这样或那样的联系，所以也是企业了解和收集竞争对手情报的重要信息来源。许多企业通过收买或其他不正当手段从竞争对手的第三方媒介获取重要信息。

7.2.2 获取内部情报中的伦理问题

1. 商业间谍

雇用或培养商业间谍是当今常用的不当商业竞争的手段之一，商业间谍主要是指企业为获取竞争对手的商业机密，雇用或培养商业间谍以某种身份潜入竞争对手公司，根据以往经验及手段，从竞争对手公司偷取有价值的信息。在许多国家明文规定窃取商业秘密属于违法行为，但仍有许多企业为了获取高额利益铤而走险。有调查显示，名列《财富》(Fortune) 全球 1 000 强的大公司，平均每年发生 2.45 次商业间谍事件，损失总额高达 450 亿美元。其中，位于硅谷的高科技公司首当其冲，发生的窃密案件中，有 54% 损失高达 1.2 亿美元。○这些令企业惊讶的失窃损失数字，促使企业不得不加紧防范，规定员工不得向外透露企业的情报，如某公司在新员工加入时的宣誓书上，特别注明不要在任何场合谈论技术秘密，参加任何活动不能触及秘密，有人问起必须拒绝，若无法回避问题宁可退出有关活动。

2. 利用高科技产品

利用高科技产品，通过偷听、偷拍、偷看的方式以及其他高科技手段秘密窃取竞争对手的商业情报，包括书面材料、图纸、生产设备与工艺方法、计算机数据库的资料等。表 7-1 是对常见的高科技窃密方式进行的汇总。

表 7-1 常见的高科技窃密方式

常见高科技窃取机密方式	内容
电子监听	主要是通过安装窃听器以达到电子监听的效果，主要监听内容包括竞争对手的投标报价、客户资料、经营趋势等竞争对手的重要信息，企业希望通过监听获得有利于击败对手的竞争优势
计算机监控	是指企业能够通过监控竞争对手的电脑获取有用的信息。黑客入侵主要是指入侵到竞争对手的内部网络，以窃取其与客户往来电子邮件的内容，获得对手的客户群及业务交易信息
微型摄像头监控	是指企业通过不当手段将微型摄像头安置于竞争对手公司内部，以获取有价值的信息

3. 威逼利诱知情人

此类行为的表现通常是企业以金钱、高级住房、女色等引诱、贿赂竞争企业情报的知情

○ 谷尼情报观一：竞争情报工作不等于商业间谍 [N]. 中国青年网，2014-11-19.

人，或以安排高职位、给予高待遇引诱知情人跳槽，挖走人才，从而取得竞争对手的商业情报。此外，企业还可能用揭人隐私等手段要挟、胁迫知情人泄露竞争对手的商业情报。

4. 利用忠诚顾客获取商业秘密

一些公司向与自己长期合作且比较忠诚的客户承诺一定的优惠条件，让客户向竞争对手搜集所需要的情报。如客户向竞争者的零部件招标，要竞争者提供这家公司没有的先进零部件，竞争者为了争取到合同，在报价时，会很详细地介绍自己的产品，并提供技术规范和产品说明书，这样通过客户就得到了真实可靠、全面系统、具有极强竞争性的情报。

5. 利用"假招聘"获取商业秘密

部分企业打着招聘的名义，在"面试"应聘者时，通过与其交流原所在公司的运作方式，窃取同行商业情报。这种专门针对刺探同行商业情报的面试，往往会开出十分诱人的条件引诱应聘者，当面试时，面试官不仅会要求应聘者讲述以往的工作案例，更要求重点讲述在业务特色、渠道开拓等方面的具体的管理运作方式。

上述所说的行为都是有违伦理道德，甚至是违法的，这些行为是不值得提倡的。部分企业在搜集过程中，虽没有想通过不正当手段获取商业情报之心，但由于自身认知、经验或能力不足等原因，未能分清目标信息是否已被对手采取措施加以保护而实施搜集活动，就很容易卷入侵权纷争或违背行业职业伦理准则，也会给企业带来损失。⊖

7.3 同行业竞争中的伦理问题

同行业竞争一般是指企业之间提供相似的产品或服务，且所服务的目标顾客也相似。当然，还是存在部分企业除了采取正当的竞争策略外，采用一些不道德的商业手段和行为来提高自身的商业地位，主要表现在市场竞争、物质资源竞争、人才资源竞争和信息竞争中。

7.3.1 市场竞争中的伦理问题

市场，是买卖双方交换的场所，也是企业取得资源（人、才、物、信息）并把产品或服务推销出去以实现企业利润的场所，也是企业与竞争对手角逐的竞技场。因此，实现企业目标，提高企业利润，扩大市场占有率是企业与竞争对手相互角逐的主要目的，也是企业在市场竞争中非伦理行为发生的潜在原因。

1. 低价倾销行为

价格是企业参与市场竞争的重要手段，它与企业的生存和发展休戚相关。企业在制定价格时，除了要考虑成本外，还应该综合考虑市场特性、供求状况、消费者需求和竞争对手的状况。总的来说，价格竞争一方面要求企业不能故意哄抬物价、牟取暴利；另一方面要求企业不能故意以低价倾销，排挤竞争对手，大打"价格战"。⊜

根据《反不正当竞争法》第十一条规定，经营者不得以排挤竞争对手为目的，以低于成本的价格销售商品。低价倾销行为是指经营者为了排挤竞争对手，故意在一定的细分市场上

⊖ 黄巾. 企业竞争情报活动中伦理问题的研究及其控制 [J]. 云南大学，2013.
⊜ 陈炳富，周祖城. 企业伦理学概论 [M]. 天津：南开大学出版社，2008:99.

和一定的时期内，以低于成本的价格销售某商品或服务，以挤垮竞争对手，造成自己长期独占市场的行为。经营者一旦实施该行为，那么企业若无强大的资本实力做后盾，长此以往下去，企业必将给自身的生存带来危机。反言之，即使企业有强大的资本实力，也经受不住常年的亏损。对于正当经营者而言，若竞争对手采取低价倾销行为，如果不做出回应，那么就有可能被挤出市场，成为不正当竞争的牺牲品，如果做出回应，那么就会被逼采用同样的低价倾销行为，这样就进入了恶性竞争的循环，最终的结局也是两败俱伤。因此，低价倾销侵犯了正当经营者公平竞争的权利，是一种极为不道德的行为。⊖

2. 滥用优势地位

根据工商行政管理局 1993 年 12 月发布的《关于禁止公用企业限制竞争行为的若干规定》第四条指出，公用企业滥用优势地位限制竞争的行为包括：第一，限定用户、消费者只能购买和使用其附带提供的相关商品，而不得购买其他经营者提供的符合技术标准要求的同类商品；第二，限定用户、消费者只能购买和使用其指定的经营者生产或者经销的商品，而不得购买和使用其他经营者提供的符合技术标准要求的同类商品；第三，强制用户、消费者购买其提供的不必要的商品及配件；第四，强制用户、消费者购买其指定的经营者提供的不必要的商品；第五，以检验商品质量、性能等为借口，阻碍用户、消费者购买、使用其他经营者提供的符合技术标准要求的其他商品；第六，对不接受其不合理条件的用户、消费者拒绝、中断或者削减供应相关商品，或者滥收费用；第七，其他限制竞争的行为。《反不正当竞争法》第六条也规定，公用企业或者其他依法具有独占地位的经营者，不得限定他人购买其指定的经营者的商品，以排挤其他经营者的公平竞争。

优势地位是指经营者所拥有的经济优势和市场优势，这种优势会帮助企业在市场竞争中处于有利位置。但是，企业也可能利用自身优势来侵害竞争对手的正当利益，破坏正常的市场秩序，这种情况就是滥用优势地位行为。一般而言，滥用优势地位的企业主要是公用企业、大型零售企业和其他依法具有独占地位的经营者等。公用企业是指通过网络或者其他基础设施提供公共"经营"，并具有一定程度的自然垄断性和公益性的企业。典型的公用企业有供电、供水、供煤、电信、民航、铁路、公路、邮政等部门。

> **专栏 7-2**
>
> **表 7-2 公用企业滥用优势地位的特殊表现**
>
> | 特殊表现 | 含义 | 举例说明 |
> | --- | --- | --- |
> | 滥用收费 | 在强制交易的情况下，收取了本不该收取的费用 | 电信局采取加大线路损失、加大变压器损失、加收协议电量、表外多计电量等种种手段多收用户电费 |
> | 强制交易 | 消费者在购买商品时，被强迫接受从交易性质到习惯都与合同无关的商品或服务 | 电信部门在安装电话时，强行向用户收取初装费；运输部门强制乘客在购票时购买商业保险，从中收取手续费 |
> | 拒绝交易 | 对不接受公用企业不合理条件的用户或消费者拒绝、中断、削减供应相关商品 | 天然气公司在安装天然气管道时，对于不向自己购买开关的用户拒绝安装 |
>
> 资料来源：夏虹．试论我国公用企业滥用优势地位的若干问题 [J]．焦作大学学报，2008(4)．

⊖ 徐金发．企业伦理学 [M]．北京：科学出版社，2008:219-220．

3. 混淆行为

根据《反不正当竞争法》第五条规定，经营者不得采用以下手段从事市场交易：第一，假冒他人的注册商标；第二，擅自使用知名商品特有的名称、包装、装潢，或者使用与知名商品近似的名称、包装、装潢，造成和他人的知名商品相混淆，使购买者误认为是该知名商品；第三，擅自使用他人的企业名称，引人误认为是他人的商品；第四，在商品上伪造或者冒用认证标志、名优标志等质量标志，伪造产地，对商品质量做引人误解的虚假表述。

以上四种行为都属于混淆行为，也就是企业试图通过多种不实手法对自己的产品或服务做出误导性标示，使其特征与特定竞争对手的商品和服务相混淆，从而侵害了竞争对手的利益。

4. 虚假宣传行为

根据《反不正当竞争法》第九条规定，经营者不得利用广告或者其他方法，对商品的质量、制作成分、性能、用途、生产者、有效期限、产地等做引人误解的虚假宣传。广告的经营者不得在明知或者应知的情况下，代理、设计、制作、发布虚假广告。企业虚假宣传是同行业竞争中常见的不道德行为之一，对于竞争对手而言，虚假宣传误导了消费者，在不公平的前提下，影响了竞争对手的销售额、利润等。

企业的虚假宣传行为主要集中在产品或服务的两个方面：第一，价格方面，主要是指欺骗性的价格，包括模糊定价、虚假降价、价外加价等。最常见的形式是商家采用"促销价""清仓价""跳楼价"等字眼吸引消费者进行购买，实际上确是商家先提高价格，再进行打折，进而造成降价的假象；第二，产品方面，主要是指产品的质量、制作成分、性能、用途、生产者、有效期限、产地等信息。最常见的形式是夸大产品用途，玩弄文字游戏等。

5. 诋毁商誉行为

根据《反不正当竞争法》第十四条规定，经营者不得捏造、散布虚伪事实，损害竞争对手的商业信誉、商品声誉。换言之，诋毁商誉行为就是企业为了达到某种目的，故意捏造、散布虚假事实或信息，损害竞争对手的商业信誉、商业声誉，使其无法参与正常市场交易活动，削弱其市场竞争能力，从而使自己在市场竞争中取得优势的行为。

企业诋毁商誉行为主要集中在故意制造虚假事实和故意捏造、传播虚假信息两个方面：第一，故意制造虚假事实方面，主要是指不正当经营者蓄意制造事实，破坏竞争对手的产品或服务质量，从而使消费者对其竞争对手产生误解、丧失信任，以使使自己获利；第二，故意捏造、传播虚假信息方面，主要是指不正当经营者故意凭空捏造一些有关竞争对手产品或服务的不实信息，并通过广告等手段传播，诋毁竞争对手的商誉。

7.3.2 物质资源竞争中的伦理问题

企业往往会为了争夺现有的物质资源而做出一些非伦理行为，从而使自己获利。最常见的行为主要是以欺骗的行为换取政府资源。政府往往对优秀企业在科研、生产等方面给予一定的资金或其他物质方面的资助，正是这一帮助企业发展的良好政策，使得部分企业为牟私利，不惜编造如每年产值多少，税收多少等虚假数据来表明企业发展良好，骗取政府在资金或其他方面的资助，以此来挤占同行业其他竞争对手的资源。或者是企业以需要投资重点项目为借口，申请政府资助，以此骗取政府给予资源。

除了与竞争对手争夺共有资源之外，企业也会在供应材料等方面与竞争对手展开激烈的争夺。除了正常的向供应商购买原材料之外,部分企业还会采取与供应商协商的方式,禁止供应商向竞争对手提供货源,这样一来竞争对手没有原材料就难以维持生产,特别是当供应商提供的是核心原材料时,更加增加了竞争对手的生产困境。

7.3.3 人才竞争中的伦理问题

企业的竞争终究是人才的竞争,那么在**人才竞争**(talent competition)的时代,企业必须做好两点,一方面企业必须正当、合理地吸引人才,不能以强迫、收买或欺骗等手段争取竞争对手的人才;另一方面,企业也要尽力做到留住人才,发挥人才。然而,即使许多企业深知抢夺竞争对手人才的行为实属不道德,但在利益的诱惑下,仍有一些企业会挖墙脚,这也是企业在人才竞争中常见的非伦理行为。

7.3.4 信息竞争中的伦理问题

1. 侵犯知识产权

知识产权是指权利人对其所创作的智力劳动成果所享有的占有、使用、处分和收益的权利。各种智力创造,如各种发明、文学、艺术作品以及在商业中使用的标志、名称、图像和外观设计,都可以被认为是某一个人或某一组织所拥有的知识产权。知识产权是一种无形财产,它与房屋、汽车等有形财产一样,都受到国家法律的保护,都具有价值和使用价值。[○]

侵犯知识产权最常见的方式是盗版。企业为自己的知识产品,如软件,付出了大量的资金、劳动与知识,需要依靠出售大量的正版软件才能收回,而现在普遍存在的盗版行为却使得企业辛辛苦苦开发出来的知识产品"血本无归",这不仅大大挫伤了软件开发者的积极性,不利于信息产业的发展,而且使很多人短期内就能"暴富",破坏了公平、公正的竞争秩序。

2. 窃取商业机密

商业秘密是指不为公众所知悉、能为权利人带来经济利益、具有实用性并经权利人采取保密措施的技术信息和经营信息。根据《反不正当竞争法》第十条规定,经营者不得采用下列手段侵犯商业秘密:第一,以盗窃、利诱、胁迫或者其他不正当手段获取权利人的商业秘密;第二,披露、使用或者允许他人使用以前项手段获取的权利人的商业秘密;第三,违反约定或者违反权利人有关保守商业秘密的要求,披露、使用或者允许他人使用其所掌握的商业秘密。第三人明知或者应知前款所列违法行为,获取、使用或者披露他人的商业秘密,视为侵犯商业秘密。

企业的相关者负有为企业保密的责任,并已知该项信息视为不对外公开,比如企业的生产配方、工艺流程、技术诀窍、设计图纸、管理方法、营销策略、客户名单、货源情况等具有商业利益性的信息,这些信息关乎企业的竞争力,一旦这些信息被公开,那么该信息将会被竞争对手掌握并用于生产或经营,影响企业的生存和发展。

7.4 供应商管理中的伦理问题

每个企业的生存发展都离不开向企业提供原材料、半成品、零部件的各类供应商。所谓供应商是指直接向零售商或制造商提供产品及相应服务的企业。从表面上看,企业与供应商

○ 廉茵. 商业道德 [J]. 北京:清华大学出版社,2011:113-114.

的利益并非一致，一方有意抬价，而另一方拼命压价；但从深层次来看，企业需要的是原材料、零部件及时、稳定地供应，供应商需要的是源源不断的订单，因此，在双方交易过程中，企业可能会为了短期利益而对供应商做出不道德行为。本节研究的供应商对企业而言是原材料、零部件的供应者，也可以是提供零售货品的供应商。

7.4.1 款项中的伦理问题

信誉是一个企业良好发展的基本要求，企业是否能够兑现其承诺是企业维持其良好信誉的重要前提，然而，在当今时代，企业与供应商之间的信誉却岌岌可危，因为企业对供应商占用货款、拖欠货款的现象早已是司空见惯，能够做到按时履行承诺，准时支付货款的企业实属难得，因此，企业往往是处于"我并非不付款，只是晚点付款"的自我假设中，却不知在无形中损害了企业自身的形象。

1. 拖欠货款

供应商有时为拉拢企业，提高自身销售量，通常会与企业签订合同，承诺先免费将原材料或商品给企业，再规定结款期限，在结款期限内还清货款即可。如许多供应商会先拿部分商品给企业试卖，只有当这批商品卖完后，企业才需要付款给供应商。但是在现实中，企业往往以各种借口挪用、拖欠货款，甚至半年一年都还不结算。在这种情景下，即使供应商有一纸合同，但怕得罪企业，也不敢轻易诉讼，一旦供应商向企业提起法律诉讼，便意味着与企业的关系决裂，丧失了这个顾客，同时也在行业中塑造了一种不好的形象，给以后与其他企业的关系建立带来了负面影响。

2. 强行压价

平等互利是维系企业与供应商良好合作的基础。但实际上很多企业认为，与供应商的关系只是简单的金钱与货物的交易关系，交易价格成为双方力争的焦点。企业采购时也会利用如招标、反向拍卖等不同的议价方式。一般而言，根据利润最大化原则，企业与供应商之间展开谈判，压制对方，为自己争取到最佳的价格本属正常之事，但是当企业势力大于供应商，并利用自己在行业中的优势地位时，就可能会一味地压低供应商的价格，甚至出现让供应商亏损的情况，这就有悖于公平原则。

7.4.2 合同中的伦理问题

企业与供应商的关系往往是通过一纸契约的关系来体现，当今时代，企业与供应商的关系却越来越紧张，企业为了赢得消费者的青睐，不惜对供应商残酷压价，签订多项不平等契约，变相将自身经营成本、经营风险转嫁给供应商，将供应商生死置之度外，企业虽然能够获得暂时的利益，但长此以往，其他供应商将不再愿意与其合作，企业也终将受到其他供应商的联合抵制。

1. 强制收取各类不合理费用

在与供应商的直接接触中，企业往往会凭借其在行业内的垄断等优势地位，对供应商收取名目繁多的费用，如上架费、进门费、促销费等，这些费用没有规则、理由、商议，完全是由企业一方决定，供应商在这些收费面前完全没有讨价还价的余地，因为企业会直接在给供应商的货款中扣除。种种收费使得供应商的成本不断上升，迫使供应商提高产品价格，进而引起需求量的下降，长此以往，势必损害消费者与供应商共同的利益。

2. 强制更换品牌

企业在使用供应商提供的原材料或零部件或产品时，有时会要求供应商为自己企业的商业品牌提供便利，最常见的行为即为企业要求供应商将其原有的产品品牌更换为自己的品牌进行销售或使用，企业这种利用自己的商业品牌冲击供应商品牌的行为，不仅对供应商的利益造成了伤害，影响供应商自我品牌的发展，同时也破坏了双方的合作关系。

7.4.3 劳动环境中的伦理问题

如果企业与供应商签有协议，企业必须对其供应商的行为负责，就如同当公司的一位员工驾驶公司汽车在为公司执行业务时，发生交通事故，那么公司就必须对该事故负责。但是现实却是很多企业并不关注供应商的非伦理行为。

1. 纵容供应商非法雇用员工

保障基本人权是供应商责无旁贷的事，但供应商在为企业提供原材料或零部件时，有时会采用非法雇用童工等手段节约成本、提升竞争力，而企业往往更加看重的是供应商的价格而并未去深究供应商低价的原因，因此，当供应商收到企业交予的大量订单时，供应商只会认为企业默认了此行为而变得变本加厉。

2. 拒绝为供应商工作安全负责

企业应确保供应商在生产过程中的工作环境安全，为企业生产的原材料或零部件不会对员工的身体或心理造成危害，但是，往往企业拒绝为供应商的工作安全负责，认为这是供应商自己的事，企业只是购买其产品，并不需要对其负责。

专栏 7-3　　　　　　　　　　为安全维权

某知名公司作为一家主营电子产品的企业，通常将手机的生产外包给其供应商，但近日来，该公司的劳工措施正遭到两个维权组织的斥责，它们称该公司在生产手机过程中所使用的有害化学物质会威胁组装该设备的供应商工人的健康。之后，"中国劳工观察组织"（China Labor Watch）与环保组织"绿色美国"（Green America）就这一问题发起网上请愿行动。这两个组织希望有足够多的人签名支持行动，迫使该公司放弃在手机生产过程中使用苯和正己烷这两种化学物质。如果处理不当，苯这种致癌物质会引发白血病。正己烷则可能会导致神经损伤。此时，该公司负责人并未表态，但如果该公司对此事件置之不理，那么将很可能面临许多质疑。

该专栏根据相关资料整理而得。

7.5 经销商管理中的伦理问题

所谓经销商是指在某一区域和领域只拥有销售或服务的单位或个人。经销商是传统又中坚的渠道力量，也是企业在销售过程中必须要接触的单位或个人。因此，寻找可靠的经销商，实现畅通的产品分销，化解竞争对手的恶意侵犯，维系与经销商的稳定关系也是企业能够正常经营的必然保障。然而，在许多企业深谙此道理的同时，仍有企业为寻求短期利益，对经销商做出许多不道德的行为。

7.5.1 产品中的伦理问题

企业与经销商沟通最多的就是关于产品的问题，产品的好坏直接影响经销商的销售额与利润的大小，因此经销商往往更加在意产品的质量及品牌形象，希望能够从企业中得到质量良好、品牌价值高又低廉的产品。然而，当企业成功塑造了产品品牌和形象品牌，消费者品牌忠诚度逐渐上升，市场逐渐趋向于品牌消费时代时，企业的议价能力也在不断增强，在与经销商的关系中占主导地位，从而容易引起经销商的不满，对合作关系造成伤害。

1. 以次充好、缺斤少两

企业按照合同要求，将质量达标、数量齐全的产品提供给经销商是企业应尽的职责，但是部分企业却会故意违反合同，以次充好、缺斤少两，将残次品掺杂在产品中给到经销商，或者是故意减少产品数量，试图蒙混过关，欺骗经销商。为了追求自己的最大利益，实现自己的目标，企业的这种欺骗行为不仅损害了经销商的基本利益，也损害了企业自身的声誉。

2. 未能按时交货

未能按时交货的现象不仅仅出现在个别消费者身上，许多企业同样也会对经销商做出该行为。企业由于其市场地位的提升，往往会要求经销商先打款后发货，以确保不会遭受损失。正是企业要求先打款后发货的方式，使得经销商处于被动地位，发货与否全凭企业做主，即使经销商多次催促，企业也会采用"还在生产中""邮递较慢"等理由推脱，影响经销商的正常经营运作，增加了经销商的成本，严重的话甚至让经销商以后不再愿意与企业合作。

3. 提供假冒伪劣产品

由于企业与经销商产业位置的不同，企业处于产业链的上游，而经销商处于产业链的下游，对于产品质量的信息双方处于不对等的地位，给企业提供了欺诈经销商的机会。对于一些具有严重机会主义倾向的企业，可能采取在产品质量上使用欺诈手段的行为。经销商又转而欺诈顾客，从而影响了零售商的声誉，也损害了双方的合作关系。⊖

专栏 7-4 　　　　　　　　　　　　**假酒的"诱惑"**

制贩假冒名优酒，一直以来就是困扰食品市场健康发展的大问题，市场上屡禁不绝的假酒不仅损害了酒类企业的利益与名誉，更为严重的是会对消费者的人身健康产生极大的危害。随着现代人们的生活水平越来越高，市场消费能力也大大加强，中高档酒类的需求日益增大。而白酒这种商品，由于其生产周期的特殊性，导致很难预测批次上市后的供需情况，供需的不平衡，导致现在市场上对高档酒类供不应求，供需缺口很大。当企业瞄准了这种供不应求的市场点时，会为了短期利益不惜铤而走险，制造假酒。假酒的制造成本低廉，当作真酒卖给经销商的利润往往是成本的几十甚至上百倍，且因为"高品质"的原因，如非专业的辨别，几乎分不出真伪，再加上供不应求，以至于经销商对假酒十分青睐而也并不在乎是真是假。

该专栏根据相关资料整理而得。

⊖ 陈炳富，周祖城. 企业伦理学概论 [J]. 天津：南开大学出版社，2008:110-111.

7.5.2 合同中的伦理问题

1. 强制统一规定

有的企业要挟经销商，提出苛刻的标准，要求经销商执行，否则就以切断商品供应来惩罚。这往往发生在具有较大议价能力的品牌企业身上。常见的非伦理行为有：需要在其产品的销售配套设施上要进行多大的投入以及在其人员的培训上要按企业的标准和程序来统一进行，这些投入无疑增加了经销商的成本，损害了经销商的利益。此外，对于一些销售量小、资金回笼慢的经销商则采取制裁措施，如只向其供应一些不畅销的产品，使其处于竞争的不利地位。

2. 歧视定价

企业在其主导的关系链中，往往对部分经销商采取歧视性措施。常见的非伦理行为有：规定不同的批量采取不同的定价策略，迫使经销商不适当地增大订货量。但这种做法不但增加了经销商的储藏成本，还对经销商的利益构成损害。也有企业迫使经销商转经中间批发商进货，这种做法增加了流通环节和进货费用，损害了经销商的利益，同时也间接地给企业自己的利益带来损害。

3. 拒绝提供售后服务

企业为售出的产品提供售后服务是合同中必有的条款，但是部分企业却拒绝为自己的产品提供售后服务，常见的行为有：对售出的大型机器在现场进行安装指导后，不再进行回访或上门服务，不再提供技术支持与帮助，或是对售出的产品有任何质量问题不再负有责任等。企业的上述行为不仅侵害了经销商的权利，也对企业自身的声誉带来了负面影响。

7.5.3 特许经营渠道中的伦理问题

根据契约规定，特许经销商向企业支付"特许使用费"，获得在特许期间、特定区域使用该企业独特产品或服务、专有技术、商标或其他某种无形资产等的权利，每个特许经销商应该拥有平等的权利。正是在这种特许经营渠道中，往往存在着一些非伦理行为影响正常市场秩序。

1. 对特许经销商的不公平对待

企业的政策总是倾向于销售额较大和新加入的经销商。比如，在经营过程中，一些特许经销商可能存在负担过重的情况，使经营业绩无法表现出来。原则上，企业应该对各特许经销商一视同仁，但是有时企业为了平衡利润率，对各特许经销商有不同的要求。如对新加入的经销商，商品的提供、价格的优惠都有所偏重，而负担往往转嫁给原有的特许经销商，使原有特许经销商的业绩往往不如新加入者。另外，企业在地区间政策的调节上，也使不同特许经销商负担不均。

2. "搭车"行为

企业在维持特许经营系统内的统一产品质量标准时，会经历一系列困难，可能还会出现特许经销商的"搭车"行为等伦理问题。当产品出现质量问题时，特许经销商是不可能被替换的，因为特许经销商拥有分店的特许业务，因此特许总部经常不能对不合要求的特许分店施加管理。

3. 窜货行为

窜货行为在分销渠道的现实操作中比较普遍，也是我们要讨论的伦理问题。在实际经营过程中，许多特许经销商为了获取额外利润，向契约规定以外的销售区域进行的有意识的产品销售，即所谓的窜货行为。特许经销商的窜货行为侵害其他特许经销商的利益，扰乱了正常的分销渠道关系，引发特许经销商之间的价格混乱和市场区域混乱。○

7.6 并购重组中的伦理问题

企业并购重组是公司快速外部扩张的主要渠道。获得诺贝尔经济学奖的史蒂格尔教授在研究中发现，世界上大的 500 家企业全都是通过资产联营、兼并、收购、参股、控股等手段发展起来的。然而在现在的社会条件下，商业伦理和市场的运行机制都还不太完善，在并购重组中不尊重商业道德的行为还是比较普遍的，甚至在某些情况下，签订了收购合同后还会出现变数，常见的非伦理行为主要存在以下几个方面。

7.6.1 并购中的伦理问题

企业并购是企业兼并与企业收购的简称。企业的兼并通常是指一家企业以现金、证券或其他形式（如承担负债、利润返还等）购买取得其他企业的产权，使其他企业丧失法人资格或改变法人实体，并取得这些企业决策控制权的投资行为。这里的兼并也就是我国《中华人民共和国公司法》（以下简称《公司法》）中的吸收合并，也就是一个公司兼并了另一个公司而存续，而被兼并公司解散失去法人资格。与之对应的是新设合并，就是两个或两个以上的公司合并设立一个新的公司。

收购是对企业的资产或股份的购买行为，是指企业用现款、债券或股票购买另一家企业的部分或全部资产或股权，以获得该企业的控制权的投资行为。收购的对象一般有两种：股权和资产，收购股权是购买一家企业的股份，收购方将成为被收购方的股东，因此要承担该企业的债权和债务；收购资产只是一般资产的买卖行为，收购方不需要承担被收购方的债务（见表 7-3）。○

表 7-3 企业兼并与企业收购的异同点

	企业兼并	企业收购
相同点	能够增强企业实力的外部扩张策略或途径，或者为扩大经营规模，或者为拓宽企业经营范围从而实现分散化或综合化经营，或者为扩大企业的市场占有率等	
	都是企业资本经营的一种方式	
	都是一种导致资产流动或产权转移的行为	
	产生的动因和运作的结果基本上是一致的	
不同点	被兼并企业作为法人实体不复存在	被收购企业可仍以法人实体存在
	兼并企业成为被兼并企业新的所有者和债权债务的承担者	收购企业是被收购企业的新股东，以收购出资的股本为限承担被收购企业的风险
	多发生在被兼并企业经营状况不佳的情况下	发生在企业正常生产经营状态
	一般要调整被兼并企业的生产经营，重新组合其资产	无须调整被收购企业的生产经营活动

○ 李明．试论分销渠道模式中的伦理问题 [J]．商业研究，2010．
○ 周利国，王永光．商业伦理学 [M]．北京：中国商务出版社，2005:181-183．

1. 不正当恶意并购

恶意并购是指收购人的收购行动虽遭到目标公司经营者的抵抗，但仍强行实施，或者没有事先与目标公司经营者商议而直接提出公开出价收购要约者。通常是一人或数人联合出资，通过收集股票或投票表决权，在取得公司控股权或事实上的控制权之后，罢免公司现任经理人员，由出资者自己接任或另行选聘其他企业家来控制公司战略与经营决策。正因为这种接管过程没有得到对方许可，时常充满火药味，才被称为恶意并购。

恶意并购本是一种重要的、有效的公司治理机制，是防止经营管理层损害股东利益的有效武器，但有时企业会利用恶意并购做出一些不道德的行为，如企业在并购目标公司后，不再对原目标公司产品进行品牌维护，反而借此提升自己品牌的市场占有率和知名度，近年来诸如护肤品、洗涤市场等知名国有品牌被"吃掉"的现象层出不穷，这种收购陷阱也给国有品牌市场造成巨大冲击。

2. 软敲诈

软敲诈（greenmail）是一种以赢利而非兼并为其真实目的的恶意兼并手段。某些投机者表面上装出要收购企业，于是按法律要求购买了一个公司一定比例的股票并宣布打算接管该公司，但他们的真实动机并不是要收购企业，而是想利用手中已掌握的股权来对企业的管理层进行合法的敲诈。因此他们在公开宣布打算接管该公司的同时又私下里与该公司的管理层接触，要求该公司出高于市场的价格把这些股票买回去：要么企业用高价买回股权，要么在接管企业后解雇原有的企业管理人员。这显然是不道德的并购行为，是假收购，这种做法导致了同一种股票有两种不同的价格：对于普通股民的市场价与对于收购者的高价，这样的双重价格体制不符合通常的股票财产权和股价的概念，这是一种变相的敲诈行为。

3. 杠杆收购

杠杆收购（leveraged buyouts）是一种反兼并的手段。所谓"杠杆收购"是指某些经理人员由于害怕企业被兼并后自己会被解雇，于是他们就设法（或者联合企业外部的投资者）根据企业的资产发售债券，然后用出售这些债券所得的钱买断企业的股票，使一个公众公司（或称上市公司）变为私人公司。这种做法的实质是，企业用债券（债务）来代替公众持有的股票（业主产权或自有资本）。但这样做会使企业在经济萧条时期更加容易倒闭，因为通过筹股建立起来的公司如果赚不到钱，可以不付红利，但靠发行债券建立起来的公司即使赚不到钱，也要支付利息，否则就要破产。显然，由于面临被兼并风险的企业往往经营状况不良，因此这种债券的信用评级很低，风险较大，所以被称为"垃圾债券"。

"垃圾债券"的高回报率对许多投资者（如养老基金、信贷合作社、银行等）都很有吸引力，但它的高风险性会使它在经济衰退期间引起广泛的倒闭，进而对大量投资者造成损害，并危害到金融稳定和经济的平稳运行。此外，经理人员应当为股东的利益服务，因为他们负有信托责任，但他们的这种做法却是为了自己的利益。他们对企业的了解比股东要多得多，为了自己的利益就会利用信息上的优势损害股东的利益，例如，他们为股票开出的收购价就会低于兼并者开出的价格。同样，经理人员为了尽快偿付债务以便减轻利息负担，就会卖掉企业的一部分或关闭工厂，解雇雇员，由此又会对雇员造成损害。

4. 金色降落伞

金色降落伞（golden parachutes）是一种促进收购的兼并手段。所谓"金色降落伞"是指，在兼并过程中，兼并者向被兼并企业的经理层保证：如果兼并成功，那么企业的经理层不会被解雇，且他们同时会得到大笔补偿——有时候每个经理都能得到一笔高达百万美元的补偿。这种做法实质上是一种旨在阻止企业经理层对兼并进行抵抗的收买手段。这种做法不仅不恰当地使用企业钱财，还损害了股东的利益，因为企业的经理层为企业效力，已得到其应有的收入与其他各种福利待遇，为股东考虑是其本职，因此不应该再得到额外补偿。为了避免这种现象出现，股权持有计划使得企业的高层管理者一般都持有公司大量股票，以迫使其不得不为股东利益着想。

专栏 7-5　　　　　　　中国足球支付巨额学费

2013 年 7 月 3 日《体坛周报》报道，因为和中国足球队前主教练卡马乔提前解约，中国足协将全额支付卡马乔及其团队未来一年半的薪水，即税后 645 万欧元（约 5 150 万元人民币）。同时，足协还将支付 2 500 万元的税款，合计赔付总额达 7 650 万元。这笔钱将由万达集团支付。足协以保密为由拒绝对此消息进行回应。

当初筛选经过了怎样的程序，为什么选择了他而不是别人，合同条款是谁拟定的，媒体报道的违约金额是否属实等，足协有责任就这些问题做出说明。把这些问题搞清楚，并非是为了要向谁问责，而是为了避免重演这一幕。然而，从足协拒绝回应看，它似乎并没有思过的打算。

足协不说，我们只能寻着媒体报道找一些导致巨额违约金的"蛛丝马迹"。教练水平如何，是不是称职，最终要用战绩说话，然而，据媒体报道，足协和卡马乔签订的合同中，竟然没有成绩指标，只有一句"通过两年时间的努力，让中国队在风格和打法上出现明显且积极的变化"的模糊表述。如果合同中有成绩上的明确要求，比如比赛成绩、世界排名指标等，那么，没达到规定的目标，教练"下课"走人天经地义，谁也说不出什么。但"风格和打法上出现明显且积极的变化"却太过模糊，全凭主观判断，以此未实现为由提前解约，卡马乔团队有理由不认可。如果双方不能就违约金达成一致，最终把官司打到国际足联那里，结果恐怕也很难对足协有利。合同的天生"畸形"，为巨额违约金埋下伏笔。

在和卡马乔团队关于违约金的谈判中，足协启用了律师团队。如果当初签合同时能让他们参与，如此明显的法律漏洞应可避免。这是一个极大的教训，它并不只是足球圈的，也不仅是体育圈的。和很多行业相比，足球圈相对透明，它的任何"风吹草动"，公众都可以看得一清二楚，而其他行业即使有这类事情发生，外界也难知晓。如果这件事能对各行业有所触动，并在行动上加以改进，这 7 000 多万元学费，才算没白交。

资料来源：7 000 多万违约金不仅警示中国足球 [N]. 体坛周报，2013-07-03.

7.6.2　重组中的伦理问题

企业重组是指企业之间通过产权流动、整合带来的企业组织形式的调整。企业重组既然是商业行为就不可避免存在商业伦理问题。企业重组过程中违反商业伦理的现象很多，其原因应与商业活动的目的——追求最大化利润有关，也与各个国家社会发展程度、制度完善程度及人的素质等因素有关。应该说合乎道德的重组动机和做法会导致良好的结果，而不合乎道德的重组动机和做法往往会导致恶劣的后果。

1. 股市操纵

股市是获取暴利的场所。一些大的企业、公司利用自己的资金和信息优势勾结投资咨询公司，诱导股民投资倾向，暗中操纵股票，制造暴涨暴跌的现象，从中获取暴利，损害中小股东的利益。

专栏 7-6　　　　　　　　　北京某公司操作股市案

北京某投资顾问有限公司法定代表人汪某利用公司及其个人在咨询业的影响，借向社会公众推荐股票之机，通过"先行买入证券，后向公众推荐，再卖出证券"的手法操纵市场。据统计，其在 2007 年 1 月至 2008 年 5 月期间，交易操作了 55 次，买卖了 38 只股票或权证，累计净获利 1.25 亿余元。在证监会调查之后，汪某和公司都遭到了重罚。汪某本人也因涉嫌操纵证券市场罪已被移送司法机关追究刑事责任，在 2011 年 8 月，北京市第二中级人民法院判决汪某犯操纵证券市场罪，判处有期徒刑七年，罚金约为 1.257 5 亿元。汪某之所以被判为操纵证券市场犯罪，是因为证券咨询机构利用其在公开荐股市场上的影响，使用买入—推荐—卖出的操纵手段非法牟利。虽然该案不仅是操纵证券市场中罚款最多、没收最多和罚金最多的一起案例，但在证券市场的制度建设上也是一个新的里程碑。

资料来源：汪建中操纵市场案 [N]. 中国证券报，2009-03-12.

---

2. 商业贿赂

贿赂广泛存在于各行各业的经济行为中，行业贿赂最严重的是贷款贿赂、工程招标贿赂、股票上市贿赂、拉拢客户贿赂等方面。银行贷款贿赂方式多种多样，就金融系统而言，贿赂的形式主要有"息差"贿赂；咨询费、中介费、奖金贿赂；"返利"贿赂；"赞助"贿赂；挂名工资贿赂；礼金礼品贿赂；报销旅游费和餐饮费贿赂等。在企业准备上市阶段，企业需要接受许多非常严格的审批，按照正常的渠道审批，有的企业以其经营实力难以顺利通过审核，因此为逃避审查蒙混过关，部分企业高层利用拉关系、走后门、请客送礼、送股票、答应高额分红等方式，贿赂审核机关的领导，部分领导难敌诱惑，深陷罪恶之中。

3. 虚假利润

虚假利润是企业在财务指标上进行造假的行为。主要通过以下几个手段实现虚假利润。

（1）虚假销售。提前确认销售或有意扩大赊销范围，调整利润总额。这种利润操纵现象在年终表现尤甚，往往是在企业年终达不到既定的利润目标时，便通过采取虚假销售或提前确认销售等方式来达到既定的利润目标。或者故意错误运用会计原则，将非销售收入划入销售收入中。

（2）资金拆借。通过资金拆借向关联企业收取资金占用费。按法律法规规定，企业间不得相互拆借资金，但这种资金拆借行为无法事先对外披露，因此投资者及有关监管部门无法对其合理性做出判断，在某种程度上造成一些企业利用拆借资金调节利润。

（3）转嫁费用。子公司与母公司之间的费用问题应该有明确的划分，但当子公司效益不理想，或不足以达到需要的利润指标时，便采取母公司替子公司分担部分费用的办法来调节子公司的利润。

（4）调整有关财务账目。通过"资本公积"科目进行利润调整。按照会计制度的规定，企业的盈亏应当通过规定的程序，计入当期损益，在利润中予以反映。但部分企业会通过资产评估将待处理财产损失、坏账、毁损的固定资产和存货、待摊费用等确认为评估减值，直接冲减资本公积，以达到虚增利润的目的。

4. 虚假重组

虚假重组是公司着眼于解决眼前困难而不顾及长远利益的重组手段。虚假重组的目的并非为企业的战略发展考虑，而是通过各种不规范或不合法的手段，实现短期目的。主要的表现形式有以下几个方面。○

（1）报表重组。第一，通过与大股东进行不等价的交易，以公司的劣质资产换取大股东的优质资产来进行重组；第二，在同一天买入和卖出同一笔资产，从中获得巨额差价；第三，将巨额债务划给母公司，在获得配股资金后再给母公司以更大的回报。

（2）资格重组。根据原有的债务重组规则，上市公司的债务重组收益允许计入当期损益，因而有一些上市公司通过此举来达到"摘帽"或保配股的目的。

（3）题材重组。利用资产重组题材来拉抬股价从而达到在二级市场上获利的目的已成为我国股市中一种比较普遍的现象。这种以拉抬股价为目的的资产重组具有三个方面的特点：具有"爆炸"性，能使不良资产大部分或全部换成优良资产，往往采取"暗箱"操作方式。

5. 包装上市

国家对于企业上市发行股票是有相关法律法规明确规定的，符合条件并经过严格复杂的审批后企业才能上市。为了取得上市的资格和条件，需要对企业进行"包装"，包括先期"造势"中的策划、宣传和资本核算、财务报表等。正是在上市前的"包装"中存在着大量的弄虚作假、夸大其词的欺骗行为，其中重要的就是财务假账。即使股票上市后，也存在着假账，主要体现在财务报表中。上市后，企业"圈"到了一笔数量可观的资金，但是经常由于不良投资、管理的混乱致使大量投资收不回来，企业的实际赢利很不理想，为了继续吸引投资人的注意，虚报业绩和项目也是企业的常有之事。这种弄虚作假的行为不仅损害了企业的自身形象，同时也非常严重地影响投资人和股东的利益。○

7.7　治理对策：反对不正当竞争

当今企业竞争中存在着诸多的伦理问题，形势可以说是非常不乐观，企业作为市场经济的主要参与主体，不仅对经济和整个社会的影响越来越广泛和深入，甚至对竞争者、供应商、经销商等各方利益相关者都会产生重大影响，一旦企业有任何不正当竞争行为，对以上的利益相关者的权益都会造成一定的侵害。

○ 林小兰，林丽. 浅论上市公司虚假重组及其治理对策 [J]. 管理科学文摘，2005(6).
○ 曹凤月. 我国转型期企业道德责任的缺失及原因分析 [J]. 中国劳动关系学院学报，2006(1).

7.7.1 倡导理性竞争

我国《反不正当竞争法》的立法目的是"为保障社会市场经济健康发展，鼓励和保护公平竞争制止不正当竞争行为，保护经营者和消费者的合法权益"。该法不是规定经营者享受什么样的权益，而是规定了经营者不使用不正当竞争行为的义务，即明确规定了经营者的哪些行为属于不正当竞争，应予以制止。该法就是从制止和制裁不正当竞争行为的角度来保护其他经营者的正当权益，保护理性竞争的市场环境，维护正常的市场秩序。

1. 遵章守法，以德为先

遵章守法，以德为先是竞争伦理的灵魂，它既是企业实现其经济责任的需要，更是企业履行其社会责任的基本要求。经济责任的基础就是正当竞争，根据《反不正当竞争法》可知，企业遵守该法律是企业的基本要求，也是企业生存发展的前提，如果一个企业违法经营，短期利益可能尚有，但长久发展是绝对不可能的。以德为先要求企业以遵守伦理道德为前提，在做任何决策前要考虑该行为是否会造成非伦理现象，一旦企业在做决策前都能够深思熟虑，必然可以发展壮大。

2. 恪守合同，信奉诚信

恪守合同，信奉诚信是竞争伦理的基本要求，企业之间信任纽带的基础是一纸合同，按照合同的内容做事也是企业本分所在，杜绝违反合同做事、罔顾诚信原则的行为发生，是企业能够在行业中树立典范、成为龙头老大的关键之处，恪守合同、信奉诚信是企业与竞争者、供应商、经销商打交道过程中应遵循的行为准则，企业有责任也有义务履行自己的承诺，树立自己的诚信标榜。

3. 公平竞争，互惠互利

公平竞争，互利互惠是竞争伦理的内在要求，又是竞争伦理的必然结果。竞争伦理要求企业以负责任的态度对待竞争者、对待社会，但并非要求放弃自己的经济利益，相反，竞争伦理维护了企业的利益，一个企业选择以伦理的途径参与市场，其他企业亦然，那么交易的双方必然在公平竞争、互惠互利的基础上进行顺利。

4. 合作竞争，携手共赢

企业只有更好地与竞争对手合作，才能更好地开展竞争。企业间的合作有利于突破小而全、大而全的不良状况，实行同行业、同专业的分工，联合投资有利于获取一般购买方式难以得到的资料和技术，使资源的配置更有效，减少和避免研究开发新产品的风险，在技术力量上做到相互支援，有效地达到企业的资金和技术积累，为企业的不断发展注入活力。

7.7.2 伦理问题产生的原因

如上所述，商业活动中的不道德行为必将产生严重的后果，必须加以制止。为了避免商业活动中出现不道德行为，理性的做法是对市场经济中的非伦理行为进行分析，找出它们的原因，并针对其原因找出对策。以下的分析只是对造成商业活动中的不道德行为的一些基本因素的分析，不包括所有的因素。

1. 过分追求利润最大化，忽视竞争对手的权益

商业活动中的不道德行为的首要因素是企业不顾竞争对手权益的自利动机。在经济管理领域中，这种自利动机表现为对"利润最大化"的追求。尽管自利动机或对"利润最大化"的追求本身是价值中立的，但事实表明，一旦对"利润最大化"的追求成了商业活动的最终目的，那么它就必定会不受制约，侵害他人的权益，成为非伦理行为的动机。

因此，"利润最大化"原则其本身虽无可厚非，甚至可以说是个人发展和社会进步的主要动力之一，但它在现实中也的确是一把双刃剑，不择手段地追求"利润最大化"，甚至是过分地追求"利润最大化"，都会成为商业活动中的非伦理行为发生的内在原因。

2. 普遍存在信息不对称，引发机会主义现象

信息不对称是指人们不可能掌握有关事项的所有信息，亦即人们不可能无所不知。从伦理上说，信息不对称的情况加上不道德的行为动机就会产生不道德的行为，例如现代企业理论所谓的"逆向选择"和"道德风险"，前者适用于合同签订之前的选择，后者适用于合同签订之后的监督。

从经济学上说，正是因为信息不对称情况普遍存在，才产生了交易费用，而正是因为要充分地掌握信息以避免不利需要花费大量的钱财，是一笔不可小看的交易费用，为了节省成本，便使得经济活动中许多不道德活动如窃取商业机密等成为普遍的现象。这样一来，虽然企业的交易费用降低，并能够掌握更多的信息，但是这种非伦理行为却使得企业深陷舆论之中，背负骂名。

3. 过分排除竞争对手，造成部分行业垄断

商业活动中非伦理行为产生的另一个主要因素就是垄断。垄断是指现实中与完全竞争对立的现象，即排除竞争的垄断。排除竞争的垄断又可分为自然的垄断和人为的垄断，前者指由于特定环境原因形成的垄断，如邮政、水电等公用事业的垄断，后者指由于政府的特许形成的垄断。

从伦理学的角度说，凡是排除竞争的垄断现象，都有可能造成不道德的商业活动，其主要表现是：垄断的产生导致市场完全无竞争对手，排除竞争的行为直接阻碍了技术的进步，造成资源的极大浪费。从本章所举的公共事业的例子来看，造成垄断行业滥用收费权等行为的一个重要条件就是它的行业垄断。

4. 普遍权责不对称，引发投机取巧现象

造成商业活动中非伦理行为的另一重要原因是制度因素——权力与责任的不对称。这里所说的"权力"是指决策权，"责任"则是指为决策承担后果。权力与责任的对称是指，一个人必须为其决策承担后果，无论利弊。权力与责任的不对称是指，一个人不必为其决策带来的利弊承担任何后果。

在自利动机的前提下，如果企业必须为其决策承担后果，无论利弊，那么企业就会负责任地去做事情。但如果企业无须为其决策承担后果，那么企业就会做事情不负责任。显然，权力与责任的不对称是许多不道德商业活动的制度因素。许多事例表明，在现行的管理制度下，企业种种不负责任的行为，给做出该行为的企业带来的利益多，而惩罚往往微不足道，这是种种商业活动中非伦理行为的制度因素。

以上我们分析了造成商业活动中非伦理行为的部分原因，这些分析只是对最基本的因素进行分析的范例，而非概括了所有原因。分析还表明，为了防止不道德的商业活动，仅仅依靠道德说教是不够的，我们必须针对上述各种原因制定各种必要的制度和法律。但是，仅仅依靠制度和法律也是不够的。就商业伦理学的任务而言，它的主要任务是依据理性对不道德的商业活动进行伦理批判，指出其不道德的根据及其严重后果，并据此提出经济活动领域中的道德行为规范，促使商业竞争活动遵循一定的伦理规范。

7.7.3 治理对策

面对瞬息万变的市场竞争环境，企业不得不在激烈竞争的同时考虑如何避免自身可能会产生的非伦理行为。随着顾客需求的个性化，市场经济制度的不断完善，竞争者实力的逐渐扩大，不同视角下对企业的要求也越来越复杂化，针对不同的对象，企业所采取的行为也是有所不同的，下面，将从企业自身，与供销商、竞争者、媒体、政府的关系五个视角对企业在竞争环境中如何避免非伦理行为提出有效的建议。

1. 树立自身儒商理念

树立儒商伦理理念是企业竞争文化的核心内容。儒商文化就是弘扬做人之道和经营之道，就是提倡商人要谋利有度、竞争有义、利泽长流，以现代化的管理思想去迎接竞争，杜绝制假售假、行贿受贿、腐化奢靡等一切不良经济现象。因此，以优秀的儒商文化为代表，与西方文化进行交流与合作，取长补短，互相促进，以促进东西方文明的协调发展与平等发展，有利于世界经济的发展、文化观念的融合与世界和平。在这样的背景下来探讨"儒商"的内涵及对当代中国企业家的启示：呼唤理性竞争机制的回防，与构建和谐社会、深入实践发展观相结合，大力倡导以义取利、为商以德、诚信为本等儒商伦理理念。

2. 改善竞争者对立局面

竞争者主要是指与本企业生产、经营同类产品或服务的企业。在现代社会里，竞争者关系已经从过去的那种利益对立、此消彼长、弱肉强食、你死我活的关系转化为利益相关、相互促进、取长补短、共同发展的合作竞争关系。因此，21世纪企业与竞争者之间的关系本质上是既竞争又合作的关系。在竞争的基础上加强合作，在合作的基础上展开竞争，不断循环，共同发展，奔向一个新的高度。具体可以从以下几点加强企业与竞争者的良好关系。

（1）增强企业自身竞争优势。一方面，竞争对手可以作为企业的"标杆"，它的许多方面都可以作为企业学习的对象。企业参与竞争的过程也是一个学习的过程。国际著名的家用电器制造商伊莱克斯进入中国市场就是一个很好的例子。它并没有大肆收购国内企业，而是打出了"向海尔学习"的旗号，为增强自身竞争优势争取了稳定的环境和时间，还在业界树立了良好的企业形象，建立了融洽的竞争关系。另一方面，竞争对手可以带来"鲶鱼效应"。面对强大的竞争对手，企业的压力和紧迫感非比寻常。这有利于督促企业苦练内功，加强创新，不断完善自身的经营和管理。

（2）共同培育新兴市场。开拓市场的过程也是一个培育市场的过程。它不应该像圈地运动和西部拓荒那样充满强迫和暴力，而应该共同把蛋糕做大，把市场做成熟，共同分享新兴市场的商机和挑战。培育新兴市场需要投入大量的人力、物力、财力来进行新产品或新技术的开发，需要巨额的营销费用支持来扩大需求，单凭某个企业的力量很难拥有这么庞大的资源和高速的效率来完成，这都要求竞争方共同分担研发的风险，分摊营销的成本。因此，企业应该从积极的角度去正确认识竞争者的关系，彻底摒弃小生产狭隘、自私的经营观念和竞争行为，树立现代企业胸怀宽广、光明正大、勇于竞争、善于竞争的新形象。

3. 维系供应商忠诚关系

供应商生产企业用于其价值链的产品与服务，实现产品价值的再创造。企业与供应商的关系是一种以共同利益为基础的较为稳定的协作关系。加强与供应商的关系，可以从以下几个方面展开。

（1）着眼未来，韬光养晦。企业经营必须具有整体性和前瞻性的战略，这要求企业在进行战略设计时一定要有长远眼光，不要计较暂时的得失，尤其是进行市场开拓时，稳定的供应商关系与针对供应商的讨价还价能力相比，对企业的长远发展更为重要，因此，企业在处理与供应商的关系时，一定要以战略为导向，以未来为视角。

（2）求实为本，增进了解。企业经营活动的过程，实际上也是一个被供应商所认知、了解、接受、喜爱到忠诚的过程。因此，企业应该让供应商充分了解企业的实力以及革新改造的潜力，培养它们对企业及其产品的信心。

（3）讲究信用，互惠互利。企业在经营中所面临的一个突出的难题是信用问题。良好的相互信任关系对于企业来说是至关重要的，这意味着一个不确定要素的确定化，从而大大降低企业的经营风险。企业在与供应商的合作过程中，应该做到恪守合同，塑造诚信品牌。

（4）诚意合作，共同发展。维系供应商的忠诚已成为企业战略重点，单凭利益手段已经很难保证供应商关系的长期稳定。此时就需要进行关系创新，可行方式之一就是将供应商纳入企业发展的战略共同体中。将供应商分别作为企业的战略业务单位，在与它们进行业务往来的同时，向它们灌输企业的战略思想和文化观念，鼓励并重视它们对企业运作所提出的合理化建议与建设性意见，从而实现企业与供应商的共存共荣、共同发展。

4. 促进经销商合作理念

经销商将企业的产品与服务推向市场，实现价值的创造。企业与经销商的关系是一种以相互提升为基础的合作关系。加强与经销商的关系，可以从以下几个方面展开。

（1）相互了解，增进配合。企业必须让经销商充分了解企业的市场营销战略，特别是企业针对竞争对手的战略目标、营销计划，以便它们能够及时地制订相关计划，配合企业在当地的一系列经营活动，树立与企业长期合作的理念。

（2）提供培训，协同发展。除了保证经销商的利益外，还可以通过为经销商举办产品装配、使用和维修方面的培训，协助经销商制订营销计划，拓宽经销商的经营渠道等多种途径，给它们提供许多附加利益，在利益均沾的基础上维系供销商对企业的善意和忠诚。

（3）分享理念，遵守伦理。只有有了共同分享的价值观和伦理理念，企业与经销商之间对于哪些行为可以做，哪些行为不可以做才有了共识，双方才能恪守伦理道德。同时双方在信任的基础上进行沟通，良好的沟通机制有利于抑制机会主义的发生。

本章小结

1. 商业竞争是不同企业在现代市场经济条件下，为实现自己的目标、维护和扩大自己的利益而展开的争夺顾客、市场、人才、资金、信息、原材料等各项资源的活动。
2. 广义的市场竞争就是企业间的相互竞争。从狭义上来说，市场竞争指的就是顾客竞争。
3. 一般常见的获取商业情报中非伦理行为，可根据公开与否分为两类：公共情报中的伦理问题和内部情报中的伦理问题。
4. 同行业竞争一般是指企业之间提供相似的产品或服务,且所服务的目标顾客也相似。常见的非伦理行为有:低价倾销行为、滥用优势地位、混淆行为、虚假宣传行为、诋毁商誉行为、侵犯知识产权、窃取商业机密。
5. 供应商是指直接向零售商或制造商提供产品及相应服务的企业。常见的非伦理行为有:拖欠货款、强行压价、强制收取各类不合理费用、强制更换品牌、纵容供应商非法雇用员工、拒绝为供应商工作安全负责。
6. 经销商是指在某一区域和领域只拥有销售或服务的单位或个人。常见的非伦理行为有:以次充好、缺斤少两,未能按时交货,提供假冒伪劣产品,强制统一规定,歧视定价,拒绝提供售后服务。
7. 企业兼并通常是指一家企业以现金、证券或其他形式(如承担负债、利润返还等)购买取得其他企业的产权,使其他企业丧失法人资格或改变法人实体,并取得这些企业决策控制权的投资行为。常见的非伦理行为有:不正当恶意并购、软敲诈、杠杆收购、金色降落伞。
8. 企业重组是指企业之间通过产权流动、整合带来的企业组织形式的调整。常见的非伦理行为有:股市操纵、商业贿赂、虚假利润、虚假重组、包装上市。

关键术语

商业竞争(commercial competition)　　商业情报(commercial intelligence)
竞争对手(competitor)　　市场竞争(market competition)
人才竞争(talent competition)　　信息竞争(message competition)
供应商(supplier)　　经销商(agency)
并购(merge)　　重组(recombination)
不正当竞争(illicit competition)　　软敲诈(green mail)
杠杆收购(leveraged buyouts)　　金色降落伞(golden parachutes)

复习思考题

1. 简述商业竞争的主要内容。
2. 简述商业竞争中的非伦理困境。
3. 简述商业竞争中非伦理行为可能产生的危害。
4. 获取商业情报的非伦理手段有哪些?
5. 同行业竞争中的非伦理行为主要分为哪几大类?各自主要的行为有哪些?
6. 供应商管理中的非伦理行为有哪些?
7. 经销商管理中的非伦理行为有哪些?
8. 并购重组中的非伦理行为有哪些?
9. 简述如何治理商业竞争中的不正当竞争。

应用案例

那些被"外嫁"的国产化妆品品牌

与中国企业收购国外著名品牌所受到的欢呼相比，本土优质国货被跨国公司收购的痛楚似乎被堂而皇之地忽视了——其中就包括那些中国人生活中曾经熟悉的国产品牌。

2013年8月16日，美即面膜被欧莱雅收购。美即被收购的消息传出后，微博上的各方评论显示，中国公众对美即被收购后的前景不甚看好，因为此前的多次"实例"已经为美即的未来描绘了一个相似度很高的结局：消失，或者变身。遗忘是品牌最大的敌人，显然一些跨国公司深谙此道。在外资日化企业的中国战略里，其中一个重要内容叫作"收购"。此种手法被中国业内研究者称为"打得赢就打，打不赢就买"。

欧莱雅65亿元收购美即，是这家跨国公司的再次"出手"。类似的情景最早出现在10年前。2003年12月11日，欧莱雅宣布收购"小护士"，这是欧莱雅集团作为世界第一大化妆品公司在中国的首次收购行为。当时"小护士外嫁欧莱雅"标志着国货受到世界第一大化妆品公司青睐，因此被视为一种"品牌的提升"。然而，一个疑问也就此产生："小护士"品牌是否还会继续存在？数据显示，2003年，刚被收购时的小护士品牌是中国第三大护肤品牌，其认知度高达99%，市场份额达4.6%。10年过去了，如今小护士品牌在市场上几乎销声匿迹。即便在向来"应有尽有"的淘宝网上，所能搜到的小护士护肤品数量也只有区区100多件。

在小护士渐渐消失的10年里，中国舆论对于欧莱雅收购为名、实为雪藏的质疑从未间断。2009年3月，欧莱雅首次正面否认"雪藏"小护士。难得现身的欧莱雅中国总裁盖保罗当众承认收购小护士后"没有做到预期发展的那样"，但他认为"这是另外一回事"。"到今天为止，绝对没有说要消灭这个品牌，或者是雪藏它。"盖保罗说。

小护士品牌的由盛转衰被公认为是失败的外资收购案例，同样命运的还有其他知名国货品牌。美加净品牌极盛时期占有国内市场近20%的份额。1990年，上海家化与庄臣合资，"美加净"商标遂被搁置。4年后，上海家化花5亿元收回美加净商标，但已错失了发展的宝贵时机。2011年，丁家宜被全球化妆品巨头科蒂公司收购，一年后，销售额下降了50%。

在社交网络上，美即被收购的消息还引发了另一种惊讶：原来美即是国货？与之对应的是：原来中华牙膏不是国货？由此顺延下来的另一个疑问或许会是：原来黑人牙膏才是国货等。在超市的货架上，琳琅满目与"疑云密布"并存，因为如果不仔细观察包装上的企业名称，或许就会错以为美即面膜是韩国制造而中华牙膏才是国货。"国货疑云"的制造者是强势进入中国的外资日化品牌。

欧莱雅的"中国之行"是跨国公司占领日化市场的缩影。1997年之前，中国公众对欧莱雅并无印象。欧莱雅进入中国时最早只是在北京有一个兰蔻的柜台。如今的欧莱雅已成为中国市场上最知名的跨国企业之一，目前在中国共有16个品牌，覆盖了大型百货商店、超市、药房等各种销售渠道。资料显示，在中国化妆品市场，外资企业所占的市场份额已接近90%。调查表明，目前外资日化巨头几近垄断国内市场，从国内日化企业市场份额来看，联合利华、宝洁、强生三家外资品牌在国内一二线城市市场占有绝对优势。援引该项调查，本土品牌在市场中往往只能采取低价策略占领中低端市场。目前，除少数本土品牌在洗手液市场和肥皂及洗涤剂领域较为领先，其他品类如洗发水、护发素、沐浴乳等领域短期内仍无法与外资品牌匹敌。2013 年，作为中国最大面膜品牌的美即被欧莱雅收购，意味着本土日化品牌尚存优势的领域又将缺失一角。

资料来源：消失或变身：那些被"外嫁"的日化品牌 [N]. 中国企业报，2013-08-20.

讨论题

1. 这个案例主要体现了哪种非伦理行为？
2. 如果你是欧莱雅的中国总裁，你在收购了"小护士"之后，会怎么做？

学习链接

[1] 曹凤月. 我国转型期企业道德责任的缺失及原因分析 [J]. 中国劳动关系学院学报，2006，20(1).
[2] 陈炳富，周祖城. 企业伦理学概论 [M]. 天津：南开大学出版社，2008.
[3] 付立宏，贾秀华. 论企业竞争情报获取伦理的约束效力 [J]. 现代情报，2006(10).
[4] 黄巾. 企业竞争情报活动中伦理问题的研究及其控制 [J]. 云南大学，2013.
[5] 江启军. 企业伦理学 [M]. 北京：中国轻工业出版社，2009.
[6] 廉茵. 商业道德 [M]. 北京：清华大学出版社，2011.
[7] 林小兰，林丽. 浅论上市公司虚假重组及其治理对策 [J]. 管理科学文摘，2005(6).
[8] 刘琼. 谍影重重，为何中国商业无秘密 [N]. 第一财经日报，2014-03-28.
[9] 刘可凤. 企业伦理学 [M]. 武汉：武汉理工大学出版社，2010.
[10] 吕春晓. 企业伦理学 [M]. 西安：西安交通大学出版社，2009.
[11] 潘大钧. 略谈商业情报 [J]. 北京商学院学报，1981(2):40-45.
[12] 夏虹. 试论我国公用企业滥用优势地位的若干问题 [J]. 焦作大学学报，2008(4).
[13] 徐大建. 企业伦理学 [M]. 北京：北京大学出版社，2009.
[14] 徐金发. 企业伦理学 [M]. 北京：科学出版社，2008.
[15] 叶陈刚. 企业伦理概论 [M]. 北京：对外经济贸易大学出版社，2009.
[16] 张学斌，赵冬花. 企业伦理学 [M]. 哈尔滨：哈尔滨地图出版社，2006.
[17] 周利国，王永光. 商业伦理学 [M]. 北京：中国商务出版社，2005.
[18] 理查德 T 乔治. 企业伦理学 [M]. 王漫天，唐爱军，译. 北京：机械工业出版社，2012.
[19] 劳拉 P 哈特曼，乔·德斯贾丁斯. 企业伦理学 [M]. 苏勇，郑琴琴，顾倩妮，译. 北京：机械工业出版社，2011.
[20] Dienhart J W.Business, Institutions, and Ethics[M].London:Oxford University Press, 2000.
[21] Jennings M M.Business Ethics:Case Studies and Selected Readings[M]. Australia: Thomson, 2006.
[22] Shaw W H, Vincernl Barry. Moral Issues in Business[M]. Boston: Wadsworth, 2004.

第8章
公司治理中的伦理问题

学习目标

1. 了解公司治理的主要内容。
2. 理解公司治理存在的潜在危害。
3. 掌握股东会、董事会、监事会、经理层、信息披露、内幕交易中存在的非伦理行为。
4. 熟悉公司治理中非伦理行为产生的原因。
5. 掌握如何应对公司治理中非伦理行为。

开篇案例

安然事件

因为各种原因,安然事件已经成为企业失败的典型案例。这个案例在全世界引起巨大反响,部分原因是因为安然是美国第七大公司,还因为安达信会计师事务所以及J.P.摩根公司(J.P.Morgan)、花旗集团(Citigroup)和美林(Merrill Lynch)等财务机构也卷入了该案例中。另一个原因是该公司的迅速消亡。

事件还原

首先遭到质疑的是安然公司的管理层,包括董事会、监事会和公司高级管理人员。他们面临的指控包括疏于职守、虚报账目、误导投资人以及牟取私利等。在2001年10月16日安然公布第二季度财报以前,安然公司的财务报告是所有投资者都乐于见到的。2001年第一季度,"季营收成长4倍,是连续21个盈余成长的财季"等。到了2001年第二季度,公司突然亏损了,而且亏损额还高达6.18亿美元!之后,一直隐藏在安然背后的合伙公司开始露出水面。经过调查,这些合伙公司大多被安然高层官员所控制,安然对外的巨额贷款经常被列入这些公司,而不出现在安然的资产负债表上。这样,安然高达130亿美元的巨额债务就不会为投资人所知,而安然的一些官员也从这些合伙公司中牟取私利。更让投资者气愤的是,显然安然的高层对于公司运营中出现的问题非常了解,但长期以来熟视无睹甚至有意隐瞒。包括首席执行官斯基林在内的许多董事会成员一方面鼓吹股价还将继续上升,一方面却在秘密地抛售公司股票。而公司的14名监事会成员有7名与安然关系特殊,要么正在与安然进行交易,要么供职于安然支持的非营利性机构,对安然的种种劣迹熟视无睹。位列世界第一的会计师事务所安达信作为安然公司财务报告的审计者，既没审计出安然虚报利润，也没发现其巨额债务。2001年6月，安达信曾因审计工作中出现欺诈行为被美国证券交易委员会罚了700万美元。

结局反思

安然的崩溃并不仅仅是因为假账，也不全是高层的腐败，更深层次的原因是急功近利和贪婪冒险的赌场文化，这使安然在走向成功的同时也预掘了失败之墓。安然的核心文化就是盈利，甚至可以说是贪财。在安然，经营者追求的目标就是"高获利、高股价、高成长"。《财富》杂志撰文指出：正是由于安然公司的主管们建立了以赢利增长为核心的文化，经理们才有了很大的动力去涉险，安然追求的目标最后也只剩下一个，那就是赢利。安然鼓励的是不惜一切代价追求利润的冒险精神，用高赢利换取高报酬、高奖金、高回扣、高期权。安然强调个人英雄主义而造就了领导伦理的缺失，使得安然的领导更加注重利益而非伦理型领导方式。

资料来源：根据相关资料整理而得。

安然案例在几个方面都值得关注。第一方面是安然使用的一些金融工具并非是明显不合法的，而是不合伦理的。第二方面是公众的强烈反应并不仅仅针对犯罪行为，更多的是针对高层管理人员的不合伦理的行为。第三方面是因为有了金融机构和审计师的共谋，公司的阴谋才能得逞。因此，在经历了安然事件后，人们再次呼吁企业中的伦理，更多的是呼吁股东会、董事会、监事会及高层管理等对**公司治理（corporate governance）**中的伦理问题的重视。在对公司治理伦理进行探讨之前，需要对公司治理的概念及公司治理中可能出现的伦理问题进行大致了解。

8.1 公司治理概述

"公司需要治理，治理需要伦理"是在关注公司治理中常见的一句经典名言。在亚瑟·安达信（Arthur Andersen）（1987）首次提出公司治理伦理概念后的10多年里，围绕公司治理伦理的研究文献与著作并不多见。然而，进入21世纪以来，特别是美国安然事件以后，围绕公司治理伦理的研究文献与著作明显增加。公司治理伦理将道德条件和要求融入企业的管理、治理和控制结构中。想要了解公司治理中的伦理问题，首先要了解什么是公司治理。

8.1.1 公司治理的主要内容

1. 公司治理的定义

所有权与控制权的分离，以及由此产生的委托代理关系，是公司治理问题产生的根源。自威廉姆斯（Williamson，1975）提出"治理结构"概念以来，"公司治理"概念于20世纪80年代初开始出现在经济学文献中。迄今为止，国内外文献中关于什么是公司治理并没有统一的解释，不同学者对公司治理的概念有着不同的理解，如表8-1所示。

综合表8-1中关于公司治理的定义可以发现，学者们对公司治理概念的理解至少包含以下两层含义。

（1）公司治理是一种契约关系。公司是多个契约的联合体。这些契约治理着公司发生的交易，并可以降低交易成本。经济行为人行为的有限理性和机会主义特征使得这些契约具有不完备性，即在事前无法对各种随机情况做出预期，因而无法对各种情况下缔约方的利益和损失都做出明确规定。为了节约契约成本，不完备契约常常采用关系契约的形式，以减少不断谈判不断缔约的成本。公司治理的安排在本质上就是这种关系契约，它以简约的方式规范公司各利益相关者的关系，约束他们之间的交易，以此实现公司交易成本的比较优势。

（2）公司治理是一种制度安排。关系契约若要生效，关键是要对在出现契约未预期的情况时谁有权决策做出安排。一般来说，谁拥有资产，或者说，谁有资产所有权，谁就有剩余控制权。公司治理的首要功能，就是配置这种控制权。主要为两层意义：第一，公司治理是在既定资产所有权前提下安排的。所有权形式不同，公司治理的形式也会不同；第二，所有权中的各种权力通过公司治理结构进行配置。这两方面的含义体现了控制权配置和公司治理结构的密切关系；控制权是公司治理的基础，公司治理是控制权的实现。⊖

表 8-1　公司治理定义对照

年份	提出者	概念
1976	詹森和麦克林	公司治理应致力于解决所有者与经营者之间的关系，公司治理的焦点在于使所有者与经营者的利益相一致
1983	法玛和詹森	公司治理研究的是所有权与经营权分离情况下的代理人问题，其中心的问题是如何降低代理成本
1988	克科伦和沃提克	公司治理包括在高级管理层、股东、董事会和公司其他的利益相关者的相互作用中产生的具体问题
1993	希克等	公司治理结构就是借以委托董事，使之具有指导公司业务的责任和义务的一种制度，是以责任为基础的
1994	梅耶	公司赖以代表和服务于它的投资者利益的一种组织安排。它包括从公司董事会到执行人员激励计划的一切东西
1996	李普顿	公司治理结构是一种手段，用来协调公司组成成员即股东、管理部门、员工、顾客、供应商以及公众等其他利益相关者之间的关系和利益
1996	吴敬琏	公司治理结构是指由所有者、董事会和高管人员组成的一种组织结构。在这种结构中，上述三者之间形成一定的制衡关系
1998	普罗兹	公司治理是"一个机构中控制所有者、董事和管理者行为的规则、标准和组织"
1999	马克·丁·洛	公司治理结构是指公司股东、董事会和高层管理人员之间的关系
2005	李维安	公司治理是指通过一套包括正式的、内部或外部的制度或机构来协调公司与利益相关者之间的利益关系，以确保公司决策的科学化，从而最终维护公司各方面的利益的一种制度安排

2. 公司治理的内容

从公司治理的内容出发，主要是公司权力的分配与制衡，即在**股东会**（stockholder's meeting）、**董事会**（board of directors）、**监事会**（board of supervisors）、管理者之间如何分配权力并进行制衡的组织结构安排及机制的安排，保证公司利益最大化，具体如表 8-2 所示。

⊖　张世云，温平川. 公司治理伦理：概念模型及作用机制 [M]. 成都：四川大学出版社，2009:37-41.

表 8-2　股东会、董事会、监事会内容概述

	股东会	董事会	监事会
概念	由全公司的全体股东组成的一个公司机构，它是公司的权力机关，是股东行使股东权力的组织	由股东代表或股东推选出来的代表组织的会议机构，受股东的委托对公司的投资、生产、经营等重大问题进行决策、领导和监督	对公司董事和高级管理人员的经营管理活动及公司财务进行监督的常设机构
特征	1. 股东会由全体股东组成； 2. 股东会是公司的最高权力机构； 3. 股东会是公司的必设机构	1. 股东会的执行机关； 2. 公司法定的常设机关； 3. 集体执行公司事务的机关； 4. 表决制度是一人一票	1. 由依法产生的监事组成； 2. 对公司的事务进行监督的机构； 3. 行使职权的独立性； 4. 个人可行使监督权； 5. 是常设机构

8.1.2　公司治理中可能面对的伦理困境

1. 大股东控制公司

由于大股东具有控股地位，在企业的决策中有着较大的发言权，因此大股东很容易利用这一权力操纵被控制公司按照自己的利益要求行事，从而偏离公司整体的利益，损害中小股东的利益。譬如，我国上市公司中就出现了一些大股东侵害小股东利益的事件，他们或者利用上市公司进行圈钱，或者进行不正当的关联交易，或者抽逃上市公司资金，或者让上市公司为自己做担保，最终导致上市公司经营失败。[⊖]

2. 小股东控制公司

持股较少的小股东会通过金字塔结构或交叉持股结构，联合搭建一个复杂的企业集团，然后通过非常隐蔽的手段进行剥夺。同大股东控制相比，小股东控制更加隐秘。比如，在集团里有一个上市公司，这个上市公司的控制权完全可以把持在一个持股量非常少的控制人手里，这个控制人的现金流量非常小，可以低于10%。而且这个实际控制人会非常隐蔽，从外界很难看出这个控制人是谁。[㊀]

3. 委托—代理中的利益平衡

在现代企业制度中的"委托—代理"的框架下，由于经理人对企业的运行机制、内部信息都非常熟悉，往往会编制虚假报表来隐瞒信息，欺骗委托人和股东，获取私人资源，这就是所谓的"内部人控制"，经济学上称之为经理人的"道德风险"，即指企业的经理人利用市场机制的不完善性和信息的不对称性，在追求自身利益最大化时做出了不利于委托人的行动。因此，委托代理理论的中心就是研究在利益相冲突和信息不对称的环境下，委托人如何设计最优契约激励代理人。

4. "股东至上"还是"利益相关者至上"

尽管对于公司治理目标是"股东至上"还是"利益相关者至上"，国外学术界一直存在着很大的分歧，然而现实中逐渐出现了一种更倾向"利益相关者之上"的趋势，至少是认识到了利益相关者利益维护的重要性。因为在这其中，学者们逐渐意识到"股东至上"引发的

⊖ 沈乐平. 公司治理原理与案例 [M]. 大连：东北财经大学出版社，2009:5.
㊀ 宁向东. 公司治理理论 [M]. 北京：中国发展出版社，2005:85-86.

种种违规行为、所带来的伦理问题。一个只考虑股东利益最大化的企业，最终反而会降低或者破坏这个企业的价值。

5. 债权人利益与有限责任的问题

尽管资本市场的繁荣可以有效解决公司发展所需资本不足的问题，但是由于现代企业规模的扩大和复杂程度的提高，企业还需要从银行等金融机构贷款获取资金支持。作为债权人，在公司破产时拥有优先获得赔偿的权利。但是由于现代企业制度是以有限责任为基础的，这就使得企业的债务只能以企业的剩余财产为限，股东只承担有限责任，这容易使股东利用有限责任回避债权人的利益，使得债权人的利益不能得到充分的保障，这就产生了第三个公司治理问题，债权人利益与有限责任的问题。⊖

8.1.3 公司治理中伦理问题的潜在危害

按照危害对象的不同，公司治理中的非伦理行为的主要危害体现为以下几个方面。

从企业角度而言，当企业的公司治理出现较大的问题时，如做假账、制造争议性逃税事件，甚至是通过扭曲投资研究与咨询客观性的投资决定，企业将面临前所未有的危机，而对企业而言最具毁灭性的影响就是导致公众对企业的声誉产生极坏的印象，丧失了一大批信任企业的员工、股东及公众。这种直接的利益冲突不仅对个人利益造成损害，而且还导致了公司的败落。安然丑闻就是最好的证明。

从员工角度而言，当公司的**高管层（executive）**不顾普通员工的利益，坚持一味追求更高的股价，信奉"股东利益至上"，久而久之，员工必然成为弱势群体，但是公司的发展离不开员工的贡献，往往公司认为员工是一种成本而非一种资源，在这种意识的支配下，即使员工想要有所作为，但在经济契约和企业制度运行过程中，话语权却十分有限。一旦企业经营不善，那么员工退休与养老都难以保证，更谈不上职业发展。

从中小股东角度而言，诚然，许多企业的职业经理人以"股东利益至上"为宗旨，但是仍旧存在部分经理人为了自身的利益而损害股东利益的行为，一旦这种行为发生，对于股东而言，特别是对于中小股东而言，必然是遭受重创。现在也存在一些大股东剥夺、侵害中小股东利益的恶性事件，如控股股东通过不正当的关联交易转移资产，强制为控股母公司担保，私分上市公司资产，抽逃上市公司资金，大肆掏空上市公司等，而中小股东本身由于缺乏动力（习惯"搭便车"）和必要能力（不懂企业管理等）而被排除在公司治理之外。

8.2 股东中的伦理问题

当董事、经理自身的利益与公司的利益发生偏离甚至冲突的时候，他们可能会牺牲公司及股东的利益而追求自己的最大利益，由此而做出的经营决策不当、滥用权力乃至中饱私囊等逆向选择行为必然会导致道德风险，这种行为就是高层管理中的非伦理行为。⊖

⊖ 沈乐平. 公司治理原理与案例 [M]. 大连：东北财经大学出版社，2009:8.
⊜ 叶陈刚. 公司伦理与企业文化 [M]. 上海：复旦大学出版社，2007:34.

8.2.1 大股东与小股东之间的伦理问题

股东以其投资拥有监督决策权,通过股东会行使表决权,从而对选举公司董事、公司利润分配及公司合并分立等重大事项进行决策。大股东通常在管理中具有更多的发言权或者对公司具有控制权。此时股东伦理表现为大股东的伦理,即大股东行为是否在满足自身利益最大化的同时,也符合其他利益相关者的权益。大股东"掏空"、盈余管理与资金占用等行为侵占了公司的财产,损害了中小股东的权益,是较为典型的大股东非伦理行为。[1]

1. 控制性股东与掏空行为

所谓"掏空行为"是指能够控制公司的股东为了自身利益将公司的财产和利润转移出去的行为。由于现代公司的股权集中于控股股东手中,股权的过度集中导致控股股东以其控股权对公司实施控制,在内外部治理机制薄弱、信息严重不对称和外部市场监管能力有限的情况下,控股股东有充分的动机与能力掠夺公司财富,实施"掏空行为"。

通常以较低的价格将上市公司的资产出售给控股股东拥有较高现金收益权的公司,向经理人员支付较高的薪水,为控股股东拥有较高现金收益权的企业提供贷款担保,侵占公司的发展机会等都是大股东掏空上市公司的非伦理行为。随着股权集中度的提高,大股东对经理层的监督动机增加,与此同时,大股东牟取私人利益的能力也随之增加。

2. 盈余管理

盈余管理作为利润操纵的一种,毫无疑问也是非伦理行为中常见方式之一。盈余管理是指企业实际控制人运用职业判断编制财务报告和通过规划交易以变更财务报告的机会主义行为。控股股东通过实施盈余管理,向外界披露不真实的盈余数据,使得以报告盈余为估值基础的投资者付出过高的兑价,损害了中小投资者的利益。同时,利用可操控应计利润进行盈余管理会导致后期应计利润的逆转,使企业经营业绩下降,进而损害了中小股东的权益。[2]

3. 占用上市公司资金

占用上市公司资金是大股东典型的非伦理行为。在股权分散的情况下,中小股东行使权利的成本通常高于因此获得的利益,因此中小股东的利益往往受到拥有公司控制权的大股东的侵犯,在法律监管不完善的情况下,控股股东利用其绝对优势的表决权占用公司资金,以损害公司盈利、侵犯中小股东权益为代价,满足自身利益。

4. 股利政策由大股东掌控

控股股东凭借其对企业的控制权对股利政策具有决定性的影响,由于持股比例的不同,控股股东与中小股东对股利政策的偏好并不一致。由于少派现甚至不派现能够为企业保留更多的资金,因此控股股东倾向于减少股利发放,保留资金,通过这种非伦理方式对公司资源进行控制,谋求其他更多对自己有利的利益,这一行为损害了中小股东获取股利收入的权益。而当控股股东的股权缺少流动性时,为实现经济利益,控股股东倾向于大量派现,这一非伦理行为导致企业留存收益减少,使企业后续发展缺乏足够资金,经营绩效下跌,最终仍旧损害了中小股东的权益。

---

[1] 薛有志. 公司治理伦理研究 [M]. 天津:南开大学出版社,2011:44.
[2] 薛有志. 公司治理伦理研究 [M]. 天津:南开大学出版社,2011:45.

8.2.2 股东与其他利益相关者之间的伦理问题

1. 并购后控股股东的非伦理行为

对企业进行投资的目的除了经济利益和社会责任外，公司控制权也是部分投资者的目的。以获得控制权为目的进行投资的控股股东，在并购成功后，往往采取措施降低成本，实施新的战略或者进行资产分拆出售。这样的股东通常拥有公司的绝对控股权，在并购完成后出于度过短期财务难关、提高生产效率等目的，通过大量裁员或减少业务部门等方式，降低生产成本，对员工等其他利益相关者的利益造成巨大损害。

2. 企业利益最大化与环境污染冲突

环境污染问题是企业利益最大化过程中最典型的非伦理行为。许多企业声称它们并无可行的以合理成本消除空气污染、水污染和其他环境污染问题的技术，因此无法在保持竞争力的同时提供消除环境污染的服务。

由于技术水平等原因，在监测企业环境污染时往往能力有限，企业通常为节约成本按照政策规定的最低标准处理污染物。甚至有部分企业利用地区之间法律规定的差异，将污染物运送到法律限制较为宽松的地区。如近年来经常发生美国、欧洲等发达国家的公司将垃圾、工业废料、废弃电子产品等污染物以集装箱的形式运到中国等国家或地区，由于在发达国家按照法律程序处理废料的成本远远高于运输成本，因此企业为降低成本可能会做出此类严重的非伦理行为。

8.3 董事会中的伦理问题

董事会责无旁贷地承接了对全体股东的道德责任。从伦理角度来说，董事会理应是各利益相关者利益的集中反映之地。董事会伦理也是公司治理伦理的重要组成部分，然而现实中董事会非伦理问题的存在严重影响了公司的健康发展。董事会中产生的非伦理问题可以从董事会的形成和运行过程两方面进行阐述。

8.3.1 董事会形成中的伦理问题

1. 暗箱操作董事会成员

从董事会的产生机制来看，董事会成员由股东会选举产生，如果因此而产生的董事仅仅代表着股东的利益，那么这无疑是"股东至上"原则的又一体现，其非伦理性则无须再赘述。而且，即便同是股东，如果董事的任免仅仅依靠选票，则必然有部分股东不得不向投票原则妥协。如若所有的董事任免均由大股东一手操纵，执行董事自不必说，甚至外部（独立）董事也无法摆脱大股东的影响，这样，大股东在公司内部的非伦理行为可能就会借助董事会的作用而披上"合规"的外衣。㊀

虽然可以通过"累积投票制度"，实现在选举董事的过程中反映不同股东的观点，靠法律法规规定董事会中独立董事的数量或比例、规定职工董事或利益相关者加入或列席董事会，让董事会充分考虑到利益相关者，但是董事会制度规定的董事产生方式决定了"伦理隐

㊀ 薛有志. 公司治理伦理研究 [M]. 天津：南开大学出版社，2011:60.

患"的存在。

2. 委托—代理伦理风险

董事会的出现使股东—经理层的关系中增加了一个层次，形成了双层委托代理关系，股东通过选举产生董事会，把最高决策权委托给董事会，董事会又通过任命经理，把企业经营权委托给经理。而这种双层委托代理关系无疑提高了经理"机会主义"和"道德风险"出现的可能性，也使得伦理问题存在的土壤更加"肥沃"。

例如，董事会的不作为会违背股东给予的信托责任；经理人则可以通过直接控制或贿赂董事会成员（人数有限）的方式，掌握董事会的主导权，形成所谓的"内部人控制"。上述这些非伦理问题，恰恰是董事会制度本身作为股东—经理层委托代理的中间环节而产生的，是制度的伦理代价。

8.3.2 董事会运行中的伦理问题

1. 对高层管理者监管不力

每个公司的董事会差别很大，很多年来，许多公司里董事会的构成取决于董事会主席对董事会成员做出的选择，而董事会主席大多数情况下也是首席执行官，董事会的功能之一是监管公司高层管理者对公司的管理。但有时，公司的首席行政官们相互在对方公司的董事会任职，并达成默契，在这种条件下，董事会成员代表股东利益的责任可能很容易就会妥协，很多情况下存在没有解决的利益冲突，此外，首席行政官掌控了董事会成员收到的信息，因此可以向他们隐瞒信息或行动。

2. CEO 中心主义的扩大化

由董事长引发的非伦理行为主要是由于公司董事领导结构不合理，具体是指董事长与 CEO 两职合一所带来的 CEO 中心主义的扩大化。在许多公司中已经形成了以 CEO 为中心的文化，出现了总经理与公司"并驾齐驱"的现象，董事长和总经理两职合一的现象则加剧了 CEO 中心主义的扩大，进一步降低了董事会的独立性，从而使 CEO 得不到有效的监督。正如谢增毅（2005）所指出的"在 CEO 中心主义的公司文化下，董事会作用的发挥可想而知"。许多研究表明，董事长与 CEO 两职兼任会降低董事会对公司战略决策的参与程度。这种非伦理的行为继而会影响公司的绩效。[⊖]

3. 花瓶董事

独立董事有时被描述为"橡皮图章""花瓶董事""缄默董事"或者"攫取型董事"。如在安然公司董事会中，虽然 17 位成员中有 15 位独立董事，但有的独立董事通过为安然公司提供财务咨询获取高额报酬，有的独立董事接受安然提供的科学开发经费，有的独立董事会同关系密切的慈善机构一道接受安然公司的大量捐款等。安然公司与独立董事存在利益关系导致了其独立董事成了摆设，无论是对独立董事还是对整个董事会而言，这都是非伦理的。

4. 被动行权

除上文列举的非伦理行为外，董事会还可能会出现"被动行权"的非伦理行为，即经理

⊖ 薛有志，等. 董事会伦理研究：一种理论初探 [D]. 天津：南开大学商学院，2008.

层凭借管理上的信息优势甚至是"管理者势力",事实上掌握着决策权,而董事会很难对公司产生实质性影响,其职权是被动行使的,仅仅停留在对有关提案的开会提议与表决通过等方面。

8.4 监事会中的伦理问题

股东会为了避免失控于董事会、经理层,必须建立一个机构来监督董事会、经理层的受托代理行为是否与股东的意志相符,从而使股东的利益得到保障。但监事会往往有时会为了利益而违背企业意愿,与损害企业的相关者勾结,而做出一些非伦理行为。

8.4.1 监事会构成中的非伦理行为

1. 人员构成不合理

整体来说,我国公司的监事会普遍存在兼职监事较多、专职监事很少、监事长兼职情况的现象,且监事会人员构成不合理,缺少中小股东或其他利益相关者的代表。公众或外部监事人数仅占极小的比例,甚至可以忽略不计。但是公众股股东所持有的股权比例却远远大于这个比例,面对这种情况如果只是希望内部股东做好自我监督和自我约束那无疑是天方夜谭,因此必须建立一套相对独立的监督体系去改善这种情况

2. 人员素质不达标

在我国监事会制度对于公司监事会的完善有重要的影响,但除此之外,监事会成员的专业素质对公司的监事会有着举足轻重的影响。在大多数情况下,即使有一个完美的监事会制度,但是缺乏有专业素质的人员去执行,那么这套制度也会错误百出。从对公司的调查可得知,会计审计等专业的监事约占 2/5,而大多数是其他专业的,部分监事对会计审计等专业知识略显欠缺,如此的监督怎能发挥作用。

8.4.2 监事会责任中的非伦理行为

1. 无视董事会、经理层违规行为

监事会的职责之一就是公正审查,正确处理各种不同类型的经济利益关系。公正审查是指监事人员应当具备正直、诚实的品质,公平正直、不偏不倚地对待有关利益各方,不以牺牲一方利益为条件而使另一方受益。监事人员在处理审查业务过程中,要正确对待与被审查单位有利害影响的各方面关系人。董事会与经理层有时会做出一些不利于企业发展的行为,监事会在察觉到高层管理者的违规行为后,要及时妥善处理,而非袖手旁观或合谋。必要时,甚至可以对违规的董事、独立董事或经理提出法律诉讼。

2. 贪污腐败

监事会的另一个重要职责是廉洁执法。廉洁执法是指公司监事人员在审查监督中必须保持清廉洁净的情操,在独立、客观公正的基础上,恪守国家任何有关法律、法规及制度的规定,依法进行合理、合法的审查监督业务。但是在实际监管中,存在部分监事会利用自己的身份、地位和执业中所掌握的被查单位的资料和情况,为自己或所在的单位牟取私利,甚至

向被查单位索赔,有的则会接受被查单位馈赠的礼品和其他好处等。

3. 监督不力

监事会对公司的监督工作往往要贯穿于经济活动的全过程中,要把公司监督寓于决策之中,寓于管理之中,寓于日常的财务业务之中,这样,既可以防患于未然,又能及时解决出现的各种问题,避免造成大的损失。具体来说,这一规定就是要求监事人员运用一定的方法、手段和公司资料对本单位的经济活动进行严格的事前、事中和事后的监督。事前监督是指在公司各项经济业务活动的准备阶段,以财经政策、制度和公司计划为准绳,对公司经济合同、经营计划等所做的合法、合理、合规、经济性审查,使之符合规定要求。事中监督是指在公司生产经营过程中以计划、定额、预算等为标准,对生产消耗、成本升降、资金使用、收益大小加以控制,及时发现并校正执行中的偏差,促使预定目标实现。事后监督则是指在一个生产经营过程完结之后运用公司资料进行检查,对经营全过程做出评价,并检查公司工作的质量,为下一个生产经营过程做全面准备。然而,监事会往往会为了减轻工作负担,对公司中的大小决策都不关心。

8.4.3 监事会权利中的非伦理行为

1. 监事会不具有独立性

监事会没有独立的否决权,独立性差,在很多方面依赖董事会,从而造成工作实施的困难与不完善。监事的选任基本由控股股东决定,监事会成员都与公司大股东有着密不可分的关系,甚至不乏一些监事会成员是通过董事会的关系进入监事会的,在这样的情况下,监事会必然会缺乏其独立性。

2. 监事会流于形式

虽然在法律上上市公司监事会与董事会和股东会平行存在,但却是徒有其名,在真正的权力赋予方面,监事会的职权缺乏力度,权力范围过小,和董事会以及股东会掌握的权力根本无法相提并论。监事会职权缺乏力度表现在以下几个方面:首先一个公司的监督机关是监事会,但是监事会却没有一定的代表权,更别说公司重大决策的否决权;其次监事会真正掌握的权力仅仅是对有违反法律和公司章程的董事、高层管理人员提出罢免的建议权,而非直接进行人事管理的权力,使得监事会的监督权有名无实,缺乏力度;最后由于监事会没有实权,使得其信息闭塞,无法对公司的运作有深入的了解,那么也就无法全面了解公司的决策和判断是否有利于公司的发展,难以发挥监事会应有的作用。

8.5 经理层中的伦理问题

经理层的产生,是现代企业制度发展的必然结果。经理层主要是指在现代企业制度下,企业为谋求进一步发展,通过中介机构寻找或者内部自我培养的,受双方协商后的契约关系所制约,对企业拥有部分性控制权,并通过自身拥有的知识和经营管理能力,对企业现有资源进行重组和利用,能够代替企业所有者行使决策、监督、考核等管理职能的企业雇员。然而,当经理层面对巨大的经济诱惑和委托代理关系下的行为偏差时,经理层有时会漠视企业的道德文化而产生一些非伦理行为。

8.5.1 经理层行为中的非伦理问题

1. 恶意圈钱

公司为了发展需要增资扩股，只要股东认可这一行为，并认为可行，那么这种增资扩股的行为就是合法合理的。但是，如果经理层难以向股东说明为何要进行增资扩股，就任意向股东筹资，那么这种非理性的再融资就被投资者称为恶意圈钱。经理层有时为达到自身目的（如提高自身的年薪及奖金）而不择手段，甚至可以牺牲大部分股东的利益。

专栏 8-1　　某电工不差钱，37亿再融资涉嫌恶意圈钱

2010年2月25日，某电工六届五次董事会决议通过了公司2010年度增发方案，公司拟公开增发不超过35 000万股，预计募集资金净额（扣除发行费用后）36.98亿元，主要投入六大项目。5月11日，第四次临时董事会会议决议将预计募集资金净额（扣除发行费用后）为36.98亿元修改为预计募集资金总额（含发行费用）为36.98亿元。此时，该公司手中尚握43亿元现金，资产负债率仅为58%，为何又要启动37亿元股本融资，难道仅仅是因为在股市融资不用还吗？

然而，自增发方案公布后，市场并没有投来热烈的笑脸，相反，股价一路直泻，截至5月收盘，3个月累计跌幅达30%。这甚至可以认为是市场在对这次融资投反对票。本次募集的资金所要投入的六大项目也不被市场看好，37亿元的募集资金主要投向包括超高压项目完善及出口基地建设、直流换流变压器产业结构升级技术改造、特高压交直流变压器套管国产化建设、特高压变电技术国家工程实验室升级改造建设、超高压及特种电缆建设、苏丹喀土穆北部工程和苏丹东部电网六大项目。在这六大项目中，除苏丹国外项目外，其他项目均为公司原有项目，其中一部分是为配合国家电网升级需要。这些项目建设周期较长，而且多为升级改造项目，意义不大。此外，该公司目前总股本为179 738万股，如果本次增发35 000万股，增发数达到总股本近20%，这将对原有股东造成巨大压力。

统计数据显示，截至2010年5月18日，在近一年以来发布定向增发预案的273家公司中，跌破增发价的公司已高达115家，占总数的四成以上。在实施增发的147只股票中，36只股票的还权后股价跌破了增发发行价，占比超两成。其中，25只股票为定向增发，11只为公开增发。按发行价计算，25只股票增发募资额共计1 157.62亿元，按18日收盘价计算，增发股份市值仅为988.04亿元，账面浮亏达169.58亿元。这样的"破增"行情让该公司的增发方案也迟迟没有下文。

资料来源：网易财经. 特变电工不差钱，37亿再融资涉嫌恶意圈钱[OL]. http:// money.163.com/10/0520/20/675EFEBM00253T96.html，2010-05-20.

---

2. 编造假账、蚕食资产

编造假账对付企业利益相关者，在实践中颇为流行。侵吞国有资产的手段也多种多样，通过编造假账侵吞国有资产时有发生，如四川某股份有限公司董事长周某就是其中一例。周某通过四个环节侵吞国有资产：第一步，利用中介机构疯狂造假，从一个资产为负647万元的公司变成总资产达 27 亿的实力公司，而中介公司从中获取 11 万元业务费；第二步，银行高管出谋划策，让周某用银行贷款的 3.8 亿元，收购上市公司股权，而周某允诺给银行高管一幢别墅；第三步，国有股权转让决策草率，不加监管；第四步，国企高管与其内外勾结，放任周某侵吞国有资产，收购后四个月内，周某从公司划走资金 5 亿元，国有股权代表、公司总经理收受周某贿赂百万元以上。周某原打算兼并公司后，让兼并方尽快破产使自己脱身退出，2006 年 9 月东窗事发，周某被捕入狱。

3. 携款逃逸

携款逃逸是指企业高层管理人员利用职务之便，侵占企业共有财产，再利用国内监管缺失漏洞，举家逃往国外，以躲避国内的法律惩罚。其中，最为常见的是银行高管携款逃逸。高管外逃案件层出不穷，暴露出银行存在巨大管理漏洞。搜索"银行高管逃逸"这一字眼，既有海南临高农行支行长潜逃 8 年后自首，曾挖 3 个地道藏身，更有中国银行广东开平支行原行长余振东被判刑 12 年，中行高山案犯罪嫌疑人李东哲潜逃 7 年后自首等报道充斥眼球。近些年，商业银行支行行长出事已经不止一两起，从工行、农行等大型银行，到烟台银行、北京农村商业银行等地方性银行，事件频发之下，也引起了业界、普通储户的关注。

8.5.2 经理层薪酬中的非伦理问题

薪酬体系在组织中起着重要作用，如今，争议越来越大的一个问题就是经理层高薪酬问题。即使在某些方面，经理层的权力已经变小了，但他们的工资仍在急速上升。是这些经理层的工资太多了，还是他们对其所领导的公司的贡献的确值得那么多的工资和债券，我们不得而知，但是经理层过高（特别是高管层，下文中主要也是指高管层）的薪酬确实会引发一定的非伦理行为。

1. 高管为维护高薪水平所做出的非伦理行为

（1）内部人控制。从程序上看，股东会要对董事（包括独立董事、董事长和副董事长）、监事的报酬事项做出决议，董事会要对经理、副经理和财务负责人等高级管理人员的薪酬做出决议。上市公司中，在董事会向股东会提出董事、监事的分红方案之前，要经过薪酬委员会做出决议。薪酬委员会、董事会和股东会这三道门槛都应当发挥实质性的过滤与审查作用。但由于我国上市公司一股独大的股权结构现状尚未根本扭转，内部人控制的现象尚未得到根本遏制，独立董事的信息占有不对称现象还依然存在，导致高管层为自己炮制的过高薪酬方案往往能够顺利出炉。

（2）勾结董事会成员。在现代企业制度中，CEO 与董事会主席往往是同一个人，而高管人选又是由董事会决定，**高管薪酬**（executive payment）也由董事会决定，在这样的背景下，某些高管为了能够获得高薪而与董事会成员相互勾结，通过贿赂、收买等形式，与董事会成员达成协议，通过能够获得高额薪资而听命于董事会成员。

（3）注重短期收益。高管在做决策时，往往需要考虑公司长远发展的需求，为企业的利益着想，这也是高管的基本责任之一，然而，有些高管在难以获得自己期望的薪酬水平时，他们往往会做出一些非伦理行为来提升自己的薪资，常见的手段就是放弃长期利益，实际上，企业应该追求长远的生存与发展，只看重短期收益可以说是商业伦理的天敌，因为只有从长远看，伦理优势才能转化为竞争优势，从短期看，或许对企业的好处并不明显，甚至需要牺牲一些眼前利益，不讲企业伦理对企业的危害也不一定马上显现出来。因此，有些企业高管会为了短期利益而放弃企业的长期发展。

（4）倒卖公司股权。高管们往往拥有数量众多的本公司股票，是公司期望以此来对高管进行控制，希望高管能够与公司共同发展，然而，有些高管却辜负公司的一片良苦用心，将公司给予的股权倒卖给其他外部人员。有的高管在获知内幕消息后高价卖出自己的股票，之后在股票下降后又再次购买回来。有的高管则是为了抗议公司过低的薪资，将手中的股权卖给企业的竞争对手，这样一来，企业很可能就会被恶意并购甚至从此消亡。

（5）裁员提升股价。当高管的薪酬过低，并对股票过度依赖时，反而会形成一种反效果。当管理层的薪酬和股票价格联系在一起时，就会诱导高管人员过度关注股票的短期价值，而不注重公司的长期利益。提高股价的最快途径之一就是裁员，而这并不总是出于对公司自身利益的考虑，也许仅仅就是为了股价的提升，同时，把高管人员的薪资与裁员联系在一起也是很不恰当的。

2. 员工为抵制高管高薪所做出的非伦理行为

（1）加深社会不公平感。公司高管跟普通员工之间的收入差距是衡量社会公平的重要指标之一。除此之外，企业高管的薪酬与公司的利润有时也并无很大关系，即当公司的利润下降或亏损时，高管们的工资依旧还在上升，有时高达上千万元。这不管按照什么标准来说都是很不公平的。按照常理来说，当企业因为有了高管的管理而非他人的管理使得公司避免了更多的亏损，或者是比其他类似的公司亏损得少，那么高管应该获得加薪。但是出于公平来说，人们的观点是在公司业绩很差的情况下，高管们就不应该获益。如果他在公司做得很好时得到奖励——即便股价上涨的原因是整个市场普遍在涨，那么他在股价下降时，也应该受到惩罚（至少应该不是奖励）——即便股价下降的原因是整个市场都在跌。

（2）以离职相逼。企业 CEO 与员工的工资差距从很早就被曝光，也一直是企业间的争论点。2008 年经济危机以后，美国企业高管和员工之间收入的平均差距进一步拉大，麦当劳一个普通员工需要工作 100 万个小时，才能挣到其 CEO 一年的薪水。可以从图 8-1 中较为直观地看出近几年 CEO 与普通员工的工资差距。

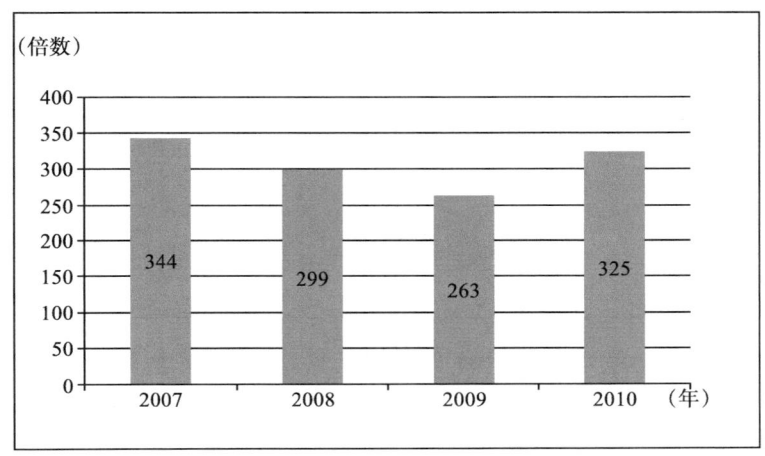

图 8-1　企业 CEO 与普通员工收入差距比例

由图 8-1 可知，当企业员工在得知高管层拥有如此高昂的薪资，却难以为企业做出突出贡献时，普通员工的心情是十分不满的，长此以往，会削弱员工对企业的奉献精神，甚至会引发企业员工的大量离职，以表达对不公平薪资的不满。

3. 经理层薪酬中的其他伦理问题

（1）与业绩关联性不大。在实践中，可以明显地看出，高管薪酬与业绩的相关性低于公众的预期，至少就股票的表现来说，无论企业成功与否，高管都能够获得巨额的奖金。当然可能会有人辩解道，在经济困难时，管理层面临着更大的挑战，因此也许比在经济繁荣时更加值得获得这些工资，但是，实际上，比如埃克森美孚公司创造 300 亿的利润时，高管们与公司的成就并无多大关系。

（2）缺乏有效监督。董事会的职责应该包括确保制订公平的高管人员薪酬方案，不给高管人员支付过高的薪酬。董事会还有对高管人员的业绩进行评估、对高管人员的行为进行监督的职责，然而，往往是需要被评估、被监督的高管人员反而与董事会主席是同一个人（也就是前文中所说的董事会主席与企业 CEO 同属一人），董事会成员往往也是由高层管理者自己任命的，此外董事会成员的工资也由 CEO 决定，从而造成新的利益冲突（见图 8-2）。

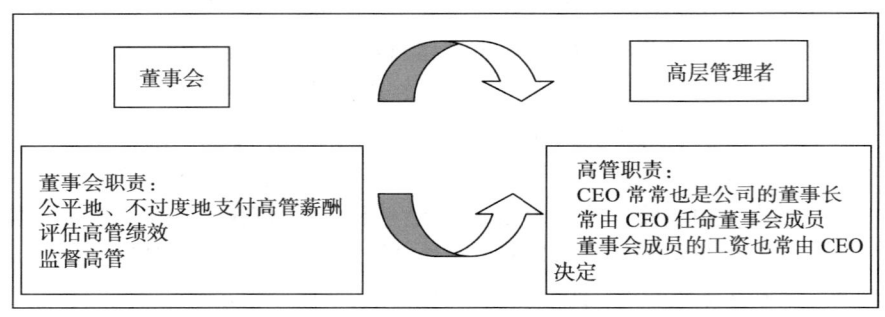

图 8-2　董事会和高管之间可能导致利益冲突的不同职责

（3）薪酬信息披露不详。公司必须清楚地披露它们的高管人员的收入情况并对它们的收入做出合理的解释，此外，还必须用一张单独的图表报告公司的股票和股息业绩情况。这些规则使股东很容易地了解管理者的总收入情况，并根据企业的经营状况来判断这个收入是否合理，从而扩大了股东的权利。然而，在现实中，即使公司在披露了高管薪酬后，企业中的小股东甚至公众也尚不清楚为何高管薪酬水平如此之高。从实体看，高管薪酬方案必须能够准确反映和体现高管在创造公司财富方面的贡献份额，要预防和反对高管无功受禄。现在最大的问题恰恰在于，社会公众认为高管的高薪水准没有真实地反映高管自身在公司财富中的贡献。

8.6　信息披露中的伦理问题

信息披露（information disclosure）的一种典型的定义是：信息披露是指公司提供一系列不同形式的信息的过程。总的说来，信息披露可以理解为公司定期或不定期，依照规定或自动地，向社会公众或利益相关者发布公司的财务、经营、重要决策等各方面信息。

近年来，随着证券市场的不断发展，公司信息披露制度不断完善和规范。但另一方面，国内外频频爆发公司信息披露违规的丑闻，严重打击了投资者的信心，损害了公司诚信经营的形象，也对证券市场的健康发展形成了极大的阻力。

8.6.1 披露陈述中的伦理问题

企业在信息披露时，应该遵循真实性、准确性、完整性、及时性的原则。但是企业往往会利用一系列手段对自己的会计信息、人力资源信息等许多重要信息采取隐瞒、欺骗等手段，以减少必要的信息披露。在信息披露陈述中，最常见的不道德行为是企业进行虚假陈述。

虚假陈述是指行为人对证券发行、交易及其相关活动的事实、性质、前景、法律等事项做出不实、严重误导或有重大遗漏的陈述或者诱导，致使投资者在不了解事实真相的情况下做出证券投资决定。下面我们就虚假陈述常见的表现形式进行详解。

1. 按行为主体分类

按照行为主体，可将虚假陈述分为证券发行人虚假陈述、证券公司虚假陈述、中介机构虚假陈述及其他机构的虚假陈述四种常见类型。

（1）证券发行人虚假陈述，是各种虚假陈述中最重要的类型。因为证券信息主要是关于证券发行人的信息，证券发行人对这种信息最为了解，无论其做出虚假记载、误导性陈述或遗漏，都最容易被他人相信和依赖，发行人虚假陈述的危害性最大。

（2）证券公司虚假陈述，是证券公司在证券发行、上市过程中做出的虚假陈述，通常与证券交易无关。一些证券公司在证券交易过程中向其客户做出的虚假意思表示，可能构成欺诈客户行为。

（3）中介机构的虚假陈述，主要是会计师事务所、律师事务所、资产评估机构等中介机构在履行职责过程中，通过其专业报告做出虚假陈述。由于中介机构依法出具各种专业报告，所以此种虚假陈述的范围有限，但影响程度比较大。

（4）其他机构的虚假陈述，主要指《证券法》第七十二条规定的禁止证券交易所、证券公司、证券登记结算机构、证券服务机构及其从业人员，证券业协会、证券监督管理机构及其工作人员，在证券交易活动中做出虚假陈述或者信息误导。

区分上述四种虚假陈述具有重要意义。首先，不同行为主体在信息披露上承担的义务范围不同。证券发行人、承销的证券公司、中介机构的信息披露范围依次更为狭窄。其他机构甚至不承担信息披露义务。不同行为主体虚假陈述的责任程度有所不同。其次，不同行为主体承担法律责任的主观态度不同。相对而言，证券发行人应承担严格责任，证券公司及其他专业机构则承担过错责任。

2. 按行为阶段分类

按照虚假陈述发生的阶段，可将其分为证券发行虚假陈述和交易虚假陈述。证券发行虚假陈述，是信息披露义务人在证券发行过程中做出的虚假陈述，主要表现形式为在招股说明书或其他募集文件中做出有违真实、准确和完整性的陈述。证券交易中的虚假陈述，则为信息披露义务人在证券交易中做出的虚假陈述，典型情况是在年度报告、中期报告和临时报告等信息披露文件中做出的虚假陈述。

上述分类同样具有重要意义。一方面，发行虚假陈述的行为主体广泛涉及证券发行人、证券公司、中介机构及其工作人员，而且各行为主体须依法承担连带责任；证券交易虚假陈述的行为主体为证券发行人及其董事、监事和经理等，在广义上，还可包括参与证券交易的其他机构，如证券交易所、证券登记结算机构、证券投资咨询机构等。另一方面，两种虚假陈述违反的法定义务不同，发行虚假陈述违反了公开发行证券的信息披露义务，交易虚假陈述则违反了持续性信息披露义务。因此，处理两种虚假陈述所适用的法律有别。

3. 按行为性质分类

按照虚假陈述的行为性质，可分为虚假记载、误导性陈述和陈述遗漏。虚假记载是在信息披露文件中做出违背事实真相的记载和陈述。如前所述，虚假记载是行为人做出某种积极行为的方式，如将不存在的情形记载为客观存在。误导性陈述则是使人发生错误判断的陈述，通常也属于作为形式，如将某种特定性质的行为表述为他种性质的行为。虽在许多场合下，虚假记载与误导性陈述难以清晰划分，但虚假记载更侧重事实上的虚假，误导性陈述偏重于使人发生误会的情况，而不论是否属于事实上的虚假。陈述遗漏是信息披露文件中未将应记载事项做出记载和反映，属于不作为的虚假陈述。

依照《证券法》规定，在发生虚假记载和误导性陈述场合下，无论性质及后果如何，行为人均应承担民事法律责任；至于是否承担行政及刑事责任，则要考虑行为人的主观态度。但陈述遗漏场合下，须以重大遗漏作为承担民事责任的条件，对陈述遗漏是否构成重大遗漏，须结合实际情况确定。

8.6.2 披露时限中的伦理问题

由于证券市场信息不对称，投资者等市场主体并不能及时了解和清楚公司经营状况的变化，所以公司应毫不拖延地披露重要信息，以供市场主体做决策参考。然而，公司信息披露不及时的行为在信息披露伦理中占将近一半的比例，而且几乎每年都会爆发相关案例。信息披露不及时一般表现为不在法定期间内披露定期报告和不及时公布临时报告。一方面，一些公司在规定的披露期限结束后还未披露定期报告。另一方面，一些公司在发生重大事件后，迟迟不予以披露。这种信息披露的滞后性损害了投资者的合法利益，扰乱了证券市场正常的运转秩序，违背了信息披露的宗旨。信息披露时限中常见的非伦理行为主要表现为以下几点。

1. 未按时披露定期报告

定期报告反映了公司完整的经营情况和财务状况，是公司信息披露体系中的核心内容，也是投资者了解公司情况的主要渠道。因此，在规定期限内及时披露定期报告，是公司信息披露制度的根本要求。

2. 未按期披露年报

公司不按期披露定期报告非伦理行为主要表现在未按期披露年报上。此类违规行为易于被发现，调查也比较简单，一般超期未发布年报的，证监会就能了解到公司涉嫌违规，且多数违规只处罚公司本身。发生此类违规行为多因公司与所聘任的会计师事务所出现意见分歧，公司既不同意会计师事务所提出的审计意见，又没有采取有效的措施保证年报及时公告。此行为违背了证券市场信息披露规则，损害了投资者的合法权益。

3. 未及时公布临时报告

未及时公布临时报告也可以认为是未及时披露公司重大事项，这是不及时披露中最主要的表现形式，包括不及时披露重大诉讼和仲裁，关联关系和关联交易，重大担保，关联方资金占用，重大资产抵押、质押，对外重大投资，重要合同等违规行为。

8.6.3 披露真实性中的伦理问题

我国公司信息披露失实，主要表现在文字叙述失真和数字不实，在招股、再融资和年报、重大事件披露等中表现得尤为突出。一些企业的管理当局出于经营管理上的特殊目的，蓄意歪曲或不愿意披露详细真实的信息，低估损失，高估收益。公司隐瞒或虚构事实的行为长期存在，势必动摇投资者对整个证券市场的信心，最终影响证券市场的长远发展。信息披露不真实也即虚假陈述，即对有关事实做出不符合实际的陈述，包括歪曲事实和捏造事实。大多数情况下，虚假陈述都带有主观故意，因此，它的社会危害性较之其他的信息披露违规行为更大，后果更为严重。具体发生的一些非伦理的行为如下。

1. 业绩虚假与利润操纵

业绩虚假和利润操纵是指一些企业利用销售数据和成本进行造假，通过虚假增加企业的销售收入和少计企业发生的费用，以此产生虚假利润。常见的手段有以下几种。

（1）利用关联购销业务操纵利润，如某公司在1997年销售一批货物给该公司控股股东的子公司，销售收入16 002万元，销售成本14 002万元，产生净利润2 000万元，交易价格由协商决定，这项交易利润占公司1997年利润总额的23.5%。

（2）托管经营。由于我国证券市场还缺乏托管经营的法规和操作规范，托管经营就成为上市公司利润操纵的另一个方式。一些上市公司将不良资产委托给关联企业经营，定额收取回报，使得上市公司回避了不良资产的亏损，又凭空获得了一部分利润。反之，关联企业也可以将获利强的资产以较低的收益由上市公司托管，直接为上市公司注入利润。

（3）关联企业收取资金占用费。按照有关法规规定，企业之间是不允许相互拆借资金的，但实际上也存在关联企业间的资金拆借的现象，如某公司对关联企业进行长期债权投资，按照20%的比例收取固定回报，为企业创造了大量利润。

2. 对外担保披露不实

南京中北对关联方担保披露虚假。其虚假披露信息行为发生在2003年8月28日证监会与国务院国资委联合发布《关于规范上市公司与关联方资金往来及上市公司对外担保若干问题的通知》（证监发[2003]56号）后不久，南京中北不仅不按通知要求对信息披露行为进行规范，反而顶风作案。证监会对该公司处以30万元的罚款，对相关责任人员给予了警告和罚款。这种行为不仅损害了企业的声誉，同时也极大地损害了投资者的信心。

3. 资金占用披露不实

湖北迈亚2001～2005年年报中均少披露贷款余额，未按规定披露关联占用湖北迈亚资金情况。湖北迈亚的行为构成了《证券法》（2014）第一百九十三条所述的"发行人、上市公司或者其他信息披露义务人未按照规定披露信息，或者所披露的信息有虚假记载、误导性陈述或者重大遗漏的"行为。证监会对相关责任人员处以罚款和警告，未处罚上市公司。

4. 资产收购披露不实

寰岛股份 2007 年刊登《关联交易公告》，称拟与万恒置业签订《股权转让协议》，万恒置业已经持有沈阳力源 45% 的股权，且不存在重大不确定性。但截至寰岛股份发布该公告时，万恒置业与沈阳力源关于 45% 股权转让的事宜并未确定，万恒置业并不持有沈阳力源 45% 的股权。沈阳力源的工商登记资料显示，截至 2007 年 7 月 13 日，万恒置业仍不是沈阳力源的股东。寰岛股份辩称，公司收购沈阳力源股权信息披露违法是于振涛操纵公司欺骗董事会的结果，目前公司控股股东和实际控制人均已发生变化，涉及的责任人已陆续离职，且公司信息披露违法的根本原因是汉鼎光电及其董事会故意隐瞒重大担保事项。证监会对公司和相关责任人给予了罚款和警告。[○]

8.7 内幕交易中的伦理问题

内幕交易（insider trading）是指内幕信息知情人或非法获取内幕信息的人，在内幕信息公开前买卖相关证券，或者泄露该信息，或者建议他人买卖相关证券的行为。内幕信息是公司内部的人可以拥有但公司外部的人却得不到的信息，它不仅包括商业机密，还包括公司的战略和计划。和内幕信息相关的伦理问题是个人可能会在作为公司成员时利用这些信息，这个问题会引发两个方面的难题。一个难题是公司内部人员会以公司的利益为代价，利用内幕信息牟私利，这被称为利益冲突。另一个难题是公司内部人员会利用内部信息来获得公司外部人员所不具有的个人优势。

8.7.1 关于内幕交易的伦理争论

尽管大多数人认为内幕交易是不道德的，但在这个问题上也的确存在着不同意见。不同的意见大致可归纳为以下几点，它们主要是出于经济效率的理由而为内幕交易辩护的。

首先，从经济效率的角度看，制止内幕交易活动是一种得不偿失的做法。因为，内幕交易是一种非常广泛的活动，证券交易委员会的调查和新闻媒介的报道仅仅抓到了一些皮毛，要制止这种活动需要太多的钱财和精力，成本太高。

其次，从经济效率的角度看，内幕交易并没有扰乱股票市场，也未打击公众投资股票市场的热情，证券委员会的担心是没有根据的。因为，内幕交易有助于使股票的价格接近于一旦内幕信息公开后的股票价格，这就是说，如果兼并的消息一旦公布，那么被兼并公司的股票价格必然会上涨至某一点，现在持有内幕信息的人先去买入它的股票，就有助于使其价格接近这一点，并且间接地给出了公众直接得不到的内幕信息。

最后，有人认为内幕交易本身并非不道德，因此不应当是非法的。假设股票市场上有三个人，A 出于自己的考虑打算出售某只股票，B 也出于自己的考虑打算以 20 元的价位买入 1 000 股这只股票，而 C 则由于获知了这只股票所代表的上市公司将被并购的内幕信息而以同样的价位买入了 50 万股这只股票。根据内幕交易是不道德的观点，可以说 C 的做法是不道德的，但 B 的做法却没有什么不道德，然而这种说法与他们两人在相同的时间以同样的价位甚至是从同一个交易者那里购买了同一只股票这一事实是不协调的。此外，C 这样购买股票

○ 胡丹娜. 上市公司信息披露违规行为研究 [D]. 成都：西华大学，2012.

也并没有损害任何人的利益，首先 C 并没有强迫 A 出售自己的股票，其次 C 要买入如此大量的一只股票的提请很可能会使这只股票的价格上涨，从而有利于 A，使 A 的收益提高，同时，这虽然会使 B 付出了更多的钱来购买股票，但由于 C 的提请会使股票价格进一步上涨，所以对 B 也没有实质上的损害。

这些理由表面上看起来似乎有些道理，但实质上是站不住脚的。

首先，证券市场的效率和投资者的投资热情是相比较而言的，而且的确要在很大程度上依赖于公平。除非市场的交易者相信市场是公平的，所有的参与者能够平等地进行交易，否则他们就不会对市场抱有信任，这肯定会影响投资者的投资热情。假如你知道一种游戏暗中受到操纵而肯定不利于你，你还会继续参与吗？假如一种游戏被设计得有利于某些参与者，那么即便你暂且只能继续参与其间，你也会希望参与一个公平的游戏而不愿只有这一种选择。如果可以说内部人利用其内幕信息进行的交易并未使股票市场降低效率，那么还可以更加肯定地说，内幕信息的公开化将会使股票市场更有效率。

其次，市场经济的前提就是交易双方地位平等的公平交易，内幕交易显然不是地位平等的公平交易，其不平等在于人为的信息不对称。如果说信息不对称在市场经济中不可能完全消除，那并不是人为制造信息不对称的理由。根据制度经济学的分析，道德风险以及由此产生的经济低效率的根本原因就是信息不对称，因此，只有尽可能地消除信息不对称，才有利于市场经济的健康发展，有利于经济效率的提高。

再次，就上述例子而言，尽管 C 认为其内幕交易没有损害任何人的利益，但在 A 与 B 看来，他们的利益受到了损害。因为，如果 A 与 B 也得知了内幕信息，那么或者 A 的卖价本可以更高些，或者 B 的买价本可以更低些。

最后，从经济公平的角度看，内幕交易的根本错误在于上述指出的盗用以及由此而来的损人性质，因此，即便内幕交易的后果没有影响股票市场的效率，那也不能用来为其根本的错误辩护。一个行为只要对某些方面是不公平的，那么即便它的结果有利于行为者及其客户，也不能被认为是正确的。[⊖]

8.7.2 买卖股票中的伦理问题

在内幕交易中，最关键的是其所掌握的内幕信息，内幕交易就是内幕交易人员利用其所知悉的内幕信息进行的不平等证券交易。内幕交易所涉及的内幕人员包括公司职员、董事和掌握公司发展重大机密进行公司证券交易的员工；朋友、商业伙伴、家庭成员，以及经过他人获得内幕信息的律师、银行、经纪人和编排印刷人员等；由于为政府工作而获知内幕消息的政府人员；以及其他从雇主处获取并滥用内幕信息的人员。在股票市场中，内幕交易的常见行为主要是以下两种。

1. 低价买进高价卖出

低价买进高价卖出在股票市场中可谓是每天都会发生的事情，但是内幕交易人员却是在知悉标的证券的市场价格将会出现一定幅度的上涨后，立刻大量买进该标的证券，等相关重大信息公开后，标的证券市场价格上涨时，抛出该股票获得大量收益。这种行为在表面上看似属于股票中的有涨有跌，但是却很容易被查出是内幕交易人员利用其所知晓的信

⊖ 徐大建. 企业伦理学 [M]. 北京：北京大学出版社，2009.

息而做出的行为。

2. 在跌价前卖出避损

当内幕交易员在知悉标的证券的市场价格将出现一定幅度的下跌时，会立马卖出该标的证券，从而避免了相关重大信息公开后该标的证券的市场价格下跌所造成的损失。因此，除了少部分之外，没有人会了解公司有关的坏消息，一旦公司内部人员获知公司股票将下跌便会提前抛售。

交易的行为主体以在标的证券的市场价格上升过程中获利及在标的证券的市场价格下跌的过程中避免亏损为目的，从事证券交易，这种情形属于内幕交易行为。相反，如果内幕人员在知悉标的证券的市场价格在相关重大信息公布后可能产生一定幅度的上扬的情况下，卖出标的证券或者在知悉标的证券的市场价格在相关重大信息公布后可能出现一定幅度的下跌的情况下，买进标的证券又或者在其所知悉的内幕信息公开后进行的证券交易行为，此种情形不属于内幕交易行为，应理性区分两者的不同。

8.7.3 买卖内幕信息中的伦理问题

除了上述所说的内部高层人士自己利用内幕信息之外，内幕信息往往也成为他们的获利工具，通过买卖内幕信息获得高额收益。这种行为不仅损害了证券市场的公平性和健全性，并且降低了投资者的信心，无论从法律上还是道德上都是难以让人接受的。

1. 建议他人买卖证券

公司内部人员在持有内幕信息时，会根据这些信息向家人、朋友或他人提供购买或出售公司股票的暗示时，就属于一种内幕交易。秘密信息包括尚未向公众公布的只有特权人士才能了解的信息，如果这些信息可能对公司短期或是长期业绩造成财务影响，或对谨慎的投资者做出投资决策有重要影响，那么这些信息将会更加重要。公平性是投资者参与证券交易最基本的要求，对于这一要求，并不是说使投资者能够平等地获得收益，而是要保障投资者有公平竞争的市场环境。内幕交易人员利用其所掌握的不对称的信息，依托市场走势的判定，与其他并未知悉该消息的投资者交易，在交易的过程中，内幕交易人员无须承担任何风险，而其他投资者却成为其获利的标靶。承受由此引发的市场波动的冲击，极大地损害了投资者的投资信心。㊀

2. 卖给他人内幕信息

除了建议他人购买之外，当内部人员将内幕信息非法卖给竞争对手或急需信息的人，那么这种内幕交易不仅仅有违伦理，更是一种违法行为。这种行为不仅损害了公司的利益，同时对于投资者等其他利益相关者来说也是非常不公平的。

与内幕知情人员相比，其他投资者将付出更大的信息获取成本，内幕交易知情人员利用其所知悉的内幕信息购入标的证券后，往往会有组织、有计划地通过亲朋好友、证券中介机构（以证券公司为主）或传媒资讯等渠道向公众透露部分内幕信息或虚假信息，并以此诱使并不完全知悉真相的投资者盲目跟从参与证券交易，从而为内幕交易人员谋取利益创造了有利的交易环境。内幕交易人员还会根据市场情况，利用其资金、职权、信息等优势影响证券

㊀ 祁晓颖. 我国股票市场内幕交易的现状、成因及其监管研究 [D]. 沈阳：辽宁大学，2013.

市场，人为地干扰证券市场行情，压低或者抬高标的证券的市场价格，构成了典型的市场操纵行为。内幕交易行为与虚假陈述行为、市场操纵等行为相互交织在一起，使证券市场财富再分配的功能难以有效地发挥，是一种典型的违法违规行为。

8.8 治理对策：呼唤伦理型领导

伦理型领导是能通过个人行为和在人际互动中展现合乎规范的伦理操守，并通过双向沟通、行为强化和决策制定激发下属伦理行为的领导者。总体而言，伦理型领导在组织中建立伦理规范，并将其内化为自身价值，进而在决策制定和执行过程中激励和引导下属的伦理行为。[一]

8.8.1 高层管理者的使命

1. 担当责任，尽职守则

"知责任者大丈夫之始也，行责任者大丈夫之终也；自放弃其责任，则是自放弃其所以为人之具也。"在企业里，伦理型领导更要有责任意识，要勇于承担责任，不推卸责任。伦理型领导对自己的行为和决策要承担责任，对企业的员工、社会、公众更要承担责任。

2. 诚实守信，公正廉洁

领导存在于社会中，总是与下属、客户等多方面打交道，如果言行都是以诚信公正待之，逐步地形成诚信公正的人格，那么将会赢得人们的普遍信赖。市场经济越发展，竞争越激烈，就越显示出诚实守信、公正廉洁的关键性作用。也就是说，对于伦理型领导来讲，更要注重诚信与公正廉洁，只有两者完美契合才能使自己的言行取信于人，才能赢得他人的认可。

3. 作风民主，平等待人

伦理型领导具备了民主平等的个体道德品质。这种民主平等并非一味地坚持员工单方面的立场，无视企业要求而我行我素，而是要求伦理型领导将民主与平等控制在合适范围内，既能满足对企业组织活动监督的需要，又能充分尊重企业员工的差异性，给予企业员工自由畅想发挥空间，从而有效地控制企业与员工之间的矛盾、冲突。

4. 关爱员工，以身作则

员工是企业最宝贵的资产，如果企业把员工当成必须依靠的、互助互利的合作伙伴，实实在在地对他们负责，像关心企业利润和发展一样关心员工的生活、前途和命运等，那么员工就一定会投桃报李，与企业同舟共济。伦理型领导在尊重员工、诚恳平等地对待下级、关爱员工等方面做出了很好的榜样。

5. 求实进取，远见卓识

作为伦理型领导应当遵守求实进取的个体道德规范，要自强不息、居安思危，拥有忧患意识，不断地去奋斗、发展。求实就是要正确认识自己，认识企业的优势和劣势，控制与有效地规避劣势以及发挥企业的优势。同时在追求成功的途中不好高骛远，踏踏实实，一步一

[一] 金杨华，黄瑁君. 伦理型领导对组织伦理的影响 [J]. 管理现代化，2013(1):79-81.

个脚印。进取就是指不断地追求成功,成功有大有小,贵在不停地追求。不被小的成功冲昏头脑而放弃对大的目标的追求。奋斗永无止境,不应当只满足于现状。

8.8.2 伦理问题产生的原因

公司治理是企业内部有效运行的基础,是企业的一种无形资产和经济资源。大多数企业经营者已经认识到公司治理的重要性,但是尚且有一些企业不了解伦理在公司治理中的重要性,如在2013年上海证券交易所(简称"上交所")上报涉嫌内幕交易案件线索就有59件,而在证券监督管理委员会("证监会")开出的61份行政处罚决定书中,有24份有关内幕交易,涉及21家上市公司,即三成以上为内幕交易相关处罚。其中最轰动、规模最大、影响力最大、处罚最严重的莫过于光大证券乌龙事件。下面,将着重研究为何现今存在如此多的公司治理伦理问题。

1. 缺乏完善的法律规章,有些监管难以有效落地

随着我国证券市场的不断发展,公司治理等方面的法律制度也在逐步形成和完善。目前,我国已形成了一个以《公司法》《证券法》《会计法》和《中华人民共和国注册会计师法》为核心,辅以大量行政法规和规章的多层次的监管法律体系。但我国目前的法律体系仍然存在两方面的缺憾:其一,作为基本法的《公司法》和《证券法》对强制审计没有给予合理关注,其中《公司法》仅对年度报告之审计做出规定,而《证券法》则未做出任何有关强制审计的规定;其二,未对民事归责原则做出明确规定,使得针对信息披露的违法行为的民事诉讼可操作性不强,不能对违法者构成实质性的制约。尽管我国已经从法律、法规等外在形式上确立了上市公司的基本行为框架,但针对具体的细节性操作,如何针对市场应用的缺陷来完善现有法律、法规仍是我国未来法律建设的重要任务。⊖

2. 缺乏强制治理手段,难以实现监管需求

当前监督公司治理的有关行为主要是由上交所和证监会共同执行,但难免出现重复执法或执法不到位的情况。行业内部尚未形成固定的监管机制,社会舆论导向的偏差,新闻媒体对伦理宣传的忽视,以及消费者的不成熟等原因,使上交所和证监会难以准确地监管到所有的上市公司的不法行为。一些执法部门缺乏必需的强制手段,以查封非法财物、冻结账户、关闭非法企业等,难以完成繁重的监管任务。执法队伍素质不适应监管任务的需要,疏于执法、执人情法以及失职渎职的现象时有发生。

3. 领导普遍忽视伦理,引发企业文化缺损

伦理文化是企业文化的一部分。目前我国企业文化建设还比较落后,这同样是导致一些企业伦理道德缺失的重要原因之一。企业文化决定着企业的经营行为。卓越的企业文化在企业内部形成一股强大的凝聚力和原动力,团结、激励全体员工为了企业的长远利益自觉地为企业的生存和发展拼搏奋斗。若企业文化缺损,企业就如同一盘散沙,"各人自扫门前雪,哪管别人瓦上霜",员工为了各自的利益必然会出现不道德的企业经营行为。现在很多的企业文化要么是空有口号却不能落到实处,要么是企业文化中根本没有考虑到企业伦理道德的内容。

⊖ 张世云,温平川. 公司治理伦理:概念模型及作用机制 [M]. 成都:四川大学出版社,2009:156.

8.8.3 治理对策

公司治理伦理使得"用伦理完善治理"成为一种必然的要求,这种要求的实现不仅克服了传统的制度性治理所存在的缺陷,而且可以更加有效地实现社会利益与企业利益的平衡,满足显性契约与隐性契约各方的利益。为了更好地让企业重视公司治理伦理,改善公司治理中的非伦理行为,将从以下几个方面提出有效的建议。

1. 加强外部环境伦理道德意识

(1)加强法律意识。做到最基本的遵纪守法。遵守所有的法律、法规,包括《公司法》《消费者权益保护法》《劳动法》以及社会保障的法律、法规等,完成所有的合同义务,合理实施公司治理,以法律为根本,以规章制度为基本。

(2)重视公众利益。把社会公众福祉与根本利益摆在首位,为社会公众服务,明确自己的社会责任。企业不但要言行统一,而且还应要求员工以及整个企业的行为,都不损害消费者、社会公众的切身利益,无论在什么时候什么情况下,绝不做对社会公众有害的事情。

(3)完善经理人市场。通过市场的竞争机制、价值机制和激励机制,能分清职业经理人群中谁优谁劣,使出类拔萃的德正业精的职业经理人脱颖而出,受到企业的青睐和争相聘请;而那些经营失误、毫无业绩、惧怕风险、品德不良的经理人自然会受到企业的冷落,以致被淘汰出市场。

(4)塑造公司信誉。做到能够积极配合证监会的工作,按时、完整、充分、真实地披露公司相关信息,拒绝出现任何损害公司形象的非伦理行为,严格制止公司出现内幕交易等违背市场的情况发生,促进企业公司治理的不断完善,以此提升企业软实力,铸造竞争力。

2. 改善内部环境治理制度规范

(1)健全公司体制。企业应建立与公司治理相关的伦理守则,该守则是企业所接受、信奉的道德规范,并愿意踏踏实实地按此去做的。在建立该伦理守则时,企业必须考虑其特定的历史、文化、技术、产品等条件,必须与企业的使命、宗旨、战略相一致,因为企业的道德规范反映企业期望达到的道德水准。健全公司有关伦理的规定,是公司全体员工对伦理概念的重新认识,是高层对伦理领导的进一步执行到位。

(2)构建伦理型领导。伦理型领导带领企业从战略高度出发,把社会责任贯穿于企业整个经营过程中。只有当公司不把利润看得高于一切的时候,才有可能采取具有远见卓识的行动。伦理型领导应该拥有这样的经营管理理念:重视伦理建设是企业获得社会公众好感的基本条件,也是受社会尊敬的重要前提,注重公司治理伦理或许使企业的短期效益受损,但换来的却是比所损害的短期利益多得多的长期利益。

(3)建立公开透明的企业信息系统。信息系统的建立可以加强对经理层行为的识别。管理信息系统的建立使企业经理层的经营决策等各种活动被客观地记录下来,其经营的成效也能快速地反映到信息系统中,于是经理层的行为变得更易识别,大大减少了代理人的道德风险。信息系统的建立还可以降低监督成本,信息系统的规范要求使企业内外部的监督相对容易。

(4)建立损失补偿和成本承担机制。目前,很多企业对职业经理人实行了年薪制、股票期权制以及岗位工资制等多种激励措施,但是缺少相应的约束措施,使得经理层的责、权、利三者不统一。企业应该尽快地建立补偿基金,并不是将所有的年薪全部发给经理层,而是将年薪中的一部分提出来作为补偿基金，当经理层完成合同后，再将这部分补偿基金发给经理层。如果经理层未完成合同规定的目标，相应地扣发部分补偿基金，作为对损失的补偿。通过这种方法可以使经理层的收入与其经营的业绩表现联系起来。只有使经理层对自己造成的损失承担责任，才可以激发他们趋利避害、尽心尽力地完成合同规定的目标任务。

本章小结

1. 公司治理是指通过一套包括正式的、内部或外部的制度或机构来协调公司与利益相关者之间的利益关系，以确保公司决策的科学化，从而最终维护公司各方面的利益的一种制度安排。
2. 董事会制度是为了降低股权分散情况下进行决策的组织成本或者减少机会主义而出现的。董事会中常见的非伦理行为：对高层管理者监管不力、暗箱操作董事会成员、委托—代理伦理风险、CEO 中心主义的扩大化、花瓶董事、被动行权等。
3. 监事会是股份有限公司的常设监督机构，负责监督董事会、经理层执行业务的情况，一般不参与公司的业务管理，对外一般无权代表公司。监事会中常见的非伦理行为：无视董事会、经理层违规行为，贪污腐败、监督不力、人员构成不合理、人员素质不达标、监事会不具有独立性、监事会流于形式等。
4. 经理层主要是指在现代企业制度下，企业为谋求进一步发展，通过中介机构寻找或者内部自我培养的，受双方协商后的契约关系所制约，对企业拥有部分性控制权，并通过自身拥有的知识和经营管理能力，对企业现有资源进行重组和利用，能够代替企业所有者行使决策、监督、考核等管理职能的企业雇员。董事会中常见的非伦理行为：恶意圈钱，编造假账、蚕食资产、携款逃逸等。
5. 信息披露可以理解为公司定期或不定期，依照规定或自动地，向社会公众或利益相关者发布公司的财务、经营、重要决策等各方面信息。常根据信息披露的真实性、充分性和及时性三个方面来判断是否存在非伦理行为。
6. 内幕交易是指内幕信息知情人或非法获取内幕信息的人，在内幕信息公开前买卖相关证券，或者泄露该信息，或者建议他人买卖相关证券的行为。

关键术语

公司治理（corporate governance）　　董事会（board of directors）
股东会（stockholder's meeting）　　监事会（board of supervisors）
高管层（executive）　　信息披露（information disclosure）
内幕交易（insider trading）　　高管薪酬（executive payment）

复习思考题

1. 简述公司治理的主要内容。
2. 简述公司治理中可能存在的非伦理困境。
3. 简述公司治理中非伦理行为可能产生的危害。
4. 股东会中存在的非伦理行为主要分为哪几大类？各自主要的行为有哪些？

5. 董事会中存在的非伦理行为主要分为哪几大类？各自主要的行为有哪些？
6. 监事会中的非伦理行为有哪些？
7. 经理层中的非伦理行为有哪些？
8. 简述信息披露中的非伦理行为。
9. 简述内幕信息中的非伦理行为。
10. 怎样做到呼唤伦理型领导？

 应用案例

承德露露涉误导性陈述，多家券商研究员"中招"受损

在杏仁露市场已经取得很高市场份额的情况下，为了巩固在植物蛋白领域的优势地位，承德露露在 2009 年中秋前后推出了另一项新品——核桃露。在业内看来，核桃露的市场规模高于杏仁露市场，承德露露是后来者，但凭借公司的品牌优势，其核桃露产品值得期待。在 2013 年中报数据显示核桃露实现收入 2.29 亿元，同比增长近 4 倍。核桃露半年时间大幅放量，成为承德露露全年的重要看点。不少券商根据这一靓丽数据对承德露露进行估值分析，更有数位券商研究员预测该公司核桃露的全年收入将超 4 亿元。但 2013 年年报中核桃露 1.47 亿元的收入，直接让研究员此前的美好预测落空。面对中报中"失真"的财务数据，承德露露选择了沉默，直到 2013 年年报披露后，面对前后核桃露数据的不一致，公司董秘解释为中期的核桃露数据有误，是一个很简单的会计失误，且数据不一致是由于产品口径分法不一致。然而，董秘所说的简单会计失误，不仅让中报核桃露同比 4 倍的收入增长瞬间化为泡影，更是让包括券商在内的众多投资者，对公司主要产品的经营数据产生了误判。

更重要的是，对于 2013 年中报这一分类的变化，公司方面并未在中报中予以说明，且在券商研报乐观预测核桃露营收数据时，公司也并未予以澄清。此外，对于中报数据的"失误"，公司在 2014 年 3 月 12 日公布的年报中也未加以说明，直到 3 月 14 日接受采访时，董秘才予以解答，而此时距离 2013 年中报公布已近 7 个月。

对于承德露露中报数据与年报数据不一致，以及公司对分类口径等问题的解释并不能服众。首先，产品营业收入在会计科目中的分类应保持统一和稳定，不能随意发生变化，发生变化也要有依据，承德露露显然未能做到这一点，承德露露的会计处理也涉嫌违规。其次，产品收入的归类发生变化，承德露露也应在年报中做出明确提示，而年报中并未看到相关信息，承德露露未能做到准确、完整地披露信息。最后，从中报数据来看，承德露露核桃露产品同比增长 4 倍以上，这是有可能对股价产生影响的重大信息，但承德露露并未在中报中对数据的构成向投资者做出任何提示，对投资者必然产生的误读持放任态度，误导投资者将相应收入视为纯核桃露产品的收入，误导投资者对公司的产品结构和发展前景进行错误解读，承德露露在中报中已涉嫌构成误导性陈述。

2014 年 3 月 18 日晚间，承德露露更新了 2013 年中报，核桃露营业收入由原中报中的 2.29 亿元改为 0.89 亿元，终于为其令人"看不懂"的 2013 年年报画上了句号。承德露露公告称，在 2013 年年报发布后，经公司核对发现，由于工作失误，在《公司 2013 年中期报告》中分产品的"核桃露"包含了果仁核桃、花生露产品的营业收入 1.40 亿元。而在 2012 年、

2013 年年报中，分产品"核桃露"仅为核桃露系列产品。直到 2013 年年报发布，公司一直未能发现上述定期报告中对产品归类统计口径的不同，因此未予及时更正。

资料来源：东方财富网. 承德露露涉嫌误导性陈述，多家券商研究员"中招"[OL].http://guba.eastmoney.com/news,000848,104938707_1.html，2014-03-18.

思考题

1. 这个案例主要体现了哪种非伦理行为？
2. 除上述所说之外，在信息披露中还存在哪些非伦理行为？请一一列举。

学习链接

[1] 胡丹娜. 上市公司信息披露违规行为研究 [D]. 成都：西华大学，2012.

[2] 金杨华，黄琩君. 伦理型领导对组织伦理的影响 [J]. 管理现代化，2013，（1）：79-81.

[3] 马磊，徐向艺. 公司治理诺干重大理论问题述评 [M]. 北京：经济科学出版社，2008.

[4] 宁向东. 公司治理理论 [M]. 北京：中国发展出版社，2005.

[5] 祁晓颖. 我国股票市场内幕交易的现状、成因及其监管研究 [D]. 沈阳：辽宁大学，2013.

[6] 沈乐平. 公司治理原理与案例 [M]. 大连：东北财经大学出版社，2009.

[7] 新华网. 王石年薪1590万元领跑上市公司高管薪酬榜 [OL]. http://xuan.news.cn/cloudnews/wyxh/20140327/992761_c.html，2014-03-27.

[8] 徐大建. 企业伦理学 [M]. 北京：北京大学出版社，2009.

[9] 薛有志. 董事会伦理研究：一种理论初探 [D]. 天津：南开大学商学院，2008.

[10] 薛有志. 公司治理伦理研究 [M]. 天津：南开大学出版社，2011.

[11] 叶陈刚. 公司伦理与企业文化 [M]. 上海：复旦大学出版社 2007.

[12] 张世云，温平川. 公司治理伦理：概念模型及作用机制 [M]. 成都：四川大学出版社，2009.

[13] 理查德 T 乔治. 企业伦理学 [M]. 王漫天，唐爱军，译. 北京：机械工业出版社，2012.

[14] 劳拉 P 哈特曼，乔·德斯贾丁斯. 企业伦理学 [M]. 苏勇，郑琴琴，顾倩妮，译. 北京：机械工业出版社，2011.

[15] Shleifer, Vishny. A Survey of Corporate Governance[J]. Journal of Finance, 1997（52）.

[16] Cochran, Wartick.Corporate Governance: A Review of the Literature [J]. Financial Executives Research Foundation, 1998.

[17] Oliver Hart.Corporate Governance:Some Theory and Implications [J].The Economic Journal, 1995.

第9章 环境保护中的伦理问题

学习目标

1. 了解有关环境保护的一些基本问题。
2. 熟悉资源利用与保护中常见的一些伦理问题。
3. 熟悉现代企业经营所引发的一些环境问题。
4. 理解污染防治过程中存在的伦理问题。
5. 熟悉环保过程中存在的企业机会。
6. 掌握应对环境污染的治理对策。

开篇案例

治污工程把"垃圾村"变为"生态村"

治污工程把"垃圾村"变为"生态村"

十几年前,广东省云浮市新兴县龙山塘村还是"垃圾靠风刮,污水靠蒸发"的模样,水沟里漂着塑料袋,垃圾堆得像小山,池塘边散发着阵阵恶臭,村里人请客吃饭都没人敢来。十年后,翩然起舞的白色蝴蝶,河水绕村、果树飘香,瀑布流出的清水哗啦啦地响,还有保洁员忙着打扫卫生,一派田园风光宛如画中景象。这一切都源于"治污工程",现在的龙山塘已经建立了雨污分流、人畜分离、垃圾收集的治污模式。村委会集体出资,从村里聘请了4名专职保洁员,配齐板车、扫把、垃圾铲等清运设备,日扫日清,采取"户集、村收、镇运、县处理"的办法处理垃圾,彻底摘掉了"垃圾村"的帽子。

低成本、易维护、善规划成就美丽突围

龙山塘是禅宗六祖惠能的圆寂之所,著名的藏佛坑景区就位于村内。也似乎是这一诱因,让龙山塘从"污水围村"中突出重围,成为当地"生态文明"的典型,也为中国农村防污治污提供了答案。"规划"是当地干部、村民口中的"高频词",龙山塘的规划是打造"中国禅宗文化村"三大生态体系,包括富民强村——农村生态体系;和谐宜居——生态保障体系;服务配套——生态文化体系。三大体系八项"战役",让龙山塘"重生"。

村里的房前屋后都埋下了污水收集管道,原有的地表沟渠成为雨水收集系统。生活污水流进人造池塘,通过崩大碗、水浮莲两种植物净化;经过净化后的水再进入淡水藻类净化池,最后漏漯流入沟渠灌溉农田。这种净化利用的是大自然本身的力量，低成本、易维护保证了长期运作。系统循环也减少了资源浪费。

期盼守护人类的心灵净土

事实上，乡村的美丽突围，也是村民生态自觉的"意识突围"。生态和谐，同样离不开"人和"。如何"因民之所利而利之"，考验着村干部的智慧。培养村民的环保意识需要一个长期的过程。洁净的环境孕育洁净的心灵，美丽突围，也需要意识突围、心灵突围。多一份关注，就多一份守护的力量；守护最洁净的乡村，也就守住了人类心灵的净土。

资料来源：新华网．告别污水围村有多难："六祖故里"龙山塘的生态突围 [OL].http://www.gd.xinhuanet.com/newscenter/2012-04/01/content_25002376.htm，2012-04-01.

环境（environmental）是人类生存的条件，也是人类发展的根基。当前，环境问题突出，而保护生态环境，实现人与自然的和谐发展，现已成为全人类的共识。因此，探讨**环境保护**（environmental protection）及其伦理问题具有很强的理论意义与实践意义。

9.1 环境问题概述

人类进入 21 世纪，由于科学技术的飞速发展，引发了诸多环境问题，如环境的污染、生物多样性减少、温室效应等，这些问题引起了世界各国的关心和重视，环境保护成为人类面临的迫切而严峻的挑战。

9.1.1 环境问题的主要内容

环境是人类生存的基础，越来越多的事实证明环境的恶化会给人类的生活带来严重的灾难。

环境保护是指人类为解决现实的或潜在的环境问题，协调人类与环境的关系，保障经济社会的持续发展而采取的各种行动的总称。其方法和手段有工程技术的、行政管理的，也有法律的、经济的、宣传教育的等。其主要内容既包括对自然资源的保护，也包括防治由生产和生活活动引起的环境污染和由建设与开发活动引起的环境破坏。

环境保护已成为当今世界各国政府和人民的共同行动和主要任务之一。我国则把环境保护定为我国的一项基本国策，并制定和颁布了一系列环境保护的法律、法规，以保证这一基本国策的贯彻执行。

9.1.2 环境保护中可能面临的伦理困境

1. 资源利用中可能面临的环境伦理困境

我国地大物博、物产丰富，自然资源总量位居世界前列。改革开放以来，依托资源优势，我国经济取得快速发展，生产力水平不断提升，人民生活水平快速提高。但是，由于科技水平和管理水平不高，经济的发展都是伴随着"高收入、高消耗、高污染"的特点，资源的不合理、不充分利用及浪费等现象仍然十分严重。近年来，"环境污染""资源紧张""生态破坏"等字眼常常见诸各大媒体，引发了国内外的广泛关注。

> **专栏 9-1　　持续不断的污染事件**
>
> 2005 年 11 月 13 日，中石油吉林石化公司双苯厂发生爆炸。爆炸事故发生后，监测发现苯类污染物流入第二松花江，造成水质污染。
>
> 2006 年 3 月，香格里拉圣湖美景遭遇《无极》"劫色"之痛，影片《无极》中那片令人惊艳的高山杜鹃花海，取景于云南省迪庆藏族自治州香格里拉县深山里的"圣湖"——碧沽天池。但因为这次拍摄，已美丽了百年的花海盛景将难以再现。当剧组把美景定格到银屏上的同时，却给世外仙境般的碧沽天池留下了难以抚平的伤痛。
>
> 2008 年 3 月，河北省某钢铁厂是重污染企业，而且企业规模还在不断扩大，严重影响居民生活，由于钢铁厂的污染，其所在村有癌症病人 50 多人，每年因癌症死亡的有 20 多人。
>
> 2011 年 7 月，中国环境科学研究院综合航测研究我国三大城市群区域大气主要气态污染物。发现长江三角洲、珠江三角洲、津京唐地区空中气态污染物的污染较为严重。北京地区和珠江三角洲地区 NO_x 浓度值经常高于 SO_2（机动车排放污染较重）。三大城市群上空经常出现 O_3 超标现象，表明空中存在着较严重光化学污染现象。
>
> 2014 年 1 月 16 日，北京市空气重污染应急指挥部发布空气重污染蓝色预警，为 2014 年首个重污染预警。北京市环境保护监测中心数据显示，早上零时，万寿西宫监测点的 PM2.5 实时浓度达 623 微克/立方米，其他多个站点超过 500 微克/立方米，为 2014 年以来 PM2.5 首次超过 500 微克/立方米，城市中现"口罩大军"。
>
> 该专栏根据相关资料整理而得。

2. 生产经营中可能面临的环境伦理困境

企业的生产经营一方面使得经济得以快速发展，另一方面这种经营过程给环境带来了巨大的影响。目前中国生态环境的基本状况是：总体在恶化，局部在改善，治理能力远远赶不上破坏的速度，生态赤字逐渐扩大。

就目前来看，中国的环境问题不容乐观。在世界八大环境问题中，中国引来了全世界的"瞩目"。目前我国长江以南地区是世界三大酸雨区之一，二氧化硫的排放量目前已居世界首位，而土地沙漠化、森林面积减少、水土流失问题更是日益严重。近年来，工业和生活垃圾问题以及大气污染问题也在不断"升温"，受到人们的广泛关注。

3. 污染防治中可能面临的环境伦理困境

关于环境问题，1979 年在经济高速增长开始之际，政府同时制定了环境保护法并采取了相应的措施。但遗憾的是环境一味恶化，根本看不到整体上有所改善。环境的持续恶化在很大程度上是人们的环境意识还不高，缺乏参与环境保护的自觉性，从而对一些破坏环境的行为听之任之。随着环境的不断恶化，人们越来越重视污染防治，而近些年，污染转移这种所谓的治污行为多有发生，不仅是发达国家向发展中国家转移，同时发展中国家内部也存在由发达地区向欠发达地区转移、城市向农村转移的现象。一些企业在大浪潮下也开始追求"绿色"发展，一些企业的"漂绿"行为逐渐被大众所唾弃。

9.1.3 环境保护中伦理问题的潜在危害

企业是社会经济活动的载体，企业的生产和发展都离不开对资源的需求和对环境的依赖，然而企业发展中却一再地忽视对资源的保护和再生利用，对环境带来的极大破坏，所引发的环境问题日益突出。当前我国的环境污染和环境破坏问题日益突出，给我们带来严重的危害，主要表现在以下三个方面。

（1）威胁生态平衡。环境污染与破坏使生态系统的结构和功能失调，致使环境质量下降，甚至造成生态危机，直接威胁到人类的生存。

（2）危害人类健康。环境污染日益严重，人们的衣食住行各方面都受到影响，空气、水、食物等的污染严重危害人类的健康。

（3）直接制约着我国经济和社会的可持续发展。由于企业的不健康发展，环境问题已成为制约企业发展的一个重要方面。资源短缺、直接利益相关者对企业的不认同、间接利益相关者对企业经营运行的抵制等都已成为企业的安全隐患。

当然，环境污染的最直接、最容易被人所感受的后果是使人类环境的质量下降，影响人类的生活质量、身体健康和生产活动。严重的污染事件不仅带来健康问题，也造成社会问题。随着污染的加剧和人们环境意识的提高，由污染引起的纠纷和冲突事件正在逐年增加。

9.2 资源利用与保护中的伦理问题

资源环境是人类赖以生存和发展的物质基础。随着人类社会的发展和科技的进步，人类对资源的利用正在不断丰富、深化和更新。人类积极、理性地去挖掘和利用环境资源的内在潜力，是人类社会健康发展的需要，也是实现人类社会可持续发展的需要。然而，在发展的过程中，人们在很大程度上忽视了理性挖掘和利用资源环境的重要性，因而人类在追求物质利益最大化的同时也带来了一系列的问题：水污染、土地沙化、生物多样性锐减、臭氧层破坏……

9.2.1 水资源利用与保护中的伦理问题

水是地球上人类和其他生物的生命源泉，它既是生命诞生和净化的条件、生态系统不可或缺的要素，也是一切生产的基础。随着社会经济的发展，中国的用水量在逐年增长，水资源短缺现象明显。中国从20世纪70年代以来就出现局部用水紧张，到了20世纪80年代，这种现象由局部蔓延至全国，情势越来越严重。而造成这种状况多是人为原因，主要包括水资源浪费和水资源污染两个方面。

1. 水资源浪费

中国的现代化进程中，水资源利用上存在着缺水严重与水资源浪费并存的现象。水资源的浪费是多方面的，农业上，中国大部分地区仍然采用传统的大水漫灌的方式，灌溉水有效利用系数仅为0.45左右，农业节水灌溉面积占有效灌溉面积的35%，而一些发达国家节水灌溉面积比例已达80%以上；工业上，中国工业用水效率普遍偏低。2004年数据显示中国万元（人民币）GDP用水量为399立方米，约为世界平均水平的4倍，是美国等先进国家的8倍；地表水不足，许多城市大量开采地下水，过量开采使得地下水位下降，不少沿海城市出现不同程度的海水入侵，造成了地下水污染，这也是另一种意义上的水资源浪费。

2. 水资源污染

多年来，中国水资源质量不断下降，水环境持续恶化，由于污染所引发的事故不断发生，不仅使工厂停产、农业减产甚至绝收，而且造成了不良的社会影响和较大的经济损失，严重威胁了社会的可持续发展，威胁了人类的生存。根据环境部门公布的2014年全国环境质量的公告可知，我国十大流域中地面水环境质量属于Ⅳ、Ⅴ类标准[一]的占30.3%，重点湖（库）中水质未达Ⅲ类标准的占35.5%，可见中国地表水资源污染非常严重。

专栏 9-2　　　　　　　　地面水环境质量标准

《地面水环境质量标准》（GB3838—88）适用于我国江、河、湖泊、水库等具有使用功能的地面水水域。根据地面水水域使用目的和保护目标，可将我国地面水划为五类：Ⅰ类主要适用于源头水、国家自然保护区；Ⅱ类主要适用于集中式生活饮用水水源地一级保护区、珍贵鱼类保护区、鱼虾产卵场等；Ⅲ类主要适用于集中式生活饮用水水源地二级保护区、一般鱼类保护区及游泳区；Ⅳ类主要适用于一般工业水区及人体非直接接触的娱乐用水区；Ⅴ类主要适用于农业用水区及一般景观要求水域。同一水域兼有多类功能类别的，依最高类别功能划分。一般而言，Ⅳ、Ⅴ类水质视为遭到污染。

《地面水环境质量标准》（GB3838—88）自2002年6月1日起实施。GHZB1—1999《地面水环境质量标准》（Environmental quality standard for surface water）同时废止。

该专栏根据相关资料整理而得。

中国地表水资源污染严重，地下水资源污染状况也不容乐观。中国北方五省区和海河流域地下水资源，无论是农村（包括牧区）还是城市，浅层水或深层水均遭到不同程度的污染，局部地区（主要是城市周围、排污河两侧及污水灌区）和部分城市的地下水污染比较严重，污染呈上升趋势。

目前，水污染已从江河支流向干流延伸，从地表向地下渗透，从陆域向海域发展，从城市向农村蔓延，从东部向西北扩展。我国水资源面临的形势非常严峻！

水污染的主要原因是人类排污，由于人们的环境意识不高或受经济利益驱使，肆意向自然界排放废弃物，使得水资源遭到严重污染。相较于生活污水的排放量，工业废水的排放量更加巨大，而且处理率不高，许多污水未经处理就直接排入了江河湖海，不仅污染了地表水，地下水也受到了不同程度的污染。

9.2.2　土地资源利用与保护中的伦理问题

20世纪以来，人类加剧了对土地的开发利用，同时也加剧了对土地的破坏。随着经济的快速发展，对土地资源的需求也越来越大，在土地规划中，存在一些不合理用地现象，如强征强拆、重复建设、土地污染等，不仅折射出土地资源保护意识薄弱，也反映出人类的"贪欲"造成的种种问题。

[一]　此标准来源于《地面水环境质量标准》（GB3838-88）。

1. 强征强拆

近年来，见诸各大媒体的因征地拆迁而引发的恶性事件层出不穷。2012 年 9 月 21 日，辽宁盘锦农民王树杰及家人因与强行征占土地人员发生纠纷，并与现场的一位民警张研发生激烈冲突，后张研开枪致王树杰当场死亡，王树杰的父亲也在冲突中受伤；2009 年成都的唐福珍事件；2010 年浙江乐清的钱云会事件。近年来发生于河南、湖北、陕西、湖南等地的强征强拆事件等不仅造成人民财产的损失，很多时候甚至付出生命的代价。

2. 重复建设

根据调查，目前我国各类开发区已达 3 837 家，但经国务院批准的只有 232 家，有的地方甚至出现"乡乡建园，镇镇办区"的情况，各地区频现"鬼城"就是很直观的重复建设现象。这种现象的出现绝大部分的原因在于土地规划的不合理，为追求短期的经济效益而忽视了社会的长期发展。这种重复建设既造成大量资金的浪费，还加剧了用水、用电紧张，使一些地方的自然资源遭到了掠夺性开发，严重违背了可持续发展的要求。

3. 土地污染

大气污染、水污染等最终都会转移到土地污染上。固体废弃物污染完全是由于人类工业化过程而造成的，人类生产、生活过程中将有用部分利用后，将其他部分抛弃形成废弃物，如生活垃圾、医疗垃圾、工业废物、矿渣、核废料等。固体废物的堆放不仅会占用大量土地，还会造成植被破坏。固体废弃物中的各种有机和无机毒素会直接进入土地形成污染，还会随着雨淋、风化等自然力的作用，进入大气循环和水循环中，造成大气污染和水体污染，从而进一步污染土地。

4. 土地荒废

由于工业的发展和土地的不合理利用，目前我国多数土地正在不断荒废，水土流失、荒漠化、盐碱化等问题日益突出。相关研究数据显示，我国水土流失面积达 492.6 万平方千米，占国土总面积的 51%；全国每年流失土壤约 50 亿吨，占世界陆地剥离泥沙量的 8.3%。联合国环境署资助国家环保局的一项研究表明，我国荒漠化面积为 8 370 万公顷，土地荒漠化速度在不断加快；我国现代形成的盐碱化土地为 3 690 万公顷，约占国土面积的 3.8%，加上原生的盐碱化土地面积共有 8 180 万公顷，其总和已占国土总面积的 8.5%。盐碱化问题严重，耕地减少，已成为灌溉农业发展的一大障碍。

9.2.3 森林资源利用与保护中的伦理问题

森林犹如一个绿色宝库，源源不断地为人类的衣食住行提供木材、燃料、食物、药材以及其他工业原材料，成为人类生存和社会发展必不可少的重要物质资源。在历史上，森林和林地曾占世界陆地面积的 2/3，面积达 76 亿公顷。在过去的多年中，由于过度砍伐，地球森林植被缩小了 1/3。最近 20 年，全球每年砍伐森林 2 000 多万公顷。我国的森林资源利用中也存在较多的问题。

1. 森林破坏

我国森林资源的利用率远远低于国外水平，采伐 1 万立方米木材，消耗活立木达 2.5 万立方米。不仅如此，近年来对森林的破坏尤其严重，一些地区不顾国家法律规定及宏观调配的需要，乱砍滥伐、哄抢山林。云南省马关县是一个林业大县，县里分布着众多的天然林和人工经济林，其中天然林属于长江上游天然林保护工程。然而，在马关县茅草寨的一个杉木林中，响彻着电锯声，在伐林现场大大小小的杉树被一伐而光。

2. 森林生态危机

近年来，由于不合理开发利用森林资源而带来的"森林生态危机"越来越严重，温室效应、水土流失、土地退化、水旱灾气候反常等自然灾害往往由此而生，森林减少还使得2 000多种动植物面临灭绝的威胁，生物多样性锐减，并且由于森林减少将削弱吸收二氧化碳的生态环境基础，全球气温将加速升高，气候异常。如何充分合理地开发利用森林资源，成为人类在征服大自然、合理利用自然资源过程中的一项重要课题。

近些年，随着世界性森林资源的急剧减少和人类科技的进步，人类才日益清醒地认识到必须充分利用森林资源可再生的特性，通过植树造林、更新采伐迹地来恢复森林植被，通过对林木及其他林副产品的深度机械加工和化学加工来最大限度地发掘森林资源的潜能，以提高森林资源的利用价值。

9.2.4 能源利用与保护中的伦理问题

能源的开发利用极大地推动了人类社会的发展，人类发展的历史，也是一部人类开发利用能源的历史。随着经济的发展，能源问题已成为当今世界普遍关注的问题，它主要包括能源危机和能源污染两大问题。

目前，中国的能源利用中主要存在以下问题。

1. 能源利用效率低，浪费严重

尽管我国能源利用率在不断提高，但与世界大多数国家相比还比较落后。造成这一状况的原因除了产业结构不合理，以重工业为主、能源利用技术相对较低以外，观念问题也是重要原因。因追求短期的经济利益，对能源资源采取粗放的利用方式，不仅利用效率低，造成了严重浪费，而且很难再生利用，造成了资源的永续浪费。

2. 引发环境问题

我国是世界第二大能源消费国和能源生产国。其中，在我国的能源消费结构中，煤炭消费居于世界第一位，石油消费居于世界第二位，高能耗产业的发展更是使得我国的能源消费持续在高位增长状态。企业为了眼前利益牺牲生态环境，引发了一系列的环境问题，近年来，雾霾现象频发就是它带来的最直观的后果，而且温室效应、臭氧层破坏、酸雨、水污染、空气污染等字眼常常见诸报道之中。

3. 农村能源问题日益突出

中国城乡发展不均衡，对农村的能源资源的关注度偏低，导致城乡差距越来越大。农村的能源问题主要表现在三个方面，一是有些农村的生活能源严重短缺；二是随着农业生产机械化和化学化的发展，农业生产的能耗量急剧增长；三是乡镇工业能耗直线上升，能源利用率偏低。这种不均衡的发展使得农村居民的生活水平难以得到快速提升，不符合中国的社会主义国情。

> **专栏 9-3　　稀土的"环保账"**
>
> 在我国，稀土有三个主要产区，以包头为中心的产区集中开采的程度高一些，而四川产区、江西与福建产区则因为资源开采难度较大等问题，比较无序。可是，不管哪个产区，都有严重的"环保账"。
>
> 从20世纪80年代开始，我国开始大规模出口稀土，并曾采取过出口退税这样的鼓励政策。后来，我国成为全球最大的稀土生产国，供应着全球九成以上的稀土。然而，一方面我国的稀土储量消耗得很快；更严重的是环境问题，浸取矿石用的浓酸、开采伴生的放射性元素、制造的有害有毒气体液体，从开采到冶炼的整个过程都伴随着严重污染，这些污染甚至直接威胁着地下水安全，危及人体健康。更不用提，开采可能带来的山体松动、滑坡等问题。
>
> 江西赣州因拥有全国30%以上的离子型重稀土被誉为我国的"稀土王国"。近年来因为开采稀土资源，一方面，为地方经济发展带来了动力；另一方面，几十年的无序开采，使赣州地区大部分山体、植被受到极大破坏。农田荒芜，水源污染，当地居民因为稀土，更面临失去土地和家园的困境。在经济增长的表象下暴露的是部分开采者贪得无厌的心，因追求个人的短期利益而置环境和长远利益不顾，不禁引发人们的思考。
>
> 该专栏根据相关资料整理而得。

9.3　企业经营引发的环境问题

改革开放以来，中国经济飞速发展，人民生活水平得到了快速提升，社会物质财富得到了极大丰富。然而，由于我国科学技术水平还偏低，管理水平与发达国家还有些差距，环境问题意识淡薄等原因，我国一直以来都是以一种粗犷型的方式发展，给环境带来了巨大破坏，引发了一系列的环境问题。

9.3.1　"三废"问题

各种工业企业所排放的有害物质，其性质种类是多种多样的。但无论它们差别多大，从其物理形态上划分，大体可分为气体、液体、固体，一般称为废气、废液、废渣，即工业"三废"。

"三废"问题的产生主要是由于生产发展所带来的，究其缘由可以发现，世界各国的发展都伴随着污染，但我们也发现，这种"伴随"多是由于人们的环境意识与发展观念的冲突造成的。人们多认为发展一定会带来环境破坏，否则就难以实现快速发展，因此很多国家都犯过这样的错误，以牺牲环境的代价来实现经济的发展。

"三废"问题不仅关系到经济社会的可持续发展，同时更与人类的生活息息相关。不可否认的是，目前来看，"三废"问题已经给人类生活带来了很大的影响，雾霾刮过了大半个中国并呈现递增的趋势，水污染、土地污染威胁人们的生存，而工业废渣等垃圾的存在更是给人类的身体健康带来严重隐患。

治理"三废"目前已成为世界各国的共识，中国要想实现可持续发展就必须加强对"三废"的治理。一定程度上来说，"三废"问题的产生与产业结构存在较大联系。中国30多个省市中，山东、河南、河北和山西、辽宁这些重工业区废气排放比较严重；废液排放量较为严重的为上海、杭州这些沿海城市⊖。因此，在研究如何治理"三废"问题的同时我们必须清醒地认识到产业转型的重要性。

目前对"三废"问题的研究已涌现出大量成果，如新加坡南洋理工大学的科研人员利用细菌混合物净化废水新技术可把废水中的有机化合物减少七成多；多伦多大学研制出一种探测炼钢炉内二氧化碳浓度的无源红外传感器，它能够提高大型炼钢熔炉的燃烧效率，同时降低二氧化碳等有害温室气体的排放；英国北威尔士一名有机化学家和两名工程师，研制出一种名为"绿盒"的装置，可以安装在汽车后方消音器的旁边，收集喷出的废气；中国大港石化与同济大学合作开发了炼化污水处理及回用专利技术，确保增产不增污。

> **专栏 9-4　构建"三废"处理特色模式：银光化工集团事实环保专项工程纪实**
>
> 　　甘肃银光化学工业集团有限公司是我国含能材料生产研发基地和聚氨酯产业的摇篮。在近60年的发展历程中，企业经营规模不断扩大，但是环境问题也愈发突出。银光集团与北京北方节能环保有限公司完成的环保专项工程，使该公司"三废"处理局面得到了根本转变，截至目前已形成了行业领先的特色处理模式。
>
> 　　银光集团产生的废水含有大量硝基化合物，具有高浓度、高色度、高盐分的"三高"特征，是典型的难生物降解废水，其达标治理属于世界性难题。面对如此艰巨复杂的任务，银光集团和北京北方节能环保公司合作，它们联合五洲工程设计研究院、北京大学等单位进行了重点科技攻关，不仅针对废酸、高浓度氮氧化物及高浓度有机废水形成了多套工艺路线，并且在废酸真空浓缩处理领域打破了国外技术及设备的垄断，形成了具有自主知识产权的软件包。
>
> 　　在高浓度有机废水处理方面，它们将分质强化预处理、高效生化处理、深度后处理等现代环保理念融入废水处理设计当中；将微电解、特效菌、高分子载体、固定化微生物床等高新技术应用到工程实践。目前，该公司的工艺单元优化、系统集成创新、废水处理工艺技术达到了国内领先水平，形成了分流并进、转难为易、集成创新、经济合理、自主操控的银光特色废水处理模式。
>
> 　　在废酸浓缩处理方面，实现88%浓度段处理装置的全部国产化，93%浓度段的设备国产化率也已达到了94%以上。2010年10月，通过自主研发设计和建设的银光集团系统一稀硫酸真空浓缩生产线建成投产，标志着我国稀硫酸真空浓缩技术水平跻身世界先进行列。
>
> 　　在氮氧化物处理方面，对常压水吸收、加压吸收、超重力、分解等技术进行了深入的研究和系统的试验，最终结合银光集团的实际情况，采用水吸收后接分解塔的工艺技术对工厂现有装置进行了改造。
>
> 　　环保专项工程作为银光集团发展史上一座重要的里程碑已经载入史册。银光集团今后仍将不断优化产业结构，转变经济发展方式，强化基础管理，提高发展质量，努力建设资源节约型、环境友好型企业。
>
> 　　资料来源：兵宣.构建"三废"处理特色模式[N].中国化工报，2012-12-03.

⊖　陈露怡.三废问题及其处理情况的综合应用[J].现代经济信息，2009(8):213.

9.3.2 温室效应与臭氧层空洞

1. 温室效应

温室效应（greenhouse effect）是指太阳短波辐射可以透过大气射入地面，而地面增暖后放出的长波辐射却被大气中的温室气体所吸收，从而产生大气变暖的效应。

温室效应的产生主要是由于现代化工业社会过多燃烧煤炭、石油和天然气，这些燃料燃烧后放出大量的二氧化碳气体进入大气造成的。由于在追求经济发展的过程中忽视了环境保护的重要性，肆意向大自然排放废弃物；而且盲目追求发展，致使植被、森林遭到严重破坏，由此造成近年来二氧化碳的浓度快速增加，温室效应也不断增强。

温室效应不仅会对气候和生态产生影响，而且直接威胁人类的生存。科学家预测，如果二氧化碳含量增加一倍，全球气温将升高 3～5℃，两极地区可能升高 10℃，气候将明显变暖。气温升高，将导致某些地区雨量增加，某些地区出现干旱，飓风力量增强，出现频率也将提高，自然灾害加剧。英国《卫报》表示，气温如果不断升高就会打乱全球数百万人的生活，甚至全球的生态平衡，最终导致全球发生大规模的迁移和冲突。由于来不及适应气候的转变，一些动植物种类可能会灭绝，农作物将减产。气候变暖会使极地冰雪融化，海平面将升高，从而使沿海城市和海岛大片淹没，影响全球 1/3 人口的生活，造成一系列不可逆转的后果。

减少大气中过多的二氧化碳是我们每个公民都力所能及的事，从小事做起，从身边做起。一方面树立节能意识，节约水电，减少使用一次性用品，环保出行；另一方面保护好森林和海洋，不乱砍滥伐森林，不让海洋受到污染。

2. 臭氧层空洞

臭氧层是指大气层的平流层中臭氧浓度相对较高的部分，臭氧漂浮在地球上空吸收并挡住了 99% 以上有害于人体和其他生物的紫外线，是人类及其他生物生存的"保护衣"。1984 年，英国科学家首次发现南极上空出现臭氧洞。1985 年，美国的"雨云-7 号"气象卫星测到了这个臭氧洞。从地面上观测，高空的臭氧层已极其稀薄，与周围相比像是形成了一个"洞"，直径达上千公里，"臭氧层空洞"由此而得名。

臭氧层的破坏是由于使用"氟利昂"引起的。它是 1930 年美国杜邦公司研制成功而广泛应用于冰箱、空调的制冷剂，家用喷雾剂、泡沫塑料的发泡剂，电脑工业的净化剂以及机械工业的推进剂等。这是工业的进步，但对于自然来说是一场灾难，几乎没有人预料到它会给地球带来如此之大的影响。

臭氧层耗竭会使太阳光中的紫外线大量辐射到地面，紫外线辐射增强，对人类及其生存的环境会造成极为不利的后果。全世界氟利昂年产量高达 100 多万吨，破坏了地球的臭氧层，使紫外线的辐射大量增加，并导致皮肤癌、黑色素瘤、白内障等疾病的发病率增高。据美国环境保护局估计，大气层中臭氧含量每减少 1%，皮肤癌患者就会增加 10 万人，患白内障和呼吸道疾病的人也将增多；同时"空洞"也加剧了"温室效应"，导致平均气温升高，而且紫外线的增加抑制了农作物的生长，危及海洋生物，威胁人类的生存。

自发现臭氧层空洞以来，世界各国都在为之做着不懈努力，但目前收效甚微，臭氧空洞仍在扩大。1995 年 1 月 23 日，联合国大会通过决议，确定从 1995 年开始，每年的 9 月 16 日为"国际保护臭氧层日"。联合国相关组织为防止臭氧层空洞进一步扩大，决定成立保护臭氧层工作组，并制定出保护臭氧层的议定书。对于我们普通公民来说，减少使用含"氟利昂"的产品的次数是每个人力所能及之事。

9.3.3 全球气候异常

全球范围内的气候异常现象，诸如全球变暖、极端天气发生频率增加等众多异常天气现象的总和，就是全球气候异常。气候异常是对气候正常相对而言的。所谓气候正常，是指气候的变化接近于多年的平均状况，比较合乎常规和较适宜于人类的活动和农业生产。异常是不经常出现的，如奇冷、奇热、严重干旱、特大暴雨、严重冰雹、特强台风等，它对人类的活动和农业生产有严重的影响。

全球气候异常的产生是生产经营中多方面因素综合作用的结果，是人类违背自然规律、破坏大自然所带来的灾难，而且这种灾难通常是不可逆的。

2013年12月，一场百年一遇的降雪席卷了埃及、以色列、黎巴嫩、叙利亚等中东国家，造成了多地交通瘫痪。零度以下的气温更是令200多万叙利亚难民的生活雪上加霜。13日，埃及开罗降下了112年以来的第一场雪，同日，古城耶路撒冷也遭遇了一场突如其来的特大暴雪，这是耶路撒冷地区60年来最大的一次降雪。这次中东地区下雪的原因，主要是气候异常。

2014年1月，美国同样也遭遇了极端天气。2014年首场暴风雪来势汹汹，席卷美国中西部到东北部大部分地区，并带来强风、暴雪和剧烈降温天气，影响范围波及22个州1亿居民。受恶劣天气影响，全美出现大面积航班取消和延误，多条高速公路关闭，纽约、波士顿等地公立学校停课，至少11人因天气原因遇难。美国雪灾原因是由全球气候变化引起的北极的冷空气向南扩散的一个结果，而且扩散的实力特别强，范围很大，造成了60多年来最大的雪灾。

全球气候异常变化是人类大量工业活动对自然破坏较为间接的一种结果，但也是不良后果较为严重的一种。全球恶劣气候数量不断增加，厄尔尼诺现象频繁发生，灾害性天气出现数量及频率均有提高，全球性气温升高，暖冬、冰川融化、海平面升高等一系列不正常的自然现象越来越多地出现。

专栏9-5   **厄尔尼诺现象和拉尼娜现象**

厄尔尼诺

进入20世纪70年代后，全世界出现的异常天气，有范围广、灾情重、时间长等特点。在这一系列异常天气中，科学家发现一种作为海洋与大气系统重要现象之一的"厄尔尼诺"潮流起着重要作用。厄尔尼诺是一种周期性的自然现象，大约每隔7年出现一次。科学家通过对全球气候的研究发现，1950~2011年期间的全球年平均温度异常，认为厄尔尼诺不是一个孤立的自然现象，它是全球性气候异常的一个方面。在正常年份，秘鲁西海岸的太平洋沿岸地区都受一股冷洋流控制，有一个范围很大的天然渔场。一旦出现气候异常，东太平洋的冷洋流即被一股暖洋流所代替。厚度达30多米的暖洋流覆盖在冷洋流之上，使大量冷水性的浮游生物遭到灭顶之灾，纷纷逃离或死亡，这就是厄尔尼诺现象。

> 每当厄尔尼诺发生时，不仅给秘鲁沿岸带来灾害，也影响全球气候。一些地区暴雨成灾，洪水泛滥；而另一些地区则久旱无雨，农业歉收。如我国1998年的特大洪水便是受厄尔尼诺的影响而发生的。海洋学家把这种全球气候异常与厄尔尼诺现象联系起来研究，发现它们之间有着很紧密的关联。全球气候异常的前兆，往往可以从上年发生的厄尔尼诺现象中找到线索。
>
> **拉尼娜**
>
> 拉尼娜现象是指赤道太平洋东部和中部海面温度持续异常偏冷的现象（与厄尔尼诺现象正好相反），是热带海洋和大气共同作用的产物。从2008年年初的南方雪灾可以看出，拉尼娜仍未消失。
>
> 与厄尔尼诺成因相反。太平洋上空的沃克环流变弱时，海水吹不到西部，太平洋东部海水变暖，就是厄尔尼诺现象；但当沃克环流变得异常强烈，就产生拉尼娜现象。一般拉尼娜现象会随着厄尔尼诺现象而来，出现厄尔尼诺现象的第二年，都会出现拉尼娜现象。
>
> 该专栏根据相关资料整理而得。

应对这种全球气候异常的现象，我们除了要注重生产的环保性，大力发展新能源，推广清洁能源技术，同时也要积极植树造林，保护生态环境。

9.3.4 生物多样性遭到破坏

生物多样性就是一个区域内生命形态的丰富程度，在环境研究中，生物多样性一般指某一地域内物种的丰富程度，以及人类活动如何通过各种方式，尤其是通过地区或全球物种灭绝的方式危及这一丰富程度。

生物多样性遭破坏不仅指濒危野生动物数量的减少，它包括遗传（基因）多样性、物种多样性、生态系统多样性和景观多样性四个层次的破坏。随着环境的污染与破坏，比如森林砍伐、植被破坏、滥捕乱猎、滥采乱伐等，如今世界上的生物物种正在以每小时一种的速度消失。而物种一旦消失，就不会再生，消失的物种不仅会使人类失去一种自然资源，还会通过生物链引起连锁反应，影响其他物种的生存。

当前，生物多样性遭到破坏的人为原因可以概括为以下三方面。

（1）环境污染。一方面，生物对突然发生的污染难以快速适应；另一方面，污染会改变生物原有的进化和适应模式，生物多样性会偏离其自然或常规轨道。

（2）生境的破碎化。生物多样性减少最重要的原因是生态系统在自然或人为干扰下偏离自然状态，生境破碎，生物失去家园。

（3）人类活动不当。人类的不当活动，如不少地区的海洋旅游业的开发使得海洋的生物多样性遭受威胁。

生物多样性是人类赖以生存和持续发展的物质基础，它提供人类所有的食物和重要的工业原料，可以说保护生物多样性就等于保护了人类生存和社会发展的基石。因此生物多样性的研究和保护已经成为世界各国普遍重视的一个问题。无论是联合国还是世界各国政府每年都投入大量的人力和资金开展生物多样性的研究与保护工作，一些非政府组织也积极支持和参与全球性的生物多样性的保护工作。例如，联合国和世界银行共同成立的全球环境基金（Global Environment Facility）每年支出数亿美元支持生物多样性的保护，美国的麦克阿瑟基金会（MacArthur Foundation）在1992年花了1.7亿美元支持生物多样性的保护。

专栏 9-6　　　　　　　　　　国际生物多样性日

生物多样性是地球上的生命经过几十亿年发展进化的结果，是人类赖以生存的物质基础。为了保护全球的生物多样性，1992年在巴西的里约热内卢召开的联合国环境与发展大会上，153个国家签署了《保护生物多样性公约》。1994年12月，联合国大会通过决议，将每年的12月29日定为"国际生物多样性日"（International Day for Biological Diversity），以提高人们对保护生物多样性重要性的认识。2001年5月17日，根据第55届联合国大会第201号决议，国际生物多样性日改为每年5月22日。

历年主题：
2001年：生物多样性与外来入侵物种管理。
2002年：林业生物多样性。
2003年：生物多样性和减贫——对可持续发展的挑战。
2004年：生物多样性——全人类食物、水和健康的保障。
2005年：生物多样性——变化世界的生命保障。
2006年：保护干旱地区的生物多样性。
2007年：生物多样性与气候变化。
2008年：生物多样性与农业。
2009年：外来入侵物种。
2010年：生物多样性就是生命，生物多样性也是我们的生命。
2011年：森林生物多样性。
2012年：海洋生物多样性。
2013年：水和生物多样性。

该专栏根据相关资料整理而得。

9.4　污染防治中的伦理问题

随着经济全球化的发展，国际社会中的**污染转移（pollution diversion）**问题日益严重，尤其是发展中国家深受其害。中国面临着国际、国内环境污染转移的巨大风险，我国不同区域间污染转移的问题已成为直接制约我国可持续发展的重要因素之一。与此同时，"漂绿"行为也呈现出一种愈演愈烈的态势。

9.4.1　污染转移中的伦理问题

1. 污染转移的定义

污染转移（也称为污染转嫁）分为两种，一种是国家之间的污染转移，另一种是国内污染转移。国家之间的污染转移，可以定义为经济比较发达的国家将污染转移给其他相对落后国家的行为和情况。国内污染转移，即污染在同一国家内不同地区之间的转移，通常是由经济发达地区转移到经济落后地区，或是由城市转移到农村。

无论是哪一种污染转移，其转移方式一般都是将在某一地区已淘汰的污染严重的设备、设施转移到无污染防治能力的地区或单位使用，或者将在某一地区难以处理的废弃物转移到落后地区或农村处置。通常污染转移的结果往往是使污染发生的范围扩大，也使污染更难治理和控制。

2. 污染转移的原因及本质

污染转移问题并非一个国际社会的新问题。20 世纪后期以来，随着全球经济一体化和贸易自由化的迅猛发展，污染转移问题日益严重。

随着经济的不断发展，环境问题越来越成为大多数人所关注的问题。经济发展水平较低的国家和地区的低水平的环境标准，促使大量发达国家、地区的污染密集型产业和被市场淘汰下的落后产品，甚至废弃物在发展中国家找到"藏身地"或"发展地"。其实，我们都知道污染转移对于输入地区来说是百害而无一利的，但是，某些集团为了其个人利益，却大肆宣扬其对输入地区所带来的短期内的经济发展而忽略其对环境所造成的不可逆转的损失。

我国作为当今世界最大的发展中国家，不可避免地成为污染转移的"重灾区"，是世界上主要的污染受转移国，转移来的污染源对我国的环境造成了严重破坏。而在国内，地区间经济发展水平的巨大差异也诱发了区域间的污染转移问题。东部沿海地区工业基础雄厚，随着经济发展的要求以及国家政策的影响，东部地区的部分工业产业开始向中西部转移，这在为中西部地区带来经济发展机遇的同时，也必将会带来一定程度的环境污染。

概括来看，污染转移的原因可以概括为以下几点。

（1）观念错误：污染转移不等于污染治理，这是两个不同的概念。

（2）经济发展不均衡：不仅表现为发达国家与发展中国家的差异，在国内也存在不均衡状况。

（3）相关环境法律法规不健全：各国之间没有一个统一的规范，各司其事，而国内在很大程度上存在立法不完善的问题。

（4）政策指引方面做得不够好：有些政府部门过分注重 GDP 的增长，而忽视了环境保护的重要性。

专栏 9-7　　　　　　　外部性成本内部化

外部性成本内部化差异是污染转移的内在动力。在市场经济条件下，经济活动主体完全根据自身经济利益最大化的目标决定自己的经济行为，生态效率和环境保护等属于"外部性"的问题则不会自觉考虑。从成本角度来看，一个企业排放污染却不治理，必然使社会其他成员承担了理应由该污染企业承担的费用。因此，要想控制污染，就要使外部成本内在化。不幸的是，在发达程度不同的国家和地区，这种外部性成本内部化程度是有差异的。我国社会经济长期以来呈现出东、中、西梯度发展的格局，这为产业转移、促进西部发展提供了基础，也为一系列在发达国家甚至我国东部地区已经或日趋淘汰的与环境不友好的技术、产品搭便车转移提供了条件。这其中一个重要的动力因素，源于环境外部性内在化程度地区间的差异。它直接表现为地区间环境标准等的梯度差。目前，我国西部地区环境外部性内在化的程度远低于东部发达地区和发达国家，仍处于污染攀升阶段，产业的转移不可避免地存在不同类型的污染转移；同时我国对高耗能高污染企业尚未征收环境税，针对污染和破坏环境行为的打击和惩治力度明显不足。所以，今后西部地区的环境压力将更加突出。

资料来源：包晴. 中国经济发展中地区之间污染转移现象的表现形式及其原因分析 [J]. 北方民族大学学报，2009（3）.

污染转移的本质是规避环境治理责任换取经济利益，用环境容量换取经济利益，牺牲环境利益换取经济利益，在经济利益的作用下对环境正义的扭曲。[1]污染转移既是一种经济行为，更是一种政治行为。从某种意义上来说，污染转移是环境污染的一种特殊形式，它不是在原生地产生的环境污染，而是将原生地的环境污染转移到异地，它只是使污染从一个地方转移到另一个地方，但是污染仍然存在。从国际安全角度看，污染转移是威胁环境安全的行为，进而言之，是威胁一国国家安全的行为，它侵犯了转移接受国的环境平等权。

3. 污染转移的危害

从可持续发展的角度看，污染转移存在很大的潜在危害。就微观而言，污染转移将污染的成本转移到了不发达地区，使得它们在新一轮的竞争中又失去了机会，因而贫富差距越来越大；就宏观而言，由于不发达地区处理污染的技术水平、设施比较落后，一旦发生污染事故，消除污染的能力非常有限，可能造成污染由局部地区向外扩散，使威胁进一步加剧。我们在加快经济全球化的同时，必须时刻注意避免污染的转移。

4. 国际及国内污染转移现状

污染转移话题由来已久，20世纪80年代后期，有关有害废物的国际贸易问题开始引起人们的关注，其中最引人注目的是向亚洲和非洲的出口。随着经济全球化、国际投资与国际贸易的蓬勃发展，一些"高成本、高污染、高能耗"的产业越来越多的由发达国家向发展中国家转移，严重破坏了发展中国家的生态环境。"污染转移"已经成为发达国家处理各种有害废物的重要途径并严重阻碍了输入国的经济发展。

自我国改革开放以来，特别是加入WTO以后，由于国际贸易的迅猛发展，我国已经被一些发达国家视为新的污染物交易对象国，各种有毒有害废物交易日益增长。专家指出，从20世纪80年代开始，美国、日本等国家的严重污染行业，相继落户我国的珠三角和长三角地区。在20世纪90年代末期污染物进口更达到了历史最高峰。

近年来，一些沿海经济发达地区的污染企业也开始了向经济不发达地区的转移过程。江苏、浙江、广东等省份的高污染企业纷纷到安徽、四川、贵州、甘肃等西部地区落户。一些西部地区也把降低环保要求，当作了招商引资的优惠条件之一。国家环境保护部的一份调查显示，西部9个省区生态破坏造成的直接经济损失，就占当地GDP的13%，相当于甘肃和青海两个省GDP的总和。对此，国家环境保护部曾经下发过紧急通知，禁止向西部地区转移污染。

[1] 王霄慨. 污染转移的本质及对策分析 [J]. 节能与环保，2010(1):36.

> **专栏 9-8　　　　　　　　沿海地区的"洋垃圾"**
>
> 在我国广西东兴市东兴镇瓜壳岭一带的北仑河上,近百艘机械船悠闲地停泊在只有五六十米宽的河面上,30多艘船上堆满了废旧轮胎,另有20多艘船上的货物被帆布遮挡。这些被遮挡的货物全是被称为"方球"的洋垃圾,主要为碎布边角料、旧衣服等。
>
> 近年来,我国海关等部门严厉打击、明令禁止进口废矿渣、废轮胎、废电池、电子垃圾、旧服装、医疗垃圾等"洋垃圾"的行为,但受高利润驱动,洋垃圾走私在广西、广东等沿海大省屡禁不绝。广西东兴市与越南广宁省芒街市仅一河之隔,是中越最红火的边贸点之一,走私洋垃圾的船猖獗。国外企业通过中间商将洋垃圾非法运至我国,卖给收购洋垃圾的企业,国内的走私分子利用国内价格低廉的劳动力进行分拣销售牟利,可获得十倍甚至数十倍的暴利。
>
> 大量洋垃圾走私入境严重威胁我国的生态环境和人体健康。处理洋垃圾对环境的破坏是不可逆的,在加工利用过程中产生的有害物质污染了空气、水源和土地,有的重金属污染多年难以消除。2012年,东兴海关查获的洋垃圾达1.3万多吨,2013年一季度查获的涉及洋垃圾案件达111起,主要为废电脑、废旧轮胎和"方球"等。业内人士指出,部分发达国家为避免环境污染和高昂的处理费用,将大量洋垃圾输出转移至我国,并在国内形成畸形的贩运和分拣产业链条。但目前打击洋垃圾走私仍面临后续处理难、走私量刑认定、查扣成本高、执法面太广等诸多难题。当前对于那些可回收利用的洋垃圾,回收机构资质问题由谁来审批、谁来监管,各职能部门责任不明确。工商、环保部门即使明知一些垃圾回收加工站可能会成为洋垃圾的藏身处,但其证件齐全、条件符合规定,也拿它们无可奈何。
>
> 资料来源:王志,夏军,等."洋垃圾"走私猖獗,"高利润"不可忽视[OL].http://news.xinhuanet.com/mrdx/2013-10/08/c_132777770.htm, 2013-10-06.

9.4.2 "漂绿"中的伦理问题

1. "漂绿"的定义

漂绿(greenwash),是由"绿色"(green,象征环保)和"漂白"(whitewash)合成的一个新词,意指一家公司、组织或是政府以某些行为或行动宣示自身对环境保护的付出但实际上却是反其道而行。漂绿一词通常被用在描述一家公司或单位投入可观的金钱或时间在以环保为名的形象广告上,而非将资源投入到实际的环保实务中。它通常是为产品改名或是改造形象,就其具体的表现形式而言,有虚假宣传、夸大宣传、含糊其辞、偷换概念、误导消费等。⊖

2. "漂绿"的原因及本质

无论是跨国公司还是中国本土公司,对于"漂绿"总是乐此不疲的,其原因可归纳为以下四点。

(1)转移公众注意力,减小社会压力。企业通过"漂绿"来转移公众的注意力,可以完

⊖ 毕思勇,张龙军.企业漂绿行为分析[J].财经问题研究,2010(10):98.

善公司形象，劝服一些批评者，减少社会压力，提升竞争力。

（2）获得消费者的信任与好感，以期提高利润，并挫败竞争对手。

（3）通过"漂绿"来吸引更多投资和政策优惠。"漂绿"不仅能够吸引那些关注社会责任和道德公平的投资机构，而且能获得政府的环境补贴和政策倾斜。

（4）"漂绿"的成本和风险低，但收益高。相对于它的社会效益和经济效益，其成本和风险几乎可以忽略。

"漂绿"实质上是一种虚假的环保宣传，是对企业社会责任的亵渎。国家应对其给予足够重视，从根源上杜绝或减少"漂绿"行为的出现。

3. "漂绿"的危害

从消费者、公众、企业、社会等角度分析，"漂绿"的危害体现在以下几个方面。

（1）"漂绿"行为引发了社会公众对绿色产品的不信任。这一行为混淆了消费者的视线，损害了绿色产品的可信度，造成了假冒绿色产品泛滥，严重伤害了消费者的感情。

（2）对真正实行绿色营销的企业造成了打击。消费者由于信息的不对称，很难辨别真正的"绿色产品"，可能在受到欺骗以后选择"集体无视"，因而会给那些真正实现**绿色营销（green marketing）**、践行社会责任的企业带来损失。

（3）"漂绿"行为最终可能会反噬自身。对企业来说，"漂绿"是一种机会主义行为，虽然在目前的制度环境下，被发现的风险很低，但并非不存在风险。"漂绿"行为一旦被发现，企业长期积累的品牌资产与品牌声誉会瞬间崩溃。

（4）若这种行为长期泛滥，很有可能会造成"绿色"产品整个体系的崩塌，伤害的就不只是"漂绿"企业和那些真正旨在生产环境友好产品的企业，整个产业体系及其信任体系将会崩塌，而其一旦崩塌，再想重建就相当困难。

4. "漂绿"行为的现状

随着绿色产品的畅销，市场上的"漂绿"行为也日益严重。称"漂绿"为当今企业界的"时尚"行为毫不为过，从跨国公司到中小企业，在产品、网站、宣传册以及新闻发布会上，"漂绿"现象无处不在。根据一些机构发布的每年的企业漂绿榜，我们可以看出，无论是跨国公司还是中国的本土公司，企业的"漂绿"行为正在愈演愈烈。"绿色"成为企业通用的社会责任标签，但这丝毫不能形成企业的自我约束力。

专栏 9-9　"2013 中国漂绿榜"年度报告："惯犯"依旧，"新手"上场

从"漂绿"到"变绿"

2014 年 1 月，奢侈品牌 Burberry 位于北京及墨西哥的门店，遭到消费者的祛毒请愿。一些信奉"贵的就是好的"的父母，发现自己花费不菲为孩子购买的 Burberry 童装，被检出残留有毒有害化学物质。包括阿迪达斯、迪士尼和 Primark 在内的 12 家品牌的童装也未能幸免。事发后两周，Burberry 公开发表了附带时间表的祛毒承诺，并宣布在 2014 年 6 月前公开全球生产供应链的排污信息。在"绿"被滥用、"漂"成风潮的情况下，区分真正的环保行为和虚伪的漂绿行为并不容易。

> **漂绿"双雄"：大众消费品 VS 丑闻公司**
>
> 公众对两类公司或品牌的"漂绿"行为高敏感、低容忍，一类是与衣食住行密切相关的大众消费品，比如今年上榜的阿迪达斯、迪士尼等品牌童装，大自然地板和沃尔玛等品牌皆在此列。另一类则是名声不佳、长期被各类丑闻萦绕的资源垄断型央企，比如神华和中石油。
>
> **漂出新意，漂成惯犯**
>
> 在 2013 年的中国漂绿榜上，出现了两家"另类"企业威立雅和亚都空气净化器，即原本的环境问题解决者变身问题制造者。这是此前四年榜单中少见的情况。另一些入榜品牌则漂成了习惯，据南方周末统计，神华、中石油、阿迪达斯、沃尔玛等品牌都是第二次上榜，属于十大漂绿表现中的"屡教不改"者。还有一些品牌比"勇于承诺，怯于行动"更糟，它们属于消极应对型，Polo Ralph Lauren、Tommy Hilfiger 和 Abercrombie & Fitch 三家品牌面对供应链污染质疑，始终消极回应。
>
> 资料来源：冯洁，袁端端."2013 中国漂绿榜"年度报告："惯犯"依旧，"新手"上场 [N]. 南方周末，2014-02-14.

9.5 环境保护中的企业机会

当前，经济发展对环境造成巨大压力，已经到了一个临界点，在经济转型的背景下，"环境治理"被提到刻不容缓的高度，环境保护已成为全人类的共识。联合国环境规划署预警和评估司司长皮特·吉尔鲁斯认为，企业在环境保护中既有责任，也存在市场和机会。当前严峻的环境形势对企业来说既是一种挑战，也是一种机遇。

9.5.1 环保产业的兴起

1. 环保产业的含义

环保产业（environmental protection industry）在国际上有狭义和广义的两种理解。对环保产业的狭义理解是终端控制，即在环境污染控制与减排、污染清理以及废物处理等方面提供产品和服务；广义的理解则包括生产中的清洁技术、节能技术，以及产品的回收、安全处置与再利用等，是对产品从"生"到"死"的绿色全程呵护。

2. 环保产业的发展

环保产业产生的原因主要有：首先，环境破坏造成的人类生存危机带动了人们环境意识的提升，现实环境状况的恶化和对更高生活质量的追求，促使人类对自身行为深刻的反思；其次，任何产业的发展离不开政府政策的支持，国家公共政策、WTO 规则必然会为我国环保产业的发展带来一次彻底的改变和推动；最后，环保产业现有的或潜在的巨额投资回报也是让众多企业趋之若鹜的原因所在。

全球环保产业萌芽于 20 世纪 70 年代初期，21 世纪，全球环保产业开始进入快速发展阶段，逐渐成为支撑产业经济效益增长的重要力量，并正在成为许多国家革新和调整产业结构的重要目标和关键。随着环境保护向产业化、商业化、国际化方向发展，环保产业也引起了相关技术和行业的发展，推动着整个社会由粗放型生产向可持续方向发展。美国、日本和欧盟的环保产业成为全球环保市场的主要力量。据统计，全球环保产业的市场规模已从1992年的2 500亿美元增至2013年的6 000亿美元，年均增长率8%，远远超过全球经济增长率，成为各个国家十分重视的"朝阳产业"。

中国环保产业的发展经历了从无到有、从小到大、从弱到强的发展过程。中国的环保产业发展自20世纪80年代开始萌芽，90年代形成一定规模，进入稳步发展阶段，从2000年开始步入快速发展阶段。随着中国环境污染状况日益严重，国家对环保的重视程度也越来越高，环保产业在我国保持着一个强劲的发展势头。例如，我国的环保产业产值正以15%左右的年增长速度发展，被纳入国家战略性新兴产业后，环保产业进入了外部发展环境最为良好的黄金期，预计今后环保产业将成为我国重要的主导产业，并充分发挥其带动作用，从而推动我国市场经济总体的**可持续发展（sustainable development）**。同时，环保市场的全球化发展，使得各大跨国企业纷纷调整发展战略，布局全球环保市场。当前，方兴未艾的国际环保市场也为我国环保产业走出去创造了条件。

3. 环保产业存在的问题

我国环保产业目前已建立起门类比较齐全并具有一定规模的产业体系，产业规模和结构、技术水平和市场化程度得到大幅提升，而且已经形成若干个具有比较优势和特色的环保产业集群，涌现出了一批年产值超过10亿元的现代环保企业，但是也存在一些问题（见图9-1）。

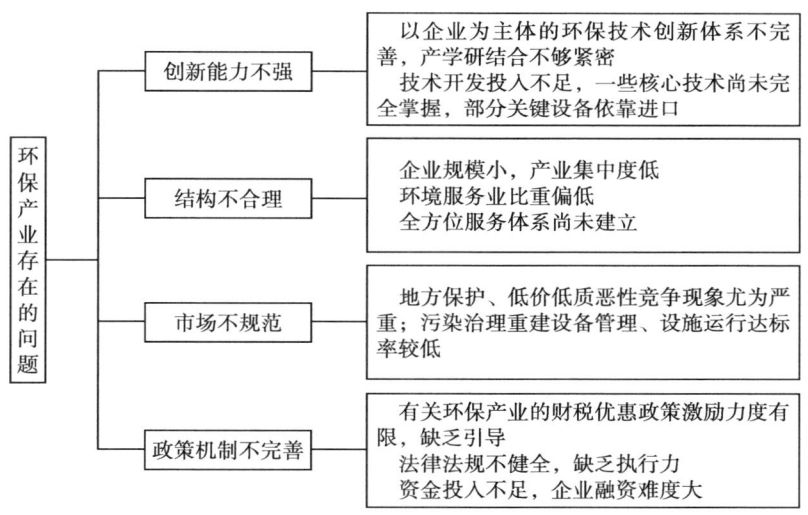

图9-1　环保产业存在的问题

4. 环保产业发展的重大意义

作为战略性新兴产业之一，环保产业是环境保护的物质基础和技术保障，是推进节能减排的重要支撑。环保产业的发展，一方面增加了污染治理能力，为改善环境质量提供了条件；另一方面，由于环保产业渗透于国民经济的各个环节，具有产业链长、涉及面广、影响力大等特点，其发展也带动了相关产业技术升级和产业结构调整，增加了就业机会，促进了社会的稳定与和谐。

9.5.2 发达国家的绿色营销

1. 环境保护运动与绿色营销

1970年4月22日,在太平洋彼岸的美国,人们为了解决环境污染问题,自发地掀起了一场声势浩大的群众性的环境保护运动。这次规模盛大的活动,促使美国政府于20世纪70年代初通过了《水污染控制法》和《清洁大气法》的修正案,并成立了美国环保局。之后,世界性的环保潮流陆续兴起,几乎现在各种词汇都可以和环保、绿色挂上关系,这说明绿色环保思想越来越深入人心,人们已经开始对自身生存环境产生担忧,并开始着手保护。绿色词汇充斥着人们的视野,如绿色科技、绿色营销、绿色物流等。

消费者绿色意识的提高,也直接影响到企业对营销的改变,企业绿色营销概念一时兴起。绿色营销是以满足消费者和经营者的共同利益为目的的社会绿色需求管理,以保护生态环境为宗旨的绿色市场营销模式。企业在生产经营过程中,将企业自身利益、消费者利益和环境保护利益三者统一起来,以此为中心,对产品和服务进行构思、设计、制造和销售的过程就是绿色营销。

2. 绿色营销的要求

绿色营销要求的是整体营销过程的环保,不仅是产品的环保,产品的生产、包装、运输及销售过程都要达到环保要求。这要求企业的环保意识进一步提高,不仅在生产中做到提高能源利用效率,还要在产品包装、运输过程及回收过程中都做到绿色化。

"绿色营销"运动说明企业界对环境保护运动态度的转变,由消极应付转变为积极参与。然而还要防止某些企业是为了营销而绿色,例如前文提及的"漂绿"行为。

3. 开展绿色营销

绿色营销活动正在发达国家企业界广泛开展。美国杜邦公司和埃克森公司堪称"绿色营销"的典范,它们用于污染防治的投资已达数十亿美元;太平洋电力公司投资于对废料的回收再利用,实现了经济效益增长与自然环境保护的良性循环;3M公司实行的"预防污染有奖"计划带来了污染和成本的大量减少;此外,日本的佳能公司也把环保当作义不容辞的责任,开发干净能源,重复使用材料,改善人机关系。

企业积极开展"绿色营销"活动,主动承担消除环境污染的重任,这不仅是保护自然资源与环境,保证人类社会可持续发展的需要,而且也是企业树立良好的形象,参与国内与国际市场竞争的需要。因为企业的产品如果注重环境保护,没有污染,就能增加销售量,就能在竞争中取得胜利。虽然一时用于治理污染的费用较高,但从长远来看,将给企业带来较好的经济效益、环境效益与社会效益。

9.6 治理对策:实现可持续发展

环境的改善既可以提高生活质量,又有利于生产力的提高。人类作为自然界中重要组成部分,不应是对自然的控制和主导,而是要寻求与其他部分更为和谐融洽地相处发展。因此,要在经济领域里提倡环境道德原则和规范,走经济与环境协调的可持续发展道路。

9.6.1 企业的环境责任

1. 推行清洁生产

清洁生产（cleaner production）是指将综合预防的环境保护策略持续应用于生产过程和产品中，以期减少对人类和环境的风险，它包含三个重点：清洁能源、清洁生产过程和清洁产品。

清洁生产从本质上来说，就是对生产过程与产品采取整体预防的环境策略，减少或者消除它们对人类及环境的可能危害，同时充分满足人类需要，使社会经济效益最大化的一种生产模式。清洁生产在不同的发展阶段或者不同的国家有不同的叫法，例如"废物减量化""无废工艺""污染预防"等，但其基本内涵是一致的，即对产品和产品的生产过程、产品及服务采取预防污染的策略来减少污染物的产生。

清洁生产是实现持续发展的关键因素，它既能避免排放废弃物带来的风险和处理、处置费用的增长，还会因提高资源利用率、降低产品成本而获得巨大的经济效益。发展"清洁生产"工艺不仅可以缓解我国资源及能源短缺问题，同时，我国工业发展所带来的严重污染及环境遭到破坏的问题也可以得到进一步解决，并为企业带来良好的经济效益，为社会及人类提供优质的环境，同时也为后代的可持续发展提供强有力的保障。

企业在推行清洁生产的过程中，要正确理解清洁生产的内涵，掌握具体的方法，科学地推进清洁生产的进程。

2. 发展循环经济

所谓**循环经济**（cyclic economy），即在经济发展中，实现废物减量化、资源化和无害化，使经济系统和自然生态系统的物质和谐循环，它是对"大量生产、大量消费、大量废弃"的传统增长模式的根本变革。

循环提供了一种既能减少垃圾填埋又能节约自然资源的方法，因此很具有吸引力。20世纪80年代后期，随着环保意识的增强，公众开始认为循环是保护环境的关键，"循环经济"越来越为大众所关注。

传统经济是一种由"资源—产品—污染排放"所构成的物质单向流动的经济，循环经济倡导的是一种建立在物质不断循环利用基础上的经济发展模式，它要求把经济活动按照自然生态系统的模式，组织成一个"资源—产品—再生资源"的物质反复循环流动的过程，使得整个经济系统以及生产和消费的过程基本上不产生或者只产生很少的废弃物，从而根本上消除长期以来环境与发展之间的尖锐冲突。

目前，各国对废物的回收再利用越来越重视，许多国家还从法律上对企业的相关行为加以规范。各种物资的回收量与消费量之比逐年上升，而对废物的综合利用，使"废物"资源化，也成为当前许多企业提高经济效益，加强环境保护的重要手段。"垃圾堆里有黄金"，循环经济正在世界各地兴起，开始成为世界环境保护中的一种潮流。

由于我国环保事业起步较晚，发展较慢，目前我国废物综合利用水平还较低，对有害废物的处理也缺乏较好的措施。因此，我国企业应该大力发展废物资源化以及资源的循环利用，增加回收网点，完善回收体系。通过对废物的循环再利用，发展循环经济，有效地控制污染的产生及扩散，同时，还可提高资源的有效利用率。

> **专栏 9-10　　循环经济的"3R 原则"**
>
> "3R 原则"是循环经济活动的行为准则，所谓"3R 原则"，即减量化（reduce）原则、再使用（reuse）原则和再循环（recycle）原则。
>
> 减量化原则要求用尽可能少的原料和能源来完成既定的生产目标。这就能在源头上减少资源和能源的消耗，大大改善环境污染状况。例如，我们使产品小型化和轻型化，使包装简单实用而不是奢华浪费，使生产和消费的过程中废弃物排放量最少。
>
> 再使用原则要求生产的产品和包装物能够被反复使用。生产者在产品设计和生产中，应摒弃一次性使用而追求利润的思维，尽可能使产品经久耐用和反复使用。
>
> 再循环原则要求产品在完成使用功能后能重新变成可以利用的资源，同时也要求生产过程中所产生的边角料、中间物料和其他一些物料也能返回到生产过程中或是另外加以利用。
>
> 该专栏根据相关资料整理而得。

9.6.2　环境伦理问题产生的原因

我国环境问题已经非常突出，也已经引起了国家的高度重视。我们需要认清和把握环境问题产生的根源，并从根源入手，用切实有效的手段加以解决，以使政治、经济、文化、社会与环境和谐有序发展。环境问题的本质是发展问题，环境问题在发展中产生，也应该在发展中解决。关于环境问题产生的原因，可以从人口、资源、发展、政策四方面来分析。

首先，人口压力。随着社会的发展，人口数量不断增加，为了生存，人类从环境中获取的物质材料不断增加，同时向环境排放的废弃物也不断增加，进而导致环境污染和生态破坏。

其次，资源的不合理利用。以前人们常常意识不到环境对人类的反馈作用，一味地从环境中索取物质资料，并不加节制地向环境排放污染物，同时把无污染技术和资源的管理置之度外。

再次，发展过程中片面地追求经济增长。为追求最大的经济利益，往往采取以损害环境为代价的发展模式，结果造成严重的环境问题。发达国家的工业化过程就是一个"先污染，后治理"的教训，说明盲目地追求当前经济增长的结果往往与长期发展的目标背道而驰。

最后，宏观环境较为松懈，法律法规不健全。目前，中国的环境法规尚不健全，甚至有些方面还是空白，而且很多时候即使有相应的法律法规来约束，也因为其实际可操作性的问题而无法发挥作用，这些都给一些企业以"可乘之机"。整个社会环境的松懈使得一些企业即使知道会带来一些环境问题却还是会"一如既往"。

> **专栏 9-11　　不良治理是导致环境问题的根本原因？**
>
> 2014 年 3 月，在由中欧环境治理项目主办的"环境治理名人堂"活动中，世界资源研究所执行副主席及常务董事马尼希·巴布纳先生做了题为"环境公共治理与世界资源保护"的主题演讲，强调为应对人口资源与环境之间的矛盾，政府治理在污染防治方面的核心作用。

他预测，未来20年世界经济规模将翻一番，人们将拥有更好的生活质量和更繁荣的生活。但与之相伴随的是给世界资源带来的巨大压力。"全世界资源的消耗都开始飙升。我们能不能在保护世界资源的同时实现经济增长？如何在促进经济发展的同时保护我们的环境，减少对资源的压力，这是我们面对的最核心问题，"巴布纳先生说。

他认为良好治理将是解决资源环境问题的核心，不良治理不仅会影响到环境，也会影响到经济的科学发展。"无论是森林、水资源、空气污染等问题，如果我们深入了解造成这些问题的原因，可能是因为市场的失灵、政策的失误、人口或者社会结构的一些变化，然而归根结底是由不良治理导致的。"

他在演讲中特别强调了为实现良好治理，信息公开、增加透明度以及公众参与三个方面起到的决定性作用。在决策时增加透明度会让公民和公民社会更好地监督政府、减少腐败，并提高决策的监测效力。而公众的充分参与可以赋予决策以合法性，找出某个项目或政策的缺陷并及时解决问题，如图9-2所示。

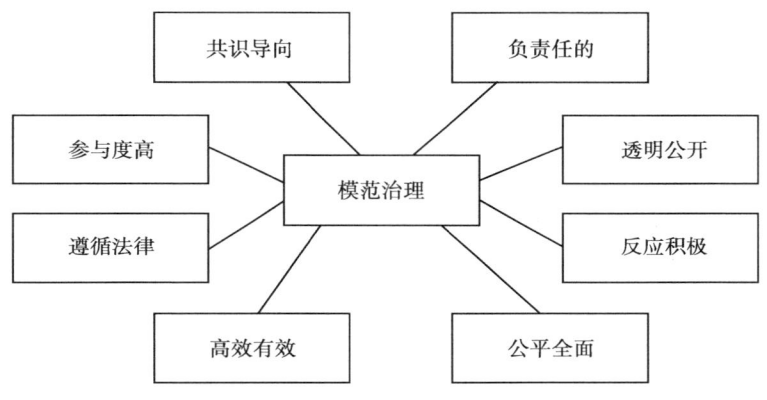

图9-2 什么是好的治理模式

资料来源：中国网.专家：不良治理是导致环境问题的根本原因[OL].http://news.china.com.cn/env/2014-03/03/content_31657948.htm，2014-03-03.

9.6.3 治理对策

生态环境问题的解决需要人们的共同努力。当前，中国采取了一系列措施加强环境治理，然而虽然也取得了一些成绩，但仍面临严重困境。环境的治理任重而道远，需要各界的共同努力，实现经济社会的可持续发展。

1. 加强国际合作，发挥跨国公司的带头作用

现代国际社会紧密相连，某个国家的环境问题通常也是全球的环境问题，因此中国的环境治理需要加强国际合作。一方面，自觉遵守相关的国际法律法规，借鉴国外的治理经验，引进先进技术；另一方面，加强与国外的联系，在生产经营过程中控制污染，减少对他国造成的污染与破坏。

跨国公司作为当今世界最先进的企业组织，应自觉承担相应的环境责任，不仅自身的生产要注意环境问题，做出表率，同时应在合理的范围内向其他企业传授其控污经验，实现共赢。

2. 国家和政府在环境治理中要发挥主导作用

目前我国存在的一个很重要的问题就是现行环境政策的内容不够全面，相关的法律法规还有待完善，而且很多法律法规的实际可操作性较弱，使得企业在环境保护方面很多时候"有空可钻"。因此，国家要加强立法，完善相关的环境法律法规，尽快做到体制规范，同时加强执法，保护生态环境。

现行管理中存在多头管理、监管不严、政策缺乏激励效果等现象，政府要把环保问题放在一个较高的位置，加大环境投入，注重跨区域合作，发挥主导作用。

3. 重视外部监督的作用

当前公众的生态观念逐渐加强，绿色消费渐入人心，参与热情不断提高，发挥的监督作用也越来越强。当然"绿色"观念还未成为常态，因此，在全社会树立"绿色"观念，建立公众参与机制将会是一项长期而艰巨的任务。

环境非政府组织在环境治理中发挥着越来越重要的作用。20世纪90年代以后，中国涌现出了一批环境非政府组织，如"绿色家园志愿者""地球村"等，这些环境非政府组织在环境治理中的作用越来越显著。

还需要特别提及的是，在互联网年代，媒介的重要作用不容忽视。当前，新闻媒介为我国的环保事业做出了重要贡献，未来，要继续发挥其重要的监督、激励作用。

4. 突出企业在环境治理中的主体地位

企业是造成环境问题的主要责任者，必须对造成的环境问题负责。当前中国企业普遍的心态是环保成本过高，若注重环保则必然会使企业的利润受损。事实上，这个误区已经慢慢开始被少数企业所察觉，但是真正付诸行动的企业却寥寥无几。要想解决环境问题，企业建立真正的"绿色营销"观念是重要的一环。

本章小结

1. 环境保护是指人类为解决现实的或潜在的环境问题，协调人类与环境的关系，保障经济社会的持续发展而采取的各种行动的总称。
2. 环境保护的主要内容既包括对自然资源的保护，也包括防治由生产和生活活动引起的环境污染和由建设和开发活动引起的环境破坏。
3. 资源利用中存在很多方面的伦理问题，如水资源、土地资源、森林资源、能源等。
4. 企业经营引发的环境问题主要有"三废"问题、温室效应与臭氧层空洞、全球气候异常、生物多样性遭到破坏等。
5. 工业"三废"是指各种工业企业所排放的有害物质，其性质种类是多种多样的。但无论它们差别多大，从其物理形态上划分，大体可分为气体、液体、固体，一般称为废气、废液、废渣，即工业"三废"。
6. 温室效应是指太阳短波辐射可以透过大气射入地面，而地面增暖后放出的长波辐射却被大气中的温室气体所吸收，从而产生大气变暖的效应。

7. 污染转移可分为两种，一种是国家之间的污染转移，另一种是国内污染转移。国家之间的污染转移，可以定义为经济比较发达的国家将污染转移给其他落后国家的行为和情况。国内污染转移，即污染在同一国家内不同地区之间的转移，通常是由经济发达地区转移到经济落后地区，由城市转移到农村。
8. 漂绿是由"绿色"和"漂白"合成的一个新词，意指一家公司、组织或是政府以某些行为或行动宣示自身对环境保护的付出但实际上却是反其道而行。
9. 环保产业：广义的理解包括生产中的清洁技术、节能技术，以及产品的回收、安全处置与再利用等，是对产品从"生"到"死"的绿色全程呵护。
10. 绿色营销：企业在生产经营过程中，将企业自身利益、消费者利益和环境保护利益三者统一起来，以此为中心，对产品和服务进行构思、设计、制造和销售。
11. 清洁生产是指将综合预防的环境保护策略持续应用于生产过程和产品中，以期减少对人类和环境的风险。
12. 循环经济：即在经济发展中，实现废物减量化、资源化和无害化，使经济系统和自然生态系统的物质和谐循环，它是对"大量生产、大量消费、大量废弃"的传统增长模式的根本变革。
13. 可持续发展就是建立在社会、经济、人口、资源、环境相互协调和共同发展的基础上的一种发展，其宗旨是既能相对满足当代人的需求，又不能对后代人的发展构成危害。

关键术语

环境（environmental）　　　　　　温室效应（greenhouse effect）
污染转移（pollution diversion）　　漂绿（greenwash）
绿色营销（green marketing）　　　 清洁生产（cleaner production）
循环经济（cyclic economy）　　　　可持续发展（sustainable development）
环境保护（environmental protection）环保产业（environmental protection industry）

复习思考题

1. 简述环境保护中可能面临的伦理困境有哪些。
2. 简述环境保护中非伦理行为的潜在危害。
3. 资源利用与保护中的非伦理行为主要包括哪些？
4. 简述污染转移的定义、原因、本质及其危害。
5. 简述"漂绿"的定义、原因、本质及其危害。
6. 我国环保产业存在的主要问题是什么？
7. 简述绿色营销的要求。
8. 谈谈如何治理环境保护中出现的非伦理行为。

应用案例

全国首例：普通居民就雾霾状告政府索赔1万元

2014年2月20日9时，石家庄空气质量指数337，严重污染，健康建议：老年人、病人应留在室内，停止体力消耗，一般人群避免户外活动。对于很多石家庄居民，面对300多的空气污染指数似乎已经麻木，毕竟爆表的情况都已不鲜见。不过，石家庄市新华区的李贵欣却做出了另外的举动，他拿着一份行政诉状到石家庄市裕华区人民法院申请立案。诉状中的被告是石家庄市环境保护局，李贵欣的诉求不仅是让被告依法履行治理大气污染的职责，他还就大气污染对其造成的损失提出由被告来进行赔偿。

事件进行时：普通居民状告环保局等待立案

尽管饱受大气污染之苦，但是一位普通居民去告环保局，对于大多数人，还是会吃惊甚至有点儿犯怵，市民李贵欣也是经过了近三个月的"酝酿"。让李贵欣下定决心用法律途径维护自身权益是石家庄实施机动车限行之时，"买车就是为了出行方便，现在污染已经影响了生活的方方面面"。李贵欣对限行不认可，"老百姓买的车都是达标的，如果环保部门觉得燃油不达标，你应该去找中石油、中石化这些油企，提高它们的生产工艺，生产达标的油品，而不是让老百姓来做牺牲"。之后，他从网上搜集了大量的资料，并委托吴玉芬律师代理此案。在起诉石家庄市环保局的诉状中，他提出三点诉讼请求：① 请求被告依法履行治理大气污染的职责；② 承担给原告造成的经济损失10 000元；③ 诉讼费用由被告承担。立案并不顺利。2014年2月19日上午，李贵欣先后到省高院、石家庄市中院立案大厅，均未被受理。20日9时许，石家庄市裕华区人民法院接收了他的诉讼材料，之后将进行初步审查，七个工作日内给予是否受理的答复。

追访当事人：政府应就环境污染向老百姓赔偿

非典那么严重的病毒，为什么能在几个月内被控制，因为非典发生，每个人都直面生死，有关部门高度重视，采取了果断措施。大气污染看上去似乎没那么急迫，因为还没有大面积的人员患病死亡，所以环保部门的治污也就没有那么有力。可是谁能保证几年、几十年之后，我们的健康没有受到当下污染的威胁？一些专家已经明确提到，空气污染对人体心肺功能会造成破坏性影响，甚至导致人减寿。所以，我们必须要对环保部门追责，如果执法到位，污染是应该能够解决的。

空气污染给百姓造成的损失去找谁？找企业吗？企业说，我们的排放都是达标的。而且究竟是哪个企业给你带来的损失？是钢厂，还是药厂？责任承担主体不好定。损害已经发生，施害一方却无法确认，就必须得找它的管理部门——环保局。如果环保部门管理到位，企业都遵守法律，按标准排放，那么空气恶化到这种程度，就说明你的标准是有问题的，应该修改标准；如果说企业没按标准排放，就说明执法有问题。总之，管理部门是要承担责任的。

面对雾霾锁城，牢骚声很多，但没有谁真正在法律框架之内，运用法律武器有理有据地去维护自身权益。状告政府的行为实际上是一种"唤醒"，唤醒民众的法律意识，维护自身权益；唤醒环境执法部门采取有力手段，让老百姓能呼吸上新鲜空气；同时也唤醒政府、立法部门关注环境问题，多方联动，大力治污。

对话律师：诉讼的最终目的是督促执法

近年来空气质量持续恶化，广大民众作为最大的受害者，有权利通过有效的司法途径保障生命健康权，合法使用监督权，监督有关行政机关积极有效地作为。本案一旦成立，对于推动我国的环境法治进程，唤醒广大民众关注和维护自身环境利益必将起到一个里程碑式的引导和推动作用，影响巨大，特别是对于转变政府职能具有非常重大的意义。石家庄的大气污染令人触目惊心。2013年年初，由亚行主导完成的《中国环境分析》报告显示，全球十大污染城市七个在中国，其中就包括石家庄。2010年，在清华大学、美国健康影响研究所召开的"空气污染与健康效应学术研讨会"上公布的《2010年全球疾病负担评估》就曾经指出：室外空气污染所导致的公共健康风险，每年在全世界导致320多万人过早死亡，以及超过7 600万健康生命年的损失。"无救济即无权利。"现代法治社会，诉讼是保障民众权利的最后防线，我们提起和参与本次诉讼的最终目的不是与政府和环境主管机关过不去，而是督促执法。我们希望政府能够主动从被告席上走下来，放下架子，与民间的环境保护力量倾力合作，实现公民、公益律师、民间环保组织与政府的良性互动，合力对抗和规管各类环境侵权行为，共同推动我国环境法治进程，真正实现人与自然和谐相处。

资料来源：刘岚. 全国首例：普通居民就雾霾状告政府索赔1万元[OL]. http://www.chinanews.com/fz/2014/02-24/5874640.shtml，2014-02-24.

讨论题

1. 案例中的"雾霾"主要指的是哪种环境非伦理行为？它产生的主要原因是什么？
2. 除了案例中提及的法律途径及政府职责外，从企业的角度谈谈如何有效防治雾霾问题。

学习链接

[1] 岳立，赵海涛. 环境约束下的中国工业用水效率研究[J]. 资源科学，2011(11):2078.
[2] 陈露怡，等. 三废问题及其处理情况的综合应用[J]. 现代经济信息，2009（8）.
[3] 包晴. 中国经济发展中地区之间污染转移现象的表现形式及其原因分析[J]. 北方民族大学学报（哲学社会科学版），2009（3）.
[4] 王霄慨. 污染转移的本质及对策分析[J]. 法制与社会，2010(1):114.
[5] 李晓明，曹利军，韩文辉. 污染转移分析及对策[J]. 重庆环境科学，2003(4).
[6] 毕思勇，张龙军. 企业漂绿行为分析[J]. 财经问题研究，2010(10).
[7] 吴卫星，印卫东. 对产生环境问题的根源探析[J]. 上海环境科学，2003(1).
[8] 曹文慧. 环境问题产生的原因及解决途径的经济学分析[J]. 市场经纬，2008.
[9] 张家旗. 环境问题产生根源探析[J]. 能源与环境科学，2013(6).
[10] 王国印. 环境问题探源研究[J]. 中国人口·资源与环境，2008,18(1).
[11] 张生玲，郝泽林，等. 中国新能源发展的若干思考[J]. 学术交流，2014(1).
[12] 刘富刚. 基于环境伦理的资源利用与环境保护[M]. 北京：国防工业出版社，2009.
[13] 徐金发. 企业伦理学[M]. 北京：科学出版社，2008.
[14] 徐大建. 企业伦理学[M]. 2版. 北京：北京大学出版社，2009.
[15] 周祖城，等. 企业伦理学导论[M]. 上海：上海人民出版社，2007.
[16] 钟筱红，等. 论污染转移的内涵与本质[J]. 生产力研究，2008（14）: 19-20.

[17] 罗丽敏. 论我国面临的跨国污染转移问题及其对策 [D]. 天津：天津财经大学，2005.

[18] 张明龙，等. 国外治理"三废"新技术概述 [J]. 生态经济，2010（2）：124-127.

[19] 杨晨曦. 全球环境治理的结构与过程研究 [D]. 长春：吉林大学，2013.

[20] 叶梓. "漂绿"之罪与罚 [N]. 消费日报，2012-02-23(A3).

[21] 维尔特·莱茵哈特，理查德·福斯特. 企业管理与自然环境 [M]. 李丽，赵正兵，仲晓天，译. 大连：东北财经大学出版社，2000.

[22] William Baxte. People or Penguins: The Case for Optimal Pollution [M]. New York: Columbia University Press, 1974.

[23] Paul Hawken, Amory Lovins, Hunter Lovins. Natural Capitalism [M]. Boston: Little Brown, 1999.

第 10 章 国际经营中的伦理问题

学习目标

1. 了解有关国际经营的一些基本问题。
2. 熟悉国际经营中存在的一些典型的伦理问题。
3. 了解一些国际公认的国际经营的伦理准则。
4. 掌握国际经营中伦理问题产生的原因。
5. 掌握治理国际经营中非伦理行为的方法。

开篇案例

尼康相机出问题怨雾霾

2014 年,央视"3·15 晚会"主题定位为"让消费更有尊严",在晚会上曝光了尼康侵犯消费者的虚假欺诈行为,号称高画质、全画幅,价格高达上万元的尼康 D600 相机拍出的照片却经常出现黑色斑点,尼康先后以清灰、换快门组件等方式试图解决问题均不奏效。据了解,全国各地很多用户都发现,用 D600 相机拍出的照片,都出现了黑点。面对用户的质疑,尼康公司再三拒绝退换,并把责任推给了灰尘和雾霾。尼康公司上海售后服务中心的工作人员解释说:"因为雾霾嘛,现在空气灰尘很差的啊,没办法的。"这种"解释"顿时也像雾霾一样向全国蔓延,惨遭批评。

2013 年 2 月 22 日,尼康公司在官方网站上发出公告,多次指出照片上这些颗粒影像是尘埃造成的,用户可以去尼康售后做检查和清洁。

就在尼康公司一直强调 D600 相机没有任何问题的时候,越来越多的用户却一再遭到这些黑色斑点的困扰,他们在网络上聚集起来,表达对尼康公司的不满。

美国一所律师事务所的律师表示,目前已经搜集了 1 000 多个尼康 D600 相机的问题,他们正在提起诉讼。相关的法律人士以及美国的一些专业摄影网站表示,目前已经有部分的美国消费者获得了免费将 D600 换成 D610 的升级服务。有人戏称说,也许你将你的相机送到维修站的次数足够多,就有可能早日看到希望。

资料来源:尼康相机出问题怨雾霾 [N]. 楚天都市报,2014-03-16(A5).

当今,跨国公司已经成为国际化经营活动最主要的载体。通过国际直接投资,跨国公司实施全球战略并形成全球一体化的生产体系,在世界范围内开展经营活动。然而,一些跨国公司并不像人们想象中的那样可信，它们也会出现如质量问题之类的各种非伦理行为。

10.1 国际经营概述

国际经营是现代企业成长发育的必然产物。由于历史上的企业国际经营活动多数是发达资本主义国家的大型垄断企业率先进行的，所以人们习惯于将企业的国际经营等同于跨国公司经营，并且将其视作一种社会经济制度的产物，在当前错综复杂的国际经营条件下，跨国公司要成功地取得国际市场竞争中的有利地位，最终得到发展和壮大，必须要实现全球性的经营。随着经济全球化进程的加快，世界市场逐渐融为一体。通过开展国际经营，扩大生存发展空间，实现全球资源的优化配置，已成为大多数企业的必然选择。

10.1.1 国际经营的主要内容

1. 国际经营的含义

国际经营（multinational operation），即通常人们所说的跨国经营，是指企业以国际需求为导向，以扩大出口贸易为目标，进行包括海外投资、营销在内的一切对外经营活动，即在资源获取、产品生产和销售、市场开发目标的确立等方面，将企业置身于世界市场并发挥自身的比较优势，开展对外技术经济交流，参与国际分工、国际协作及竞争等一系列经营活动。

2. 国际经营的发展历程

国际经营最早可以追溯到17世纪在印度及远东进行贸易的公司，以英国的东印度公司为先导，它们主要是输出产品和获取资源。18世纪下半叶，工业革命迅猛向前推进，一些拥有技术垄断优势的企业在国内站稳脚跟后相继到国外设厂开始跨国经营。1865年拜尔公司通过间接投资购买了美国纽约州爱尔班尼苯胺工厂的股票，不久又把它吞并为自己的分厂。1866年诺贝尔公司在德国汉堡投资办起了一家炸药工厂，从此走上了跨国经营的道路，创建了庞大的世界炸药工业体系。这几家企业是开展国际经营的先驱。

19世纪末20世纪初，欧美先后完成了工业革命，许多大企业纷纷抢占国际市场，加速海外扩张，如杜邦公司、通用电气公司、巴斯夫公司等都先后进入跨国经营的行列。那时资本输出只限于英、法、德等少数国家，跨国公司也主要集中在这些国家。

两次世界大战给跨国公司的经营带来了很大的困难，而美国借助于先进的新兴工业技术及"效率革命"加快了跨国经营的步伐。1914～1938年美国的187家大公司新建了785家海外子公司，超过世界跨国公司总数的50%。

第二次世界大战结束后，欧美各国的跨国公司重整旗鼓，日本也开始大规模地开展海外经营，发展中国家如韩国、印度、墨西哥的跨国公司也日益增多。企业再也没有必要在空间上集于一处，而是在成本最低的地点落脚，以高效的通信设施组成整体，以求得产品价值链各环节的总体收益最大，国际经营风靡全球。

3. 中国企业的国际经营

跨国公司是一个国家利益在全球存在的象征，在某一程度上代表一个国家的国家竞争力，因此中国企业走国际经营道路是必然的。20世纪90年代后期，中国广东开始有个别企业"走出去"，打开了中国企业的跨国经营之路。进入21世纪，联想集团、上汽集团、我国国有的几大石油巨头公司等一些著名企业纷纷上演了一幕幕精彩的跨国并购大戏，令世界瞩目。但通向世界的道路从来就不平坦，而是荆棘丛生、壁垒重重，中国的企业要想在国际上站稳脚跟，还需要不懈努力。

专栏 10-1　　　　　中国企业的国际经营存在的问题

中国企业的国际经营虽然取得了一定的成效，但由于时间短、经验少，目前仍处于发展的初级阶段，因而还存在一些问题，主要表现在以下几个方面。

（1）海外投资的盲目性。我国的一些企业缺乏全球战略意识，对海外直接投资的真正目标认识不清，其国际经营活动表现出一定的盲目性和随意性。例如一些企业为了"走出去"，在对投资东道国的政治、经济、文化以及各种风险等缺乏科学分析和论证的条件下，仓促进入国际直接投资领域，结果导致经营失败。在选择合作伙伴方面也缺乏慎重研究和判断，对海外合作者的信誉、能力、稳定性等基本素质考察不够，致使上当受骗的情况时有发生。

（2）平均投资规模过小导致经济效益差。中国对外投资企业绝大多数在规模上属于中小型企业，海外企业普遍"小、散、乱"，开拓当地市场的能力差。

（3）企业国际化水平比较低。中国大部分企业进入国际市场的形式是出口，即使是直接投资也主要集中在贸易和服务性领域，而在当地进行融资、生产、销售等系统化经营的企业还很少，特别是能够建立全球性销售网络的企业就更少。

（4）宏观上缺乏总体的统一规划和合理布局。长期以来，中国在宏观政策上忽视了对海外投资的引导和管理。在管理体制方面，既未建立统一、权威的专门管理机构，也未制定系统、稳定的促进海外投资的法律法规体系，使中国海外投资企业陷于"无法可依、无法可循、无法可助"的境地。

（5）缺乏海外投资保险机制。海外投资保险制度是资本输出国政府对本国海外投资者在国外可能遇到的政治风险提供保证，若承保范围内的政治风险导致投资者受损，保险机构则予以补偿。建立海外投资保险制度是中国政府为本国投资者排除政治风险，开展国际经营活动急需解决的问题。

资料来源：程宝栋，宋维明，等.中国企业国际经营的现状及发展趋势分析[J].北京林业大学学报（社会科学版），2004（2）.

10.1.2　国际经营中可能面临的伦理困境

20世纪90年代以来，随着经济一体化步伐的加快，各国经济相互联系与相互依赖的程度不断加深，几乎所有的国家都被纳入到国际分工体系中，同时，由于信息技术的革命和各国市场的日趋开放，国家间、企业间的竞争日益激烈，跨国公司在竞争中发挥着越来越重要的作用。

由于中国不仅是全球最大的消费者市场，有着庞大的消费队伍，同时，因中国资源、劳动力较廉价，国家的法律体系目前不是很完善等原因，我国已成为许多跨国企业竞相争夺的"宝地"。随着越来越多的跨国企业来华经营，其产生的伦理问题也在不断增多。除了早期经常说的"血汗工厂"、污染产业转移、资源与品牌掠夺、腐败等问题外，近来市场歧视与文化渗透问题也颇受中国消费者关注。

10.1.3　国际经营中伦理问题的潜在危害

毫无疑问，跨国公司会为一国的经济发展带来活力，会给消费者带来很多便利，甚至激励本土企业的创新……但是，在这些益处的背后也存在一些潜在的危害。一定程度上来讲，跨国公司与本土公司间的竞争存在着重叠之处，但跨国公司又有其特殊性。

跨国公司往往会对本国和海外的消费者实行双重标准，有关这类问题的事件在中国有很多，苹果的傲慢、频现的汽车召回但不包括中国地区的现象、问题奶粉……中国消费者频频受欺，严重伤害了中国消费者的感情。而若这些企业一直采取这种状态，无疑会遭到消费者的"反击"，最终伤害的仍会是企业的长远利益。

跨国公司经营时往往会由于所在国法律法规不健全、资金引进等各方面的原因而采取降低各种环境标准、歧视定价、转移污染企业等各种不平等的方式来进行生产经营活动，而其往往会造成不可逆转的环境污染、消费者反感等各种不良影响。

10.2　国际经营中的典型伦理问题

20世纪60年代，跨国公司被当作威胁民族独立与政治自由的祸害，而今，随着经济全球化的驱使，它们却被认为是给世界带来经济变化的行为主体。各国企业在进行跨国经营时，都面临着各种文化差异或者因缺乏完善的法律体系而产生一系列伦理问题的挑战，如在商业活动中贿赂、逃税、造成环境污染等，而究其根源，这一切都与"利益"有关。

10.2.1　雇用方面的典型伦理问题

1. "血汗工厂"

"血汗工厂"（sweatshop）一词最早于1867年出现在美国，指美国制衣厂商实行的"给料收活在家加工"之制，后来又指由包工头自行找人干活的包工制。现代"血汗工厂"一般与跨国公司相联系，"血汗工厂"目前还没有一个明确的定义，但它是侵犯人权和剥削他人劳动成果的代名词，其不伦理之处集中表现在剥削与奴役、不尊重工人、工作环境恶劣、使用童工、禁止自由结社以及漠视工作安全等方面。

"血汗工厂"目前多数出现在发展中国家和地区，如印度、非洲、中南美洲等，而发达国家包括欧洲的一些国家、美国、日本、澳大利亚、新西兰等过去也都有"血汗工厂"的历史，但随着产业转型和经济社会发展的成熟已较少出现。

随着全球竞争的白热化，企业为了降低成本，提高生产率，以童工、低工资、恶劣的工作条件、虐待工人、违反健康和安全规定等为特征的榨取工人血汗的"血汗工厂"问题日益突出。近几年来，连续的"血汗工厂"新闻报道不断地冲击人们的眼球和神经：2004年6月，深圳劳动局对严重违反劳动法的深圳千禧厂开出95万元的罚单；耐克公司在2005年4月13日发表的《社会责任报告》，承认与其签有合同的供货公司中的确存在着盘剥工人、强制工人超负荷劳动的情况；2008年4月9日，《每日经济新闻》报道美国通用电气在厦门的合资工厂为"血汗工厂"……

当公司被指是"血汗工厂"后，公司经常要求批评者提供"血汗工厂"的评定标准，如果不能提供，公司则认为批评者是在诽谤污蔑。但"血汗工厂"一词一直是民众对工作条件恶劣的工厂的感性描述的词语，没有任何辞典对此给出过定义，我国也未对血汗工厂做出明确界定。

专栏 10-2　　　　　三星多方案整改"血汗工厂"

2012年9月，一家名为中国劳工观察的NGO组织发布了一个调研报告，报告中详细叙述了三星在中国的八家工厂内恶劣的劳工状况，包括雇用童工、强制加班、合同违法、体罚员工等共计16条质疑。三星在中国的"血汗工厂"事件爆发，将三星置于风口浪尖。对此，三星公司反应迅速，积极配合调查并进行整改。11月，针对外界质疑三星供应工厂为"血汗工厂"一事，三星展开了为期一个月的首轮自查，给出了首轮对105家供应商进行调查的结果。结果显示，部分供应商确实存在超过法定加班时间、未签署劳动合同、未设置医疗设备、不合理罚款制度等违法违规现象，三星公司对此已实施改善措施。

在首轮调查之后，三星给出了一系列的整改方案。短期方案包括改善在雇用时出现的区别化对待、未签署劳动合同、罚款、武断控制缺勤等不合理制度，并持续实施对性骚扰、暴言暴行、安全防范等方面的监控培训，以后也将继续加强。

对拒绝进行改善的供应商，三星公司采取减少货量、中断订货等惩罚措施，并取消长期合作。为了保护供应商员工的人权，三星公司在华法人设立了"投诉中心"，计划推动员工积极参与进来。

资料来源：中国经营网．三星承认供应商用工违规，将整改"血汗工厂"[OL]．http://www.cb.com.cn/deep/2012_1127/429544.html，2012-11-27．

在发展经济为主的情况下，一些地区的政府部门为了发展当地经济，纷纷以各种优惠政策吸引外资。某些地区的政府部门担心维护工人的权益会把外资吓跑，因此对工厂侵犯工人权益的行为曾经采取默许的态度。经济的发展就这样建立在牺牲劳工权益的基础上。

"血汗工厂"问题的产生是多方面因素共同作用的结果，要想从根本上解决这一问题需多方共同努力。当然，政府在其中应该主动承担更多的责任，作为各种制度政策的制定者，政府作用的充分发挥将是"血汗工厂"问题得以解决的关键。劳动者和企业也应该从自身寻找原因，只有这样，"血汗工厂"问题的彻底解决才能够实现。○

2. 内部人员管理

任何一个公司的生产运营活动都离不开员工的工作，而跨国公司因其独特的特性，使得其员工通常不会仅仅来自母国——也就是通常所说的公司总部所在国，更多的则是来自东道国和第三国，东道国就是该公司分部所在，第三国是除前两者之外的国家。公司开展海外运营时通常会同时雇用这三类员工。

在一定程度上，我们可以把外派人员（expatriates）定义为被派遣到本国之外的公司分部

○　王宗光，周鹏等．跨国公司"血汗工厂"[J]．商业时代，2008(18)：39-40．

工作的员工。外派人员的管理中出现的最多的问题便是文化冲突的问题，无论是甄选、工作、评估等各方面都涉及这一问题。最初，跨国公司对外派人员的管理和考核并没有同本土员工区分开来，这使得很多的外派员工因文化冲突问题难以融入公司之中，因而在公司的表现也不尽如人意。然而很少有公司会关注这一问题，通常发生这种情况时以撤职的方式来解决，损害了外派人员的基本利益。直到这种问题多次发生以后，越来越多的跨国公司才开始关注这一问题，进而通过跨文化培训、差别化考核、重设激励机制等各种方式来解决外派人员的跨文化冲突问题。目前跨国公司对这一问题已寻求了较好且成熟的解决方法，且收效甚好。

专栏 10-3　　　　　TCL 的外派人员管理

TCL 集团股份有限公司创立于 1981 年，是中国全球性规模经营的消费类电子企业集团之一。2006 年 TCL 在全球各地销售超过 2 100 万台彩电，1 100 万部手机，海外营业收入超过中国本土市场营业收入，成为真正意义上的跨国企业。中国企业海外员工 2 年内的离职率高达 70%，而 TCL 的这一比例则不到 15%。TCL 集团国际化的成功以及外派人员管理的特色，使得业界和学者不禁思考，它是怎么做到的？

（1）人员选拔。TCL 海外业务创始人、海外事业本部总裁易春雨从公司内部选拔人员进入海外市场时，注重五个方面的标准：一是在国内有丰富的阅历和经验，实战经验丰富；二是做事很踏实，能够吃苦；三是要在困难情况下还能看到希望的人；四是独立开展工作能力比较强的人；五是强调销售人员的学习能力。

（2）弹性薪酬管理。TCL 借鉴跨国企业的经验，将薪酬划分为基本工资和海外派遣津贴两部分。这样体现了薪酬的弹性特点，保证整体薪酬的激励目标。总体构成了 TCL"弹力薪酬模型体系"。"弹力薪酬模型"围绕地区特征（包括经济水平、物价指数、辛苦指数等要素）、区域战略目标（不同发展阶段的战略目标不同，战略与员工业绩考核相结合）、员工（级别待遇）三个维度而展开。这样的体系可以保持非常强的柔滑性和活动性，并具有相当的公平性，避免了派遣员工挑肥拣瘦的问题。

（3）海外本土员工管理。外派人才的方式不仅成本高，对当地市场的了解也不到位，如果管理层不能够本土化，就很难迅捷地把握当地的市场脉搏，企业文化也难以与当地文化相融合。因此，一个企业要实现国际化，一定要实现人才本土化。TCL 集团，对大部分海外本土员工来说，他们考虑的第一个也是最重要的一个因素就是薪资待遇。TCL 在海外绝大多数国家已经能够给外籍员工提供与当地市场竞争状况吻合的薪资水准。随着日益成熟的海外人才本土化环境，TCL 还为海外本土员工预留了足够的上升通道，进行职业生涯设计。

（4）跨文化整合。所谓"跨文化整合"，一般指两种文化背景差别很大的企业之间的文化整合。文化融合是一个双方相互认可的过程，TCL 积极推行内部学习与跨文化培训相结合，利用开会相聚的短暂时间交流经验，让大家了解不同国家之间的细微差异，培养员工文化融合的主动意识。TCL 点点滴滴的"文化基因"，能融入并丰富"敬业、团队、创新"的企业精神内涵，从而变成集中西文化精粹的"合金文化"和兼收并蓄能力的"移民文化"于一体的 TCL 企业文化。其载体就是一支优秀的、具有强烈国际开拓意识的员工队伍。

该专栏根据相关资料整理而得。

跨国公司的内部人员管理中对东道国员工区别对待这一问题正日益被大众所关注。近年来，越来越多的跨国公司入驻中国，出于各方面的考虑，跨国公司不仅会雇用大批基层本土员工，甚至一些中高层管理人员也会聘请中国人担任。但是我们要注意的是，跨国公司在对中国员工和其他员工的管理上往往存在很大差别，不仅体现在文化冲突、职位待遇上，在薪酬和福利待遇上更明显。2014年中国多地遭受雾霾天气，一些跨国公司为部分员工购买了健康保险并给予一定程度的补贴，但仔细来看就会发现，中国员工多数是排除在外的。对此，部分员工表示强烈不满，要求公司给予解释，但滑稽的是一些跨国公司给出的解释却是雾霾问题是由中国引起的，所以中国员工不享受此项福利待遇。此言论一出，舆论哗然，但因法律不健全、维权成本高等各方面原因，员工的维权之路异常艰辛，通常只能默默忍受。当然，也有一些跨国公司为稳定内部员工采取相应政策减少这种差别，但要想实现本土员工与外籍员工的同等待遇较为困难。

10.2.2 环境方面的典型伦理问题

在第9章中，我们已经论述了污染转移的相关问题，通常我们会认为，污染转移就是污染产业转移，然而，笔者认为这两者虽然很大一部分是相通的，但它们还是有一些不同之处：污染转移不一定就是污染产业转移带来的，而污染产业的转移一般都会带来污染的转移；污染转移通常既包括发达国家向发展中国家的转移，也包括国家内部发达地区向不发达地区转移，而这里所说的污染产业转移一般指跨国公司在生产经营中将高污染的产业向经济欠发达国家的转移。

发达国家向发展中国家转移污染产业的根本原因在于，发展中国家因环境管制宽松和补偿机制缺乏，使企业在资源环境方面的投入成本较低，从而在国际贸易中获得了比较优势。跨国公司通过这种产业转移既节约了环保成本，又保护了本国环境，可谓名利双收。但与此相对的是，发展中国家为此付出的昂贵的环境代价可能已经完全抵消了其经济发展所带来的好处。

发达国家的高污染产业转移是世人耳闻目睹的现实。据统计，20世纪60年代以来，日本已将60%以上的高污染产业转移到东南亚国家和拉美国家，美国也将39%以上的高污染、高消耗的产业转移到其他国家。㊀

专栏10-4　　震惊世界的博帕尔毒气泄漏案

1984年12月3日凌晨，印度的博帕尔市的美国联合碳化物属下的联合碳化物（印度）有限公司设于贫民区附近的一所农药厂突然传出几声尖利刺耳的汽笛声，紧接着在一声巨响中，一股巨大的气柱冲向天空，形成一个蘑菇状气团，并很快扩散开来。这不是一般的爆炸，而是农药厂发生的严重毒气泄漏事故，引发了严重的后果。

博帕尔农药厂是美国联合碳化物公司于1969年在印度博帕尔市建起来的，用于生产西维因、滴灭威等农药。制造这些农药的原料是一种叫作异氰酸甲酯（MIC）的剧毒气体。这种气体只要有极少量短时间停留在空气中，就会使人感到眼睛疼痛，若浓度稍大，就会使人窒息。在博帕尔农药厂，这种令人毛骨悚然的剧毒化合物被冷却成液

㊀ 曾凡银，郭羽诞. 绿色壁垒与污染产业转移成因及对策研究 [J]. 财经研究，2004(4).

态后，贮存在一个地下不锈钢储藏罐里，达 45 吨之多。12 月 2 日晚，博帕尔农药厂工人发现异氰酸甲酯的储槽压力上升，午夜零时 56 分，液态异氰酸甲酯以气态从出现漏缝的保安阀中溢出，并迅速向四周扩散。毒气的泄漏犹如打开了潘多拉的魔盒。虽然农药厂在毒气泄漏后几分钟就关闭了设备，但已有 30 吨毒气化作浓重的烟雾以 5 千米/小时的速度迅速向四处扩散，很快就笼罩了 25 平方千米的地区，数百人在睡梦中就被悄然夺走了性命，几天之内有 25 000 多人死亡。当毒气泄漏的消息传开后，农药厂附近的人们纷纷逃离家园。他们利用各种交通工具向四处奔逃，只希望能逃到空气没有受污染的地方去。很多人被毒气弄瞎了眼睛，只能一路上摸索着前行。一些人在逃命的途中死去，尸体堆积在路旁。大灾难造成了 2.5 万人直接致死，55 万人间接致死，另外有 20 多万人永久残疾的人间惨剧。现在当地居民的患癌率及儿童夭折率，仍然因这次灾难远比其他印度城市高。

博帕尔事件是发达国家将高污染及高危害企业向发展中国家转移的一个典型恶果。事故发生后，美印双方就谁是主要责任者问题展开了唇枪舌剑的争论。最后，这桩案子以美国的巨额赔款了结。其实，无论双方怎样争辩，人们只要把博帕尔农药厂的安全装置和美国本土上类似工厂的安全装置做一个对比，就会对此问题一目了然。美国本土的这类工厂都设有先进的电脑报警装置，并大都远离人口稠密区，而博帕尔农药厂只有一般性的安全措施，周围还有成千上万的居民。

该专栏根据相关资料整理而得。

除污染产业转移及污染物转移以外，许多跨国公司"入乡随俗"，利用当地监管不严、法律法规不完善等漏洞，在本土和所在地实施不同的环境标准，以远低于本土的标准进行生产经营，降低生产成本，给所在地造成了严重的环境问题。

虽然高污染产业转移会随着收入的增加渐渐消除，但如果听任其自由发展，这个过程可能需要经历几十年甚至上百年的时间。⊖在目前环境问题越来越严重的今天，我国作为发展中国家，应根据自己的实际情况，采取措施来应对发达国家高污染产业的转移，重视解决经济发展和环境保护之间的问题。

10.2.3　营销方面的典型伦理问题

1. 市场歧视

随着媒体和政府部门的关注，跨国公司的市场歧视问题每年都有不少遭到曝光。2011 年，某全球知名体育用品企业被曝一款篮球鞋的气垫配置在中国内外采用不同的两套标准；某电子产品公司歧视中国内地消费者，圣诞送礼针对香港地区和内地地区采取截然不同的态度；某世界药业巨擘在中国台湾被检出含有塑化剂 DIDP，随后中国香港的在售产品被召回，但在中国内地的相关产品并未召回；某汽车企业在油门和刹车出现质量问题后，召回车辆总数超过 850 万辆，其中，在美国召回 600 多万辆，欧洲召回 200 多万辆，而在中国仅仅召回 7.5 万辆……

⊖ 赵贺. 发达国家污染产业转移及我国的对策 [J]. 中州学刊, 2001（5）: 30-31.

跨国公司在华的种种不合理行为都是一种市场歧视的行为，对待不同地区的消费者采用的是截然不同的态度，甚至是提供不同品质的产品但索取相同的价格或更高的价格。那么跨国公司缘何这样傲慢，歧视中国消费者？原因来自于多方面：中国的相关法律法规不健全，国内很多企业的产品竞争力不如跨国公司，中国消费者的不合理心态等，这其中最重要的一点就是法律法规的不健全使得它们有空可钻。

专栏 10-5　　　　跨国公司为何敢歧视中国消费者

据《中国青年报》报道：全球第二大食品公司卡夫食品有限公司近日发表声明，从 2007 年起，将不在中国销售含转基因成分的产品。今年 3 月，国际环保组织"绿色和平"对卡夫公司提出批评，指责其奉行双重市场标准，在欧洲市场不使用转基因原料，而在中国市场大量销售含转基因成分的食品，这种行为侵犯了中国消费者的知情权和选择权。卡夫公司就是针对这种指责发表上述声明的。

尽管目前人们对于转基因食品的认识和态度不尽一致，但是很显然，卡夫公司在欧洲市场和中国市场奉行不同的质量标准，这种"看人下菜碟"的做法，确实涉嫌侵犯中国消费者的权益，是不尊重中国消费者的表现。对于卡夫公司的歧视性做法，我国各级政府、各职能部门却一直缄默不言，没有提出任何异议，反倒是绿色和平组织站出来为中国消费者说话，这不得不令人深思。

我国食品和卫生部门为何默许卡夫公司的双重标准？卡夫公司为何敢明目张胆地歧视中国消费者？从表面上看，原因在于我国食品安全和卫生法规不健全，我们的标准不高、要求不严，才让卡夫公司有空子可钻。卡夫公司称，它们是否使用转基因成分，考虑的是不同市场的国家法规。卡夫公司在中国生产和销售的所有产品，均符合中国的食品安全和卫生法规。这就是说，虽然卡夫公司在中国大量销售含转基因成分的食品，但它们的行为并未违反中国的法律，这才让这家跨国公司敢于采用双重标准，敢于歧视中国的消费者。

出于引进外资、带动地方经济增长的需要，我国一些地方政府对待外资企业，特别是对跨国公司的态度实在过于宽容，不仅在审批、征地、税收方面给予一系列"超国民待遇"，而且对于外资企业的一些违规行为，侵害消费者利益的行为，也一再忍让纵容，对于外资企业的产品质量、服务水准的要求，往往比对国内企业的要求还要低。纵容外资企业的结果，就是让外资企业觉得中国市场是一个不规范的市场，中国消费者是一个可以欺负的群体。于是它们便敢于"看人下菜碟"，敢于采用双重标准歧视中国消费者，不把中国消费者的权益当回事儿。

只有各级政府、各职能部门敢于以更高的标准严格要求外资企业，外资企业才不敢歧视中国的消费者；只有政府部门的腰板硬起来，消费者的权益才能"硬"起来；只有政府部门真正尊重消费者的权益，处处为消费者打抱不平，那么不管是外资企业、跨国公司还是国内企业，才能真正尊重消费者，以更高、更严的标准规范自己的商业行为。

资料来源：晏扬. 跨国公司为何敢歧视中国消费者[N]. 中国青年报，2005-12-23.

跨国公司的种种市场歧视行径在短期内可能会为其带来巨大的收益，但从长远来看，这必将是不利的。这种行为深深地伤害了中国消费者的感情，让中国消费者对"洋品牌"不再

盲目崇拜和追求,从某种程度上会促进消费者理性消费,给跨国公司本身带来"反噬作用",使得它们多年建立起来的品牌形象毁于一旦。

国内企业要奋起追赶,提高企业竞争力,给消费者带来实惠。国家也要加快完善相关法律法规的进程,让相关部门执法时有法可依,同时给予这些跨国公司以威慑作用,不让跨国公司钻空子。

2. 资源与品牌掠夺

随着跨国公司的迅猛发展,随之而来的除了环境污染、文化冲突、腐败等,资源与品牌的掠夺也日渐为人们所关注。跨国公司利用其雄厚的资金、技术等实力,在海外发展的过程中迅速掠夺资源、兼并其他本土竞争力较弱的品牌资源,不仅会给当地的经济发展带来困境,同时也使得人们对跨国公司不禁有了另一种认识——究竟是财富的创造者还是掠夺者?

2010年4月,玻利维亚的外交部长戴维·乔凯华卡(David Choquehuanca)在首都拉巴斯发表讲话痛斥日本公司在南美洲的掠夺行为。日本住友集团(Sumitomo)设在玻利维亚的一家子公司在过去数年里免费使用了大量水资源用于洗选矿石,日本住友集团全资拥有的San Cristobal公司每秒钟要用掉600升水,但是却没有支付一分钱。

2014年6月,国际香水和化妆品巨头科蒂集团宣布停止销售丁家宜,至此,在被收购3年多之后,本土品牌丁家宜终于还是没能逃脱"谢幕"的命运,步上了另一个本土品牌小护士的后尘。小护士自2003年被欧莱雅集团收购以后,市场上就很难再见到小护士的踪影,虽然欧莱雅一直否认"雪藏"小护士一说,但公众似乎更倾向于小护士是遭"掠夺"了。

专栏 10-6　　丁家宜停止销售,跨国婚姻魔咒再现

消失的本土品牌

2010年12月,创立于法国的科蒂集团与国内护肤品公司丁家宜宣布双方达成了股份购买协议,丁家宜将大部分股权售予科蒂。此后,科蒂在2012年6月发布的招股书显示,科蒂持有丁家宜100%股份,收购丁家宜的总金额为24亿元。

针对这笔收购,当时有网站做了一个调查,结果显示超过60%的人认为丁家宜将难逃被雪藏的命运,正如另一个本土品牌小护士。20世纪,美加净、熊猫、活力28、小护士、大宝等大批中国企业曾经寄希望于与跨国公司联姻实现快速成长,甚至借此打开国际市场。然而,其中一些品牌在被收购后迅速从市场上消失了。品牌之间的跨国婚姻魔咒导致丁家宜与科蒂集团的联姻从一开始就充满隐忧。跨国婚姻为何失败率高?

跨国婚姻魔咒

就在撤出卡尼尔之前,欧莱雅宣布了在中国市场的一个新举动,收购中国本土面膜品牌,美即面膜。业内人士却认为,欧莱雅重金买下的最重要的东西是美即厉害的超市渠道以及网络商城。

无论是不是公开说明,国际化妆品巨头对本土品牌的渠道都十分渴求。科蒂收购丁家宜之后,旗下的阿迪达斯品牌在超市等渠道的分销就变得非常顺畅,但与之相伴的是丁家宜市场份额的不断萎缩。国际巨头收购中国品牌容易,但整合困难,迄今在化妆品行业仍难见到成功的范例。

资料来源:闫铮. 丁家宜停止销售,跨国婚姻魔咒再现[OL].http://finance.qq.com/a/20140605/008890.htm, 2014-06-05.

跨国公司不断被曝强势掠夺，不断有本土品牌在被外资企业收购后便销声匿迹等事例，这引发了消费者对外资企业的信任危机。同时也警示部分中国企业，试图与跨国公司合作打开国际市场之前一定要做好调查，明确这种"合作"的成功率相当低这一事实，慎重决定是否要"外嫁"。

3. 攻击性的营销方式⊖

攻击性的营销方式是指跨国公司在争夺海外市场时，通过各种进攻性的促销手段，夸大和美化自身产品的功能，并诱导那些读不懂产品说明或不能正确使用产品的人来购买它们的产品，进而间接损害了消费者的权益。

1974年，一个名为"消灭贫困之战"的英国慈善组织出版了一本28页的小册子《婴儿杀手》，点名批评雀巢公司在非洲的营销策略，认为雀巢公司直接或间接地与第三世界国家婴儿的死亡有关。雀巢公司为了开发一些不发达国家的市场，一方面通过专业人士的"诱导"来使用户相信奶粉喂养要比母乳喂养好。刚为人父母的用户在这些专家面前几乎没有任何抵抗能力。另一方面，雀巢在广告中将母乳喂养描述成原始的和不便的行为，而奶粉则被视为先进医学的产物和身份地位的象征。但这些国家的大批消费者生活在贫困之中，卫生条件差、文化水平低，因而极易出现婴儿奶粉使用不当的情况，如不卫生、冲泡方法不当、稀释等。有数据表明，在跨国乳品企业的诱导下，1966年墨西哥母乳喂养的人数与6年前相比下降了40%。而在智利，1973年靠奶粉喂养的3个月以下的婴儿死亡率是母乳喂养的婴儿的3倍。

10.2.4 经济影响方面的典型伦理问题

1. 转移定价

转移定价（transfer price）又称转让定价或划拨定价，它是指跨国公司根据全球营销目标在各关联企业之间转移商品、劳务或技术交易时所采用的一种内部交易定价。这种转移定价服务于跨国公司的整体利润追求，不符合市场交易规律；价格的制定是由公司少数高级管理人员决定的，不受国际市场供求关系的影响；价格的适用仅限公司内部，实际转移的是成本费用或利润收入。跨国公司通过转移定价，达到转移公司利润、减少税负、规避风险、应对东道国外汇管制以及减轻配额限制影响等目的，从而获取整体的、长期的最大利润。

跨国公司的转移定价行为对中国有巨大的危害，它不仅会造成我国税收流失，减少我国的财政收入，使我国在国际收支中处于不利地位，而且这种侵吞中国合资者、合作者的利益的行为会降低外商直接投资，破坏了公平竞争的市场环境且扰乱了我国正常的经济秩序，更为重要的是转移定价策略使其账面显示低利润甚至"亏损"，在一定程度上造成了在中国投资无利可图的假象，这必然影响那些正考虑来华投资外商的积极性，这不仅损害了我国投资环境在国际上的声誉，还对引进更多境外资金和先进技术极为不利。

转移定价的危害极大，因此每个国家都制定了相应的政策并采取了一些法律手段来防止企业采取不正当的手段转移利润，逃避税收。在《中华人民共和国企业所得税法》中第六章"特别纳税调整"专门就关联方交易转让定价做出了规定，一是明确了关联企业可以共同研发无形资产并进行成本分摊；二是明确引入国际通行的预约定价协议；三是首次在实体法中把转移定价税务管理从外资企业扩展到内资企业；四是明确了关联企业需就其关联交易进行纳税申报的义务。

⊖ 刘可风，龚天平，等. 企业伦理学[M]. 武汉：武汉理工大学出版社，2011:253.

2. 逃税

2007年我国首超美国，被评为"对投资者最有吸引力的国家"。目前，我国实际利用外商直接投资超过500亿美元，已成为全球最大的外国直接投资流入国之一，且投资和再投资趋势明显，但大量的外资企业在账面上却处于大规模的持续亏损状态。一些国际知名企业在中国的业务蒸蒸日上，增长惊人，但更"惊人"的是它们的账目无一例外地都显示"亏损"。难道这些技术领先、售价不菲、市场占有率高的国际知名企业都热衷于在中国做赔本买卖，且乐此不疲？显然不是，这些跨国公司其实是通过"合法"做账来制造亏损假象以达到逃税的目的的。

跨国公司的逃税问题一直是很多国家所头疼的一件事，具体来说，跨国公司的逃税方式除了前文所提到的转移定价以外，避税港（tax havens）的利用也是主要方式之一。避税港一般是指那些对所得和财产不征税或按很低的税率征税的国家和地区，一般可分为无税避税港、低税避税港和特惠避税港三种。跨国公司通过在避税港设立公司，而该公司实际上不从事生产经营活动，只是作为境外的公司的所得和资产进行转移的一个"工具"，以达到避税的目的。避税港的采用不仅使跨国投资者获取不正当利益，给相关国家造成税收的损失，且扰乱了公平的税收秩序，助长了洗钱等腐败活动。

归根结底，跨国公司的逃税问题更多的是一种商业伦理问题，而不是法律问题。因其形式上的合法性与实质上的违法性，不能简单地判定其合法或违法。确切地说，它是一种"脱法"行为，是指行为虽抵触法律目的，但在法律上却无法加以适用的情形。○这就使得这一问题的解决更多地需要依赖于跨国公司的道德自律，跨国公司应本着对国家负责、对社会负责、对全球经济健康发展负责的态度，来正确认识和处理避税问题。

3. 腐败和贿赂

随着中国加入WTO，众多的跨国公司也蜂拥而至，随之而来的腐败与行贿事件也不断增多。据安邦集团的调查，跨国公司的行贿事件近10年来一直持续上升，10年内至少调查了50万起腐败案件，其中64%与国际贸易和外商有关。

专栏 10-7　　跨国公司在华的腐败与行贿

力拓、艾利丹尼森、沃尔玛、阿尔卡特朗讯、IBM、西门子等国际知名企业都曾卷入涉华商业贿赂案件。

"洋巨头"们敢于犯险的最重要原因在于，面对中国市场这一巨大富矿，行贿投入与动辄几倍甚至几十倍的巨额回报相比着实显得微不足道。曾创有史以来最大商业贿赂罚单记录的"西门子案"便是一例。美国证券交易委员会（SEC）的报告显示，德国电信巨头西门子公司在2001~2007年间向多个国家的政府官员至少行贿4 283起，总金额约为14亿美元，其中相当一部分涉及在华项目。2003~2007年间，西门子下属的医疗器械子公司向中间人行贿1 440万美元，用以向5家中国国有医院出售总额高达2.95亿美元的医疗设备；2002~2007年间，为获得7个总值超过10亿美元的地铁工程合同及华南地区2个总值约为8.38亿美元的电力高压传输线项目，西门子向中间人

○ 刘剑文，丁一，龚天平，等.避税之法理新探[J].涉外税务，2003(8).

提供了约 5 000 万美元的经费用以打通各个环节。仅据已披露的这些数字,就不难算出西门子在这几桩"买卖"上"收益率"有多高。从国内熟知的另一宗贿赂案,2004 年曝出的"朗讯案"中也可见一斑。据报告,朗讯公司在 2000~2003 年间曾出资千余万美元为中国官员、电信运营商管理层的"实地考察"买单,朗讯中国 4 名高管因此在 2004 年 4 月被撤职。此后朗讯中国的营收占公司整体营业额的比例下滑到 10% 以下,而就在此前的 2003 年,朗讯中国的营业额还达到 9 亿美元,占公司整体营业额的 11%,是除朗讯美国总部之外唯一一个营业贡献达两位数的海外分公司。由此可见,以行贿手段牟取到的"业绩"对公司收入影响很大。

该专栏根据相关资料整理而得。

跨国公司目前通过种种贿赂获得的回报大致包括:政府合同和订单、取得大工程项目,土地资源的廉价出卖甚至白送、一旦出现问题可逃避监管和惩罚、加速政府审批速度等。

跨国公司的行贿破坏了市场公平竞争原则,扭曲了资源配置,助长了社会商业风气恶化,阻碍了民族企业的健康发展,理应受到严厉打击。中国缺少相应的法律对这种腐败进行重罚和制裁,即使有法律相关条款但也太粗,可操作性较差。惩罚力度太轻形同虚设,违法成本太低,根本达不到教育和警示的作用。这种种"好处"促使跨国公司在华的近乎猖獗的腐败行为,而且跨国公司的这些"洋腐败"案件相比"土腐败"案件来说,查处难度更大。例如,通过多次关联交易行贿,其复杂程度,即使专业律师或执法机构也会望而却步。破获、揭露"洋腐败"在技术上本身就是一个高难度行为。

专栏 10-8　　　　　　透明国际与清廉指数

透明国际(Transparency International)即"国际透明组织",简称 TI,是一个非政府、非营利、国际性的民间组织。透明国际于 1993 年由德国人彼得·艾根创办,总部设在德国柏林,以推动全球反腐败运动为己任,如今已成为对腐败问题研究最权威、最全面和最准确的国际性非政府组织,目前已在 90 多个国家成立了分会。它的研究结果经常被其他权威国际机构反复引用。1995 年,透明国际制定出清廉指数。清廉指数以对象为商人的问卷调查为基础,按世界各国本土贪污情况的普遍性进行排名。透明国际由 1999 年起公布行贿指数,按各国的跨国公司于外地行贿的普遍性做排名。该组织希望向公众曝光国家的腐败情况给国家和公司带来压力。表 10-1 列示了部分透明国际 2013 年公布的世界廉政指数排名。

表 10-1　透明国际 2013 年公布的世界廉政指数排名(部分)

排名	国家	得分	排名	国家	得分
1	丹麦	91	5	新加坡	86
1	新西兰	91	7	瑞士	85
3	芬兰	89	8	荷兰	83
3	瑞典	89	9	澳大利亚	81
5	挪威	86	9	加拿大	81

					（续）
排名	国家	得分	排名	国家	得分
11	卢森堡	80	18	日本	74
12	冰岛	78	19	美国	73
12	德国	78	19	乌拉圭	73
14	英国	76	175	阿富汗	8
15	巴巴多斯	75	175	朝鲜	8
15	比利时	75	175	索马里	8

注：2013 年国家分数由 0（极度腐败）～100（非常清廉）进行打分。

资料来源：http://www.transparency.org/policy-research/survey-indices/cpi.

10.2.5 文化方面的典型伦理问题

1. 文化渗透

跨国公司的**文化渗透**（cultural infiltration）是指跨国公司在海外地区经营的过程中，一方面通过公司文化对本公司的员工进行渗透，另一方面通过公司的经营和形象对消费者及公众进行渗透，使得人们渐渐适应并且慢慢地成为该文化的维护者和执行者的过程。这种渗透一般是隐性的，在潜移默化中影响公众的思想及行为，而且这种渗透具有扩散性，以"一传十、十传百"的态势影响着公众。

专栏 10-9　　　　　　　　　　星巴克事件

央视一主持人在博客就故宫内的星巴克咖啡店发出抗议，认为"故宫里的星巴克"是对中国传统文化的糟蹋，要求星巴克从故宫搬出去。博客贴出后，点击量陡增 50 万，立即引发网络口水战。有人力挺，有人反对，有人建议人们将商业经营与意识形态分开，有人探究中国文化自信的老问题……

上海大学当代文化研究中心的孙晓忠博士认为，故宫对内是传统文化的象征，对外则是当代最为中国化的符号之一，而星巴克咖啡馆不管高雅低俗，都是一种外来的消费文化，它的进驻，代表着消费文化对本土文化的侵犯。

迫于舆论压力，星巴克在不久之后搬离了故宫。2007 年 7 月 15 日，在星巴克撤离故宫不久后，该主持人在其博客里写道："故宫管理者的这个最新决定合理、明智。全球很多著名的世界文化遗产的管理机构在这方面也都是这样做的。故宫里本来就应该只有一个品牌，那就是故宫。不让别的品牌出现，不是排斥，更不是垄断，而是保护故宫自身民族品牌及其厚重的文化象征意义的完整性。"

该专栏根据相关资料整理而得。

跨国公司的企业文化具有"侵略性"，跨国公司大多来自英美等发达国家，它们往往会利用其优势地位，将某些经济理念甚至是政治主张强加到发展中国家，甚至凌驾于东道国的法律之上。如有的跨国公司，以所谓"人权""民主"等为借口，利用其经济优势地位，干预

东道国政治，在东道国挑起事端。

面对日益严峻的文化渗透的形势，我们要高度警惕西方思想的侵蚀，认清其目的，从政治、经济、文化、国家安全各个角度分析、筛选西方文化，以做到取其精华、弃其糟粕。同时树立正确的理想信念，继续发扬我国的优秀文化传统，使其走向世界。

2. 文化歧视

文化歧视（cultural discrimination）指的是跨国公司依仗其母国的国际地位，在生产经营过程中有意或无意地表现出来的对东道国的文化歧视行为。

某些跨国公司在东道国的经营过程中采取与母国完全相同的模式，而忽略了东道国的传统文化，在很大程度上不仅会造成东道国员工的不适应与反感，而且会给其本身的正常发展带来影响。

文化歧视很多时候还表现在跨国公司的广告营销上。2004年，一则名为"恐惧斗士"的耐克篮球鞋广告中就出现了三个带有文化歧视的画面：詹姆斯与身穿长袍中国人模样的老者"争斗"，詹姆斯用篮球将老者击倒；飞天造型的中国美女在到处飘扬的美元中暧昧地向詹姆斯展开双臂，但詹姆斯扣碎了篮板，"飞天形象"随之粉碎；篮板旁出现了两条中国龙的形象，它们吐出烟雾和妖怪，但詹姆斯晃过所有障碍，投篮得分。虽然仅从广告创意来说，这是一则很吸引眼球的广告，并且也没有违反我国的《广告法》，但中国观众却普遍接受不了，原因就在于它玷污了中国文化。最终，这则广告在中国被禁播。虽然这类广告的制作者都宣称它们没有恶意，但它们触怒了中国的消费者是不争的事实。

解决文化歧视的根源在于跨国公司本身，它们必须摒弃文化中心主义，学会尊重他国的文化传统、习俗和宗教信仰，并设身处地地站在消费者的立场上思考问题，做到"己所不欲勿施于人"，而不是"己所欲必施于人"。⊖

10.3 治理对策：维护全球共同利益

经济的全球化在一定程度上促进了跨国公司的发展，然而，随着跨国公司的经营活动日渐扩张，所产生的伦理道德问题也日渐突出，跨国公司的伦理问题已经越来越引起各个国家的重视，并且每个国家的价值观、行为规范不一致，很难用统一的伦理准则来规范跨国公司的行为。因此，尽快治理这一难题，维护全球的共同利益已经成为大多数国家的共识。

10.3.1 国际经营的伦理准则

随着世界经济的发展和合作的往来，国家的界限越来越模糊，跨国公司在全球范围内投资和进行生产活动，产生了很多伦理问题。针对这一现状，政府、学者、一些正式和非正式组织等都在寻求解决之道，为此出现了一系列有关国际经营的伦理准则。

2005年4月，联合国人权事务高级专员向人权委员会提交的《关于人权的跨国公司和其他商业企业的责任报告》（*The Report on the Responsibilities of Transnational Corporation and other Business Enterprises with regard to Human Rights*）指出，跨国公司社会责任标准

⊖ 刘可风，龚天平，等. 企业伦理学[M]. 武汉：武汉理工大学出版社，2011:253-254.

或行为守则的数量在 15 年间获得了迅速的增长，目前世界上已有 200 多个专门针对企业跨国经营所提出的道德准则和行为规范。报告将它们分为六类：一是国际性文件，如《跨国公司行为准则》；二是国内标准，如美国的《外国人侵权法令》；三是认证机制，如《SA8000 社会责任标准》；四是自愿性倡议，如联合国的《全球协议》《考克斯圆桌商业原则》（Caux Round Table: Principles for Business）；五是主要金融指数，如金融时报证券交易所指数；六是工具、会议及其他倡议，如人权倡议。本教材在第 3 章企业社会责任中对其中比较有代表性和影响力的几种社会责任标准进行了详细介绍，这里再着重介绍《考克斯圆桌商业原则》。

《考克斯圆桌商业原则》是由"考克斯圆桌"组织于 1994 年正式出版的，它突破了旧的企业伦理观，反对企业将利润作为唯一追求，强调兼顾企业、个人、社会的新的企业伦理观。《考克斯圆桌商业原则》体现了一种均衡的、协调的发展观和思想，它同其他国际准则的最大不同之处在于这是一部由各大跨国公司的 CEO 自觉自主颁布的原则。这些商界精英认识到商业能够引起社会生活和经济条件的极大变化，能够极大地影响全人类对于全球化的恐惧与信心程度。在这种背景下，法律和市场的制约很必要，但是还不能充分指导商业行为。因此，他们必须制定一个能够广为接受与尊重的、共同的经济行为准则，以便使全世界的商业群体在改善经济和社会条件中发挥重要作用。该组织期望各成员在对自身行为负责的基础上，加深理解、加强合作，通过商业交往促进国家之间关系的改善，以及所有人的繁荣与福利。

该原则由序言、总则和利益相关者三部分组成。在序言部分，该原则指出：公司的基本职责是对公司行为和政策负责，并尊重利益相关者的尊严与利益。而共同的准则（包括对共同繁荣的承诺）对小规模人群和全球人群同样重要，原则肯定道德准则在经济决策中的合法性与中立性。没有道德准则，就没有稳定的经济关系和全球的可持续发展。在这些理念的基础上，该原则提出了国际商务中应遵循的七项原则，分别为公司责任、公司对经济和社会的影响、公司行为、遵守规则、支持多边贸易、关注环境和防止非法运行。

10.3.2　国际经营中的伦理问题产生的原因

企业在国际经营中产生各种伦理问题是多方面因素共同作用的结果。

首先，盲目引进。跨国公司拥有充裕的资金、过硬的技术、较高的管理水平等，这都是许多发展中国家所迫切需要的。因此，很多国家会迫不及待地以各种优惠政策来吸引跨国公司，而在这过程中经常就会出现盲目引进的现象，产生包括环境污染在内的众多非伦理行为。

其次，法律法规的不健全。很多发展中国家法律法规的不健全给跨国公司"钻空子"的机会，它们利用自身的地位，大打"擦边球"，令政府很多时候明知其不合理却毫无办法。

再次，政府和消费者的不作为。某些政府部门人员和跨国公司相互勾结，牟取私利，给跨国公司的某些非伦理行为大行便利，而消费者很多时候维权意识不强，政府和消费者的不作为纵容了跨国公司的非伦理行为。

最后，不平等的地位。发展中国家在国际经营中经常处于不利的地位，有时为了发展经济，不得不做出一些"牺牲"，使得某些跨国公司能够明目张胆地做一些不符合伦理的事，印度的博帕尔事件就是其中的典型例子。

此外，跨国公司过分追求利润最大化，对伦理道德的认识不足，某些跨国公司的垄断地位，地方保护主义，不良社会风气等也是国际经营中产生伦理问题的原因所在。

10.3.3 治理对策

针对国际经营中出现的非伦理行为，不仅相当一部分发展中国家需要思考如何应对，同时基于长期发展的利益要求，发达国家也越来越多地考虑这一问题。国际经营中产生的伦理问题是多方面原因所引起的，因此，为维护全球的共同利益，需要各方面的共同努力。

1. 增强社会责任感，自觉遵守相关国际标准

跨国公司在寻求利润最大化的同时，必须增强企业的社会责任感，自觉践行企业的社会责任，自觉遵守相关标准与法规。跨国公司承担的责任从过去的股东价值最大化提升到强化包括股东、社会和环境责任在内的公司责任体系。在现代工商文明新时期，它们不仅对公司股东负责，而且要对企业所处的社会和环境负责，它们要承担全球责任。

2. 积极应对文化冲突问题，同东道国共同发展

文化冲突问题是国际经营中特别重要的问题，很大程度上来说，处理好了文化问题就等于已经成功了一半。因此，跨国公司要做好跨文化适应的工作。跨国公司在调整企业经营理念文化的同时责任理念也会得到提升。跨国公司正确处理好文化冲突问题，有利于实现跨国公司本身与东道国经济的共同发展。

3. 同跨国公司合作竞争，在学习借鉴中成长

我国企业应积极同跨国公司合作竞争。跨国公司的出现使得企业间的竞争上升到软件的竞争，理念以及道德水准成为企业制胜不可或缺的软竞争力。跨国公司发展新趋势告诉我们，市场竞争的规则正在改写。经济全球化发展新时期的竞争从过去的"弱肉强食、你死我活"，发展到"合作竞争、互利共赢"，竞争目标则从过去的"唯利是图"转变为"和谐发展"。面对跨国公司的竞争，我国企业应当与跨国公司合作竞争，加速我国企业的国际化进程。

4. 加快法律法规健全进程，规范市场环境

现代很多跨国公司在华出现的一些非伦理行为，有一部分原因在于中国的法律法规不完善，给了它们可乘之机。政府需要加快完善法律法规的进程，在招商引资过程中规范操作，不可操之过急，绝不能因跨国公司某些方面的优势而盲目引进。同时，加大执法力度，对不法行为决不姑息，规范市场环境。

5. 做"严苛"的消费者，强化外部监督

中国目前存在消费者维权意识不强的情况，一方面与长期习惯有关，更重要的是另一方面的原因：维权通常无疾而终，形成一种"习得性无助"的状况。因此，增强消费者的维权意识，帮助消费者在维权道路上取得成功是目前急需做的一件事。同时，发挥社会舆论、新闻媒体等外部监督机制的作用，对跨国公司出现的非伦理行为予以坚决还击，促使其减少非伦理行为。

本章小结

1. 国际经营,即通常人们所说的跨国经营,是指企业以国际需求为导向,以扩大出口贸易为目标,进行包括海外投资、营销在内的一切对外经营活动,即在资源获取、产品生产和销售、市场开发目标的确立等方面,将企业置身于世界市场并发挥自身的比较优势,开展对外技术经济交流,参与国际分工、国际协作的竞争等一系列经营活动。
2. 现代"血汗工厂"一般与跨国公司相联系,"血汗工厂"目前还没有一个明确的定义,但它是侵犯人权和剥削他人劳动成果的代名词,其不伦理之处集中表现在剥削与奴役、不尊重工人、工作环境恶劣、使用童工、禁止自由结社以及漠视工作安全等方面。
3. 外派人员的管理中出现的最多的问题便是文化冲突的问题,无论是甄选、工作、评估等各方面都涉及这一问题。
4. 跨国公司在对中国员工和其他员工的管理上存在很大差别,不仅体现在文化冲突、职位待遇上,在薪酬和福利待遇上更明显。
5. 各国企业在进行跨国经营时,都面临着各种文化差异或者因缺乏完善的法律体系而产生一系列伦理问题的挑战,包括血汗工厂、污染产业转移、转移定价、市场歧视、资源与品牌掠夺、逃税、腐败和贿赂、文化渗透等。
6. 跨国公司的种种市场歧视行径在短期内可能会为其公司本身带来巨大的收益,但从长远来看,这必将是不利的。
7. 跨国公司不断被曝强势掠夺,不断有本土品牌在被外资企业收购后便销声匿迹等事例,这引发了消费者对外资企业的信任危机。
8. 攻击性的营销方式是指跨国公司在争夺国外市场时,通过各种进攻性的促销手段,夸大和美化自身产品的功能,并诱导那些读不懂产品说明或不能正确使用产品的人来购买它们的产品,进而间接损害了消费者的权益。
9. 转移定价又称转让定价或划拨定价,它是指跨国公司根据全球营销目标在各关联企业之间转移商品、劳务或技术交易时所采用的一种内部交易定价。
10. 避税港一般是指那些对所得和财产不征税或按很低的税率征税的国家和地区,一般可分为无税避税港、低税避税港和特惠避税港三种。跨国公司通过在避税港设立公司,而该公司实际上不从事生产经营活动,只是作为境外的公司的所得和资产进行转移的一个"工具",以达到避税的目的。
11. 跨国公司的文化渗透是指跨国公司在海外地区经营的过程中,一方面通过公司文化对本公司的员工进行渗透,另一方面通过公司的经营和形象对消费者及公众进行渗透,使得人们渐渐适应并且慢慢地成为该文化的维护者和执行者的过程。
12. 文化歧视指的是跨国公司依仗其母国的国际地位,在生产经营过程中有意或无意地表现出来的对东道国的文化歧视行为。
13. 为应对国际经营中不断出现的一些不伦理行为,目前很多国家或组织制定了一些相关标准,如《考克斯圆桌商业原则》《SA8000 社会责任标准》《OECD 公司治理原则》等,希望能够通过这些努力来达到维护全球共同利益的效果。
14. 国际经营中产生的伦理问题是多方面原因所引起的,因此,为维护全球共同利益,需要各方面的共同努力。

关键术语

国际经营（multinational operation）　　　血汗工厂（sweatshop）
转移定价（transfer price）　　　　　　　透明国际（transparency international）
文化渗透（cultural infiltration）　　　　　文化歧视（cultural discrimination）
《考克斯圆桌商业原则》（Caux Round Table: Principles for Business）

复习思考题

1. 简述国际经营的含义。
2. 国际经营中可能出现的典型伦理行为有哪些？
3. 如何从根本上解决"血汗工厂"的问题？
4. 我国应如何应对跨国公司的污染转移？
5. 转移定价的危害有哪些？
6. 跨国公司逃税的特殊性有哪些？
7. 我们应如何应对跨国公司的文化渗透？
8. 国际经营中伦理问题产生的原因是什么？
9. 如何应对国际经营中的不伦理行为？

应用案例

洋品牌"双重标准"，跨国公司"耍大牌"无须再忍

雀巢奶粉碘超标、强生婴儿用品"含毒"、丰田汽车"召回门"、沃尔玛销售假冒"绿色猪肉"……国内消费者受洋品牌"双重标准"之苦已久。傲慢的"苹果"被曝光涉嫌歧视中国消费者后，尽管象征性地修改了维修条款，但并没有对中国消费者的歧视性政策做出任何实质性改变。近日，据央视等媒体报道，苹果公司在中国售后服务搞"双重标准"、中外有别："整机交换"维修方式名不副实，更换 iPhone 并不更换后盖，更换产品后保修期并不顺延。然而，被曝光涉嫌歧视中国消费者后，苹果中国发出声明，称高度重视每一位消费者的意见和建议，并未流露出一丝道歉的意味。面对舆论批评，苹果公司用"假大空"的声明来搪塞，其傲慢之态昭然若揭。面对跨国企业、洋品牌频频蔑视中国消费者的行为，我们到了该"亮剑"的时候了。

双重标准是对公平消费权的蔑视

据了解，我国消费市场一直是国际双重标准歧视的"重灾区"。目前，基本上所有的跨国公司在我国销售的产品（包括服务），都存在不同程度上的双重标准歧视。这种"歧视"大致有两种体现，一是要求中国消费者付出更高的价格购买与本国一样的产品，二是在中国销售的产品较之本国有着明显的"质量歧视"——即更低的标准。这些品牌"耍大牌"的形式还不限于此，更有甚者在我国连售后服务电话都没有。

"双重标准是对公平交易权的蔑视，有关企业应承担相应的法律责任。"中国消费者协会投诉部主任邱建国指出，苹果公司的双重标准也让我们反思：诚信原则、市场公平、消

费公平作为最起码的商业道德，既是市场经济的基础，更是企业生存和发展的底线，必须捍卫。

"违法成本低"助推跨国公司"耍大牌"

"中国现行法律法规设定的违法成本低，是国际品牌屡次犯险的主因之一。"中国政法大学朱巍博士指出，从法律经济学的角度分析，当违法成本远远超越违法收益之时，才有可能去震慑违法行为的出现。一些"洋大牌"在中国即使出了质量问题或欺诈案件，罚单往往只有几十万元，它们根本感觉不到"痛"。

打掉跨国企业身上的"超国民待遇"

有分析人士指出，部分在华"洋品牌"之所以敢持双重标准，歧视中国消费者，与中国当前相关法律法规尚未健全，许多行业标准过低过粗以及消费者维权意识薄弱等直接相关。而税收、用地优惠等"超国民待遇"和违法成本较低、处罚金额较少等制度设计，亦在很大程度上助涨了"洋品牌"的傲慢。

一些地方政府有意无意地"宽容"，更导致对洋品牌监管力度较弱。华东政法大学经济法学院院长吴弘认为，一些地方政府出于就业、税收、GDP等考虑，为一些国际品牌提供了"超国民待遇"，甚至在其涉嫌违法之后仍疏于监管，为跨国公司提供了实行双重标准的宽松氛围。而且，目前我国在一些产品的安全监测上和发达国家相比还有一定差距，有的行业标准过低、过粗，缺乏精细化的评判，这让跨国公司执行双重标准钻了空子。有专家认为，一些洋品牌进入中国后，逐步走上本土化路线，甚至用国内外两个标准管理其分公司，在生产、销售环节存在不少漏洞。比如，一些国外汽车厂商发现产品存在安全问题进行召回时，也往往不将我国包含在内，理由同样如出一辙：产品符合中国标准。

如何破除跨国企业责任履行"中外有别"的现象？有关专家认为，不仅需要消费者观念的改变，更需要提升法律的威慑力，提高监管主动性，从制度上保障消费者和劳动者的权益。

监管执法，要敢于"亮剑"

要让洋品牌在中国市场变得"规矩"，让它们对中外消费者一视同仁，需要政府部门和民间社会共同努力。

在政府层面，要尽快完善市场监管机制和法律法规建设，以完备且严苛的制度提高企业违法成本。监管部门不能因为是跨国企业，是利税大户，就对其违规行为网开一面。"高高拿起，轻轻放下"的做法，损害的是整个市场的公平和广大消费者的权益，同样也损害我国法律的尊严和权威。另一方面，相关行业的国家标准修订工作要与时俱进，防止因为存在标准"洼地"而给部分不良企业可乘之机。

在民间层面，消费者对洋品牌应该有更加理性的认识，不能过度信任和盲目崇拜洋品牌，一旦权益受损要勇于维权、敢于维权。与此同时，很多国外消费者成功维权的案例启迪我们，根治"双重标准"的乱象，还需建立发达的民间维权组织和成熟的公益诉讼制度，只有在全社会形成依法维权的氛围，并让消费者拥有便捷的维权渠道，维权才不会只是一句空话。

资料来源：杨亮.洋品牌"双重标准"，跨国公司"耍大牌"无须再忍[N].光明日报，2013-03-29.

讨论题

1. 案例中出现的"双重标准"属于哪种典型的伦理问题？它产生的主要原因是什么？

2. 跨国公司在中国目前还存在其他哪些非伦理行为？
3. 结合中国的实际情况谈谈如何有效防治此类问题。

学习链接

[1] 程宝栋，宋维明，等.中国企业国际经营的现状及发展趋势分析[J].北京林业大学学报（社会科学版），2004（2）.

[2] 中国经营网.三星承认供应商用工违规，将整改"血汗工厂"[OL]. http://www.cb.com.cn/deep/2012_1127/429544.html，2012-11-27.

[3] 王宗光，周鹏，等.跨国公司"血汗工厂"[J].商业时代，2008（18）：39-40.

[4] 李英，班博.国际人力资源管理[M].济南：山东人民出版社，2004.

[5] 曾凡银，郭羽诞.绿色壁垒与污染产业转移成因及对策研究[J].财经研究，2004（4）.

[6] 赵贺.发达国家污染产业转移及我国的对策[J].中州学刊，2001（5）.

[7] 晏扬.跨国公司为何敢歧视中国消费者[N].中国青年报，2005-12-23.

[8] 刘可风，龚天平，等.企业伦理学[M].武汉：武汉理工大学出版社，2011.

[9] 刘剑文，丁一，龚天平，等.避税之法理新探[J].涉外税务，2003（8）：8-12.

[10] 尹继佐，等.国际商务中的诚信竞争[M].上海：上海社会科学院出版社，2001.

[11] 徐金发.企业伦理学[M].北京：科学出版社，2008.

[12] 杨亮.洋品牌"双重标准，跨国公司"耍大牌"无须再忍[N].光明日报，2013-03-29.

[13] 纪良纲，等.商业伦理学[M].2版.北京：北京人民大学出版社，2011.

[14] 周祖城，等.企业伦理学导论[M].上海：上海人民出版社，2007.

[15] 李秀兰.跨国公司外派人员绩效管理研究[D].哈尔滨：哈尔滨工程大学，2007.

[16] 童建军，等.商业伦理学[M].北京：机械工业出版社，2007.

[17] 雷蒙德 A 诺伊，等.人力资源管理基础[M].刘昕，译.3版.北京：中国人民大学出版社，2011.

[18] 劳拉 P 哈特曼，乔·德斯贾丁斯.企业伦理学[M].苏勇，郑琴琴，等译.北京：机械工业出版社，2011.

[19] 理查德 T 德·乔治.企业伦理学[M].王漫天，唐爱军，译.北京：机械工业出版社，2012.

[20] OC 费雷尔，约翰·弗雷德里希，等.企业伦理学：伦理决策与案例[M].张兴福，张振洋，等译.8版.北京：中国人民大学出版社，2012.

[21] http://www.transparency.org/policy-research/survey-indices/cpi.

第11章
建设伦理型企业

学习目标

1. 掌握伦理机构的职能。
2. 了解中国企业伦理规范的三大要素。
3. 伦理手册的基本结构。
4. 伦理培训的方法。
5. 商业伦理如何制度化。
6. 伦理型领导的内涵与特征。

开篇案例

投资银行的商业伦理"建设"

纽约的一家全球知名的投资银行把伦理道德看成是企业健康发展的基础,以至于在公司价值观陈述中三次提到了这些词汇。然而正是这家企业,与其许多竞争对手一样,给员工下达了如果讲诚信就几乎不可能完成的任务,从而在不知不觉中使自己关于伦理道德的目标落空。从一件小事中就能看出这一点:初来乍到的银行职员叫作"分析员",一天三顿饭都要在办公桌边解决,每天要在办公室干到晚上10点钟的重负之下,分析员们很快就学会了怎样耍手段,晚上溜出去健身时,把西服外套留在椅背上,让人以为他们就在座位附近。这样,欺骗的行为习惯就融进了公司的文化中,从微小的种子,酿成了日后的大患。

资深的投资银行家以连年的巨大奉献换取潜在的高额经济回报,如果做得好的话,他们可以在40多岁的时候退休,还有足够的时间开始享受真正的生活。而银行呢?则接受过早失去许多最有价值员工的损失,把这种损失当作做生意的代价,并以这些员工在他们短暂但却硕果累累的职业生涯中为企业所带来的巨额收入来自我安慰。高度紧张的银行家一个交易接着另一个交易,很少有机会谋求作为个人或作为领导的自我发展。他们太忙了,太专注于残酷的竞争,而难有兴趣来探索自我。正因为如此,很多银行都缺少拥有伦理道德和商业智慧的鼓舞人心的领导。

表面上看,这种自相矛盾的体系好像是众多投资银行卷入财务丑闻的主要原因,但深挖下去,这些企业尽管都虚伪地强调商业伦理的建设,但它们真正关心的决非商业伦理,而是要遵守行业的游戏规则。如果违背了这些规则,可能企业就被毁掉了。在现实中,遵守游戏规则是主要的,而商业伦理是次要的。具有讽刺意味的是，这样的体系终于导致这些游戏规则本身走向崩溃。

资料来源：斯特拉福德·舍曼．企业诚信来自何处 [J]．何蔚，译．中外管理，2004(2).

随着改革开放和市场经济的迅猛发展，我国企业管理正面临着许多新的问题，其中商业伦理建设对企业经营的重要性日益突出。商业伦理是在道德上指导企业经营者进行适当决策和行为的原则，企业经营者的决策和行为不仅要符合个人和组织的利益，而且也要符合整个社会的利益。只有建立规范的商业伦理，进行符合伦理要求的经营，企业才能在竞争中立于不败之地。

11.1　设立伦理机构

塑造伦理型企业是企业经营管理价值观的发展趋势，是人类进入知识经济时代的要求，是企业所处现实环境的客观要求。而塑造伦理型企业首先必须设立一个有实权的伦理机构，本节主要从伦理机构职能、伦理机构的人员构成和伦理机构的成员应具备的道德能力三个方面阐述如何设立伦理机构。

11.1.1　伦理机构的职能

企业都应该建立起一个独立的伦理机构，该机构的职能应与企业的培训计划并列。企业伦理机构一般具有咨询建议、审查监督、教育培训和规则制定四重功能。

1. 咨询建议职能

企业伦理机构为企业决策提供咨询建议是最重要的职能。这一功能主要包括两个方面：第一，伦理机构对公司重大决策进行伦理评价。伦理机构可以就某一决策的正当性进行伦理调查，根据公司的具体情况提出改革建议。第二，对可能涉及伦理问题的管理模式和生产技术的使用提供咨询。

2. 审查监督职能

企业伦理机构的审查监督职能具体体现为四个方面：第一，对企业决策的目的进行审查。保证决策的目的不是单纯为了经济利益，还要符合社会公共利益，要遵循社会的基本道德要求。第二，对决策者和执行者的资格审查。主要审查决策者和执行者以往的声誉，特别是在涉及伦理问题时是否有过不当行为。第三，对设计方案的审查。方案充分考虑了可能产生的任何道德难题，并且有充分的预防与应对措施。第四，对决策涉及的相关事物的审查。伦理机构对相关信息进行研究、考察，看是否能够最大限度地有效避免可能的道德风险。

3. 教育培训职能

教育培训也是伦理机构的一项重要职能。企业伦理培训的基本内容包括：第一，公平意识。对任何与企业有业务往来的客户个人或者机构，都应当公平地对待。第二，诚信意识。诚信是一个企业必备的经营宗旨，任何时候都应当保证企业提供的是准确无误的信息，不应当误导任何人扭曲企业的形象。第三，安全与卫生意识。企业应当保证其业务活动的安全性，保证生产经营过程中的安全和卫生是企业要遵守的最基本的道德准则之一。第四，保护环境意识。尽管现在有关环境保护的法律法规已经相当完善，但是为企业树立起环保的道德要求仍然具有重要的意义。第五，清廉意识。企业经营活动中保证清正廉洁，特别是与政府部门打交道时要特别注意。

4. 规则制定职能

规则制定不是企业伦理机构的主要功能，处于相对次要的地位。许多企业行为涉及各方面的问题，虽然有相关的法律法规，但是一方面有些问题不适合诉诸法律，另一方面又有很多新的问题出现，没有先例可循。在这种形势下，伦理机构针对出现的伦理困惑进行广泛的调查研究和分析讨论，最终向主管部门提出政策建议，进而制定出具有一定效力的规定作为指导，以应对不断出现的伦理问题。

11.1.2 伦理机构的人员构成

企业伦理机构必须由合适的人员构成才能发挥其职能，促进伦理型企业的建设，否则，伦理机构将不会发挥其应有的作用。所以，伦理机构内部人员配置的合适与否，将直接决定企业伦理机构的作用大小。

1. 伦理机构人员构成的原则

伦理机构的决策过程既是一个不同知识进行交涉和得以运用的过程，也是一个价值选择的过程。因此，组成伦理机构的成员，不但需要具有不同的专业技能和经验知识，也能够代表不同的利益诉求和价值立场，一般伦理机构的人员构成原则包括以下几个方面。

（1）一般由相关专家、管理人员和普通员工代表三类人构成。由于伦理机构审查的项目主要是企业生产管理领域的研究和应用，因此必须要有相关领域的专家。但要避免把视野局限在专业研究的背景下，否则有可能对企业活动中的道德风险难以进行全面的评估。管理人员和普通员工代表可以提供健全的常识、丰富的经验和切身的利益信息，以弥补专家的专业局限。

（2）需要决策者具有一定的预见性。管理人员和普通员工作为利益当事人难以超越利益冲突，从而加大了认识真正的公共利益目标的难度。因此，需要受过伦理学知识的专门训练的专业人员，他们善于运用演绎的思维方法，获得对未来可能发生的情况的系统性推断，具有优于其他成员的专业优势。

（3）伦理机构的决策是一个价值选择的过程。在这个意义上，没有哪种人包括专家具有特别的优势。因此，不同的专家可以有不同的知识准备和知识能力，但无论是专家、管理人员和普通员工，都需要具备一般的道德能力。

2. 伦理机构的主管

在伦理机构中设置伦理官员，负责日常企业的道德管理、预防和控制危机事件。伦理官员必须被赋予与最高管理者和其他干部直接接触的权力，具有较高的行政级别和地位。员工和企业的管理层都可以与伦理官员就企业的道德问题进行讨论并提出建议，伦理官员还负责向媒体、社会公众、投资者等定期或不定期就企业伦理方面的问题做出公开说明，接受社会监督。当员工遇到伦理方面的问题时，也可以通过各种途径与伦理官员进行联系并寻求解决方案。根据美国《财富》杂志曾对 1 000 家企业进行的一项调查显示，大约有 1/3 的企业设有伦理官员，许多企业指定其辩护律师担任此职。

> **专栏 11-1　　最新的职务：企业伦理长**
>
> 一项新的职业——伦理长应运而生。自 2002 年以来，很多美国企业相继聘请了伦理长，可见安然、世界通信和环球电信等丑闻案的相继爆发，对企业界带来多么大的冲击。
>
> 企业伦理长协会（EOA）执行理事皮特里指出："我们见惯了包庇推诿式企业文化的案例，人们不愿指明错误，大家愿意同流合污，结果导致一损俱损。"EOA 会员共计 850 人，来自 500 家企业或组织，财富 500 中前 100 家公司的半数，世界银行以及纽约证券交易所都在其中。
>
> 美国奥委会也在 EOA 会员之列。盐湖城主办委员会被控对国际奥委会行贿才争取到 2002 年冬季奥运会的主办权，这一事件之后，美国奥委会开始聘请伦理长。纽约证券交易所要求所有上市公司设立伦理规范，这项新规定使得各公司纷纷聘用伦理长。
>
> 为强化企业治理，美国国会 2001 年夏季推出新法，以遏制企业欺诈，对企业年报加强规范，并监督会计师。证券管理委员会也通过新规定，要求企业 CEO 本人为年报真实性负责。
>
> 伦理长为企业员工提供诸多避免内线交易的训练课程，还处理性骚扰和职场歧视等投诉，并预测潜在的利益冲突。它们还必须与会计师及董事会成员合作，确保财务报表正确无误。国际纸业公司伦理主任伯格指出："如果企业看重伦理道德，这张美誉在今日市场上是一种竞争优势。不仅客户会对你忠诚，你也可以赢得员工的忠诚。"
>
> 与政府机构的检察长一样，伦理长欢迎员工就企业的不当行为提出匿名投诉，并负责进行调查。EOA 执行理事皮特里指出，为使伦理长发挥实效，他必须拥有诸如副总裁等较高职位，具有实权，可以和总裁及董事会直接交涉。
>
> 资料来源：大松.最新的职务：企业伦理长 [J].中国企业家，2003(1):22.

11.1.3　伦理机构的成员应具备的道德能力

伦理机构作为道德决策者，无论是哪一类成员，不但需要具有一定的知识能力，更应具有起码的道德能力。其内涵有三个方面，即无偏私、规则意识和公共理性。

（1）无偏私。无偏私的道德能力是指决策者不因自己的个人利益和偏见而影响决定的公正性的能力。这就要求伦理机构成员在各种利益冲突和争议中，能审视、反思和超越自己独特的利益和立场；在各种不同的社会和集团的压力下，保持自身地位和判断的独立性。

（2）规则意识。企业活动不可避免会出现个人利益、企业利益和社会利益之间的矛盾和冲突。这就要求个人与企业之间，个人与社会整体之间有一种恰当的结合方式。结合方式的恰当与否，取决于隐藏在偶然性的利益关系背后的必然联系的理性表达。因此，伦理机构在制定规则时，要意识到规则本身要体现相互性的要求。

（3）公共理性。在伦理机构工作的空间里，不应该执着于唯一的价值目标。伦理机构往往具有超越性立场，它们要达到的目的既包括公益又包括私益，因此即不能完全受权力控制，也不能完全受市场控制，而只能通过沟通机制来调节相关各方的关系，最终达到不同利益之间的协调,这是公共理性的运用。

11.2 制定伦理规范

社会伦理规范是指人们在相互交往过程中所必须遵循的行为准则和道德规范,是人们所处社会关系的道德映像,其目的在于协调人与人、人与自然的关系,从而促进人类文明的进步。

> **专栏 11-2　　美国联邦政府公务人员的伦理准则**
>
> 　　200多年之前,美洲殖民地人民之所以要摆脱英国的统治,以武装抗争的流血方式争取独立,根本原因就是不满英国国王和议会对殖民地的盘剥,所以在组织联邦政府的时候,特别在意限制政府的权力,并逐步制定了"美国联邦政府公务人员伦理准则",其具体内容可分为以下十条:① 忠诚于最高道德原则和国家,这种忠诚要高于对人、政党和政府部门的忠诚。② 拥护美国的宪法、法律和规章制度,拥护各级政府的法律和法规,绝不做规避法规的当事人。③ 从事全天工作以取得全天工资;对职责的履行做出最热诚的努力和最佳的筹谋。④ 试图找到并运用更有效和更经济的完成任务的方式。⑤ 不论是否出于酬劳的原因,对任何人决不给予优惠和特权,不得另眼看待,有失公正;也决不在可能影响履行政府职责的情况下,接受给予他(或她)本人或其家庭成员的恩惠和好处。⑥ 不做任何对政府部门职责有约束力的私人承诺,这是因为一名政府雇员无须发表可能对公共职责有约束作用的私人谈话。⑦ 不得以直接方式或间接方式同政府发生商业关系。因为这种做法是同直接履行政府职责不相符的。⑧ 决不利用在履行政府职责过程中所取得的内部信息,以之作为牟取私利的手段。⑨ 无论在哪里发现有腐败行为均需加以揭发。⑩ 坚持上述原则,始终意识到公共机关是负有公众的信赖的。
>
> 资料来源:孔茨,韦里克.管理学[M].张晓君,等译.10版.北京:经济科学出版社,1998.

11.2.1 中国企业伦理规范要素

一般来讲,企业伦理规范由三大要素构成,即伦理作为一个系统的目的、手段和准则。具体来说,包括企业伦理规范调节的目标是什么,实现该目标的手段是什么,而要实现该目标,企业行为必须遵循什么准则。中国企业特有的伦理规范包括和谐、义利和诚信。

(1)和谐。从伦理的本意而言,中国传统文化实际上是一种伦理型文化,更符合伦理本身的要求。在伦理型文化背景基础上形成的企业伦理规范,自然是以和谐为调节目的,即追求企业和谐、劳资和谐、同业和谐、同事和谐、社会和谐。

(2)义利。义利讲的是义利并重,义利并重是实现"和谐"目标的基本手段。义指道义、仁义,在伦理学上,讲的是公利,即整体利益和群体精神追求的一种准则;利指利益,追求自身的物质需要。只有实现义利并重,企业才能处理好与社会的关系、与顾客的关系、与股东的关系、与其他企业的关系、与雇员的关系。

(3)诚信。以诚待人,以信交天下,构成企业伦理规范的基本准则。企业必须以诚交于

　㊀　曹刚.关于企业伦理委员会的伦理学思考[J].湖南社会科学,2008(6):43-46.

天下，以信立于天下，从而取得社会信任。为此，企业必须提高自己的信誉度，增值自身的无形资产，实现有形资产和无形资产的同步增长。

所以，可以对中国企业伦理规范做以下表述：和谐是中国企业伦理规范追逐的目标；义利统一，以义取利，是中国企业目标实现的根本手段；诚信，是伦理型企业的自律准则，企业是社会的经济细胞。㊀

11.2.2 商业伦理规范的基本内容

根据中国商业伦理规范的三大要素，并结合本企业的实际情况，制定符合企业发展的伦理规范，所以不同的企业制定的伦理规范各不相同，但总体来说，每个企业的伦理规范应该包括但又不局限于以下内容。

（1）在企业与消费者关系方面的"顾客伦理规范"，企业伦理规范要求员工提供清楚、确实的信息给顾客，并尽可能满足顾客的需求，强调顾客至上、童叟无欺。

（2）在企业与员工关系方面的"劳资伦理规范"，是指企业与员工关系的伦理规范，如公平雇用、尊重员工、教育训练机会的均等及与员工保持沟通的渠道等。

（3）在员工与员工关系方面的"员工间伦理规范"，则是要求员工间能彼此信任与信赖，并保持诚实负责的工作态度，同时希望员工能根据法律及企业规定来行事，从事合法及符合伦理的行为。

（4）在财务活动方面的"会计行为规范"，则要求必须明确、完整地披露企业财务及交易状况，以避免非法的金钱转移，同时也便于企业内部的稽核作业及外部投资人的查阅。

（5）在商业竞争方面的"商业贿赂"，则禁止赠送礼物给客户或招待客户，也明确规定员工不可收受馈赠及接受款待。

（6）在企业与同行业方面的"竞争伦理规范"，遵守公平、公开的竞争原则。

（7）在企业与上下游厂商方面的"交易伦理规范"，以公正合理的态度，平等对待上下游厂商。

（8）在公司治理方面的"内部信息规范"，包括员工不可任意对外泄露企业的商业机密、技术机密、销售记录与客户名单，更不可利用内部信息之便，买卖企业股票牟取不当利益。

（9）在公司治理方面的"投资伦理规范"，表明企业追求全体股东利润最大化与保障稳定的投资报酬之立场。

（10）在企业与环境关系方面的"环境伦理规范"，指管理者或员工将关心环境当作自己应尽的责任与义务，珍惜自然资源，重视生态环境保护。

（11）在企业与政府关系方面的"政商伦理规范"，是企业与政府间的恪守法令、不危害社会，以国家利益至上为其职责所在。

（12）在举报非伦理行为方面的"预警制度规范"，规定当员工发现不合伦理或不合法的行为时，可直接向主管检举，甚至可越级呈报。

11.2.3 制定商业伦理规范的注意事项

第一，商业伦理规范自身必须符合伦理性。要求商业伦理规范作为一种制度，必须考虑其自身的伦理问题，即制度伦理问题。因为制度不仅在规范功能上和伦理形成互补，它还构

㊀ 陈荣耀. 企业伦理：一种价值理念的创新 [M]. 北京：科学出版社，2008:63-66.

筑了伦理赖以发挥作用的企业经营环境。

第二，充分发挥培训教育的作用。商业伦理规范作为一种制度，其有效运行绝不是依靠制度本身就可以实现的，它的正常运行需要此制度规约下的人具有相应的伦理水平，因此，企业伦理规范的制定必须辅以相应的教育培训。通过教育培训，使商业伦理规范所包含的内容深入人心，得到真正的理解与认同，形成思想上的一致与行为上的遵从。

第三，涵盖内容必须广泛且及时修订。前面从企业利益相关者角度，列举了12条常用的企业伦理规范，但由于企业生产经营活动涉及面非常广泛，所以在制定商业伦理规范时必须从多方面考虑，将企业活动中各方面可能涉及的伦理问题均列举进去。同时由于企业面临着动态的内外部环境，所以企业在制定完伦理规范后，要根据内外部环境的变化及时对其进行修订。

11.3 开展伦理培训与沟通

进入21世纪，企业核心竞争力成为企业参与竞争的最重要砝码，而企业员工道德就是提升企业核心竞争力的重要资源之一。深谙此道的西方企业，早已将员工道德作为一种无形资本加以运作，使企业获得持续发展的道德推动力。

11.3.1 伦理培训的机构

员工伦理培训的首要环节是设置员工伦理培训机构，因为它是实施伦理培训项目的指挥中心，没有它就不可能使伦理培训得到顺利而有效的施行。在西方，企业员工伦理培训的机构主要是企业伦理机构。该机构通常设有伦理主管，一般包括一名总裁或最高层管理者，还包括少数几名企业核心人物——因为遵守什么样的伦理规范直接影响到企业文化、企业战略等大政方针，因而必须有最高管理者直接参与。

在一些企业中，企业伦理机构是一种专职机构，至少有1~2名伦理主管专职负责实施员工伦理培训工作。有的企业没有设置独立的伦理机构，而是将其挂靠在企业全面质量管理部，由企业全面质量管理部代为行使伦理机构的职能；还有的由审计和社会责任委员会充当，将审计与社会责任结合起来监督企业伦理状况，并负责对员工进行伦理培训。

伦理培训机构的另一核心构成是伦理培训教师，一般包括专职的伦理培训教师和兼职的伦理培训教师。很多企业的伦理专家往往就是负责研究和培训的专职教师，伦理机构等领导成员往往要担负一定的培训授课任务。

此外，伦理培训机构的构成还有培训所需要的一切硬件设备和软件内容。在一些大企业中，通常拥有一流的教学设施、先进的教学手段和优质高效的服务，使培训机构的职能得到应有的体现。

伦理培训机构的伦理主管是公司的最高层领导，他们的行为直接影响到员工的道德水准，即他们的行为在一定意义上决定着员工的道德选择，而他们的行为是否合乎道德又取决于其道德素质的高低。不言而喻，员工伦理培训要求伦理机构中的伦理主管必须具备比普通员工更高的道德素质。

伦理培训机构作为伦理培训的指挥中心，担负着非常重要的职能，核心职能大致有三种：① 制定、发布、修改、解释、宣传企业员工伦理手册。② 审核重大的可能违背企业伦理守则的事件并做出处理。③ 对员工进行伦理培训。

伦理主管的任务就是要充分发挥伦理培训机构的这几个职能，对企业道德品质和伦理项目进行管理，训练员工遵守正确的行为准则，并处理员工对可能发生的不正当经营行为提出的质疑，负责积极而有效的伦理培训，给其他管理者提供伦理方面的咨询、建议，及时参与不道德经营行为的调查及处理。㊀

11.3.2 制定伦理培训手册

制定员工伦理手册是员工伦理培训所必需的一个重要步骤，是员工了解公司伦理道德宗旨、明确伦理道德准则和行为规范的蓝本。这个蓝本往往涉及员工伦理培训的组织机构、方针、原则、基本内容及其相关内容。从实践看，不少国外公司都制定了明确的员工伦理手册，而且一些公司的员工伦理手册还制定得非常详细和规范，这对培育和增强员工的伦理精神大有裨益。但令人遗憾的是，中国企业在这方面相对滞后，有些企业未制定员工伦理手册，这种情况亟待改变。根据国外公司员工伦理手册的模式，下面做概括说明。

第一，手册要标明伦理培训的组织构成。在伦理手册中，要明确标示出伦理培训的组织构成，以便员工熟悉、了解伦理项目的负责人，更好地向这些负责人咨询情况、反映问题。员工通过伦理手册中的组织构成图示和伦理代表网络图示，可以很清楚地知道他们想知道的相关内容，便于彼此交流和沟通。图11-1是马丁马莱塔公司在伦理手册中标示的伦理培训组织结构图。

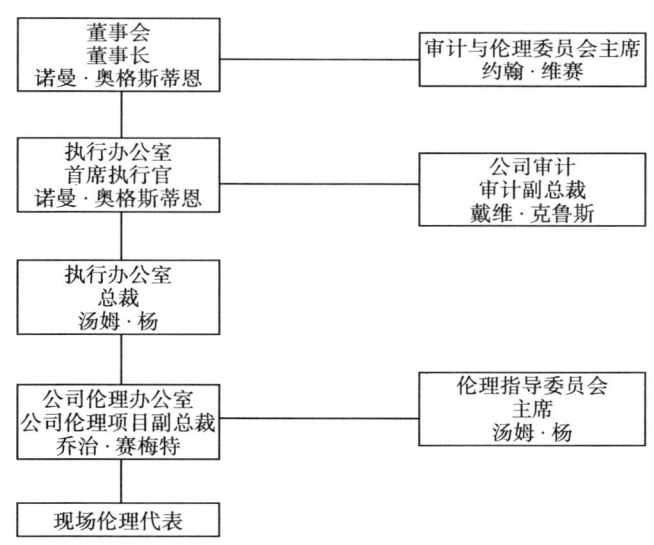

图11-1 马丁马莱塔公司伦理培训组织结构图

第二，手册要标明伦理培训的目的。员工伦理培训手册，应当非常清楚地告诉员工，伦理培训要达到一个什么样的目的。如果伦理培训目的明确，员工从伦理培训目的中受到鼓舞，认识到接受伦理培训不仅有利于规范公司的经营行为，塑造良好的公司形象，也有利于完善自我，增强自我伦理道德修养。

例如荣事达集团公司向公司员工印发了《荣事达企业竞争自律宣言》和伦理手册，公司董事长在这本手册中就明确说明了实施这一伦理培训项目的目的。

㊀ 王学义. 企业员工伦理培训读本 [M]. 成都：西南财经大学出版社，2004:7-9.

目的之一：市场经济需要秩序，而秩序需要企业自律。家电行业是中国较早进入市场的行业之一，也是竞争比较激烈、发展比较成功的行业之一。但是，当前家电行业的竞争秩序不尽人意，并引起各界的广泛关注。荣事达在竞争中也深切感受到不规范竞争对企业自身的危害，以及对整个家电行业健康发展的不利影响。

目的之二：建立和逐步完善社会主义市场经济秩序，骨干企业应当起表率作用。一个行业的秩序好坏，风气如何，往往与大型骨干企业的竞争道德与行为方式关系很大，因为骨干企业所占市场份额高，市场影响力大。

目的之三：为了进一步加强自身管理，以适应新的竞争形势。管理的要诀是根据不断变化的市场环境，在管理上不断创新。荣事达的管理叫"零缺陷管理"，这种管理体系的理念基础是"和商"，和商理念的核心思想就是：相互尊重、相互平等、互惠互利、共同发展，诚信至上、文明经营、以义生利、以德兴企。

一般来说，企业伦理培训的总体目的是基本一致的，但各企业实施的伦理项目不同，伦理培训的具体目的也会有所不同，伦理手册的制定需要注意到这一特点。

第三，手册要标明伦理培训的各项内容。伦理培训手册的基本内容最为重要，它对企业生产经营做出符合伦理的引导，涉及公司创业史以及公司道德和员工道德等多个方面。

伦理手册要灌注经营道德、公司信条、核心思想、行为准则、伦理标准、规章制度、工作守则等内容，使员工通过伦理手册获得伦理道德的教化。⊖

专栏 11-3　伦理手册：伦理准则与行为准则（节录）

统一原则声明：我们的信条	伦理准则与行为标准
在我们的日常活动中，我们对自己的国家、顾客、所有者和彼此之间都负有重要的义务。我们将按照某些统一原则履行这些义务： 我们的基础标准是忠诚。我们以开放的、坦率的方式从事经营活动，并严格地服从适用的法律、规则和条例。只有这样，人们才能正确地感知我们，并认为我们是由一些具有高度忠诚和可信赖性的个体组成的、献身于生产高质量产品和提供高质量服务的组织。它将会为社区和我们的国家做出重要贡献。 我们的优势是人，即员工。员工的集体智慧构成了公司的一项重要资产。因此，我们将为吸引、培育、激励和奖赏雇员的敬业精神和创造力提供有利的组织与经营环境，并为他们提供安全的工作环境和继承或完成事业的机会，即为提升和成长设定严格的标准。 我们的风格是团队工作。与技术进步领域的先行者和领导者一样，从设计与系统开发到制造、测试过程，再到经营整合过程，马丁马莱塔公司都特别强调团队工作。同时，我们在这一架构下也承认个人的重要贡献。为有效地平衡和促进个体与团队的活动而提供宜人的工作环境是我们公司的主要特点。 我们的目标是实现卓越。以高质量的形式实现的卓越是接受我们服务的市场和顾客普遍认可的特征。同时，这也是我们生产的产品的基本特征。在马丁马莱塔公司，从直线职能到参谋职能，从工厂车间到更高层的管理者，都特别重视细节和行为，从而能够保证公司员工全身心地投入到实现使命的努力中去	马丁马莱塔公司深信最高层次的伦理标准，并且通过我们自己的义务来展示这种信仰。我们将致力于履行以下义务： 对员工而言，我们将致力于全员的管理活动，实现人人平等。同时还为员工提供安全健康的工作环境，并尊重人的尊严和隐私。 对顾客而言，我们将致力于以合理的价格生产可行的产品和提供可靠的服务，并在预算范围内按时交货。 对股东而言，我们将致力于追求合理的成长和赢利目标，并审慎地利用我们的资产和资源。 对供应商而言，我们将致力于公平竞争，并树立顾客所要求的责任感

资料来源：节选自马丁马莱塔公司伦理手册。

⊖ 王学义.企业员工伦理培训读本[M].成都：西南财经大学出版社，2004:9-11.

11.3.3 伦理培训的方法

企业领导有了伦理培训的意识和觉悟，并且确定了伦理培训机构，这是伦理培训的重要开始，但这还不够，接下来的工作便是要选择和正确使用培训方法。如果培训方法适当，培训就可收到事半功倍的效果；如果培训方法不适当，培训效果就有可能大打折扣。因此，企业需要认真了解伦理培训方法，并正确使用。

第一，培训方法之示范、辅导、指导和有学习功能的组织。

（1）示范。受训者长期或短期观摩一位或几位富有伦理精神的雇员在工作中做出的伦理行为示范，然后自己逐渐奉行这种伦理行为，最终必然会对受训者形成重大影响，使受训者的行为不断更加符合伦理准则。这种方法的优点是培训的内容与工作直接相关；缺点是伦理行为示范者并不一定擅长解释或做明确的提示，可能造成受训者理解上的偏差。

（2）辅导。这是示范培训方法的一种改进形式，优点是受训者与培训员之间存在互动关系，它具有示范培训方法所不具备的多种要素，如框架、反馈和激励；缺点是对培训员有许多具体要求。

（3）指导。指导者在受训者完成有关伦理问题的一系列作业练习的过程中提供支持和帮助，使之对企业的指导思想、文化、价值观、理想信念等能有透彻的了解。这种方法使关键的组织价值观和理念有了传播的途径，即通过这种培训方法可以有效提升受培训员工的伦理精神。但这种方法也有缺点，如未被选中得不到培训的员工可能在心理上受到打击。

（4）有学习功能的组织。有学习功能的组织是指组织为所有成员的学习提供便利，同时不断改变自己。这类组织有能力自我学习，它能创造空间和正规的机制使人思考，提出问题，反省和学习，同时鼓励他们对特定习俗提出挑战和改进建议。这种氛围适合渗透到所有的集体活动中。

第二，培训方法之授课、研讨会、案例研究。

（1）授课。这种方法就是让受培训员工集中到一起，由授课者具体讲解、传授有关伦理内容。授课者可以是企业领导层人员，也可以是企业伦理领域的专家学者。对讲课者不仅要求他们具有丰富的理论和实践知识，而且要求他们自身具有较高的品格修养。讲课内容可根据伦理培训项目的重点来确定。

（2）研讨会。这种方法就是确定某个伦理主题，由某些领导和员工参会进行研究讨论，从而得到某些伦理成果或贯彻伦理精神的措施，使与会者受到伦理的教育和鼓舞。

（3）案例研究。这种方法要求受培训者对一些涉及企业伦理道德的案例加以研究，从中做出某些概括和得出某些结论，从而受到影响和教育。一般说来，是将正面案例和反面案例结合起来研究，从正面案例中找到成功的因子，从反面案例中吸取失败的教训。

11.4 商业伦理制度化

一些西方国家，如美国，在商业伦理研究上比较重视实用性和可操作性的研究，在商业伦理实践中，不但注重企业的伦理精神，而且注重将商业伦理精神制度化，收效比较显著。但目前，我国企业伦理研究更多地侧重于理念和规范，而在实用性和可操作性方面的研究则存在一些不足。因此，从操作层面将商业伦理制度化，形成企业正式的管理制度，对提升企业的伦理管理水平和竞争力，意义重大。

> **专栏 11-4** **商业伦理制度化是大势所趋**
>
> 美国著名的经济伦理学家指出,"公司的道德是循序渐进的",以公司"人格化"为主线,并把西方企业伦理的发展分为以下几个阶段。
>
> 20世纪20~30年代。一些公司开始树立"人性化"的企业形象,把某种"道德秩序带入商业中",并开始"努力发展商业伦理主义",通过雇员福利计划、社会贡献和树立形象运动来得到社会的认可。
>
> 20世纪50~60年代,公司的社会责任受到广泛的关注。学者、经理及记者等纷纷参与讨论,1953年美国新泽西州最高法院通过法律,认为"现代的条件需要公司承认对社会及个人的责任,因为它们也是社会的成员。"
>
> 20世纪60年代末70年代初,公司道德评判走向公众区域。一些公司忽视了消费者的安全,无视民权,污染环境,贿赂政府官员,错误诱导投资者等道德败坏行为,引起公众的强烈批判。
>
> 从20世纪70年代末开始,公司伦理进入自律阶段。许多美国及跨国公司制订了伦理计划,同时,一些公司采取行动来提高从业人员的身体健康、安全及环境条件。
>
> 调查表明,80%多的《福布斯》500强公司采取了在20世纪90年代制定或修改的价值观声明、行为模式或公司信条,并且研究公司伦理的专业组织——"伦理官员协会"迅速发展起来。在2002年初,这个协会有780名成员,而在10年前,只有12人。2002年,这个协会有一半企业来自《财富》100强。
>
> 目前,在美国等许多西方国家,企业伦理内部制度化的首要工作是制定企业道德行为规范。企业道德行为规范是企业在日常业务活动中,当道德价值观和经营业务发生冲突时应遵循的基本方针。美国本特利学院的伦理研究中心在20世纪80年代进行的一项调查就发现,《财富》杂志上排名前1 000家的企业中,93%有成文的伦理准则来规范员工的行为。例如,IBM的行为规范中对"接受礼物"情况的规定是:如果接受的礼品价值较高,超出了普通关系,或者有人将金钱送到家中或办公室,则必须向上级报告,然后上级对礼品进行返还等适当处理。中国的一些知名企业开始重视企业伦理的制度化建设,主要也表现为伦理准则的制定。例如,万科公司有《职业行为准则》,华为制定了《商业行为准则》。
>
> 资料来源:林恩·夏普·佩因.公司道德——高绩效企业的蒅石[M].杨涤,等译.北京:机械工业出版社,2004.

11.4.1 商业伦理制度化的必要性

目前,我国正处于改革的深水区,其中的一个核心内容,就是要加大力度改革原有的企业制度,建设现代的企业制度。对于现代企业制度的建设,诚然要建设现代企业的经济制度、政治法律制度,然而也有必要建设现代商业伦理制度,其必要性主要体现在以下三个方面。

(1)组织伦理的形成需要以制度建设为基本手段和保障。良好的制度规范会鼓励人们自觉地"抑恶从善",而不良的制度则为"从恶"提供方便,甚至会在一定程度上抑制"行善"的愿望和动机。因此,不但要注重价值引导与精神塑造,更要重视恰当的组织行为规范的作用。

（2）从"良心主导型"走向"制度制约型"将是现阶段及今后很长时期内商业伦理建设的重点。中国伦理学所沿用的理论范式是"良心主导型"的传统范式，在小农经济的初级社会里，能够笼络人心，稳定社会秩序。但是面对日益世俗化的现代经济社会，它显得苍白无力。所以，从"良心主导型"走向"制度制约型"将是现阶段及今后很长时期内商业伦理建设的重点。

（3）商业伦理制度化是制度伦理和伦理制度的统一。在商业伦理制度化建设过程中，一方面，企业制度公正能确保企业伦理理念正确，有助于企业员工对商业伦理理念、道德规范、道德目标的认识和把握；另一方面，由于制度本身的强制性特点，决定了企业员工必须遵守企业的规章。因此，商业伦理制度化就确保了指导商业伦理建设的伦理理念的正确和商业伦理建设的有效性。

11.4.2 商业伦理如何制度化

将某种伦理精神和伦理观念制度化，包含两个方面：一是指用制度默示[一]某种伦理目标，二是指将某种伦理要求规范化、条例化，从而通过明示的伦理准则来约束人们的行为。从操作层面来看，主要要求做好以下几项工作。

（1）对制度本身进行伦理考量。如果说个人负有支持制度的义务，那么制度本身必须首先是正义的。这表明在设置制度时要进行伦理考量，尽可能做到存善去恶，对制度的要求既要体现"工具性"，又要体现"合目的性"。这对企业领导人的价值观、伦理水平是一次考验。

（2）制定企业伦理准则。即以规则、条令的形式将企业伦理规范具体化，使之成为员工决策与行动的依据。从实践来看，我国商业伦理准则的运行模式不一样，有的是通过正式、完整的制度来运行，有的偏重于非正式的制度，另外比较多的是正式制度与非正式制度兼有的企业。

（3）建立执行机制。建立商业伦理制度，关键在于伦理道德的执行机制的建立。**伦理制度（ethics institution）**对个体道德自律的作用表现在两个方面：一是报善，即它对个人的道德遵守给予制度上的支持和鼓励，使其道德行为得到物质和精神上的认可和满足；二是惩恶，即它对个人违反道德的行为予以制度上的限制和制裁，使其为损害他人和社会公共利益的行为付出代价。因此，伦理建设贵在执行，只有在伦理制度上建立相应的执行机制，才能使伦理道德建设落在实处而不只流于形式。[二]

11.5 评估伦理制度

在企业中，企业员工总要根据自己的政治观点和道德观点去评判别人的行为，衡量自己的行为，相应地，企业员工自身的职业行为也会受到其他社会成员的评判。这种评定和判断人们商业伦理行为的价值活动，就是商业伦理评估。

[一] 默示是指制度所内涵的伦理精神通过组织形式、运作程序以及基本的权利、义务安排等方式来默示某价值准则，给社会成员展示一条基本的行为之"道"，使民众因受此"道"潜移默化的影响而有所"得"，从而形成符合制度要求的德行。

[二] 张弘. 企业伦理制度化探讨 [J]. 全国商情（经济理论研究），2006(1):58-60.

> **专栏 11-5　商业伦理评估是商业经营的普遍现象**
>
> 从历史上看，人们十分重视对经商行为的评估，并且在商业道德不发达的条件下，人们往往通过某些典型的宣传，达到宣传提倡什么，反对什么的目的。相传，宋代吕南公写的《不欺述》，其中讲了三个生意人，都忠厚老实，讲究信誉，既不骗买客，也不欺卖主。如真有其人其事，他们的行为表现真可称得上古代商业美德的典型。一个叫陈策，一次，他买了一头骡子，这骡子性情怪僻，很难驯服。陈策上了当，他不愿再卖出让别人上当，就把它闲养着，然而他的儿子却背着他将骡子卖给了过路人。陈策知道后，立即追上买客，告诉他这骡子不听使唤，买了要上当的。买主怀疑他是因为爱这头骡子而反悔了。陈策为了表明自己不欺骗顾客，就请买主试骑一下。一试果然不行，买主连声道谢，退回了骡子。还有危整、曾叔卿都是讲究商业道德的典型人物，他们的行为受到了肯定性的评估，为后人所仿效。在现实生活中，商业道德评估随时可见，顾客抱怨售货员态度蛮横无礼，人大代表在报纸上发表文章，批评某些商店"亲疏有别，待客不公道""态度蛮横、职业道德差""自视甚高，歧视外地人"，认为"在我们社会主义制度下，商业服务业的服务态度不好是无论如何说不过去的"。从商业企业管理角度看，管理部门定期进行服务质量检查，如商品是不是明码标价，是否践行良好的服务态度等，商店之间的竞赛活动，定期进行的物价大检查，都有商业道德评估的内容。
>
> 资料来源：沈毅. 传统伦理糟粕与古代商业道德 [J]. 商业文化，1998(4).

11.5.1　商业伦理评估的方式

商业伦理评估的方式有三种：社会舆论、传统习俗和内心信念。前两者是商业伦理评估的客观方式，后者是商业伦理评估对人们的商业伦理行为进行善恶判定，从而对企业员工的思想和行为产生重大影响。

1. 社会舆论

社会舆论是人们用语言或文字对所关心的社会生活中的事件或现象所发表的某种倾向性的意见。社会舆论可分为：政治舆论、文艺舆论和道德舆论等。企业的社会舆论是指道德舆论，也就是人们依据商业伦理评估的标准，对企业员工的思想、行为所做的褒贬，如光荣或耻辱、正义或非正义。

社会舆论能够对人们的意识产生强大的影响力，是商业伦理评估的主要方式。社会舆论就其产生来说，有的通过自觉的途径，有的则通过自发的途径形成。从企业领域来讲，自觉的社会舆论是指各级政府和企业管理机关，利用各种宣传工具，表彰和肯定优秀企业员工的道德行为，谴责和否定少数企业员工的不道德行为，对企业员工进行宣传教育，从而形成一种精神力量，使企业员工接受、遵循社会主义商业伦理规范。

2. 传统习俗

传统习俗即传统习惯和社会风俗，它是人们在长期社会生活中形成的一种稳定的、习以为常的行为倾向，它具有稳定性和群众性两个特点。企业领域的传统习俗是长期以来在企业业务实践过程中形成的，习以为常的职业行为倾向，它表现为一定的业务情绪和业务方式。这些企业习惯世代相传，具有历史稳定性。这些是企业员工之间不言自明的道德常规，即所谓的"习惯成自然"。

3. 内心信念

商业伦理的内心信念是指企业员工发自内心地对商业伦理治理原则、商业伦理治理规范或商业伦理治理理想的真诚信服和高度责任感，它是企业员工道德情感、企业道德观念和企业道德意志的内在统一，是企业员工对自身职业行为应负企业道德义务的一种企业道德责任感。对企业员工来说，内心信念是他们企业道德活动的理性基础，它使人们对企业道德行为的必然性和正当性做出合理的解释，使企业员工在道德评估中形成一种自知、自尊、自戒的精神，从而成为企业员工对行为进行自我调整的最大精神支柱。

11.5.2 商业伦理评估的作用

1. 商业伦理评估可以使经济活动保持明确的方向

从经济的角度和商业伦理的角度对经济行为进行评估，其侧重点是不同的：经济的评估一般受制于经济活动本身的规律，凡是符合这一规律的行为就是合理的、正当的。而商业伦理评估则更注重对目的的维护，因而它要将经济评估认为合理的行为放到一个更广的时空中去衡量。

2. 商业伦理评估可以协调利益矛盾

我国实行经济体制改革以来，人们的利益关系已发生了很大变化。这些变化了的利益关系，有些缓解或消除了原有的利益矛盾，而有些则引起了或可能引起新的利益矛盾。调解利益矛盾，除了使用行政的、法律的和经济的手段之外，伦理的手段也是不容低估的。虽然伦理的手段往往不能收到立竿见影的效果，但和那些就事论事的手段相比，伦理手段的优势在于它能在深层次上解决问题。具体表现为：

（1）衡量利益分配差距的合理性。以伦理的眼光来看，判断利益分配的差距是否合理，最根本的标准，就是看这种差距是否既调动了劳动者的积极性，又坚持了共同富裕的方向。具体说来就是：如果"多得者"的确是"多劳者"，那么他们不仅增加了自己的收入，而且增加了社会财富总量，更为社会的进一步发展创造了条件。

（2）判断获取利益方式的正当性。利益矛盾不仅仅是由分配差距引起的，还与利益所得的方式有关。因此，伦理评估将利益所得方式的正当性问题也作为自己关注的对象。衡量利益所得方式的正当性，以伦理的眼光来看，其基本的标准有两条：其一，在这种利益关系中权利与义务是否对等；其二，是否以积极的手段参与经济活动。

（3）评估利益格局的合理性。由于我国的市场经济体系还不完善，很多制度和法规还不健全，因而不免使新的利益格局也有不合理之处，如有人利用权力寻租，有些政策没有顾及全局利益而具有片面性，有些政策过于短视而忽略了长远利益。

3. 商业伦理评估能成为调动员工积极性的手段

除了对企业的整体形象进行伦理评估之外，在企业内部还应将伦理评估作为一种管理方式。通过这种评估，在企业建立起一套有效的精神激励机制，即通过道德舆论的导向、监督、赞许和谴责等功能,来调节企业内部的利益和人际关系,并调整和约束人们的企业行为。

11.6 展示伦理领导力

伦理型领导力之所以在当前的理论研究与管理实践中受到高度重视,是因为它对于组织积极履行社会责任、持续健康发展而言至关重要。世界范围金融危机的爆发,不仅导致全球金融格局发生重大变化,也引发了人们对于商业经营理念的再度思考。由此,伦理型领导理论应运而生。

11.6.1 伦理型领导概述

1. 伦理型领导的定义

Enderle(1987)最早提出**伦理型领导(ethics leadership)**的概念,并将之界定为一种思维方式,旨在明确描述管理决策中的伦理问题,并对决策过程所参照的伦理原则加以规范。Enderle 在对伦理型领导的注释中指出,伦理型领导应当包括个体层面领导(影响他人)与组织层面领导(影响组织)两个层面的内涵。不同学者对伦理型领导的定义如表 11-1 所示。

表 11-1 不同学者对伦理型领导的定义

提出者	定义
Kanungo 等	领导者对所有的利益相关者负有伦理责任。伦理型领导体现在三个方面:领导者的动机是利他的;领导者运用授权而不是控制的手段影响下属;领导者努力增强自身的道德影响力
Ciulla	从领导的能力要求出发,指出伦理型领导包含领导者在组织、社会和全球处于变化的背景下,保持道德基本观念的能力,如对关心和尊重他人、正义,以及诚信的保持
Trevino 等	包含以下两方面含义:一是合乎伦理的个人,即具备诚信等个体特征,并执行合乎伦理的决策;二是合乎伦理的管理者,即采取影响组织道德观与行为的合乎伦理的策略
Brown 等	认为伦理型领导是指领导者通过个体行为和人际互动,向下属表明什么是规范的、恰当的行为,并通过双向沟通、强制等方式,促使他们遵照执行

资料来源:根据相关资料整理得出。

综上所述,笔者认为伦理型领导是指领导者在工作中不仅涉及自身的伦理追求,还有被领导者响应伦理领导的程度,二者相互影响,促使个人道德和组织伦理共同发展,营造一个良好的**组织伦理氛围(organization ethics climate)**,促进个体任务的完成和组织目标的实现。

与经济型领导相对,伦理型领导是一种不同的领导哲学,通过建立和谐、发展的伦理环境和实施积极、进取的管理行为,在具体的企业管理实践中不断提升管理者个人和企业员工的自身素质,逐步实现从管理者到被管理者全面的伦理价值观念的转换和升级。

⊖ 杨清荣.企业伦理与现代企业制度 [M].武汉:湖北人民出版社,2000.
⊜ 莫申江,王重鸣.国外伦理型领导研究前沿探析 [J].外国经济与管理,2010(2):32-37.

> **专栏 11-6　　　　　　　　　　何为经济型领导**
>
> 　　经济型领导是一种个人主义的领导哲学，领导者和员工均被认为是理性追求个人利益的个体，双方之间只是纯粹的经济交易关系。需要指出的是，这里的经济型领导并不是一种非道德的领导类型，相反，经济型领导有着自身的道德合理性。例如，雇用合同通常被认为是领导者和员工间进行交易的典型模式，从伦理的角度看，这一合同被要求是道德合理的。经济型领导的道德合理性还体现在其他许多方面，包括同等的自由和机会、诚实、守信、公正分配、有效激励和制裁，认同动机的多样性和价值的多元化等。但是从实践的角度看，经济型领导仍然是一种短期型的领导方式。企业领导以承诺、表扬或奖励等对员工进行激励，以否定、谴责、威胁或训诫等对员工进行批评。企业领导者只对员工是否完成"交易"做出反应，可以自行安排或是和员工协商双方在"交易"中的责任、义务和资源如何分配等。在这一领导模式中，积极管理型领导可能会主动监督员工行为，批评员工过失；消极管理型领导可能会等待员工发生差错后再做反应；放任管理型领导却可能在一定程度上避免直接领导行为的发生。
>
> 　　该专栏根据相关资料整理而得。

2. 伦理型领导的特征

　　伦理型领导与经济型领导的本质区别在于管理哲学的个人主义倾向与整体主义倾向。与经济型领导相比较，伦理型领导管理特征主要包括个人魅力、动机激励、转变观念和员工发展等几个方面。

　　（1）个人魅力。经济型领导和伦理型领导的区别首先在于不同的道德理想。伦理型领导追求普遍的利益，而经济型领导强调领导和员工间的价值差别。与经济型领导相比，伦理型领导不会以损失利益为代价而追求个人权力和地位，不会对个人权力和地位充满野心，不会炫耀或标榜自己以博得员工更多的注意力。

　　（2）动机激励。伦理型领导中的动机激励为企业员工提供共享目标的意义和所从事工作的挑战。与经济型领导相比，伦理型领导的动机激励目标主要集中于积极的一面——和谐、仁爱、敬业等。经济型领导的动机激励可能言行不一，而伦理型领导却是通过真正的组织授权以实现动机激励。

　　（3）转变观念。经济型领导注重权威的作用而尽量减少组织中的不确定性，意图对员工重要的伦理价值观念进行操纵并不惜因此损失或牺牲员工利益，而伦理型领导通过企业领导正确的指导思想和中肯的工作行为维护和提高企业员工的根本利益和满意程度，并最终带来企业员工伦理价值观念的转变。

　　（4）员工发展。伦理型领导认为每位员工都是独立存在的个体并为其提供训练、指导和发展机会。伦理型领导鼓励企业的普通员工向企业领导层发展，提供各种实际支持以提高员工个人竞争能力和获得成功的机会，维护员工的现实利益并提供非常务实的共享目标。㊀

11.6.2　伦理型领导的修养方法

　　现实中并不是所有的企业管理者都能成为伦理型领导，因此，培育企业管理者的伦理素

㊀　侯亚丁.伦理型领导管理特征与管理实践 [J].科技管理研究，2010(12):206-207.

质是一项极其重要的事情。本节将从三个方面来论述企业管理者如何进行道德修炼。

1. 不断汲取各种伦理营养

企业管理者必须认识、了解和掌握一定的与伦理有关的知识，才能修炼成较高的道德品质。随着经济的发展以及管理理论的不断演变，商业伦理学受到越来越多的人的重视。这也为学习企业伦理知识，更好地认识与了解伦理在企业管理中的作用提供了客观的依据。例如，企业管理者可以阅读一些经典的伦理学资料，如亚里士多德的《尼各马可伦理学》，马克斯·韦伯的《新教伦理与资本主义精神》等。

2. 通过专门培训与学习来掌握伦理知识

主要是指企业管理者通过参加一定的伦理知识专业培训与专门学习来提高自身伦理意识的一种方法。它主要包括以下三种方法。

（1）参加一些大学举办的管理者培训班。国内一些著名大学的商学院举办一些商业伦理培训活动，通过参加这样的培训班，企业管理者能学到丰富的伦理知识，提升自身对企业伦理的认识与了解。

（2）参加社会团体组织的各种伦理研讨会。随着伦理学的发展，伦理学研究的日益深入，各种伦理学学术研讨会应运而生。可以在研讨会中与专家学者探讨商业伦理方面的问题，以获取一些有用的伦理知识。

（3）聘请伦理学专家到企业举行座谈。可以根据本企业及员工的特点，不定期地聘请外部伦理学专家到企业来讲学，进行全体员工的伦理知识培训。这不但有助于提高管理者的伦理水平，也有助于提高企业员工的伦理意识。

3. 在实践中不断提升自身的伦理素质

企业管理者在了解和掌握了相关的伦理知识后，还应把它们运用到实践中，用理论来指导实践，并通过不断地实践来检验伦理理论的实用性，从而经过反复实践，形成相对稳定的伦理意识来指导企业的经营管理活动。例如，经营企业时既要讲利又应讲义，实现义与利在实践中的统一；在交往中要确实做到诚实可信，应恪守信义，不弄虚作假，欺骗对方，讲求企业信誉；等等。

11.6.3　伦理型企业的管理实践

促进伦理型企业的建设与发展，必须首先由伦理型领导和伦理型企业家积极推动本企业的所作所为向伦理型方向前进，因为当组织成员面临伦理困境或伦理选择时，其首要参照对象为其直接领导者。

1. 伦理型领导的作为

伦理型领导是建立在成熟的伦理价值理念和对于组织伦理价值的正确理解的基础之上的，组织领导者以一定的管理实现过程，综合控制各类影响因素，在不断推进**伦理型组织**（ethics organization）建立的同时对业已建立的组织进行持续管理实践的过程，具体包括建立组织伦理期望、反馈指导、奖励支持、行为示范、风气塑造等多个环节。

（1）建立组织伦理期望，培养员工伦理习惯。明确的组织伦理期望是伦理型领导实现组织伦理目标的价值桥梁和组织运行的价值基础。领导者在组织日常运营中明确组织伦理要求，在组织面临伦理困境时做出清晰、明确选择，这些都有助于组织成员养成符合组织伦理要求的行为习惯，在面临伦理选择时避免模糊和失误。

（2）积极反馈指导，推动伦理型组织形成。由于内外环境的变化，员工不断面临新的伦理困境，这就要求组织能够及时予以正确的反馈指导。组织领导者可以通过开设相关反馈指导渠道，以保证组织成员在面临伦理困境时，能够及时反馈并得到有效指导。

（3）奖励支持伦理行为，保持伦理方向。伦理型领导通过对组织成员伦理行为的奖励，促使组织向既定的伦理型组织发展，或保持正确的伦理方向。奖励支持包括多种形式，如物质、精神、工作方式等各方面。奖励支持能够进一步明确组织伦理要求，增强组织员工伦理认同感和自觉性，从而主动与组织伦理规范保持高度一致性。

（4）善于行为示范，影响组织伦理规范。组织领导者为组织成员天生的行为示范者。在伦理行为上，组织领导者的价值取向直接向组织成员传达组织伦理规范及要求，清晰表达组织伦理价值，进而和组织伦理规则一起形成组织员工伦理行为的基本环境和参照系。

（5）进行伦理风气塑造，保证伦理型组织发展。组织伦理风气是组织对于伦理行为的正确性以及伦理问题的解决方法的共同理解，是组织对关于伦理行为的报酬、支持和期望所采取的政策、行动和程序。组织领导者可以通过政策法规、执行激励等过程影响、引导和控制组织伦理风气的作用强度和发展方向。○

2. 呼唤伦理型企业家

塑造伦理型企业家，尤其是要形成伦理型企业家阶层，这是项非常艰巨的工程。尤其是中国企业家的道德观念状况堪忧，缺乏伦理型企业家成长和伦理型企业家阶层形成所需要的厚实的道德基础，实施这项工程将有很大的难度。但只要社会重视，企业家自身加强道德修养，努力提高组织信誉，认真构筑**企业文化（corporate culture）**，拒绝包括"暗箱操作"在内的非伦理行为，伦理型企业家、伦理型企业家阶层的目标早晚会实现。企业家一定要有这个决心和信心，因为这不是一个简单的问题，它会影响到企业的各方面，例如企业形象、企业经营业绩、市场秩序、员工精神风貌等。具体而言，今天的市场秩序比较混乱，假冒伪劣盛行的状况，就与一些企业家的非伦理行为密切相关。进一步讲，如果中国企业家的道德问题得不到根本解决，那么，企业的非伦理行为就有活跃的市场。因此可以说，企业自身、政府、社会和我们整个时代，都呼唤伦理型企业家的成长，都渴望伦理型企业家阶层的形成，企业家对此必须进行回应。

本章小结

1. 咨询建议、审查监督、教育培训和规则制定是伦理机构的四大职能。
2. 无偏私、规则意识和公共理性是伦理机构工作人员应该具备的三大道德能力。
3. 中国企业特有的伦理规范包括和谐、义利和诚信。
4. 伦理培训手册应包括伦理培训的组织构成、伦理培训的目的和伦理培训的各项内容。
5. 商业伦理评估的方式有三种：社会舆论、传统习俗和内心信念。
6. 伦理型领导管理特征主要包括个人魅力、动机激励、转变观念和员工发展等。

○ 侯亚丁. 伦理型领导管理特征与管理实践 [J]. 科技管理研究，2010(12):206-207.

关键术语

伦理型组织（ethics organization）　　组织伦理氛围（organization ethics climate）
伦理制度（ethics institution）　　　　伦理型领导（ethics leadership）
企业文化（corporate culture）

 复习思考题

1. 企业伦理机构的基本职能包括哪些？
2. 中国企业特有的伦理规范要素包括哪几个方面？
3. 常用的商业伦理培训方法有哪些？
4. 为何商业伦理必须制度化？
5. 商业伦理评估的作用及方式有哪些？
6. 伦理型领导的定义与特征？

 应用案例

《吕氏春秋》中的商业伦理

《吕氏春秋》由秦相吕不韦召集门客集体编著而成。在当时商业被认为是末业，商人被认为是唯利是图之小人的社会条件下，出身商人的主编吕不韦在谈论修治天下的高雅大事时，可能对商贾人事颇有忌讳。因此，在《吕氏春秋》这部长篇巨著中，对商业伦理论提及不多。然而，就如司马迁所言，此书"备天地万物古今之事"，被吕不韦无意提到的商贾人事，以及与之相关的一些论述，成为我们今天构建中国特色商业伦理的宝贵资料。

公平诚信的商业道德观

遵循天道自然，《吕氏春秋》要求商人具有公平的商业道德。《吕氏春秋》要求商人在买卖过程中要谨守公平道德，其前提条件就是要对度量衡严格检查。对度量衡检查时间的确定，《吕氏春秋》颇为讲究，强调要在仲春、仲秋之月进行。这是人事效法自然的基本要求。因为，从自然规律看，二月仲春、八月仲秋，阴阳彼此平分，白天和晚上各占一半。人事遵循自然规律，在商业活动中，也就需要在二月、八月，统一度量，平正衡器，校正重量，整齐容器。自然规律彰显了自然界的公平公正，度量衡的整齐划一彰显了商人的公平道德。

同时，《吕氏春秋》还从天地四时只有诚信无妄才能正常运行的自然观出发，对商人提出了诚信的道德要求。其讲："天行不信，不能成岁；地行不信，草木不大。"如果天地不讲诚信的话，就会阴阳失调，草木不长。一年四季各有其属性，春季的属性为风，夏季的属性为暑，秋季的属性为雨，冬季的属性为寒。如果四季违背其诚信，该刮风时不刮风，该热时不热，该下雨时不下雨，该冷时不冷，则必然会五谷不收。《吕氏春秋》认为，"天地之大，四时之化，而犹不能以不信成物，又况乎人事？"就是说，诚信既然是天地之道，具有无上的神圣性和普遍性，天地四时都不能违背，那么，它也应当成为人们行事的基本原则和规范。由此，在商业活动中，人无信不立，事无信不成，商人就应当坚守诚信，以立身行事。

追求大利的商业利益观

古代对商人的界定就是"行曰商，处曰贾"，指往来贩贱卖贵的人。商人的本质使其历来被认为是"唯利是图"之小人。然而，同样是追逐利益的商人，他们对利益的认识各有差别。在《吕氏春秋》看来，商人应重视大利、长利，应学会以义生利。

《吕氏春秋》认为："不去小利，则大利不得……故小利，大利之残也。"商业利益有其大小、远近之别。对此，有人目光短浅，见小利忘大利，见近利忘长利。《吕氏春秋》对这类人非常鄙视，其要求商人在利益取舍上，要分清大利和小利，不可追逐小利而失却大利，要懂得去除蝇头小利，以小利换取大利。

在追求大利的同时，《吕氏春秋》还强调商人要追求长利。它讲："天下之士也者，虑天下之长利，而固处之以身若也。利虽倍於今，而不便於後，弗为也。"对商人而言，应当考虑到长远利益的获取，当前利益回报虽然丰厚，但如果不利于以后的事业发展，也不应该去做。

便民的商业责任观

在《吕氏春秋》看来，每一类产业都有其特定的社会责任，商业的社会责任就是方便人民生活。其方便人民生活的商业责任观极大颠覆了商业只为牟利的一般认识。商业活动是一种贩贱卖贵的活动，表面上看起来没有任何物质财富的增加，而借助一买一卖，商人从中便牟取了利益。由此，商人便天然地被认为是为了攫取他人金钱而不顾一切的小人。对此，《吕氏春秋》不太认同。其中，有一则故事，隐晦地表达了对商人只为牟利观点的排斥。《吕氏春秋》讲，齐国有一个想得到金子的人，清早起来，穿上衣服到出售金子的地方，看到人拿着金子，便上前抢夺。人们将他抓到之后问他："金子的主人在场，你怎么就敢抢人家的金子呢？"这个人的回答是："我只看到了金子，根本就没有看到拿着金子的人。"在《吕氏春秋》看来，这个人被金钱利益遮蔽到了极点。这说明，《吕氏春秋》并不赞成商业只为牟利的观点。实质上，其潜在的观点是，商人在看到赚钱机会的同时，一定要看到买方的存在，也就是要看到利益背后的人的存在。如果商人只看见利润，而看不到利润背后的真正的方便人民生活的商业责任，这才是大有所肓，才是真正地被金钱蒙蔽了双眼。

为了方便人民生活，商人要重视增加商品的数量和种类。按照《吕氏春秋》的观点，农民应当致力于生产粮食，手工业者应当致力于打造器皿，商人应当致力于商品流通，所谓"农攻粟，工攻器，贾攻货"。这样，商业的社会责任便与农业、手工业有了极大区分，成为商业之所以存在和发展的根本理由。

利国的商业政治观

在古代商人看来，家国本为一体，没有自己的国家也就没有自己的商业利益。《吕氏春秋》中记载了春秋时期郑国商人弦高、奚施所做过的一件有关政治方面的大事。当时，弦高、奚施在去周都做生意的路途中，恰遇秦国的军队去偷袭郑国。弦高在让奚施回国报信的同时，拿自己的玉璧和12头牛，假托郑国国君的命令犒劳秦军。秦军还以为郑国早有准备，只好撤兵。弦高、奚施的爱国举动，使郑国免除了一场战争之苦和可能存在的灭国危险。从这件事可以看出，《吕氏春秋》赞同商人将家国视为一体，赞同利国为民的商业政治观。由此，《吕氏春秋》在《务本》中指出：如果人人考虑的都是自家富裕不富裕而不考虑国家富强不富强，就会希望得到荣耀却反而受到侮辱，希望得到安全却反而陷入危险，所谓"皆患其家之不富也，而不患其国之不大也；此所以欲荣而愈辱，欲安而益危"。《吕氏春秋》在家国本为一体的认识基础上，还追求利国的商业政治观。这就意味着，在商业活动中，凡是有利于国家发展的事情，要不计利益。

基于商业伦理缺失的现状，我们有必要构建适合我国国情的现代商业伦理体系。我国传统商业伦理思想，无疑是这一商业伦理体系的强健骨骼。由此，深入挖掘传统企业商业伦理思想，就成为我们应对现代企业商业伦理缺失的重要环节。

资料来源：闫秀敏.《吕氏春秋》中的商业伦理 [J]. 企业管理，2012(5).

讨论题

1. 你认为《吕氏春秋》中的商业伦理对当代我国商业伦理建设有何启示？
2. 从上述案例中你学习到了哪些商业伦理规范？

学习链接

[1] 陈荣耀.企业伦理：一种价值理念的创新 [M]. 北京：科学出版社，2008.
[2] 洪雁，王端旭.管理者真能"以德服人"吗 [J]. 科学学与科学技术管理，2011(7).
[3] 侯亚丁.伦理型领导管理特征与管理实践 [J]. 科技管理研究，2010(12).
[4] 莫申江，王重鸣.国外伦理型领导研究前沿探析 [J]. 外国经济与管理，2010(2).
[5] 王学义.企业员工伦理培训读本 [M]. 成都：西南财经大学出版社，2004.
[6] 杨清荣.企业伦理与现代企业制度 [M]. 武汉：湖北人民出版社，2000.
[7] 张海丽，杨从杰.伦理型领导：内涵、维度与作用 [J]. 科技管理研究，2011(7).
[8] 张弘.企业伦理制度化探讨 [J]. 全国商情（经济理论研究），2006（1）.
[9] 张维迎.企业理论与中国企业改革 [M]. 北京：北京大学出版社，1999.
[10] 费雷尔，等.商业伦理：伦理决策与案例 [M]. 陈阳群，译.北京：清华大学出版社，2005.
[11] Frederick B，Gandz J. Good Management: Business Ethics in Action Scarborough[M]. Ontario:Prentice-hall Canada inc., 1991.
[12] Lynn T Drennan. Ethics，Governance and Risk Management: Lessons From Mirror Group Newspapers and Barings Bank[J].Journal of Business Ethics, 2004, 52（3）.
[13] Mallloy D C, Agarwal J. Ethical Climate in Nonprofit Organizations: Propositions and Implications[J].Nonprofit Management and Leadship, 2001, 12（1）: 39-54.

第 12 章 商业伦理学前沿专题

学习目标

1. 了解何为公共企业。
2. 掌握公共企业经营过程中的伦理问题。
3. 理解企业公共关系中的伦理问题。
4. 掌握金融活动中的伦理问题。
5. 掌握信息管理中的伦理问题。
6. 掌握企业公民行为的标准。

开篇案例

数据泄密：信息安全谁之过

当前人类社会以高速步伐踏入信息时代，各种电子数据就成为人类社会生活最基本的运行手段和支撑平台。在以电子数据作为基本平台的信息网络社会，人、事、物的信息、价值和互动关系，都被逐渐数据化和电子化，并在系统中进行大量存储和高速传输。数据安全的重要性，对于我们每个人、每个机构组织，甚至国家和社会来讲，均已无可复加，而一旦数据安全遭到泄密、篡改等任何方式的破坏，其所产生的结果，也可能带来无法想象的毁灭性灾难。

2011 年以来，从日本知名电子企业的泄密事件，到国内民航客户数据泄密大案，再到后来的国内几大知名网站用户数据被窃密事件……数据安全的威胁与挑战，已经从银幕剧情传奇变成了现实中的案件，从研究的可能性，变成了现实的普遍性。数据安全的威胁和灾难，已经实实在在地端坐在信息社会中每个人的身边，进入社会经济生活和国家秩序的每一个角落。

2011 年底的这场互联网站"泄密门"系列事件，就像一阵突如其来的阴霾，密集地抹杀了由圣诞、元旦和 2012 春节这三个挨得很近的节日所组成的新年气氛，引发了各界的高度关注和个人信息数据在互联网上安全保障的深度思考。

就在 2012 新年到来之际，当人人自危的网友们，在网上的最大疑虑变成"我的密码被盗没有"，相互间第一句问候变成"今天你的密码改了吗"的时候，我们不难想见，这场席卷互联网的"泄密门"风暴所造成的威胁和隐患将是多么巨大。

资料来源：吴玮."泄密门"凸显互联网企业安全痼疾 [N]. 中国计算机报，2012-01-09.

20世纪中叶，美国和西欧等学者就开始特别地关注和研究商业伦理问题，企业也开始把商业伦理和社会责任结合起来，在实践中采取了各种有效的措施。在国内，学术界从20世纪80年代后期才逐渐系统地着手商业伦理研究。随着经济的发展商业伦理的研究范围也随之扩展，商业伦理比较成熟的理论与观点在本书前些章节已有详述，本章主要阐述商业伦理的前沿问题，主要包括公共企业经营中的伦理问题、企业公共关系中的伦理问题、金融活动中的伦理问题、信息管理中的伦理问题和面向未来的商业伦理学等。

12.1 公共企业经营中的伦理问题

公共企业（public enterprise） 是指持续存在的、以为社会提供具有公共性质的产品和服务为主要经营活动的、具有一定赢利目标的、受到政府特殊管制措施制约的组织化经济实体。它的生产经营过程经常会出现一些伦理问题。

12.1.1 公共企业概述

《韦氏英文大词典》中将公共企业定义为"提供某种基本的公共服务并且受政府管制的行业"。研究公共企业管制的产业经济学者则认为："通过网络提供传统公共服务的产业，例如电信、电力、煤气和供水服务等，通常具有自然垄断的特性，习惯上称其为公共企业。"公共企业包括但不限于提供公共交通、电力、通信等市政公用企业。公共企业的首要目标是为社会提供公共产品和服务，而且公共企业会受到政府的管制。

专栏 12-1　　　　　法律法规中的公共企业

不同的国家和地区对公共企业在法律上的定义和表述可能会有不同。美国加利福尼亚州的《公共企业法典》中就将公共企业定义为"包括所有为公众或公众的一部分提供服务或商品的自来水公司、电力公司、电话公司、电报公司、供热公司、燃气公司、石油管道公司、运输公司、污水处理公司和桥梁通行费征收公司等"。公共企业在我国作为法律上的概念最早出现于1993年颁布的《反不正当竞争法》，在第六条中规定："公用企业或其他依法具有独占地位的经营者，不得限定他人购买其指定的经营者的商品，以排挤其他经营者的公平竞争。"但事实上，早在1980年前后，"公共企业"一词便开始出现在各种正式文件之中。比如，财政部1981年颁布的《关于国营工交企业实行有偿占用固定资金的补充规定》中就有关于"城市公共企业"的规定。再有，1993年国家工商行政管理局在颁布的《关于禁止公用企业限制竞争行为的若干规定》中第2条规定，将"涉及公用事业的经营者，包括供水、供电、供气、供热、邮政、电讯、交通运输等行业的经营者"定义为公共企业。这是首次详细、具体地对公共企业进行界定并对其法律责任做出了相应规定。

该专栏根据相关资料整理而得。

从公共企业的定义可以看出，公共企业由于其特殊性而具备了一般企业不具有的特征，主要表现为以下三个方面。

（1）公益性。公共企业的公益性主要体现在其所涉及的行业一般都是关系国计民生的重要物质产品领域，在保证民众基本物质生活方面起着至关重要的作用，因此这些公共企业必须首先保证产品的供给充足，以服务民众的基本生活。

（2）政府主导性。一方面，政府对公共企业的产品质量进行严格把关，保证优质充足的产品投放市场，满足基本物质生活需要；另一方面，政府通过监督价格运行、规范市场准入等方式引导公共企业所在行业的合理布局，优化产业结构。

（3）资源垄断性。为保证产品的质量与数量，政府介入公共企业时所采取的重要手段之一便是控制市场准入。政府只让极少数优质主体参与这些行业的经营，这样一来这些主体自然就获得了对于某些资源的垄断。

12.1.2 公共企业经营中的伦理问题

从上述公共企业的定义和特征可以看出，公共企业在一定程度上被视为政府职能的延伸，承担着诸多的公共服务功能，扮演着"公共利益"的增进者和维护者的角色。同时，公共企业作为一种经济组织是重要的市场主体，又必须参与市场经营，具有使资产保值增值的赢利性经济功能。由此，公共企业在运营过程中必然会面临"公共利益"与"企业利益"多重价值的排序和选择，如果选择不当，便会陷入伦理的困境。

1. 价格垄断行为

价格垄断是垄断厂商凭借自身的垄断地位，为牟求自身利益最大化而制定垄断高价或垄断低价的行为。按照 2011 年 2 月国家发改委颁布实施的《反价格垄断规定》第三条指出，"价格垄断行为包括经营者达成价格垄断协议；具有市场支配地位的经营者使用价格手段，排除、限制竞争"。我国公共企业的价格垄断行为比比皆是，其主要表现形式如下。[一]

（1）价格联盟。自然垄断使公共企业处于独占或寡头市场，加上产品和服务的需求弹性小，处于垄断地位的企业便会提高价格以牟取较大的利益，寡头企业则有合谋提价的倾向。这种方式限制了正常的价格竞争，造成错误的资源分配，使消费者失去了更多的选择机会，并被迫接受不合理的价格。

（2）超高定价。超高定价是指一些企业滥用市场支配地位，以高于正常价值的价格出售产品或提供服务，从而直接损害交易对象利益的行为。典型表现为两个方面：一方面，拥有市场支配地位的企业作为供应方，高价销售其产品，盘剥购买方；另一方面，拥有市场支配地位的企业作为购买方，低价购进产品，盘剥供应方。

（3）强制交易。占市场优势地位的公共企业实施的妨碍性行为都有一个共性，即为了排挤竞争对手，它们总是设法使其竞争者难以接近交易对手，或者封锁竞争者接近买方、卖方的渠道。在中国，这种行为主要表现为强制性交易。

（4）滥收费用。公共企业在价格受到国家管制的情况下，出于赢利的动机，在相关延伸服务中收取超过规定标准的费用或在价外收取费用。与超高定价相比，滥收费用更具有随意性和隐蔽性。

2. 限制性竞争行为

公共企业在市场竞争中处于较高的垄断地位，竞争优势明显，为公共企业限制竞争行为

[一] 熊彬，邓新军. 公用企业价格垄断行为及反垄断规制 [J]. 价格月刊，2010(10):59-62.

创造了条件。限制竞争行为是指妨碍甚至完全阻止、排除市场主体进行竞争的协议和行为。目前我国公共企业的限制性竞争行为表现形式有以下几种。

（1）交叉补贴现象严重。一些占据市场支配地位的公共企业出于打败竞争对手和限制竞争的目的，大幅度降低竞争产品或服务的价格，同时提高垄断产品或服务的价格。在竞争行业中受到的损失，通过垄断业务得到弥补，通过"堤外损失堤内补"的方式，以达到限制竞争的目的。

（2）格式合同和霸王条款突出。由于公共企业所提供的产品或服务为社会所必需，且公共企业在很多情况下又是唯一的提供者，因而，一些公共企业在和消费者订立合同时就出现了单向的格式合同，并且出现了许多对企业有益，对消费者的权益造成损害的霸王条款，致使消费者无条件接受。

（3）强制交易和捆绑销售行为泛滥。强制交易和捆绑销售是指一些公共企业滥用市场支配地位，强迫消费者接受不需要的产品或服务，或者以排挤其他竞争者为目的，将某种独占新产品和服务搭售或者捆绑另一种产品或服务。有些公共企业为了达到限定交易的目的，往往采取强行要求，设置服务障碍，方式表现不直接，但违背了消费者的意愿。

（4）人为阻碍开放管道或网络行为凸现。公共企业垄断性环节和非垄断性环节分开后，新的经营者要想在非垄断性环节进行经营，必须依靠原垄断企业所控制的管道或网络。据《中国工商报》报道，四川省某市的两家通信企业将人为地阻碍互联互通当作撒手锏，人为制造互联互通的通信障碍极大地损害了消费者的合法权益。

3. 其他非伦理行为

由于公共企业自然垄断性，它掌握了一般企业所不具备的优势，加之所提供的产品多为公共必需品，所以公共企业在生产经营过程中除了上述非伦理行为之外，还有价格上涨过快过高、定价主体缺失、薪资制度有待完善等非伦理行为。[⊖]

（1）价格上涨过快过高。随着市场机制被引入公用事业领域，公共产品价格呈不断上涨趋势。部分公共产品价格如学杂保育费和医疗保健服务费一直保持两位数的高速增长态势。人们明显感受到，私人商品价格越来越便宜了，公共产品价格越来越贵了。

（2）定价主体缺失。公共产品的定价应该由政府来制定，主要根据成本、消费者的承受能力及社会效益等制定其价格，并且由政府确定具体的定价部门。目前，所有的公共产品定价者都是生产企业，物价部门是监督部门。导致定价过程实际上是企业和政府价格监管部门之间的讨价还价的过程，实际结果是谁的声音"大"，制定的价格就对谁有利。

（3）薪资制度有待完善。有些公共企业利用各种名义，发放奖金，擅自提高职工福利，大康国家之慨；或者以改革薪资分配之名为中高管人员制定下保底上不封顶的薪资制度。从而出现了少则上百万，多则千万的年薪，公共企业的分配制度存在较大问题。

12.1.3 公共企业经营中伦理问题的危害

公共企业的非伦理行为对国家经济与政治发展局势以及社会公众的生产生活造成了一系列严重的影响。

首先，损害消费者的合法权益，抑制消费需求的增长。公共企业提供的产品和服务满足的是消费者的基本生活需要，而且这些产品和服务具有不可替代性，消费者都只能被动地接

⊖ 田建中. 关于我国公共产品定价中存在的问题和建议 [J]. 辽宁农业职业技术学院学报，2009(3):38-40.

受没有选择的余地。

其次,弱化市场竞争,破坏市场经济的健康运行。竞争是市场经济中最重要的机制,而一些公共企业通过实施一些垄断行为排挤竞争对手,其结果只能是遏制公平竞争的实现,优势企业得不到发展,劣质企业不能被淘汰。

最后,导致企业低效率,阻碍产业结构的优化升级。一些公共企业获得超额利润,不需承受激烈的市场竞争所造成的压力,不需努力进行技术革新或采用先进的科学技术,这必然遏制市场科技创新的动力,延缓产业结构的调整,阻碍了产业结构的优化升级。

12.1.4 治理对策:加强伦理责任建设

当前,有些公共企业利用其特殊身份和垄断地位,将公共资源异化为牟取企业利益的工具,背离公共服务的责任,破坏社会公平,引起公众的极大不满。但由于公共企业有别于普通的企业,所以对公共企业经营中的伦理问题进行治理时必须认清公共企业的本质,在有效服务公众的同时又不失合理地追求利润。

1. 理顺公共企业产权关系

公共企业代理政府对公共资产进行经营,就有责任经营和管理好这些公共资源,承担公有资产的保值增值责任。因此理顺产权关系,首先是要确立公共企业公有资产的公共受益制度。公有资产所创造的利润应当收归国有,而不能由企业独占。公共企业利用公有资产所创造的利润必须服务于公众,服务于公共利益。

2. 加强政策民主建设

公共企业作为公共组织的一种,必须接受公众的监督,对公众负责。由于我国的民主决策制度没有真正建立起来,民众对公共企业的监督和知情很少,出现了民众对公共企业的控制缺位,所以我们必须加强政策民主制度的建设。

3. 加大对公共企业责任追究的制度建设

公共企业与公众的关系存在着委托与代理的关系,公共企业不仅要向政府主管部负责,而且必须向公众公开它们的经营活动,接受公众的监督。当公共企业不能很好地履行其公共责任时,不仅政府有权力对其追究责任,公众也有权就它们的经营活动提出质疑,对其失责行为进行监督、批评。

12.2 公共关系中的伦理问题

在学术界,关注公共关系中的伦理问题是公共关系学的一个新发展。1950年美国公共关系协会制定了伦理标准,后来发展成为职业规范守则。公共关系自引入我国以来,对它的研究和应用越来越受到人们的重视,但对**公共关系伦理(public relations ethics)**方面的研究尚未引起学者足够的关注。

12.2.1 公共关系概述

1. 公共关系的定义

公共关系是指某一组织为改善与社会公众的关系,促进公众对组织的认识、理解及支持，达到树立良好的组织形象、促进商品销售的目的的一系列公共活动。它的本意是社会组织、集体或个人必须与其周围的各种内部、外部公众建立良好的关系。

2. 公共关系的构成要素

公共关系是由社会组织、公众和传播三个基本要素构成的一个系统，这三个要素既有独自的功能，又相互影响、相互促进，形成一种整体效应，使组织保持良好的公共关系状态，并产生积极的社会形象。

（1）公关主体——社会组织。公共关系是一种组织活动，而不是个人行为，因此，组织是公共关系活动的主体，是公共关系的实施者、承担者。我们在理解公共关系时，不要把一些个人的行为也说成是公共关系。

（2）公关对象——公众。任何组织都有其特定公众，而公共关系便是组织主动地与公众建立和维护良好关系的过程。对于企业公共关系来说，其公众包括内部公众和外部公众，内部公众包括企业的员工和企业股东，外部公众包括政府、社区、媒体、供应商、竞争对手和消费者。

（3）公关手段——传播。公共关系中的传播是指组织通过各种传播媒介向公众进行信息的传递和交流。这是一个观念、知识或信息的共享过程，其目的是通过双向的交流和沟通，促进组织和公众之间的了解与认识。

专栏 12-2　　　　　　　　公共关系的发展

公共关系一词最早出现在1807年的《韦氏新大学辞典》第9版中，当时指的是公开的关系，而不是公共关系的意思。而后来在1897年美国铁路联合会编辑的《铁路文献年鉴》一书上也提到这个词语，当时已经明确了公共关系学中主体和客体的关系，但仍然和现代的公共关系概念存在一定的距离。

公共关系（public relations）在字面上看是由两个部分组成：公共（public）和关系（relations）。public作为一个形容词，可以作为"公共的、公众的"解释；relations是一个名词，解释为社会关系，后面加的"s"则表示关系是复杂的，众多的。所以，有些学者也常常把"public relations"用中文表述为公众关系，强调的是面临的社会关系范围广泛，错综复杂。

公共关系在中国的应用开始于20世纪80年代，当时中国刚刚进入改革开放时期，外资的引入加速了中国企业人文观念的改变，当时的公共关系还只是作为新鲜的事物出现在企业的某些部门，尤其是在餐饮和娱乐行业的应用比较普遍，随后涉及各个大中型的日化生产和快速消费品生产行业中。

公共关系分为动态关系和静态关系两种类型，动态的公共关系主要是指一些组织机构或者企事业单位有意识地通过一些活动、采取一些措施来改善自身与大众间的关系，而静态的公共关系则指的是企业与社会大众之间客观存在的各种关系。静态的公共关系是企业发展的关系基础，几乎所有关系和影响企业发展的信息和物质都来自这个关系网络，而企业则需要采取主动的、有意识的动态公关活动来完善和巩固静态的公共关系。

该专栏根据相关资料整理而得。

12.2.2 企业公共关系中的伦理问题

本节主要从企业的内部公众和外部公众两个角度，阐述企业公共关系中的伦理问题，企业与员工、股东、竞争对手和消费者关系中的伦理问题，已经在相关章节有过讲述，本节不再赘述。本节主要阐述企业与政府、社区、媒体关系中的伦理问题以及企业网络公关中的伦理问题。

1. 企业与政府关系中的伦理问题

企业生存发展所需的稳定有序的社会环境和投资环境，有赖于政府职能的发挥；政府实施公共政策、追求社会和谐稳定，也需要市场经济最重要的"细胞"——企业的有力支撑。下面将重点阐述我国当前政企关系中的伦理问题。

（1）政府权力货币化。20 世纪 80 年代中后期，绝大多数商品、生产资料处于政府的严格控制下，按政府规定的"平价"分配。平价远低于市场价，由此形成了巨额租金。巨额租金诱发了严重的"官倒"和"私倒"行为。近年来，一些地方政府仍然在利用掌控的资源与企业进行交易。

（2）一些地方政府为不法企业充当保护伞。有学者根据政府行为与市场秩序混乱度，把近年中国市场秩序混乱的表现归为两类：一类是由市场主体的违法行为带来的混乱，如制假售假、走私贩私等；另一类是由政府的行为直接或间接导致的，如资源配置中的非市场化倾向、地方保护主义等。在实际中，这两类混乱常常交织在一起，第一类混乱依附于第二类混乱。

（3）政府盲目性的指导。一些地方政府在对企业扩张的指导中并没有考虑企业的实际发展情况，具有较大的盲目性，使企业承受了远远超出自身规模的巨大风险，从而间接导致了本来拥有着良好发展前景的企业破产的悲剧。

（4）不适当的干预。计划经济时代的政府是全能型的，直接制订各类商品的生产计划，以任命的形式安排企业的管理人员，掌控着企业管理运营的各个方面。时至今日，虽然计划经济体制已经破除，企业获取了较大的发展自主权，但是政府对于企业的干预现象仍然存在。

（5）强制性的指令。一些地方政府对企业的影响还表现在通过一些强制性指令来给企业施压，以使企业的发展符合政府意愿的方式去进行。

2. 企业与社区关系中的伦理问题

任何企业都是处于一定的社区之中，同时社区是企业赖以生存和发展的"土壤"，它既是企业生存的自然环境，也是企业发展的社会环境。因此，企业与社区关系的好坏直接影响着企业的生存和发展。然而，在实践中很多企业不愿承担社区的责任，甚至在企业与社区的关系中出现了一些非伦理行为。

（1）企业重眼前利益，不积极履行社区责任。企业社区责任要求企业必须超越把利润作为唯一目标的传统理念，强调要在生产过程中对人的价值的关注。据调查，一些企业对社区建设均持积极态度，但在社区寻求资金帮助时却推三阻四，寻找借口推脱。显然，目前大多数企业尚未摆脱"一毛不拔"的理念，不能主动积极地履行应担的社区责任。

（2）社区地位低，对企业行为无权干涉。社区地位低，无实权，对企业行为无权干涉，因此在与企业交涉时底气不足，要看企业脸色办事。工作中，日常事务正常盖章，可更多的是处理一些居民日常琐事的证明章。

（3）企业缺少归属感，对社区发展漠不关心。所谓社区归属感，就是社区成员对本社区有认同、喜爱和依恋的心理感觉。社区是人类群体生活的栖息地和群体心灵的归属地，但企业作为一个单位，是我国城市居民的基本组织形式，单位大多是一个小而全的社会，不仅是单位成员的职业场所，而且是职工的政治归属和福利载体。企业内部的小事务可以直接自行解决，外部的工作则需到社会上处理，这样一来，企业对社区的需求极少，自然也难以产生归属感。

（4）企业对社区的环境污染，降低了社区居民的环境质量。近年来，社区层面的环境污染问题和矛盾纠纷逐渐出现并显现出复杂、多样化的特点。目前，企业对社区的环境污染主要是固废污染、废气污染、噪声污染、辐射污染、光污染等，一些企业在造成环境污染后，没能积极地履行"谁污染，谁治理"的义务，只要没有政府部门来查处，就继续制造污染。

3. 企业与媒体关系中的伦理问题

俗话说"水能载舟，亦能覆舟"，媒体与企业的关系，也正如水与舟的关系。从正面的关系来看，因为有媒体的报道，让公众能认识这家企业。从负面的关系来看，现代企业强调"品牌经营""形象"，最怕企业一旦发生弊端，经过媒体的"报道宣传"，再苦心的经营，也会对企业造成不同程度的伤害。企业与媒体存在相互依存的关系，同时企业与媒体之间也时常发生一些非伦理行为。

（1）企业公关与新闻的伦理冲突。媒体对企业的正面新闻报道能够为企业带来巨大的经济效益，新闻报道已经成为树立一个品牌最有力的武器。在市场经济环境初步建立的1994年，媒体公关作为一个相对独立的行业正式进入了中国，但在企业公关中经常出现一些非伦理行为，最主要的冲突表现在以下两个方面。①

1）"不合法"的新闻来源。在大部分大众媒体和几乎全部的网络媒体中，企业公关稿件已经占到了相当大的比重。企业公关稿件的经济价值要远远高于新闻价值。企业以这样的形式发表信息的目的就在于回避在广告中出现的由于自己作为直接发言主体而带来的说服效果的折扣。新闻报道的发言主体是媒体本身，媒体作为利益无涉的第三方，为企业的产品或形象提供了"可靠"的佐证，而在这之前，大部分记者都不会对企业提供的文章的准确性进行最基本的核对。

2）公正性受到质疑。新闻报道能够给企业带来经济效益是由来已久的事情，就像新闻媒体同时也服务于政治实体一样已经为新闻伦理所接受。但是有一个大的前提就是新闻价值必须优先，也就是说经济效益作为新闻报道的"副产品"与新闻伦理是没有冲突的。但在目前的企业公关的影响下，"新闻价值"与"经济价值"的优先级已经不再具备一个严格的先后次序，甚至"经济价值优先"在涉及企业的新闻报道中表现得更为突出些。

（2）企业媒体公关营销中的伦理问题。企业媒体公关是通过协调企业与媒体的需求与价值取向，使双方的利益最大化，最大限度地达到企业的信息传播目标和媒体的信息报道需求。然而，企业在运用中，为达到自身利益最大化，常出现一些不道德的行为，如发布虚假新闻、虚假广告和制造网络谣言等。

1）发布虚假新闻，引起媒体关注。企业有信息传播的需要，媒体也有信息的需求，双方的这种需求，是企业与媒体达成合作的基点。但是，媒体对信息需求的目的是要吸引读者

---

① 张亚辉. 企业公关与新闻的伦理的冲突 [J]. 新闻爱好者，2002(2):31-32.

和观众，因此，媒体一般会更偏向于一些非常规性的信息报道，这也就致使一些企业为了引起媒体关注，制造和发布一些虚假的新闻。

2）利用虚假广告，欺骗消费者。商业性产品广告最常用的方法就是夸张，刊登虚假广告。在这类虚假广告中尤以明星代言产品最为典型，例如，一些知名明星为我国知名药企代言，结果该企业在央视的《每周质量报告》中被报出用重金属铬含量严重超标的皮革下脚料做成的工业明胶制造药用胶囊。

3）制造网络谣言，恶意攻击竞争对手。市场经济中，竞争是每个企业都必须面对的。面对竞争，有些企业采取有效的竞争策略，但有些企业却采取一些不正当的手段来达到赢得市场的目的。在这种"人人都是通讯社，个个都有麦克风"的网络时代，某些企业利用网络制造谣言攻击竞争对手，成为媒体公关营销手段运用中的又一不道德行为。○

4. 企业网络公关的伦理问题

互联网使企业的公关环境发生了深刻的变化，网络公关应运而生。企业应用网络公关促进了其自身的发展，但也有一些企业为一己私利，而经常造成一些非伦理行为的发生。

（1）恶意攻击性网络公关。攻击性网络公关，即网络公关公司恶意炒作不利于其竞争对手的资讯，以达到损害对手的公众形象进而影响其产品销售等目的。此类非法网络公关善用有计划、有预谋的"恶意炒作"来给竞争对手"扣黑帽子"，将恶意攻击竞争对手的信息在短时间内迅速炒热，遍布各大网络显要位置，并不断刷新置顶，造成很多人围观的假象，最终达到挟持民意的目的。

（2）网络敲诈勒索。网络敲诈勒索即某些网络公关公司以将不利于企业的资讯迅速传遍网络为要挟手段敲诈勒索企业的行为，更有甚者为达到目的不惜炮制诽谤文章，这是网络公关行业最恶劣的行为。

（3）杜撰口碑，扰乱市场秩序。口碑的产生和传播直接来源于公众之间口口相传的消费体验的真实表达，是公众对企业产品和服务的肯定和好评，但"网络口碑"被一些网络公关机构曲解夸大。一些企业为获得公众好评，纷纷委托不良网络公关机构开展网络口碑营销，在网络论坛上策划、杜撰"网络热词"，进行搜索引擎的优化，发布虚假信息，扰乱市场秩序。

（4）暴力营销，侵犯公众的自主选择权。网络暴力营销是网络公关与传统营销相结合的产物，它们不考虑公众是否需要这类信息，企图凭借信息强制灌输的方式在消费者心中留下深刻印象，人们常以"狂轰滥炸"来形容传统营销方式。现在，企业借助网络平台，可以以强制的态度进行暴力营销，侵犯公众的自主选择权。

12.2.3　企业公共关系中伦理问题的危害

企业在处理公共关系中出现的一些伦理问题不仅会给企业的生存与发展带来不利的影响，也会给包括消费者、社区、新闻媒体等利益相关者带来负面的影响。若想减小这些负面影响，必须认识到这些非伦理行为带来的危害。

从企业自身的角度来说，企业公共关系中的非伦理行为，如利用非法广告攻击竞争者或损害其他受众的利益，或利用虚假广告夸大产品价值以及传递虚假信息误导消费者决策，会

○ 宋子慧. 企业媒体公关营销操作中的道德问题探究 [J]. 科技广场，2012(6):172-173.

挫伤一般公众及社区公众对企业的信赖，也会使企业失去媒体公众对其所发布信息的信任。

从利益相关者的角度来说，企业公共关系中的非伦理行为也会损害其利益相关者的权益。首先，对消费者来说，非伦理的公共关系会直接损害消费者的切身利益；其次，对媒体来说，可能会降低媒体在大众心目中的公信力；最后，对社区来说，非伦理的公共关系有可能会因为企业负面新闻而影响社区在公众中的形象。

12.2.4　治理对策：守住公关伦理底线

公共关系是实践的，伦理也是实践的，因此，公共关系不仅是指一个组织与其公众之间的传播与沟通的关系，同时也是一种组织与公众之间的伦理关系，这种伦理关系的基础底线是"真实"，所以必须从伦理学的视角对其进行治理，守住公关伦理底线。

1. 加大对虚假宣传的处罚力度

一方面强化舆论的监督与控制。新闻监督对唯利是图、不负责任的非道德行为进行揭露曝光，这往往能形成强大的社会舆论和社会压力，迫使组织调整和改变其非道德行为。另一方面是借助法律的强制约束力。凡是查实违法的假冒伪劣产品及虚假的广告宣传必须采取强有力的措施实施制裁。

2. 明确公关与媒体对真实的具体责任

媒体自身需要大量的新闻来填补时间与版面，任何的事实从公关的角度来说都已经过了一些包装与设计，因此公关需要承担的也只是最初的那些新闻素材的真实性，而作为媒体包装后再出现的新闻稿往往是经过了编辑和记者的加工与整理，因此媒介自身的职业责任提升也是公关真实的守护力量。

3. 提高公众的知识水平，淡化对大众媒介的盲从

现代大众的行为模式直接受到了媒介的影响和控制，以致有些人失去了自由思想的能力，公众的需要、思想和行为在"大众社会"里往往会被同质化。所以，公众必须提升对真假信息的辨别能力。[⊖]

12.3　金融活动中的伦理问题

席卷全球的金融危机给世界经济带来了前所未有的冲击，金融危机一方面源于金融监管缺位、金融制度缺失和世界金融体系的内在弊端，但更重要的是，金融危机与金融体系的伦理失范和金融机构的社会责任问题密切相关。

12.3.1　金融活动概述

在现代市场经济中，金融活动不仅充当经济的润滑剂，而且是控制、调节和促进经济发展的有效机制。金融活动也是市场经济中诸要素的核心和枢纽。

1. 金融活动的功能

在市场经济的条件下，金融活动的主要功能是通过各种间接和直接的融资形式实现货币

⊖ 熊卫平. 论公共关系的底线伦理 [J]. 南昌航空工业学院学报（社会科学版），2005,7(3):62-63.

资金在国民经济各部门、各单位之间的分配。这种分配不同于财政的强制性和无偿性，是按照市场规则在交换的形式下发生的。正是个人追逐利益的行为过程，在宏观上实现了货币资金在国民经济各部门之间的流动和分配。

同时，金融活动的出现和发展解决了储蓄如何便利而高效地向投资转换的问题。这实际上包含了三个紧密相连的环节：一是货币资金如何从资金供应者手中转移到资金需求者手中；二是资金供应者怎么能放心地在一段时间内出让自己资金的使用权，并且如何能保证资金的流动性；三是金融市场之所以具有生命力是因为它的有效性和安全性能够降低资金融通的成本。

2. 金融活动中三个必备要素

金融活动同任何市场一样，必须具备市场的三个要素，即交易主体、交易对象和交易价格。

（1）交易主体。金融活动的交易主体即金融活动的参与者，他们是在金融活动中参与金融交易的各经济主体。随着商品经济和金融活动本身的发展，现代金融活动的参与者几乎已经扩大到了社会经济活动的各个部门，包括政府、企业、金融机构和个人等。

（2）交易对象。金融商品是金融活动的客体，是金融活动的交易对象，它是筹资者和投资者在进行金融交易时借以表明债权、债务关系的一种凭证。总体而言，金融活动的交易对象或交易载体是资金。

（3）交易价格。金融活动中，交易对象的价格就是货币资金的价格，即利率。金融活动上存在着多种多样的利率，如中央银行对商业银行的再贷款利率和再贴现利率、同业拆借利率、银行存贷款利率等。

12.3.2　金融活动中的伦理问题

从金融市场中**金融伦理**（financial ethics）冲突与矛盾的现状，我们可以得出金融伦理已经不仅仅涉及微观个体的行为是否合情合理，而且还直接关系金融市场的核心问题即公平与效率。目前，国内外的金融市场一味地追求经济效益，已引发了种种的金融非伦理行为。

1. 商业银行信贷的歧视

金融机构在配置其资金的过程中，总是遵循收益最大化原则，将资金从收益低的领域、人群或地区向收益高的领域、人群或地区转移。但是在现实中，有些商业银行等金融部门在投资过程中，确实有可能有意忽略某些人群或地区，使其信贷可及性受到严重损害。商业银行对某些人群或地区的有意忽略，有可能破坏银行信贷的公平原则，引发信贷歧视。

在商业银行的信贷实践中，会产生两种不同的歧视行为。其一是种族歧视。在美国全国，黑人申请者被拒绝的概率比白人申请者被拒绝的概率要高2倍，拉美申请者被拒绝的概率也相当高。第二类信贷歧视是地区性歧视。商业银行的决策者往往对一些所谓的衰败社区进行特别处理，把衰败社区当成贷款禁区，从而使这些所谓的衰败社区根本得不到贷款。

值得提出的是，很多地区性信贷歧视是由客观性的、制度性的原因造成的。比如，我国由于体制性的原因，长期存在着城乡二元经济结构，体现在金融体系上，就形成城乡二元金融结构。这种二元金融结构的突出表现使农村资金单向地向城市流动，从而造成农村投资不足和经济发展停滞（见表12-1）。

表 12-1　农村信用社对农村贷款与储蓄的比率

年份	1980	1984	1988	1990	1991	1992	1993	1994	1995	1996	1997	1998	1999	2000
农户存款（亿元）	117	438	1 142	1 842	2 317	2 867	3 576	4 816	6 196	7 671	9 132	10 441	13 358	15 129
农户贷款（亿元）	16	181	372	518	613	760	881	1 081	1 360	1 487	1 743	2 659	3 642	3 298
存贷比（%）	0.14	0.41	0.33	0.28	0.26	0.27	0.25	0.22	0.22	0.19	0.19	0.25	0.27	0.22

资料来源：李刚，王再文.金融伦理缺失：我国农村金融[J].开发研究，2007(6):136-138.

专栏 12-3　系统性负投资

"系统性负投资"是对金融机构贷款进行歧视性检测的重要内容，所谓"系统性负投资"是指银行或其他金融机构从一个地区的居民中获得储蓄，而没有以相应比例向该地区发放贷款。对这种系统性负投资的一个检测方法是审查银行对某个地区的信贷与储蓄的比率。"从统计数据来看，改革开放以来我国农村地区已经出现了严重的"系统性负投资"现象，而且这种现象在 20 世纪 90 年代以来有所加剧。从 1978～2005 年，中国农业银行、农村信用社、邮政储蓄系统以及其他金融机构等都在不同程度地从农村地区吸走大量资金，但并没有以同样的比例向农村地区贷款，这种趋势在 1992～2005 年期间更为明显（见图 12-1 和图 12-2）。图 12-2 的数据显示，1994 年农村地区金融机构负投资额为 1 234.7 亿元，而到了 2005 年农村地区金融机构负投资额达到 11 378.46 亿元，增长了将近 10 倍，而这 10 年正好也是大批国有金融机构纷纷从农村地区撤离网点的时期，这使得农村资金短缺的状况异常突出。如果将财政渠道的负投资额计算在内，这种状况就更加严重，农村地区的负投资总量在 1992 年为 261.28 亿元，2005 年这个数字猛增到 30 440.41 亿元，13 年间扩大了 116 倍。

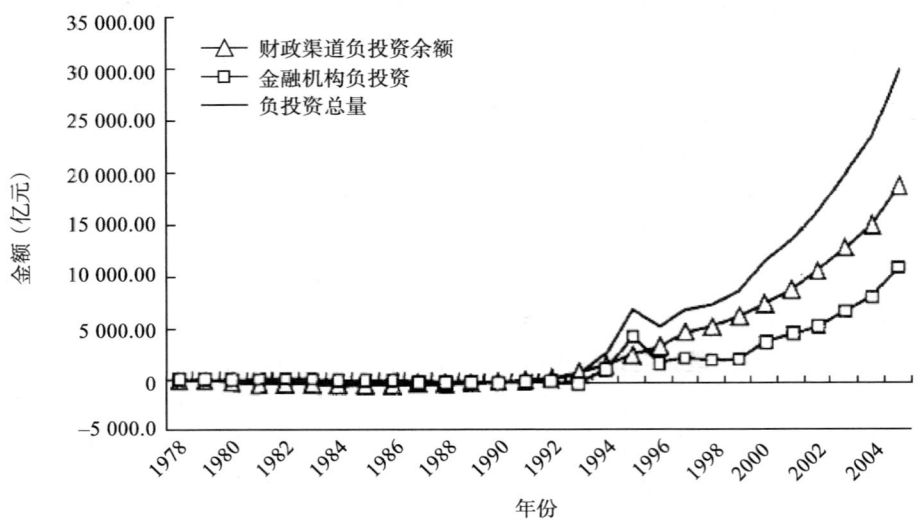

图 12-1　1978～2005 年农村系统性负投资额

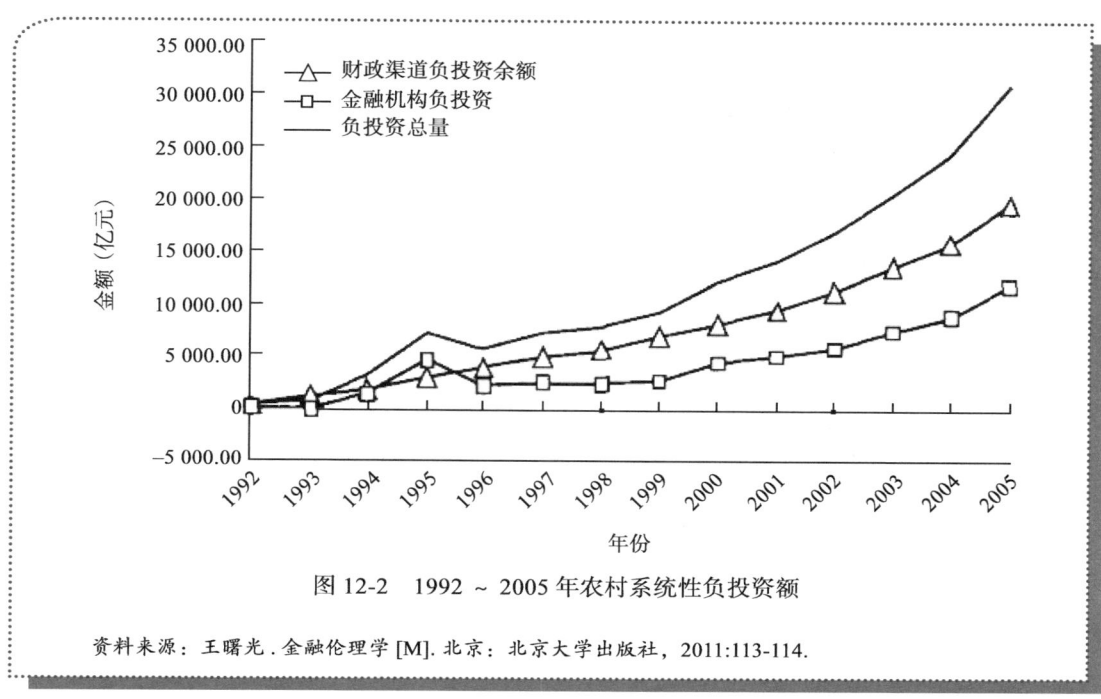

图 12-2　1992～2005 年农村系统性负投资额

资料来源：王曙光. 金融伦理学 [M]. 北京：北京大学出版社，2011:113-114.

2. 金融创新与金融衍生品的伦理问题

在 2007 年席卷欧美的美国次贷危机中，金融创新以及由此产生的金融衍生品扮演着重要的角色。所谓金融创新，就是变更现有的金融体制和增加新的金融工具，以获取现有的金融体制和金融工具所无法取得的潜在利润。

金融机构在进行金融创新、创造新的金融衍生品的过程中，同样要受到金融伦理的制约。首先，从委托—代理关系的角度来说，作为委托—代理关系中的代理人的金融机构在进行金融创新、创造新的金融衍生品时应当充分考虑到委托人的利益。一次金融创新带来的金融衍生品是否可能为委托人带来过高的风险，这种衍生品的运作方式与风险情况能否被委托人所理解和掌握，委托人的利益是否会因这种衍生品的广泛运用而受到损害，这些都应当是金融服务行业所考虑的内容。

从另一个层面上来说，这种不负责任的过度金融创新与金融衍生品的开发也导致了整个金融市场风险的增加和不稳定性的提高，对公共利益产生了巨大的负面影响。尽管如此，把金融创新和金融衍生品作为这次金融危机的罪魁祸首未免太过苛责。真正应该为金融危机负责任的是开发和买卖这些衍生品的人，他们违背了金融市场中金融伦理对他们的要求，过度追求短期内的高额利润。因此，在加强对金融创新与金融衍生品监督的同时，也应当重视金融伦理在金融市场中所起到的作用。⊖

3. 股票市场的信息不对称、市场操纵与信任危机

中国的证券市场成立以来，逐渐走向完善，但不可避免的，由于市场信息的不对称，在此过程中，出现了诸如内幕交易、股票价格操纵、庄家坐庄、公司圈钱等一些违反经济法

⊖　王曙光. 金融伦理学 [M]. 北京：北京大学出版社，2011：99-106.

律、伦理道德的问题，进而使得中国证券市场长久陷入"信任危机"。

在证券市场上，投资者同样希望对自己所选择的投资对象（股票）充满信任，期待最终能够获得收益的兑现。但是现实中，并非所有被给予信任的股票都能给投资者带来"好日子"，甚至是完全相反的结果，例如"亿安科技"是中国第一只百元股票，吸引了数以万计中小投资者的追捧，然而百元神话的股价瞬间"高台跳水"，一切灰飞烟灭。

不可否认，导致与期望如此相悖的结果的重要原因之一是证券市场上的信息不对称。那些不幸的中小投资者，或者称之为"散户"，他们所能获取的所有与股票发行价格认定相关的信息，完全依赖于上市公司的招股说明书、年度报告、中期报告以及临时性的公告等是否完整、准确而透明。一旦其中的某些报告和信息被人为操纵，那么，将会直接影响中小投资者的正确决策。㊀

4. 互联网金融中的伦理问题

互联网金融（internet finance）是将互联网技术和传统金融行业的业务处理有机结合而形成的一个新兴领域。现代信息科技对金融模式的发展产生了巨大的影响，尤其是以互联网为主的各种信息技术，例如在大数据基础上的数据挖掘、云计算、移动支付以及社交网络等，我们将这种以有关互联网技术作为主导的金融行业，称为互联网金融。相对于传统金融，互联网金融在技术、管理方式和管理观念上都有很大改变，同时它也为金融服务多样化、促进经济的发展做出了不小的贡献，但在发展初期也遇到了一些伦理问题。

专栏 12-4　　　　互联网公司纷纷推出理财产品

2013 年 6 月 13 日，阿里巴巴推出可将支付宝中的闲置资金用于购买天弘增利宝货币基金的"余额宝"，上线仅两个月，"余额宝"汇集的资金规模已突破 200 亿元。6 月 26 日，天天基金网推出一款名为"活期宝"的产品，用户充值"活期宝"除了能享受货币基金的收益外，还可用其归集工资卡储蓄，实现"余额转卡"。

7 月 18 日，新浪推出"微银行"服务，用户可在新浪微博的"微银行"上办理资金转账、汇款、信用卡还款等业务。随后，微信也卷入这场"互联网金融大战"——华夏基金在微信平台上推出"小华小夏"交易账号。

8 月 7 日，苏宁易购开始涉足货币基金等投资理财产品；"易付宝"也将申请独立域名。除了合作的基金公司数目更多，该业务与余额宝最大的不同还在于两点：第一，不仅 to C 亦 to B，即同时针对个人和商户；第二，苏宁云商拥有全国 600 多家门店资源，未来有可能在线下门店设立"理财专柜"，双线推广互联网金融的理财产品。

资料来源：张娟儿. 接招互联网金融[J]. 中国农村金融，2013(8).

（1）信用违约风险。信用违约风险即互联网理财产品能否实现其承诺的投资收益率。例如，阿里巴巴的余额宝当前的收益率低于 5%，且余额宝的性质是货币市场基金。但"百度百发"的预期收益率高达 8%，这就不由得让我们想问，"百发"最终投资的基础资产是什么？在全球经济增长低迷的情况下，它如何实现 8% 的高收益？

㊀ 王曙光. 金融伦理学[M]. 北京：北京大学出版社，2011:99-106.

（2）法律风险。目前，互联网金融行业尚处于无门槛、无标准、无监管的三无状态。这导致部分互联网金融产品游走于合法与非法之间的灰色区域，稍有不慎就可能触碰到"非法吸收公众存款"或"非法集资"的高压线。由于缺乏门槛与标准，导致当前中国互联网金融领域鱼龙混杂，从业者心态浮躁、一拥而上，一旦形成互联网金融泡沫，并出现较大幅度违约的格局，就很容易导致政府过早收紧对互联网金融的控制，从而抑制行业的可持续发展。

（3）市场选择风险。互联网金融的市场选择风险是指由于信息不对称导致从事互联网金融业务的机构面临不利选择和道德风险而引发的业务风险。互联网金融业务和服务提供者都具有显著的虚拟性，增加了确认交易者身份、信用评价等方面的信息不对称性，而从事互联网金融业务的机构也无法在网上鉴别客户的风险水平。

（4）操作风险。从互联网金融的安全系统来看，操作风险涉及互联网金融账户的授权使用、互联网金融的风险管理系统、从事互联网金融业务的机构与客户的信息交流等，这些系统的设计缺陷都有可能引发互联网金融业务的操作风险。从交易主体操作失误来看，如果交易主体不了解互联网金融业务的操作规范和要求，就有可能引起不必要的资金损失，甚至在交易过程中出现流动性不足、支付结算中断等问题。

12.3.3 金融活动中伦理问题的危害

金融交易的每一个环节，都潜伏着各种风险，如信用风险、流动性风险、市场风险、法律风险等，金融伦理风险只是金融风险之一。由于金融领域的特殊性，金融活动中的道德风险较一般经济活动有更充分的条件，涉及更大的利益并有更复杂的表现。

1. 引发过度金融化行为

由于金融机构所有人、代理人、授权人的目标不一致，他们可能都会为各自利益最大化而冒险，追逐短期利益。如授权人追求高分红，代理人追求高薪酬。事实上，过度金融化与金融业的安全、可持续性发展往往背道而驰，其后果就是不断推动金融泡沫的非理性膨胀，最终严重侵害授权人和纳税人的利益，危及整个社会金融体系、经济发展的安全。

2. 促使金融机构偏离审慎经营原则

金融机构在签订贷款协议、场外交易合同和授信时，如竞相降低贷款标准，将面临金融道德风险。因为部分金融受信人只要能得到金融机构的贷款，往往会表现出无所不用其极，它们利用对项目的信息优势，利用金融机构监管不到位的现实，改变合同约定贷款用途，或做假账转移利润，用破产、合资等方式逃废债务，最终导致金融机构主要是商业银行产生大量的不良贷款。

3. 损害金融伦理文化的建设和发展

金融机构不讳言以赢利为目的，但安全第一、诚信为本、以信取利、服务社会，这是金融机构的生命线，它是金融伦理文化的核心和本质。金融道德风险的存在和出现，正在弱化甚至摧毁这种伦理文化，替代它的则是只追求短期赢利的浮躁与短视文化。如果没有健康、良好的金融伦理文化，金融业将失去发展之魂。

12.3.4 治理对策：保护消费者金融权益

伦理是金融业的基石，没有这个基石，整个金融业就会倒塌。2007～2009年的全球金融危机正是源于社会道德意识的沦丧，同时市场本身也缺乏适当的监管。对中国这样一个处在新兴加转型发展阶段的国家来讲，必须高度重视和深入研究金融伦理危机的治理对策。加强金融伦理建设的具体操作思路和方法有：⊖

1. 深化经济体制改革

要健全和完善市场经济的机制和规则来克服并减少市场经济对道德的消极效应。也要理顺和消除阻碍市场公平竞争的不利因素，建立完善的社会保障体系。面对金融市场的伦理挑战，需要开展伦理治理，推进伦理规范与制度安排的统一，把人文关怀整合到监管过程中，最终在全社会达成一致的道德共识。

2. 发挥政府的监管作用

完善金融市场伦理首先要做好经济伦理保障体制的重建和修补工作，这里政府需要承担必要的责任和提供必要的手段。在传统经济向市场经济转型，传统经济伦理向现代市场经济伦理转换时期，政府应及时补位，承担起传统由家族承担的保障经济伦理的责任，做好社会伦理的监督者、执行者和责任承担者，以防止经济伦理的滑坡。

3. 建立健全社会伦理制度体系

完善民主监督制度，将基本伦理要求以法律法规的形式固定下来，增强健康的社会行为导向，形成完善的公平正义的法律体系。合理的伦理制度安排，会使社会形成良好的伦理格局，避免一些不必要的伦理冲突，为个人与社会的和谐发展创造条件，从而创造良好的经济伦理环境，促进人们养成良好的伦理行为，最终成为经济伦理的制度保障。

4. 加强企业伦理建设

金融机构要完善公司治理，规范董事会及高管层的职责，加强企业风险管理与内控，构建合理的薪酬管理体系，建立透明的公司治理结构与信息披露制度。要注重职业伦理培训，加强从业人员职业道德教育，制定具体的伦理制度条款。加强金融伦理教育和普及，建设和谐的企业文化。金融机构内部成员对于伦理行为应逐步达成共同认知，形成公司良好的伦理氛围。

12.4 信息管理中的伦理问题

20 世纪 90 年代以来，随着数字化技术、多媒体技术和网络化技术为代表的现代信息技术的飞速发展，人们获得互联网上的各种信息产品变得非常便捷，这不仅改变了人们生活、工作和学习方式，也改变了人们的行为和思维方式。然而人们在充分享受信息技术带来的好处的同时，也不得不面对由它带来的许多新的问题，**信息伦理**（information ethics）问题便是其中之一。

12.4.1 信息管理概述

信息管理是指对人类社会信息活动的各种相关因素进行科学的计划、组织、控制和协调，以实现信息资源的合理开发与有效利用的过程。它既包括微观上对信息内容的管理——信息的组织、检索、加工和服务等，又包括宏观上对信息机构和信息系统的管理。

⊖ 詹晶. 金融伦理危机的成因分析与对策 [J]. 金融市场, 2012(1):30-32.

1. 信息管理的特征

信息管理是管理的一种，因此它具有管理的一般性特征。例如，管理的基本职能是计划、组织、领导、控制，管理的目的是为了实现组织的目标，这些在信息管理中同样具备。但是，信息管理又有自己独有的特征。

（1）信息量迅速增长且传播速度快。随着经济全球化，世界各国和地区之间的政治、经济、文化交往日益频繁，组织与组织之间的联系越来越广泛，组织内部各部门之间的联系越来越多，以至信息大量产生。同时，信息组织与存储技术迅速发展，使得信息储存积累变得可靠便捷。由于信息技术的飞速发展，使得信息处理和传播的速度越来越快。

（2）信息的处理方法日益复杂。随着管理工作对信息需求的提高，信息的处理方法也就越来越复杂。早期的信息加工，多为一种经验性加工或简单的计算。现在的信息加工处理方法不仅需要一般的数学方法，还要运用数理统计、运筹学和人工智能等方法。

（3）信息管理所涉及的研究领域不断扩大。从科学角度看，信息管理涉及管理学、社会科学、行为科学、经济学、心理学、计算机科学等；从技术上看，信息管理涉及计算机技术、通信技术、办公自动化技术、测试技术、缩微技术等。

2. 信息管理的要求

由于信息具有一定的时效性，且信息在传播的过程中有可能受到各种因素的影响导致信息失真，所以企业在进行信息管理时必须保证信息的及时性与准确性，从而最大限度地发挥信息管理在企业中的正向作用。

（1）及时性。所谓及时就是信息管理系统要灵敏、迅速地发现和提供管理活动所需要的信息。这里包括两个方面：一方面，要及时地发现和收集信息；另一方面，要及时传递信息。

（2）准确性。只有准确的信息，才能使决策者做出正确的判断。信息工作者在收集和整理原始材料的时候必须坚持实事求是的态度，对原始材料认真加以核实，使其能够准确反映实际情况。

12.4.2 信息管理中的伦理问题

信息技术的广泛运用，使社会经济结构、人们的生存与生活方式发生了巨大变化，与此同时，也带来了一系列意想不到的、令人困惑的信息管理伦理问题。如个人隐私的失控、侵犯知识产权与信息犯罪、监视员工、信息不对称与情感化等。

1. 个人隐私的失控

个人数据的保护是目前互联网隐私权保护中最为重要的内容。互联网上关于个人信息的数据以各种各样的令消费者不安的方式被大量利用，使得人们对通过网络这种新媒介进行的活动感到极不放心。互联网中涉及的隐私权保护问题主要有三类：过度收集个人数据、个人数据分析利用和个人数据交易。

（1）过度收集个人数据。在互联网中，过度收集个人数据是指为了商业上的需要，某些商家采用多种形式收集个人信息。一是通过填写各类表格，二是利用先进的电脑追踪技术收集个人数据。目前的电子商务流程有一种很普遍的模式：当个人在网上浏览、咨询或购物时，总要填一系列表格以确定浏览者的身份。当一些机构面对浩如烟海又唾手可得的信息时，很可能不征得当事人的同意就收集他们的个人信息。

（2）个人数据分析利用。个人数据分析利用指某些商家利用自己所掌握的个人信息建立综合数据库，从中分析出一些个人并未透露的信息，获得有商业价值的信息并用于生产经营。许多人有这样的经历，如果你曾经在网上购物，那么接下来相关的广告邮件就有可能占用你的整个邮箱，给你造成不必要的麻烦。商家所有的个人数据只能用于特定的使用目的，具有不可传递性，更不可深度侵害消费者的隐私权。

（3）个人数据交易。个人数据交易目前有两种形式。一种形式是公司之间相互交换个人信息。两个公司之间通过协商各取所需，互相交换双方所掌握的个人信息。另一种形式是个人资料买卖。在网络上，有提供各种商品与服务的公司，其中有一类就是出售个人资料的公司，它们通过各种渠道收集了许多人的个人资料，而后明码标价公开出售。

2. 侵犯知识产权与信息犯罪

信息的公共性和外部性，使知识产权的保护面临种种困惑。目前，网络上未经授权许可就随意下载他人智力劳动成果的类似事件屡禁不止。从技术角度来看，信息的公共性和外部性导致通过技术手段可以轻而易举地获取并传播信息产品，难以实现有效监督。从伦理角度来看，这是对他人知识产权的故意侵犯，是对他人不"善"的不道德行为。

专栏 12-5　　　　　某网络文库侵权门

2011年3月15日，贾平凹、韩寒等50位作家公开发布针对某网络文库的声讨书，指责该文库"偷走了我们的作品，偷走了我们的权利，偷走了我们的财物，把该文库变成了一个贼赃市场"。两天后，中国音像协会唱片工作委员会加入"战团"，公开声援文学界维权的呼吁和行动。3月26日，该文库与出版界代表为解决侵权纠纷进行的谈判正式破裂，意味着这一侵权纠纷可能走向法律程序。3月28日贾平凹、韩寒等知名作家状告该文库盗版，使得网络侵权再次浮出水面。

这使得该企业再次陷入知识产权侵权的舆论旋涡。此前，盛大文学亦曾起诉该文库侵权，称"该文库不死，中国原创文学必亡"。2010年12月，中国文字著作权协会、盛大文学与磨铁图书公司共同发表了《针对×××文库侵权盗版的联合声明》，称"必将与该文库的侵权盗版行为斗争到底"。面对"炮轰"和"声讨"，该公司对外宣布，文库只是一种资料分享模式，因而并未侵害他人的权益。所有的文稿、档案等资料均来自网友上传，而该文库本身并不上传侵权的书籍和作品，因此也就不构成所谓的"侵权"。

上海福一律师事务所知识产权律师周宾卿表示，该文库所谓的"资料分享"是利用互联网管理中的"避风港规则"，根据这一规则，该文库在没有被告知侵权的情况下，不删除作品也不能被视为侵权。利用这一规则，该文库总是回应说，通过文库投诉中心的反馈情况，该文库会在48小时以内迅速核实并依法进行相应的处理。周宾卿认为，该文库的情况不适用于互联网法规中的"避风港规则"。因为该文库对作品实施了分类等编辑加工行为，因而它承担了内容提供商（ICP）的角色，需要对内容产品负法律责任。2012年9月17日，作家维权联盟状告该文库侵权案在北京市海淀区人民法院进行一审宣判。法院判该公司侵权成立，需赔偿包括韩寒在内的3名作家经济损失共计14.5万元，但原告关闭该文库的请求被驳回。

该专栏根据相关资料整理而得。

信息社会是一个以知识、智能为核心力量的社会，谁拥有信息"知识"智力，谁就拥有财富，所以信息安全也成为重中之重。然而由于网络的开放性以及信息系统自身的漏洞，促使一些出于贪婪或破坏欲驱使的信息行为者，利用自己高超的专业知识，进行不为人知的信息犯罪。如传播不良信息，出卖国家机密，信息金融诈骗和贪污，传播病毒对计算机进行破坏等。据称在号称"网络王国"的美国，信息犯罪案的破案率不到10%，其中定罪的不到3%。更令人不可思议的是，对这些高智商的信息罪犯还有人持某种分裂性的观点和评价，视他们为天才，对他们顶礼膜拜。

3. 监视员工

在绝大部分情况下，工作场所并非公共场合，员工在里面办公，他们工作在公司的房屋里，使用公司的工具、机器、设施和设备，在某一工作岗位上为公司服务一定的期限。尽管他们并不属于他们的雇主，但是在工作期限内很少有隐私权的要求，因为雇主有权监视员工的所作所为，以及决定如何做和花费多长时间来做的。一般常见的监视员工行为可分为身体监视和邮件监视两种。

（1）身体监视。身体监视又有两种类型，一种通过摄像机进行，另外一种通过电脑键盘操作。与安全目的监视的不同之处在于，摄像机的应用可能被视为替代领班的角色。这里不存在隐私的问题，大部分情况下通过摄像机来进行身体监视也是没有必要的。雇主在对员工监控前，有必要告诉员工使用监视设备的用途。办公室工作人员希望得到的一点起码的尊重即他们应知道自己的工作环境，且任何通过摄像机的监视都不应有违公平。

另外一种监视是通过电脑键盘操作进行的。有一种程序能够记录下每一次击键，每一次修正或删除，以及运行的速度等数据。对于管理者来说，他可以根据电脑汇总的这些信息以及每分钟的记录结果来观察员工的击键速度和准确率，根据记录来跟踪击键次数及每次的击键名称，这样不仅能统计出数据，还能记录使用电子邮件及网络的情况。

（2）邮件监视。由于员工使用的电脑为公司所有，而且员工也是被公司聘用来从事相应工作的，法律赋予了公司特殊的权利，公司既能控制设备的使用，又能控制设备如何使用。因此，对于公司而言，对员工的电脑使用情况进行监视，以及随时获取他们所需要的有关电脑和电子邮件的信息是完全合法的。

出于法律的认可，公司监视权的使用也就不复有异议。由于雇主监视阅读员工的电子邮件是合法的，就很难说这是不合乎伦理的，但是公司误导员工认为他们的电子邮件属于个人隐私而事实上并不是，或者使员工在不知情的情况下犯错误，然后处罚他们，这都属于不合乎伦理的行为，当一个公司希望它的所作所为被认为是伦理的，它至少应该使其员工了解它所采用的政策。

4. 信息不对称与情感异化

从世界角度来看，在当今世界的"信息战场"上，西方国家占据了信息输出的主导优势地位，可以对弱势国家不断地进行信息垄断。这种信息不对称基础上的垄断，不但能为其带来丰厚的经济利润，还能将意识形态和价值观附属在信息中传递给他国，从而实现经济、文化扩张的目的。如何辩证地吸收外来信息，保护民族文化，在公平竞争中反信息垄断是信息技术相对弱势的国家面临的信息伦理难题。

以网络为重要载体的信息世界，为人们提供了自我实现和表达的路径。借助网络的匿名性，人们可以脱离现实社会，塑造虚拟社会中的身份和人格，实现了"符号化"。长期处在虚拟交往环境中必然会使人际关系疏离，情感人格异化，无法建立相应的社会责任意识。这种网络社会责任意识的淡薄若带入现实社会必将带来消极的影响，导致人们情感异化。

12.4.3 信息管理中伦理问题的危害

新的信息管理技术以比以往快得多的速度在改变着社会的生产、生活方式，信息管理技术的飞速发展和伦理滞后的矛盾便日益凸显出来。特别是20世纪末的计算机技术及网络技术的发展，使世界范围内人们的活动更为密切地联系起来，使人们更像是生活在一个不分国别的大地球村之中。信息管理技术对传统伦理的影响是巨大的，其表现如下。

1. 个人角度

相对于现实生活而言，网络空间将人置于"虚拟空间"或"虚拟共同体"之中，给人提供了一个包括信息、知识、情感等的另一种虚拟生存环境。人际交往由直接的现实交流转变成间接的人机交流。这种变化使传统伦理学在面对网络时显得力不从心，传统伦理学已无法容纳和概括在网络中发生的直接和间接的道德关系。在信息时代，信息的完整性、可使用性和机密性受到前所未有的挑战。

2. 社会角度

由于信息管理技术产品的特性，信息社会中出现了一些社会信息伦理问题，如侵犯个人隐私权、侵犯肖像权、侵犯知识产权、非法存取信息、信息责任归属、信息技术的非法使用、信息授权等。这些社会信息伦理问题难以用以往的社会伦理观去解释和调解，而且以往的相关法律法规又具有相对的滞后性。

12.4.4 治理对策：构建清洁高效的信息空间

在这个信息爆炸的时代，伦理失范现象较为严重，但适合于当代社会的信息伦理规范在短时间内无法形成，究竟如何进行信息伦理构建，才能引导人们在信息高速公路上行驶时遵守信息交通规则呢？笔者认为应该从以下几个方面入手。

1. 提高公民的信息伦理意识

信息伦理是依靠个体的内心信念来进行制约的，为此我们首先应从提高公民的伦理意识入手来树立正确的信息伦理观。一方面应通过各类媒体的宣传，另一方面重点培养青少年树立正确的信息伦理价值观。

2. 制定出清晰的信息伦理规范

虽然信息伦理主要诉诸个体的自律，但自律是在他律的指导下逐渐形成的，如果缺乏清晰的伦理规范，那么大多数个体在面对各种行为选择时会茫然不知所措。目前世界各国纷纷研究制定了一系列相应的伦理规范。

3. 超前预示各类信息伦理问题

信息领域是一个全新的领域，伦理失范问题较多，对此我们不能"头痛医头，脚痛医脚"，而是应对新的信息伦理问题进行广泛的讨论与研究，成立专门机构对信息伦理问题进行深入研究，可以超前预示某些可能出现的伦理难题，这样变被动为主动，可有效地防范部分信息安全问题。

4. 进行信息立法互补信息伦理

信息伦理只是一种软性的社会控制手段，它的实施依赖于人们的自主性和自觉性，因此在针对各类性质严重的信息犯罪时，信息伦理规范将显得软弱无力。只有将那些成熟的、共性的伦理规范适时地转化为法律法规，才能构筑信息安全的第一道防线，因此信息立法也需要信息伦理的补充。^㊀

12.5 举报非伦理行为

当你发现企业中存在非伦理行为时，作为一个有良知的人应积极向相关人员或单位举报该非伦理行为，力争促进企业及时发现并改正这些错误的做法，本节主要阐述当你发现企业中存在非伦理行为时，应该向谁举报、举报方式、如何保护举报人及如何奖励举报人等。

12.5.1 应该向谁举报

当举报人掌握了企业非伦理行为的相关证据后，应该根据所举报事件性质的不同选取不同的举报受理对象，举报受理对象可以分为组织内部和组织外部，组织内部的受理对象包括直接上司、间接上司、公司的伦理委员会、相关职能部门，组织外部的受理对象包括政府相关部门和新闻媒体。

1. 上级领导

如果所发现的非伦理行为性质不太严重，且能被直接上司所解决，那么应该向自己的直接或间接上司说明你发现的非伦理问题，最好收集好相关的证据，并以书面材料的形式向上级领导举报。你还应该对自己的内心进行检讨，以确保举报的问题是真实存在的，而不是出于报复动机。

2. 伦理委员会

如果你的直接上司和间接上司都没有对你举报的问题给出满意的答复，或你认为你举报的非伦理行为性质比较严重，且你所在的企业设有伦理委员会或其他伦理机构，你可以按照伦理委员会的举报流程向它举报你所掌握的非伦理行为的事实。

3. 相关职能部门

如果你所在的公司没有正式的伦理机构，则可向你举报问题的相关负责部门举报。例如，如果你举报的问题涉及歧视、性骚扰、非法用工、员工隐私、职业健康等相关问题，你可以向人力资源部举报该问题；如果你举报的问题与财务造假有关，你可以向审计部门举报该问题，等等。

4. 政府相关部门和新闻媒体

如果你为了举报非伦理行为，自下而上，最终接触了公司的最高层，都没有给出你满意的答复，你现在可以向公司外部寻求帮助。如果是产品质量、安全等问题，你可以向质检部门举报；如果是企业环境污染方面的问题，你可以向环保部门举报。同时也可以借助新闻媒

㊀ 罗冰眉. 网络环境下的信息伦理及其构建 [J]. 现代情报，2005(7):65-67.

体的监督作用，让企业非伦理行为受到社会舆论的监督。[①]

12.5.2 举报方式

当举报人已经掌握了所举报非伦理问题的相关证据，并确定了该向谁举报该问题后，就应该考虑通过何种方式进行举报，常见的举报方式有匿名举报、实名举报、信函举报、当面举报和网络举报等。

1. 匿名举报

匿名举报是指举报人在举报时，不具名或不署真实姓名、联系电话、单位、联系地址等的举报行为。这种举报制度由于具有匿名性，所以能很好地保护举报人，减少他（她）被打击报复的可能性。但由于举报人不详，就使得对一些非伦理行为的查处失去了第一线索，同时，由于其内容过于粗糙，致使查实的可能性低，不利于非伦理行为得到根治。

2. 实名举报

实名举报是指举报人使用自己的真实姓名，通过来信、来访、电话、传真、电子邮件等形式，向上级领导或相关部门举报非伦理行为。实名举报提供准确的联系电话和通信地址，如果是联名举报的则署明主要联系人。采用实名举报方式的举报人可能会招致举报对象的打击报复。由于举报具有实名性，所以一般举报人能够提供充分的证据。

3. 信函举报

信函举报是指举报人将要举报的非伦理行为线索写成书面材料，送交或者邮寄给有关部门或举报机构的一种举报方式。这是目前举报最为普遍和常用的一种方式。通过信函举报能够将所掌握的非伦理行为的证据形成书面材料，方便有关部门对该非伦理行为进行调查取证。

4. 当面举报

当面举报是一种比较传统的举报方式，主要有两种情况，一是举报人携带举报材料当面递交，同时将举报的非伦理行为当面向受理举报的工作人员叙述，并提出相关的要求；二是举报人当面口头举报，由接待的工作人员予以详细记录。这种举报省去信息传递的不必要环节，举报的非伦理行为能够更加真实且及时地被传递到相关部门。

5. 网络举报

网络举报是近年来随着网络科技的发展而新兴起来的新鲜事物，是指举报人通过微博、网络论坛、电子邮件等方式向相关部门或领导举报所发现的非伦理行为。由于网络具有开放性，所以所举报的非伦理行为能够得到公众及时的关注，且方便举报人随时随地的对所发现的非伦理行为进行举报。

12.5.3 如何保护举报人

举报人在举报非伦理行为后，有利于非伦理问题的解决，但如果不保护举报人，他有可能会遭受打击报复，从而打击举报人的积极性。为了更好地保护举报人，笔者认为应该从以下四个方面入手。

[①] 琳达 K 屈维诺，凯瑟琳 A 尼尔森. 商业伦理管理 [M]. 何训，译. 4 版. 北京：电子工业出版社，2010:69-72.

1. 从举报来源上为举报人妥善保密

应当规定凡是线索来源于举报的非伦理行为案件都应当隐去举报人的姓名、单位、住址，防止因可能接触到材料的人走漏风声而泄密。在处理中，要认真防范处理非伦理行为参与人直接或侧面地探问线索来源。

2. 运用稳妥手段避免举报人直接充当证人

有的举报人鉴于所举报的非伦理行为性质严重或自身与该事件有牵连，又不得不在调查处理该非伦理行为时充当证人。这就需要受理举报的机关以稳妥的办法防止其在作证的过程中暴露自己的另一隐蔽角色——举报人。

3. 指导举报人防止因失慎而自我暴露

在实践中，因举报人言行失慎而暴露身份的也有一定比例。受理举报机关理应负起指导举报人强化自我保护的责任，当举报人情绪激动时，尤应劝导其不要因义愤而以"下战书"的方式自我暴露。

4. 运用法律手段保护举报人

保护举报人的核心在于保密，只要保密工作做得万无一失，举报人遭受打击报复的现实危险便可基本排除。如果举报人确实遭到了不法侵害，即应按法律规定追究侵害者的法律责任。

12.5.4 如何奖励举报人

对举报有功者进行奖励，从一些其他事件的举报情况来看，多次出现了屡发通告却无人领奖的局面。分析其中原因，似不能排除举报人后顾有忧的因素。笔者认为，当前首先应明确举报有偿的原则。奖励与付酬是两个不同的概念。对如实举报者首先是付酬，其次才是奖励。对公民而言，举报企业非伦理行为既是权利又是义务，要求公民以无偿的方式单纯履行举报义务显然是不合适的。举报企业非伦理行为线索就其本质而言也是一种情报，受理举报机关就是这类情报的用户。无论从企业非伦理行为情报的价值性，还是从举报人搜集、反映情报的风险性来分析，对如实举报违法犯罪线索者适当付酬是理所当然的。显而易见，对举报有功者应当给予奖励。但是，这种奖励必须讲究方式，非经受奖励者同意，奖励应一律秘密兑现。

12.6 面向未来的商业伦理学

随着社会的发展，商业伦理学也必须紧跟时代发展的需要，发展面向未来的商业伦理学，本节主要从东西方商业伦理共融、多元化员工队伍的管理、争做企业公民和互联网伦理四方面阐述。

12.6.1 东西方商业伦理的共融

伴随着国内经济的发展和对商业伦理研究的深入，商业伦理的建设机制被逐步引入，并越来越受到业界广泛的重视和推行。然而，由于东西方经济的发展程度不同，所承袭的文化传统有很大的区别，因此，东西方的商业伦理也存在着很大的差异。

1. 东西方商业伦理的差异性

从古至今东西方都大体经历了奴隶社会、封建社会、资本主义社会和社会主义社会。伦理思想也在逐步发展，不断适应社会的发展，逐渐形成了现在的东西方商业伦理。

古代西方商业伦理思想强调以道德规范商业活动，认为只有与身份相符的生计活动才合法。西方文明起源于古希腊、古罗马，后来欧洲大陆文明又传到苏格兰和美国，所以现在整个西方的商业伦理趋于一致。而在东亚由于中国古代文明的影响，所以整个东方也存在着类似的商业伦理，且有点根深蒂固，有些已经不适应社会的发展。

亚里士多德的人是理性的动物这一假设深深根植于西方主流文化中，并形成现代管理理论的基础。理论上把人视为理性动物，管理上就会以理性的原则来服务、调节和控制自然人性。东方文化对人的理解则保留了人性中非理性的一面，理论上过多地强调人的伦理观念及家庭式的等级观念，强调以社会和谐为本位的人文精神，实践中便以伦理观念冲击理性原则，造成人际关系的复杂和混乱。因此，在跨国经济活动中，东西方文化存在着重大差别，所以东西方的商业伦理也存在差异性，具体表现在以下三个方面。

第一，在西方的商业伦理中，个人被看作孤立的实体和重建社会的力量，个人只有割断某些社会的基本联系，取得独立才能发挥作用。例如在社会交往的方式上，西方几乎没有现成的和规范的礼仪行为。究竟哪些行为方式可以被社会认可，是很难分清楚的。这种标准化行为的缺失导致了一种困境。在儒家商业伦理中，自我被理解为社会关系的中心，自我只有通过人们相互交往和相互关联的形式，最大限度地发挥其周围群体的能力和意识，才能实现自我的尊严，才能发挥作用。因此，儒家商业伦理的自我倡导的不是个人主义，而是对一个较大的实体的承诺。

第二，在权利和义务方面，西方的商业伦理中有一种强烈的个人权利意识，它促使人们在商务活动中经常思考："我们的权利是什么？在合法的范围之内，我能做些什么？"这使得人们对于自我的利益一清二楚。在商业实践中，依据法律的仲裁，被认为具有高度的伦理价值、互相冲突的人际关系是以仲裁和谈判的模式来处理的。

儒家的商业伦理则含有一种强烈的责任意识，在儒家的商业伦理中，明白自己的责任与义务比明白自己的权利重要得多。这种商业伦理特别提倡相互合作，处于这种文化氛围之中，人们习惯于把自己看成是一个群体的一分子，在一个特定的群体中寻找自己合适的位置。东亚社会中的这种商业伦理关系被称为"信用社区的体系网络"。

第三，由前两个特征的延伸而带来的另一个特征。在西方商业伦理中，对个人权利的强调促成了一种普遍的超越个人现状的要求，即对知识的渴望与追求，推动一个人去探索新的疆域，而往往把信息的积累看成获得知识的主要途径。在东亚的商业伦理中，由于自我被看成是关系网络的中心，人就有了一种纪律和约束意识。因此，在培养人方面，与西方商业伦理注重知识的积累相比，东亚的商业伦理更注重人格锻炼和人格修养，注重行为的严格和精神的自律。⊖

2. 东西方商业伦理的融合

西方商业伦理和东方商业伦理是现代商业伦理的两大主要代表流派。以美国为代表的西方商业伦理，以个人主义为基本前提，强调股东利益，偏向工具理性；以日本为代表的东方商业伦理，以整体主义为基本前提，强调社会责任，偏向实质理性。自20世纪80年代开始，两大流派的商业伦理出现了明显的共融趋势，具体表现如下。

⊖ 纪良纲. 商业伦理学 [M]. 北京：中国人民大学出版社，2008.

第一，个人主义与整体主义的共融。在新教伦理文化圈中，弘扬个人的价值、能力、行为和成果，强调个人是企业的主宰，如突出强调个人努力、个人行为和个人差异的工人计件工资制、高级主管的高薪制和以老板、经理为中心的决策管理制。近 50 年里，以美国企业管理文化为代表的欧美企业伦理始终坚持个人主义中心。

然而，欧美个人主义中心的管理文化从 20 世纪 80 年代起开始发生变化。促成这种变化的外在直接因素是日本企业文化的冲击，当美国的企业管理研究者在迅速发展的日本企业中看到许多大雁式的领导人物，为企业的发展提供了无限活力，日本企业中的大部分员工将企业当成家并为之不吝奉献后，他们受到了很大的启发，领悟到个人主义与整体主义在企业中融合的必要性。

日本企业从来就是整体主义的尊崇者，日本企业界感到本国企业缺乏在个人主义倾向激励下产生的美国企业创新精神，而这恰恰是进入信息时代的现代企业发展不可或缺的竞争力所在。因此，许多日本企业在依旧强调团队精神的同时也开始提倡个人的表现，鼓励个人的突出成就，在整体主义文化中融入个人主义的合理因素。这方面的第一个变革是在组织结构上为个人表现和突出成就提供保证。

第二，股东利益与社会责任的共融。日本是一个政府主导型的市场国家，政府一贯强调企业的领导者作为实业家，不仅是能够获得创新利润的人，还是按照国家利益行事，为国家服务并与国家共命运的人。处在这种整体主义文化背景中的日本企业界认为：公司或社会是基于共同体逻辑组成的团体，企业与员工、顾客、股东、银行、供应商之间是一损俱损、一荣俱荣的关系。因此，日本企业的责任观是一种社会责任观。

以往，美英两国强调"股东利益最大化"，从而将整个企业、行业，特别是国家的未来利益放置一边。随着企业的发展，特别是有了跨国公司的经验，美英企业认识到了股东利益最大化的局限，认识到了员工是为股东工作还是为顾客、国家和人类工作，是为个人的利润工作还是为社会整体的繁荣工作之间有着巨大的差异，认识到共生战略是企业发展唯一现实的富有智慧的最佳选择。

第三，工具理性与实质理性的共融。从我们所了解到的西方企业伦理资料来看，勤奋劳动、诚实守信、节俭朴素几乎是每一个国家企业伦理中最基本的道德准则。然而，我们也注意到了在过去和现在，由于对为什么要遵循这些原则的前提理由不同，或说是理性前提不同，演绎出了不同的企业文化类型，一种是工具理性类型，一种是实质理性类型。

受中国儒家德性伦理影响的日本文化，认为勤奋劳动、诚实守信和节俭朴素是一个人本来就应该遵守的做人原则，而不是为了获得财富才遵守的，是一种德性责任。在这种实质理性的基础上，日本企业运用各种企业文化倡导，巧妙地将个人的责任感融入团队责任和家责任中，又将个人的德性责任转化为企业的德性责任，提升员工勤奋劳动、诚实守信、节俭朴素的价值意义，从而激发员工内心的巨大力量。

西方管理者逐渐认识到"经济人"假设的局限性，认识到组织如果不是献身于某个崇高的目标，就不会激发出人内心最尊贵的力量。近 10 多年来，美国、英国等国家的企业领导者开始致力于制定能够激发员工内心力量的企业目标，使企业员工的个人价值和企业的集体价值有机地联合在一起。企业伦理也普遍呈现出工具理性与实质理性共融的强劲趋势。㊀

㊀ 纪良纲. 商业伦理学 [M]. 北京：中国人民大学出版社，2008.

12.6.2 多元化员工队伍的管理

全球经济一体化带动了劳动力市场的变化,而劳动力市场的变化又对人力资源管理产生了非常深远的影响。不同民族、年龄以及种族背景的员工同时存在于一家企业,这使得企业员工队伍越来越多元化。

1. 员工队伍多元化的表现

在现代企业中,由于员工队伍有着不同的性别、年龄、生活背景等,因此在价值取向、工作需求以及薪资报酬等方面表现出很大的差异性,呈现出多元化的特点。

(1)多元化的雇员背景。多元化的雇员背景是指企业中的雇员在性别、年龄、种族、民族、宗教信仰等方面的不同特征。企业基于自己的人才需求,通过招募的方式获得员工。这些员工来自不同的地方,有着不同的生活、工作背景,对未来工作职位的需求也不同。

(2)多元化的工作要求。由于企业雇员有着多元化的背景,因此造成雇员对工作的要求也呈现出多元化。具有高深学历、丰富经验的雇员,对工作环境、职位、薪资报酬的要求相对较高。相反,那些学历较低、经验较少的雇员,对工作的要求要少一些。

(3)多元化的薪资报酬。传统的薪酬体系仅仅考虑员工的学历、职位、工龄等因素,已经很难适应时代发展的变化。在现代企业中,实行这种旧的薪酬体系很容易使员工产生不满情绪,造成人才的流失。为了避免人才流失,企业纷纷建立新的薪酬体系。

(4)多元化的价值取向。在一个企业中,尽管每位员工朝夕相处在同一个工作环境中,但是由于每个个体都有不同的生活背景、工作经历以及目标追求,因此他们的价值观取向也会呈现出多元化。[⊖]

2. 员工队伍多元化管理中的伦理问题

由于员工多元化是一把双刃剑,多元化管理需要创造一个环境,将组织业绩的障碍减至最低,同时又将提高组织业绩的潜能发挥至极点。但员工多元化过程中也产生了一些伦理问题。

(1)管理的相关知识、经验缺乏。多元化管理的有效执行需要管理者学习和积累相关知识和经验。由于相关理论研究还处于探索阶段,存在一系列亟待解决的问题,如老龄员工、女性员工的管理,歧视问题的规避等提高了对管理者的技能要求。

(2)歧视行为时常发生。在一些企业中,由于工作需要,企业开始雇用大量女性、少数民族员工以及残疾人。但是当他们在企业中工作一段时间后,他们很容易产生挫折感,因为一些上级和同事会对不同性别、民族、种族的人产生一种偏见感,认为他们是被特聘进入企业的,这样最终导致他们选择离开企业。在现代企业中,这些歧视行为、歧视事件仍在不断发生,并对企业的形象以及运营都产生了不好的影响。

(3)缺乏共同价值观及统一文化。由于员工来自不同的社会群体,他们的素质、追求以及观念呈现多样化,这就使得员工之间很容易出现思想矛盾、价值观冲突等问题。这些问题不仅影响员工团体、组织之间的凝聚力,更会影响企业的整体工作,所以一个企业必须要有一种统一的价值观以约束员工。

⊖ 余亚峰. 对现代企业多元化员工队伍管理的新思考[J]. 湖北大学成人教育学院学报,2012(6):31-33.

12.6.3 互联网伦理

网络世界虽是虚拟世界，人在虚拟世界中交往、活动，但它在本质上是现实社会的人，以其现实社会的思维和语言在虚拟世界进行交流和交往的一种表现。因此，现实社会中人与人的伦理关系、伦理问题在网络世界必然有所反映。

1. 互联网伦理问题的主要表现形式

近年来，互联网上出现的伦理问题千奇百样，但这些伦理问题又可从以下三个角度进行归纳总结。

（1）观念层面上，个人自由主义盛行。互联网社会是现实社会的延伸，在网络环境下，人们言行更自由放松，在一定程度上，网络空间里表现出来的自我更接近真实的自我，是自我内心的释放与展现。同时，道德虚无主义、自由无政府主义膨胀。"黑客"成为"电脑英雄"的代名词，不少青少年盲目崇拜并效仿，将个人主义推向极致。这些个人主义思想在青少年人群中扩散，引起社会高度重视。

（2）规范层面上，道德规范运行机制失灵。互联网伦理与传统伦理不是相对的，而是对传统伦理道德的继承与发扬。但在虚拟网络社会中，道德规范受到严峻挑战，主要表现在两个方面：首先，道德规范主体在虚拟社会中表现不完整，传统的年龄、性别、相貌等属性在虚拟社会中模糊，给网络欺骗和网络犯罪留下空间；其次，道德规范实施力量出现分化甚至消亡。虚拟社会是人机交流，人们之间互不熟识也能交往，很容易冲破道德底线，发生"逾越"行为。

（3）行为层面上，网络不道德行为蔓延。互联网上不道德行为表现为：商业欺诈，利用网络散布虚假信息；制造大量垃圾邮件，造成网络堵塞；利用网络散布反动言论及一些黄、赌、毒等不良信息，扰乱社会秩序；网络犯罪，利用病毒或者信息技术盗取他人密码，给社会及个人造成经济损失，等等。这些不道德的行为被一些人追捧，给青少年带来不良影响，深深刺痛社会敏感的神经。

2. 互联网伦理问题形成的原因

互联网伦理问题形成的原因不尽相同，同时也不是单方面的原因，具体来说目前互联网伦理问题的形成有以下三个方面的原因。

（1）网络结构缺陷。网络技术发展，一方面推动社会发展和商务运作，另一方面使整个社会分裂成两种不同的空间——电子空间与物理空间，从而出现了虚拟社会与现实社会。虚拟的网络社会是离散的、开放的、无国界的，这使人们对网络上他人行为的管理和监控较困难，容易滋生不伦理和不道德行为。

（2）经济利益驱动。由于不正当的经济利益驱使人们铤而走险，蔑视道德力量的约束和法律、法规的监控，在网络社会中侵害他人隐私和权益，网络聚赌，制黄贩黄，通过网络即时通信工具诱使他人犯罪等。这些行为的发生是因为具有高额经济回报，而网络犯罪的线索难以搜寻，又很少有法律法规对其予以制裁，这给不道德行为者获取非法利益留下了运作空间。

（3）互联网法律法规不健全。国家的政策法律制度作为一种硬性规范约束企业和个人行为，但目前我国网络的法律法规还有一些欠缺，各方面法律工作正在完善当中，有些需要进一步改进。虽然目前我国已出台一些有关互联网发展的政策和规定，但这些法规往往监督力度不够，致使已出台的政策流于形式。

3. 互联网伦理的构建

为净化网络空间，规范网络行为，必须从技术方面、法律方面和伦理教育方面着手，构建互联网伦理。

（1）技术的监控。国家或网络管理部门通过统一技术标准建立一套网络安全体系，严格审查、控制网上信息内容和流通渠道。例如通过防火墙和加密技术防止网络上的非法进入者；利用一些过滤软件过滤掉有害的、不健康的信息，限制调阅网络中不健康的内容等；通过技术跟踪手段，使有关机构可以对网络责任主体的网上行为进行调查和控制，确定网络主体应承担的责任。

（2）加强法律法规建设。政府或民间团体出台相应的网络伦理规则，以规范交易主体的行为，这方面可以借鉴美国的经验。美国计算机伦理协会的"计算机伦理十诫"和美国计算机协会的《伦理与职业行为准则》等，这些都规范了网络交易主体的行为，增加了网络间人们的信任，减少了道德风险。我国也正在加强这方面的建设，并取得一定成效，但仍需加快法律法规的建设步伐，通过法律法规来规范人们的行为。

（3）加强伦理教育。通过教育机制，从中小学开始就开设有关网络伦理和计算机伦理方面的课程，通过持久、深入的教育，使网络伦理思想深入人心，增强个人的道德责任心，提高国民的整体网络伦理道德水准；也可开设相关讲座，可以在大学刚入学时就开设讲座培养学生正确的价值观，使他们能在正确价值观的指导下，成为合格的网络公民。

12.6.4 争做企业公民

进入 21 世纪，人们对企业的期望，已经不仅仅是赚取利润、解决就业和缴纳税收的功能，人们更希望企业能有效地承担起推动社会进步、关心环境和生态、维护市场秩序、扶助社会弱势群体、参与社区发展、保障员工权益等一系列社会问题上的责任和义务，**企业公民**（corporate citizenship）就是在这种期望的反映中应运而生的。

1. 公民与企业公民

公民这一概念来源于古希腊的城邦制国家，其原意是"市民"。当时的公民是指居住在城邦中的自由民，不包括奴隶和异邦人。现代公民社会则是从中世纪的市民社会发展起来的。在我国，依照《中华人民共和国国籍法》的规定，取得中国国籍并依法享有权利和承担义务的人，即为中华人民共和国公民。

企业公民的概念属于伦理学、社会文化学和法学的范畴，是指一个企业将社会基本价值与日常经营实践、运作和策略相整合的行为方式，它蕴含着社会对企业提出的要求，意味着企业是社会的公民，应承担起对社会各方的责任和义务。

在现代社会，一方面，公民身份本身就有权利与义务对等的含义；另一方面，企业与公民一样都是社会的细胞。因此，从企业公民的概念可以看出，社会对企业与公民个人之间存在着强烈的类比，这是有重要意义的。2003 年的世界经济论坛认为，企业公民应包括以下四个方面的内容。

第一，企业的基本价值观，主要包括遵守法律、现存规则以及国际标准，拒绝腐败和贿赂，倡导社会公认的商业道德和行为准则。

第二，对利益相关群体负责，其中雇员、顾客和股东是最基本的，主要包括安全生产、就业机会平等和薪酬公平，反对性别、种族等的歧视，注重员工福利；保护消费者权益，保证产品质量；维护股东权益，重视投资者关系等。另外，还包括企业对所在社区的贡献等。

第三，对环境的责任，主要包括维护环境质量，使用清洁能源，共同应对气候变化和保护生物多样性等。

第四，对社会发展的广义贡献，如救助灾害、救济贫困、扶助残疾人等困难的社会群体和个人，或其他促进社会发展和进步的社会公共事业和福利事业。⊖

2. 企业社会责任与企业公民

企业社会责任与"企业公民"是两个互不相同，但又相互联系的概念。企业公民是在企业社会责任基础上形成并进一步升华的，企业公民起源于商业实践对企业社会责任认识的反思，同时企业公民也突破了企业社会责任理论的不足和限制。

第一，企业公民起源于商业实践对企业社会责任认识的反思。企业公民不再仅仅将慈善和捐款等作为承担社会责任的方式，而是更加注重企业的商业活动对社会和自然环境的长远影响，并将责任意识和价值观贯彻到企业日常运作当中去，最终实现企业公民责任制度化的目标。

第二，企业公民也突破了企业社会责任理论的不足和限制。企业社会责任过于强调企业责任的内容和要求，责任范围模糊而广泛，这不仅使企业在实践当中难以很好地操作，而且使得人们对于企业承担责任的行为理解为企业是受外部压力被动地承担而非自愿主动地承担。

"公民"思想的运用使企业和社会由原来的对立关系转变为一种部分与整体的关系，企业不仅是一个赢利组织，同时也是社会的一个公民。企业通过不同的利益相关者与社会构成了一种网状的互动关系，企业的公民责任既是与利益相关者的关系责任，也是自我发展的个体责任，企业一定要遵守商业伦理或价值观以维持企业与社会的积极的互动关系。

因此，企业应具有承担责任的自觉性和自愿性。从这个角度来看，企业公民理念改变了企业社会责任理论当中几个关键概念如利益相关者、商业伦理和企业责任等之间的割裂现象，将它们有效地整合在一起，对企业社会责任理论的不足和限制有所突破。⊜

专栏 12-6　　　　　企业生存于社会就应回报社会

"做善事是企业应尽的责任，因为企业生存于社会，就应当回报社会。"这是中国最大、全球第五的食品饮料生产企业娃哈哈掌门人宗庆后经常说的一句话。

"企业生存于社会，就应当回报社会"，这是一种企业公民精神。

践行这种企业公民精神，就应当树立社会责任意识，让社会责任成为企业商业战略的组成部分。凝聚小家，发展大家，报效国家，娃哈哈企业文化的核心是"家"。对于企业"小家"与社会"大家"的关系，宗庆后将之比喻为"鱼与水"的关系：社会是企业的生存依托，奉献社会既是义务也是责任，既是传统美德也是时代要求，"赚钱不是企业的唯一目的，钱赚得越多，身上的责任越大"。

践行这种企业公民精神，就应当"做善事"。20多年来，宗庆后将杭州一个只有3

⊖ 霍季春. 从"企业社会责任"到"企业公民" [J]. 理论与现代化, 2007(1):67-70.
⊜ 姜丽群. "企业公民"社会责任观的发展及内涵分析 [J]. 中国经贸导刊, 2011(10):83.

名员工的校办企业经销部一步步打造为享誉全球的知名企业。在企业做大做强的过程中，他把企业的成功与社会的健康和福祉联系在一起。不管是在应对突如其来的各类灾害时，还是在赞助文化事业、扶持弱势群体、支持教育事业中，总能看到宗庆后和娃哈哈的身影。

践行这种企业公民精神，还应当实现产业报国。娃哈哈成立涪陵公司，是对口支援中西部地区的典型例子，也是娃哈哈产业报国的缩影。1994年，娃哈哈以开发式安置方式承担了一部分三峡移民安置重任，在涪陵组建分公司，挽救了濒临破产的涪陵糖果厂、罐头厂和酒厂，解决了千余人的就业问题。娃哈哈在当地培养了数以百计的管理干部，将东部先进的管理理念和市场观念输送到西部地区。此后，娃哈哈在西部地区、东北老工业基地、贫困地区以及革命老区相继投资建厂。

资料来源：韩元俊. 宗庆后的"企业公民"观 [OL]. http://:news.xinhuanet.com/comments/2012-04-11/C_111759938.htm, 2012-04-11.

3. 企业公民的标准

"企业公民"理念已经成为企业发展的一种标准，以"利益相关者"理论为基础，主要从经济、社会和环境等多个方面进行全面考察。"企业公民"不是单一方面的业绩突出，不是某一事情的责任到位，而是以人为本，全面、和谐、科学的发展。

企业公民委员会和清华大学经济管理学院专门成立了"企业公民课题组"，结合国际国内的相关资料和标准，制定出第一部符合国情的《中国优秀企业公民评估评价标准》。该标准随着时代的发展不断完善和丰富，目前分为以下十个方面。

一是对所有者的责任。股东是企业的所有者，也是企业承担经济责任的主要对象，这项指标意在衡量企业良好的经营状况。

二是对员工的责任。企业应保证合理的职工人数、平均工资和平均工作时间等，改善劳动条件，完善职工福利，组织岗位培训等。

三是对消费者的责任。不断提高企业产品的质量和性能，做好产品的售后服务，提供社会咨询服务，降低产品价格等。

四是对供应商的责任。应保证供应商利益，不拖欠账款，与供应商建立良好的合作关系等。

五是对政府的责任。企业除向国家缴纳税金外，还应为社会提供就业机会，包括为失业者、下岗职工、伤残者提供平等的就业机会等。

六是对社区的责任。企业及其员工工作生活在社区，要积极参与社区建设、社区活动和社区服务。

七是对环境的责任。企业应减少能源消耗，减少污染物排放，使用清洁能源，再利用回收的废物，保持生态平衡等。

八是对公益慈善的责任。企业要积极投身公益事业，鼓励员工的志愿者活动，进行公益慈善捐助等。

九是对知识产权的责任。首先要尊重和保护他人的知识产权，同时创新和保护本企业的知识产权。

十是定期发布企业公民报告。主动向社会展示企业的履责情况，积极与利益相关者沟通，自觉接受社会的监督。

4. 中国的企业公民之路

企业公民，对于中国企业而言还是一个新名词，我国不少企业对企业公民这一概念的认知程度还较低，而在履行企业公民职责方面，还缺乏对环境和广义社会发展的责任。

根据调查，我国企业在企业公民行为的各个方面有以下特点：① 在遵守法律上做得不错，但缺少防范腐败贿赂的机制；② 大部分企业都致力于提高自身的产品和服务，但积极参加行业内活动的不多；③ 员工虽然被列为较为重要的地位，但是在设立员工安全计划、保障薪酬和就业公平等具体行为方面却不尽人意；④ 在承担环境和广义社会责任方面普遍缺少投入。总之，我国企业在履行企业公民职责上仍然较为落后。

在企业公民行为的主要驱动力上，政府立法和制度、市场压力、企业自身的伦理和道德以及消费者选择等依次成为最重要的驱动因素，而 WTO 等国际标准和机构投资者的作用相对较小。这说明了政府、市场和消费者在企业利益相关群体中的重要地位，从而决定了我国企业公民行为的特点。由此我们也可以预测，在推进我国企业公民发展的过程中，政府和市场将成为最重要的推动力量。

尽管企业承担社会责任的能力与自身的发展水平和实力相关，但是正如前文所述，企业是可以将承担社会责任转化为企业竞争力的。这种竞争力来源于在企业承担了各方面的社会责任的同时，也获得了社会各方面的认可和支持。在中国，不仅有"和为贵"的传统文化，更有"共同富裕"的社会目标，这为企业公民的发展提供了便利条件，企业公民将成为新时代中国企业的竞争力。

本章小结

1. 公共企业经营过程中的伦理问题主要包括价格垄断行为和限制性竞争行为等方面。
2. 企业公共关系对象主要包括政府、社区和媒体。
3. 金融活动中的伦理问题主要包括商业银行信贷的歧视，金融创新与金融衍生品的伦理问题，股票市场的信息不对称、市场操纵与信任危机等几个方面。
4. 信息管理中的伦理问题主要包括个人隐私的失控、侵犯知识产权与信息犯罪、监视员工、信息不对称与情感异化等几个方面。

关键术语

公共企业（public enterprise）　　　公共关系伦理（public relations ethics）
金融伦理（financial ethics）　　　　信息伦理（information ethics）
互联网金融（internet finance）　　　企业公民（corporate citizenship）

复习思考题

1. 价格垄断行为和限制性竞争行为的表现方式主要包括哪几个方面？
2. 简述企业与政府关系中的伦理问题主要包括哪几个方面？

3. 简述企业网络公关中的伦理问题?
4. 简述互联网金融中的伦理问题?
5. 简述信息管理中的主要伦理问题?
6. 企业社会责任与企业公民行为的区别?

 应用案例

"洋奶粉事件"拷问商业伦理

从旧款奶粉被曝三聚氰胺超标百倍,到"100%进口奶源"频遭质疑,再到"美国品牌"身份受媒体刨根问底地调查,某奶粉一度闹得沸沸扬扬。

2009年6月15日,该公司在其官方网站上发布致歉声明。

该公司在两份声明中首度公开承认,"该公司,包括该品牌完全由华人拥有",消费者一直以来将其视为洋品牌、洋奶粉其实是一场误会。一时间,舆论大哗。对经历了三聚氰胺事件剧烈震荡,正在快速恢复元气的中国乳业来说,该奶粉事件无疑又是重重一击。

一波三折

此前,北京市民郭利向媒体反映称,去年他的孩子在食用该奶粉后出现身体异常,经自行送往国家食品质量安全监督检验中心检测,检测结果显示,有的该奶粉中三聚氰胺含量超过国家限量值100多倍,而这几个批次的奶粉,不在国家发布的该品牌超标奶粉批次中。郭利同时质疑该奶粉"100%进口奶源"及其所宣称的"美国商标"。

该公司随后发布声明称:"该消费者所送检产品的生产日期是2008年3月17日,为2008年9月14日(三鹿奶粉事件)之前生产的产品,对于2008年9月14日之前生产的产品,我司已经按照国家9部委的要求进行了无条件的全部召回并做了无害化销毁处理。"

一波未平,一波又起

中国奶协前常务理事王丁棉紧接着爆料,该奶源并非其宣传的"100%进口奶源",而是部分来自广东雅士利公司的山西奶源基地。

该奶粉被检有毒尚未得到最终结论,该公司再陷官司。另一林姓消费者将其告上法院,起诉理由是"侵犯消费者知情权"。林姓消费者曾于6月8日在超市购买了3袋该品牌婴儿奶粉。但他发现,自己购买的奶粉上标有"100%进口奶源"的标识,而在同一超市内,有包装类似但未标明是"100%进口奶源"的该奶粉,其产品包装和部分标有"100%进口奶源"的奶粉类似,极易误导消费者,这种做法侵害了消费者的知情权,属欺诈行为。

三聚氰胺、奶源门、身份门,深陷其中的该公司被推到了风口浪尖。一系列事件也再次唤起人们对三聚氰胺风波的集体记忆。

资料显示,该公司成立于2002年,注册资本金1.55亿元,法定代表人张利钿,股东分别为雅士利集团公司、美国××国际有限公司、××营养品国际(新加坡)公司,商标持有人为"美国××有限公司"。值得一提的是,雅士利的法定代表人张利桐,与该公司法定代表人张利钿是兄弟关系。

来自美国食品药品监督管理局(FDA)的消息,在美国食品生产企业数据库中并未发现该企业。FDA经过调查发现,不仅没有在美国国内搜索到具备生产、研发婴幼儿奶粉资质的

该公司，而且与该公司注册地址相同的企业，出现在它们的注册医疗器械数据库里。

至此，该公司的真实身份终于浮出水面。

商业伦理诘问

有媒体评论，该奶粉事件的本质，是当事企业为了自身利益，刻意"忽悠"消费者。不管是广告宣传上的模糊操作，还是穿上外资品牌的"洋马甲"，该企业无非是想借此提升市场竞争力，多卖些奶粉，获取更高的利润。但这家企业的领导者不曾想到，或者不愿意去想的一个问题是，一旦消费者发觉上当，因为被误导而产生深切的被欺骗感，可能会导致消费者抛弃这个品牌。当品牌价值急剧缩水之后，企业的长远发展之路也将多歧。

"诚信是质量的道德基础。不讲诚信的企业是生产不出消费者满意的产品的。"国家质检总局质量管理司司长孙波告诉记者，刚刚推出的质量违法违规企业"黑名单"制度，"正是国家激励守信企业、惩戒失信企业的重要举措之一"。

复旦大学管理学院苏勇教授认为，顺应经济全球化的大趋势，我们的企业领导者必须清醒地认识到，企业固然要顾及股东的利益，尽可能实现股东利益的最大化，但是，企业在获得社会资源行使生产能力的同时，也就承担了对社会各方面利益相关者的责任。要充分考虑到这些利益相关者的利益，这已日益成为评价企业绩效和企业伦理的重要尺度。任何一个好的企业领导者，更应该关心的是企业长期资本收益率的最大化。

资料来源：刘进."施恩洋奶粉事件"拷问商业伦理[J].中国质量万里行，2009(7).

讨论题

1. 你如何看待该洋奶粉事件中的伦理问题？
2. 你认为应如何解决该洋奶粉事件中的伦理问题？

学习链接

[1] 霍季春.从"企业社会责任"到"企业公民"[J].理论与现代化，2007(1).
[2] 姜启军，苏勇.基于社会责任的企业和社区互动机制分析[J].经济体制改革，2010(3).
[3] 纪良纲.商业伦理学[M].北京：中国人民大学出版社，2008.
[4] 刘建芬."两型社会"与企业公共关系[M].海口：海南出版社，2008.
[5] 宋子慧.企业媒体公关营销操作中的道德问题探究[J].科技广场，2012(6).
[6] 田建中.关于我国公共产品定价中存在的问题和建议[J].辽宁农业职业技术学院学报，2009(3).
[7] 王曙光.金融伦理学[M].北京：北京大学出版社，2011.
[8] 余亚峰.对现代企业多元化员工队伍管理的新思考[J].湖北大学成人教育学院学报，2012(6).
[9] 熊彬，邓新军.公用企业价格垄断行为及反垄断规制[J].价格月刊，2010(10).
[10] 张福学.信息伦理的几个基础理论问题研究[J].情报理论与实践，2003（3）.
[11] 张亚辉.企业公关与新闻的伦理的冲突[J].新闻爱好者，2002(2).
[12] James E Post, William C Frederick, Anne T Lawrence, James Weber. Business and Society: Corporate Strategy Policy, Ethics[M]. 8th ed. New York: McGraw-Hill, 1996: 37.
[13] Moore A D. Information Ethics: Privacy, Property, and Power[M]. Washington: University of Washington Press, 2005.